话说中国

文采与悲怆的交响

960年至1279年的中国故事

程郁 张和声 著

上海文化出版社

上海故事会文化传媒有限公司

上

总顾问：李学勤
总策划：何承伟

本卷顾问：朱瑞熙

主编：　刘修明
副主编：陈祖怀

正文作者（按卷次先后排列）

《创世在东方》　　杨善群　郑嘉融
《诗经里的世界》　杨善群　郑嘉融
《春秋巨人》　　　陈祖怀
《列国争雄》　　　陈祖怀
《大风一曲振河山》程念祺
《漫漫中兴路》　　江建忠
《群英荟萃》　　　顾承甫
《空前的融合》　　刘精诚
《大唐气象》　　　刘善龄　郭　建
《变幻中的乾坤》　金尔文　郭　建
《文采与悲怆的交响》程　郁　张和声
《金戈铁马》　　　程　郁　张和声
《集权与裂变》　　马学强
《落日余晖》　　　孟彭兴
《枪炮轰鸣下的尊严》汤仁泽

辅文作者（按姓氏笔画排列）

马学强　王保平　田　凯　田松青　仲　伟
江建忠　刘善龄　刘精诚　汤仁泽　杨善群
李　欣　李国城　张　凡　张和声　张振华
陈先行　陈祖怀　苗　田　金尔文　郑嘉融
宗亦耘　孟彭兴　赵冬梅　秦　静　顾承甫
徐立明　殷　伟　郭立暄　崔海莉　程　郁
程念祺

图片提供

文物出版社、河南博物院、巩义博物馆、
徐州博物馆、徐州汉兵马俑博物馆等单位
及（按姓氏笔画排列）　王保平　王景荃
田　凯　田松青　仲　伟　孙继林　李国城
何继英　陈先行　欧阳爱国　殷　伟　徐吉军
郭立暄　郭灿江　崔　陟　阎俊杰　瞿　阳
薄松年等
本页长城照片由郑伯庆拍摄

梦想与追求

上海文艺出版总社编审　何承伟

为最广大读者编一部具有现代意识的历史百科全书

> 中国是一个拥有五千年灿烂文明史、又充满着生机与活力的泱泱大国。中华民族早就屹立于世界的东方，前赴后继，绵延百代。

> 作为中国人，最为祖国灿烂的过去与崛起的今天感到骄傲。

> 作为中国的出版人，应义不容辞地以宏大的气魄为广大热爱中国历史的读者，承担起传播这一先进文化的责任：努力使中国历史文化出版物，与中国这样一个拥有五千年文明史的过去相适应，与当代中国日新月异的发展现实相适应，与世界渴望了解中国的需求相适应。

> 人民创造了历史，历史又将通过我们的出版物回赠给人民，使中华民族数千年积累起来的灿烂文化成为当今中国人取之不尽的思想宝库，让更多的读者感悟我巍巍中华五千年光辉历史进程和整个中华民族灿烂的文明成果。

> 为此，我们作了大胆的探索：以出版形态的创新为抓手，大力提高这套中国历史读物的现代意识的含量，使图书能够真正地"传真"历史；以读者需求为本位，关注现代人求知方式与阅读趣味的变化，把高品位的编辑方针和大众传播的形式有机结合起来，独辟蹊径，创造一种以介于高端读物与普及读物的独特的图书形态，努力使先进的文化为最广大的读者所接受。

> 经过多年的努力，这套融故事体的文本阅读、精彩细腻的图片鉴赏、便捷实用的检索功能于一体的中国历史百科全书——《话说中国》终于陆续与读者见面。这套书计15卷，卷名分别为：《创世在东方》、《诗经里的世界》、《春秋巨人》、《列国争雄》、《大风一曲振河山》、《漫漫中兴路》、《群英荟萃》、《空前的融合》、《大唐气象》、《变幻的乾坤》、《文采与悲怆的交响》、《金戈铁马》、《集权与裂变》、《落日余晖》和《枪炮轰鸣下的尊严》。

> 在《话说中国》这部书里，你将看到以故事体文本为主体的感性与理性的统一。

> 现代人对历史的感悟，最能产生共鸣、最能感到激动的文学样式是什么，是故事。是蕴涵在故事里的或欣喜或悲切或高亢或低回的场面。这些经典场面令人感慨唏嘘，荡气回肠。记住了一个故事，也就记住了一段历史。故事是一个民族深沉的集体记忆，容易走进读者的心灵世界，它使读者在随着故事里主人公的命运起伏跌宕之时，不知不觉地与中国历史文化进行了"亲密接触"，从而让历史文化的精华因子，潜移默化地影响着我们的行为，净化着我们的心灵。因此，《话说中国》以故事体的文本作为书的主体。同时，它还突破了传统历史读物注重叙述王朝兴衰的框架，以世界眼光、一流专家学者的史识来探寻中国历史的发展脉络与规律；以密集的信息，弥补故事叙述中知识点不足的局限，从而使故事的感性冲击力与历史知识的理性总结达成高度的统一。它让读者既见树木，又见森林；既享受了故事所带来的审美快感，同时又能寻绎历史的大智慧。

> 在《话说中国》这部书里，你将看到互为表里的图与文的精彩组合。

> 当今社会已进入"读图时代"，这一说法尽管片面，但也反映了读者的需求。在这套书里的图片与通常以鉴赏为主的图片有很大不同：

> 图片内容涵盖面广。这些图片能够深入再现历史现实，立体凸现每一不同历史时期社会生活各方面的发展变化。透过生动的"图片里面的故事"，可以体味其中蕴涵着的深刻

内容，堪称是历史文化的全息图像。它们与故事体文本相关联，或是文本内容的画观反映和延伸，或是文本内容的背景补充，图与文珠联璧合，相得益彰。同时，纵观整套书的图片又分别构成了一个个独立的专门图史，如服饰图史、医药图史、书籍图史、风俗图史、军事图史、体育图史、科技图史等等。

> 图片的表现形式极其丰富。这套书充分顾及现代读者的读图口味，借助现代化手段尽量以多种面貌出现，汇集了文物照片、历史遗址复原图、历史地图与示意图、透视图以及科学考古发掘现场照片在内的六千余幅图片。既有精炼简洁的故事，又有多元化的图像，读者得到的是图与文赋予的双重收获。

> 创造了一种新的读图方式。书中的图片形象丰富，一目了然，具有"直指人心"的震撼力，但在阅读过程中，尤其是在欣赏历史文化的图片中，这种震撼力很难使读者感悟到。原来他们是凭自己的文化底蕴和生活积累在品味和理解书中的图片。两者一旦产生矛盾，就不可能碰撞出火花。本书作为面向大众的出版物创造了一种全新的阅读环境：改造我们传统的图片的文字说明，揭示图片背后的信息，让读者在读完这些文字后，会产生一个飞跃，对第一眼所看到的图片有一种新的发现和新的认识。

> 在《话说中国》这部书里，你将看到一个充满数字化魅力的历史百科知识体系。

> 数字化给我们的社会生活带来了许多崭新的变化，作为文化产品的创新也不例外。为此，我们在这套信息密集型的中国历史百科全书里，大量运用了在电脑网络上广泛使用的关键词检索方式，以关键词揭示故事内核，由此来检索和使用我们的故事体文本与相关知识性信息。这套书的信息化、网络化、数字化，充分表现了中华民族不但有自强不息的过去时，前进中的现在时，而且还有充满希望的将来时。

> 一则故事，一幅图片，一个关键词，都是某个有代表性的"点"，然而这个点不是孤立的存在，而是一个有意义的叙事单位。它是中华民族的文明亮点，折射了我们民族的文化性格。把这些亮点连接起来，就会构成一条历史之"线"，而"线"与"线"之间的经纬交织，也就绘成了历史神圣的殿堂。点、线、面三维一体，共同建构着上下五千年的民族大厦。

> 著名科学史家贝尔纳曾说："中国在许多世纪以来，一直是人类文明和科学的巨大中心之一。"我们知道，印刷是中国引以为骄傲的四大发明之一，中国出版在世界出版史中，曾留下许多脍炙人口的灿烂篇章。然而近代中国出版落后了，以至于到今天与发达国家相比，无论是在出版技艺上，还是在出版理念上，都存在着不小的差距。我们在本书的出版过程中善于学习、消化与借鉴，"洋为中用"，充分发挥"后发优势"，努力把世界同行在几十年中创造的经验，学习、运用到这套书的编辑过程中，以弥补两者之间的差距。事实证明，只要我们努力了，只要我们心中有了读者，我们一样可以后来者居上。

> 中国编辑中的一位长者曾说过这样一段话："我们没有显赫的地位，却有穿越时空的翰墨芬芳；我们没有殷实的财富，却有寄托心灵的文化殿堂。"

> 在编辑这套书的过程中，我们深深感到，中国历史文化太伟大了，无论你怎样赞美，都不为过；中国历史文化又太神奇了，无论你以何种方式播种，都会有意想不到的收获。今天，我们所撷取的，只不过是其中的一朵小花，还有更多更美的天地需要人们进一步去开拓。

现代人与历史

上海社会科学院研究员　刘修明

总　序

> 历史与现代人有什么关系？历史对现代人有什么用？这并非每一个现代人都能正确回答的问题。

> 过去的早就过去了。以往的一切早已灰飞云散，至多只留下遗迹和记载。时光不能倒流，要知道过去干什么？历史无用的混沌和蒙昧，不是个别现象。在科学技术高度发达的现代社会，人们更易对远离现实的历史轻视、淡漠。对历史无知而不以为然的人，不在少数。

> 不能简单地指责这种现象。一旦通过有效途径缩短了现代人和历史的距离，人们就会从生动形象的历史中取得理性的感悟，领悟历史的哲理，开发睿智，从而加深对现代社会文明的认识，使现代人的认识和实践达到一个新的层次。那时，人们就会有一个共识：历史和现代是承续的。历史是现代人生存和发展不可缺少的内容。历史和现代人是不可分的。

> 祖国的历史是一部生动的、博大精深的启迪心智的教科书。中国历史是独树一帜的东方文明史。承载中华文明的中国历史，在她形成发展的曲折而漫长的过程中，从未中断过（不像埃及、两河流域、印度文明或中断或转移或淹没）。她虽然历尽坎坷，备尝艰辛，却始终以昂首挺立的不屈姿态，耸立在亚洲的东方。即使从 19 世纪上半叶开始的对中华文明一个多世纪的强烈冲击和重重劫难，也没有使曾创造过辉煌的中华文明沉沦，反而更勃发了新的生机。中国的历史学家从孔子、左丘明、司马迁开始，持续不断地以一种不辜负民族的坚韧精神，把中华民族放在辉煌与挫折、统一与分裂、前进与倒退、战争与和平、正义与邪恶的对立统一的辩证过程中，将感悟到的一切，记录在史册上。以一笔有独特美感并凝结高超智慧的精神财富，绵延不绝地传承给一代又一代炎黄子孙，从而成就了中华民族及其创造的文明的延续和发展。中华文明的创造和中国历史的记载是不可分的。中国历史是兼容时空又超越时空的中华文明有形和无形的载体。

> 英国哲学家培根说过："历史使人明智。"历史的经验是前人付出巨大的代价（甚至生命的代价）才总结出来的。历史经验包蕴着发人深思的哲理。要深刻地了解现实，

理智地面对将来，就应当自觉地追溯历史。现代人只有了解历史，才能感受历史启迪现实的无穷魅力。唯有从历史的经验与哲理感知杂乱纷纭的现实，才能体会历史智慧的美感和简洁感。

　　这种由历史引发的智慧、魅力和美感，对丰富一个人的生命内涵，提升人的素质，是非常重要的。我们强调人的素质，但素质的基本内涵是什么，却未必很清楚。我认为，人文素质应该是人的素质的基本内涵。一个人的人文素质是由他所属的民族几千年文化创造的基因，积淀在他的血液和灵魂中形成的。以文史哲为主体的人文教育，对人的素质提高具有特别的价值。而中国历史往往又是文史哲三位一体的糅合和载体。只重视外语、电脑教育而忽视人文教育的偏向应引起重视并加以纠正。这种素质教育应当起步于一个人的青少年时代。对祖国的热爱，民族自信心的树立，正确的人生观、价值观的确立，都离不开对祖国历史的了解。只有这样的人，才能立志报效祖国和中华民族，并以他们的不断传承和新的创造，继续为人类文明的发展作出新的贡献。在共同文化血脉上发展起来的13亿中国人和5000万在世界各地的华人，都应有这样的共识，都应承担这样的责任。

　　了解祖国的历史，可以从简明的历史教科书入手，也可以从浩瀚的史籍中深究。关键是引起读者的阅读兴趣。我们这里提供的是一本图文并茂用故事形式编写的中国历史。中国有一本几乎家喻户晓、发行量达几百万册的出版物：《故事会》。这是上海世纪出版集团的名牌刊物，在社会上有很大的影响。何承伟先生从几十年编辑的成功实践中，提出了这样一部以图文并茂的故事形式并包涵巨大信息量的中国历史百科全书的设想。在众多学者的参与和合作下，成就了这样一部新体裁的中国通史《话说中国》。它生动形象、别开生面的编写方式，使包括老中青在内的现代中国人，都可以轻快地从这部书中进入中国历史宏伟的殿堂，从中启迪心智，增加知识，开拓眼界，追溯历史，面对未来。它把传统的教育和未来的展望，有机而和谐地结合在一起，引导当代中国人顺应悠久古老的中国文明融注世界发展的现代潮流，以期为世界的文明发展作出新的贡献。我们相信，凝聚了几十位学者和编者多年努力的这部书，一定会为这种贡献尽其绵薄之力，发挥其应有的作用。

目录(上册)

一个活泼、重商、享乐的社会取代了尚武、好战的社会，尽管它缺乏英雄气概，但儒雅的眉宇间已带有几分近代的气息，遍地弥漫的铜臭掩不住书香，好一个读书人的黄金时代

目录（下册）

专家导言

中国宋史研究会会长 上海师范大学研究员 朱瑞熙

> 宋朝是继五代十国之后赵氏建立的中原王朝，公元 960 年，后周殿前都点检赵匡胤在
> 开封（今属河南）建国，史称北宋。1127 年，被金朝灭亡。同年，宋徽宗之子赵构在
> 南京应天府（今河南商丘南）重建，史称南宋。1279 年，被元朝灭亡。

> 唐、宋之间社会变革，到宋朝基本定型。唐朝中叶以前由门阀士族和均田户、部曲、
> 奴客、贱民、番匠、奴婢等组成的旧的社会阶级结构，转变为宋朝由官僚地主和佃客、
> 乡村上户、乡村下户、差雇匠、和雇匠、人力、女使等组成的新的社会阶级结构，这
> 是中国古代社会内部阶级关系的一次重大变化，也是一次社会生产关系的调整，这一
> 变化逐步由法律肯定下来。同时，政府允许地主和官员自由购置土地，地主出租土地、
> 收取地租、剥削佃农的租佃制度成为当时社会普遍的经济形态。政府主要通过两税法
> 征收田赋，夏税征钱，或折纳绸、绢、麦等；秋税大致亩收粮食一斗。征税时，常用
> 支移和折变办法，以消除病民、困民的种种弊端，但这些便民、利民之举有时反而加
> 重了百姓的负担。

> 随着唐末以后旧的皇帝、士族政体的彻底瓦解，宋朝建立起皇帝集权、官员分权；中
> 央集权、地方分权的皇帝、官僚政治体制。主要依靠科举考试、学校考选、恩荫等途
> 径吸取各阶层士人进入各级官衙，形成基本官僚队伍。统治阶级建立起比较严密的中
> 央决策系统及相适应的运行机制。最高决策机构是皇帝定期视朝听政，次高决策机构
> 是宰执在最高国务机构"二府"（中书门下和枢密院，神宗元丰改制后为中书、门下、
> 尚书三省和枢密院）理政和议政、朝廷官员集议，以及一些临时性的决策机构。这些
> 机构组成以皇帝和高级文臣为核心的最高决策集团，原则上排斥后妃和宦官、武将、
> 外戚、宗室等参加最高层的决策活动，并以此作为"祖宗家法"的内容之一。皇帝拥
> 有最终裁决权，但皇帝的指令通常要经过二府审核，形成文件，再经皇帝复审，才成
> 为"圣旨"，付外执行。

> 宋朝的社会经济获得迅猛的发展，农业、手工业、商业等都取得了突出的成就，而且
> 完成了经济重心的南移。户口的增加，垦田面积的扩大，耕作技术的提高，经济作物
> 的增多，促使农业取得空前的发展，为手工业、商业的发展奠定了坚实的基础。手工

业领域的矿冶、纺织、造纸、制瓷、造船等部门，在原料采集、生产技术和产品种类、数量方面都有显著的发展。各业作坊规模之大，超越了前代。独立手工业者也较前代增多。商业发达。北宋都城东京和其他城市的繁盛，突破了原居民住宅区坊和市的界限，工商与民居杂处，面街开店，随处都有商铺、邸店、质库、酒楼、食店。夜市迟至三更，自五更"鬼市"（早市）又开张营业。南宋末年临安发展到百万人口以上，成为最大的商业城市，城内店铺林立，相当繁华。许多州县城外又形成新的居民区，称草市。还有成千上万个镇市，商业较为兴盛。宋真宗初年，益州（今四川成都）富商联合发行一种交换券，称"交子"，是世界上最早的纸币。南宋的纸币有东南会子、四川钱引、湖广会子、两淮交子等。当时的对外贸易也十分兴盛，是世界上重要的海上贸易国。不过，社会经济发展的同时，也造成了生态环境的一定破坏。黄河中、上游及其支流两岸的森林植被继续遭到破坏，造成黄河平均每年出现一次决口或改道的水灾。南方圩田的过度填筑，导致许多湖泊从此消失，周围地区水旱之灾频仍。这些都给社会经济的持续发展和后代留下了难以逆转的隐患。

> 宋朝还是中国古代教育向多层次、多类型、普及化、平民化转变的重要时期，同时又是中国古代科学技术发展的高峰期，各项发明创造层出不穷。在文化和思想方面，宋朝在内容和形式上都有新的创造，取得突出成就。

> 在社会生活方面，宋朝形成了南食和北食两大饮食系统，南食以稻米制品、猪肉和鱼为主，北食以面食制品和羊肉为主。服装崇尚素雅、大方和新颖，穿戴北魏以来逐渐流行的"胡服"，男子戴幞头，穿圆领衣袍；女子上身穿襦、袄，下身穿裙子、裤。人们改变席地而坐的习惯，使用直腿桌、椅及交椅。富人和官员出行，逐渐以乘轿代替骑马或坐车。民间流行薄葬，更多地以纸钱和纸制人物代替实物殉葬。

> 尽管宋朝的疆域不如汉、唐，国力也不及北方的辽、金及西北的西夏，但它在经济、教育、科技、文化方面所达到的高度，在中国古代是空前的。同时，它还是当时的世界大国，在经济等方面的成就，当时世界上居于领先地位，对人类文明作出重大贡献，产生深远影响。

本书导读示意图

　　《话说中国》作为融故事体的文本阅读、精彩细赋的图片鉴赏、便捷实用的检索功能于一体的中国历史百科全书，其中包含着无数令人神往的中国历史的秀美景致，它们经纬交织，互为表里，形成了中华民族上下五千年的灿烂文明。

　　如同游览名山大川离不开导游和地图的指点，通过以下图例的导读提示，读者定能够尽兴饱览祖国历史美景，流连忘返。

随时感受历史文化的魅力与编纂创意的匠心

　　整个版面构成充分体现出本书以故事体文本为主体的特点，体现出本书作为历史百科全书的知识信息密集、图文并重、检索便捷的特点，使读者在本书任何一个页面上，都能感受到历史文化的魅力与编纂创意的匠心。

导读、段落标题与编号，
能更好地理解故事精髓，更好地运用故事

　　为了更好地理解故事，在实际学习生活中运用故事，本书在故事体文本中，特地为读者准备了故事导读、故事段落标题与故事编号等三个重要内容。故事导读是概述故事精要，它与故事段落标题，都是为了让读者更好地理解故事的精髓，同时让读者以一种轻松便捷的方式快速获得文本重要信息。故事编号则与检索系统有关。

人物、典故和关键词索引具有很大信息量和实用性

　　在每一则故事中，都含有故事核心内容（即故事内核）、故事人物和故事典故等基本要素。本书将此三要素提炼出来，标注在每则故事的右上角（加上故事来源），并汇编成索引于书末。故事编号则是与书后编制的"人物""典故""关键词"等三个索引相联系。索引的巨大信息量和实用性，是本书的一个重大特点。

建构多元、密集的知识性信息，
构成了全书另一个重要组成部分

　　以密集的信息，弥补故事叙述中知识点不足的局限，从而使故事的感性冲击力与历史知识的理性总结达成高度的统一。它让读者既见树木，又见森林；既享受了故事所带来的审美快感，同时又能寻绎历史的大智慧。如"中国大事记""世界大事记""历史文化百科""历史大考场"和图片说明文字等专栏中的有关内容，都是经过精心选择的练达的知识板块，既是历史知识的精华，又是广泛体现"活"的历史，体现当时社会人生百态，体现当时寻常百姓的寻常生活。与此相配伍的，是便捷的"中国历史文化百科"检索系统。

再现历史现实的图片系统

　　图片内容涵盖面广泛，能够深入再现历史现实，观赏效果细赋独到，立体凸现了每一不同历史时期社会生活各方面的发展变化。透过生动的"图片里面的故事"，可以体味其中蕴涵着的深刻内容，堪称是历史文化的全息图像。

　　《话说中国》以精美绝伦的文字和图片，将中华民族最可宝贵的民族精神和生生不息的文化传统，演绎得生动而传神。看了这张导读图，你就开始一程赏心悦目的中国历史文化之旅吧！

● 故事标题。

● 故事编号：与卷末的"人物""典故""关键词"等三个索引相联系，每个索引里的数字，即为故事编号，使检索更为便捷。

● 本卷的历史年代起止。

● 历史大考场：以最基本的涉及本卷的历史文化知识为内容，以问答方式出现。左页下为问题，右页下为答案。

公元 961 年

○○三

制服强藩

恩威并施十兄弟

赵匡胤在开封坐上龙椅，不过控制了京城一带、沿袭唐以来旧制，后周他任命了许多武将为节度使，他们掌握兵在外，收取一方钱粮，有很强的实力，而且能征善战、武艺高强，人称"十兄弟"。他们和赵匡胤出身、资历差不多，有的原和他兄弟相称，有的还是他的部下，忽然之间那些成的当了皇帝，怎不令他们又嫉又妒。赵匡胤是个人，心里明白得很，在收拾他们之前先要在气势上压倒对手，赵匡胤把他们召来，每人赠一匹马、带上弓箭，集齐自己也骑上马，一行人浩浩荡荡出城们，络绎驰奔出城，带着随从一行人骑马奔出城门，络绎驰奔出城，然后下马喝酒。这时，赵匡胤从容地说："现在此地无人，谁要想当皇帝就可以杀了我。"众人都依在地上，吓得直打哆嗦，都匡胤再三喝问，也无人敢应。他又厉声道："既然你们愿意拥戴我为皇帝、令赐应当遵守节节、不得骄傲。"众将都叩谢龙恩、口呼万岁。此后，赵匡胤威福并施，逐步化解了这股势力。

心存异志的李筠

其中也有特别不听话的，那就乘行坚决打击、潞州节度使李筠、继领河东子弟，晕立成功，是抵抑北方叛国北汉与辽的重要屏障。赵匡胤即位后便派使节招抚，并许他加官晋爵，可李筠并不买账，当时就想抗谋不从，在左右的苦劝下才勉强接下，但仍然难拖不了馈赠不平的表情，当晚宴请朝廷使节、院中被乐大作，厅内灯火通明，酒过数巡之后，李筠突然大叫一声："来呀！"一军土涂上展挂宋的画像，李筠附侧在像前，痛哭流涕、随生的亲信愧了手脚，忙对使节解释说："李公喝醉了酒、失去本性、千万不要见怪。"

北汉国主刘钧听说李筠心存异志、便派人送来亲笔信、约他共同反宋、为了稳住朝廷、李筠一边把这封信收之、一边暗地准备起兵，但李筠生性暴躁、一怒之下就会乱杀人、又口没遮拦、喜欢饮反复、所以他的密谋早已传进赵匡胤的耳里、李筠派长子守节从京观察动静、守节随上路、赵匡胤劈头就问："太子、为何来此？"太子是皇帝儿子的尊称、这还了得！守节听懂一个劲地摆头、连声说："这是什么话！一定是有好人逼告了父亲。"赵匡胤笑着说："我也知道你曾参。

清你占典美的瓷器

宋代瓷器的外部装饰通常分两种，一是在表面涂绘颜色釉下富装饰，另一种是用坯胎上涂绘或刻表色发等、造作器器要等是屈的帘…雕花装饰更奏繁、富有立体感…雕工艺此入处为观止。

034 历史大考卷　　世界上谁曾明确市是什么？

中国大事记：以每卷所在历史年代为起止，精选与故事相应相近年代的中国历史文化重大事件，以此体现中国历史发展的基本脉络。

故事导读：概述故事精要，更好地理解故事精髓。

世界大事记：以中国大事记为参照，摘选相应年代的世界各国历史文化重大事件，以此体现本书"世界性"的理念。

人物、典故、关键词、故事来源：将故事的三要素人物、典故、关键词提炼出来，标注于此（加上故事来源），并汇编成索引于卷末，具有很大的信息量与实用性。

故事段落标题：揭示本段故事主题，具有阅读提示和增加阅读悬念的作用。

以直观的表格形式，便于读者对分散信息作系统的查考。

图片说明文字：深入揭示图片"背后"的历史文化内涵，读完这些文字，就会对图片有新的发现和新的认识。作为"历史文化百科"的组成部分，在卷末的检索系统中列出。

图片：涵盖面广泛，能够深入再现历史现实。纵观整套书的图片，又分别构成了一个个独立的专门图史。

历史文化百科：是精选的历史文化百科知识，分别涉及政治、经济、文化、科技等十余个知识领域，在卷末附有分类检索系统。

世界大事记

公元 963 年

拜占庭帝国罗马勒斯为其妻软奥菲诺所杀，其五岁子即位。

把江家　李筠　李重进　慕容

《涑水记闻》卷
《宋史·李重进传》

人物　关键词　故事来源

叛军来者不善

为了筹措军需，李筠煞费苦心。当地有个深受信徒敬重的高僧，李筠悄悄把他召至密室，和他商定："我军用不足，想借师傅的名气化募钱粮六十万。你以舍身自焚为号召，柴堆下挖好地道，直通我府中，所得暂存我仓库，事成和你对半分。"所谓高僧本是贪财之徒，便满口应承，自焚的消息一发布，果然引

历史文化百科

【馆券与邸店】

宋代官员因公外出，可以在馆驿住宿，公家发给"驿券"，作为免费食宿的证明。士人赴京参加科举考试，也可领到"驿券"，根据官员品级的高低，在驿馆的享受也不一样，如低级武官三班赛新的待遇是"驿券肉半斤"，邸店为私人旅舍，随着宋代商品经济的发展，邸店遍布城乡，在北宋时东京郑州以北，沿着汴河散布着众多邸店，应适应各阶层的需要，邸店有不同的等级，如东京的"无比店铺"，原是某官宦的豪宅，无疑是家级旅舍。而为适应行商需要，有的邸店附有仓库，主镇草市的小店甚至有关鸡鸭的地方；为适应文人的需要，有的邸店甚至提供纸笔，让旅客自己做记。

宋代科技发明大事表

天文	宋代五次大规模的天文观测，制成星图。1247年所作星图刻在石碑保存至今，共收有1434颗恒星，还刻有黄道、白道与赤道的界线。苏颂制成"水运仪象台"，集观测天体、演示天象、报时时间于一体。
造纸	谢景初制造十色笺，称为谢公笺。宋代生产的名纸。此外还有海苔县金粟寺藏经纸。苏易简著《纸谱》，是世界上最早有关造纸的专著。宋代造纸技术更加成熟。纸品除书写绘图外，大量用于书籍印刷。
印刷	毕升在1041-1048年间发明活字印刷术。用胶泥做单体活字等，制反字做制成陶，然后用以排版。这是印刷史上的一次革命。雕版印刷工具精良，工艺精美，《太平御览》《册府元龟》《资治通鉴》等官刻本之外，还普遍出现了专业的功刻本、家刻本。全国形成五大刻书业中心（汴梁、浙江、四川、福建、江西）。
指南针	宋代开始用人工磁体代替天然磁石，用缝针代替指针，使悬丝法、水浮法等发展了磁性指南工具，沈括发现地磁偏角现象，为科学地使用指南针奠定了基础。南宋时的盘针装置增至四十八方位，更有助于航海。
火药	宋代兵书《武经总要》中首次使用"火药"一词，并记载三种不同性用的火药方。人们对火药制造及使用技术有很大提高，产生爆炸火球、霹雳雷、火炮及突火枪（管状射出火器）。

显示身份与地位的银器（上图、下图及左页图）

在大多数墙台金里，器皿是整个广泛地接受的，那些雕工精良、价格不菲的银器，只有在地位显赫的有钱人家，或者是有较高的场所里使用的，它的往往出自名家之手，因而除了实用外，更需有艺术鉴赏的价值，此为刻有"张四郎"字样的银椭碗。

次果者劝谏他父亲，可那老瞬始终不听，他回你来，是想叫我杀你，说明是不顾惜你，现在我杀你又有什么用！你回去告诉那老贼：我不做天子，随你怎么样都行；我做了天子，你就不能退让一点吗？"听了守节的传话，李筠知道已无退路，反志更坚了。

北宋的文子 035

话说中国

960年 〉 〉 〉 〉1279年

前言

960 年至 1279 年
平淡而耐人寻味的时代
宋代

上海师范大学古籍整理所副研究员　程　郁
上海社会科学院历史所副研究员　张和声

这是一个平淡的时代。▷宋朝是又一个以汉族为主体的封建王朝，从 10 世纪 60 年代延续到 13 世纪 70 年代，时间不可谓不长，北宋时横跨黄河、长江两大流域，领土不可谓不广，然而它总少那么一股气，那个时代的故事也总缺少一种英雄气概，一个历史事件，若在别的时代，也许早已高潮迭起，而在宋代，总以一种啼笑皆非的方式终结，或以一种淡淡化出的镜头摇出，使你感到若有所失。它既没有秦汉那种睥睨一切的霸气，也没有隋唐那种大户人家的豪气，甚至也没有明代那种暴发户的痞气，它就像山村里的一个冬烘先生，又温和又酸腐，处世以和为贵，只求平平淡淡过一生，因此他的生平事迹总不如侠客那么好看，那么刺激。因此吾辈阿 Q 想拿祖上压人时，总是羞提宋代，而宁肯远宗汉唐。要从感性上认识宋代，最好到博物馆去看看瓷器。排在前边的唐瓷透出一股洋风，华丽而不失器度；排在后面的明清瓷器大红大绿，精工细描掩不住一股俗气；而宋瓷色彩十分淡雅，或影青，或黑褐，或纯白，形制十分纤巧，刻画简洁而又传神。是呀，日用瓷器尚且如此，可见整个时代的趣味都以士大夫的眼光为准了呢。这个时代虽然平淡，可的确耐人寻味。

祖宗之法▷960 年，身为后周殿前都点检的赵匡胤在京城郊外陈桥驿发动兵变，穿上黄袍回到皇宫，赶走了周世宗的孤儿寡母，建立了宋朝，定都开封，又称汴京，赵匡胤后来被称为宋太祖。"陈桥兵变"就像一次小痞子闹事，没有周密的策划，也没有激愤刺激的场面，随随便便就改朝换代了，宋太祖也不想骇人耳目，所以宋朝的序幕一开始就是平平淡淡的。▷宋太祖虽是个粗人，但很有脑子，他可不愿意让自己的龙椅随随便便就在下一场小痞子闹事中被推翻，当上皇帝的人，第一件事就是堵塞自己的来路。自唐中期以来，节度使的权力很大，在地方上军政财权一手抓，还可以世袭。赵匡胤自己就是从节度使起家的，所以首先得改变这种状况。过去地方节度使管辖几个支郡，宋太祖将它们全部直属京师，派去文官为知州，各州又设一通判，他可以不听知州命令，两官互相牵制。州之上有路，路设转运使，转运使负责将所属州县的财赋运往京师。藩镇的兵权也是逐渐剥夺的。

宋太祖镇压了两个不听话的藩镇，然后就采取一种和风细雨的改革方案，和汉、明大杀功臣不同，对待拥戴自己称帝的老兄弟们，他在酒宴上劝他们交出兵权，"杯酒释兵权"因其戏剧性而为学者怀疑，然而那种淡淡的人情味使人宁信其有。然后从藩镇中选择精兵充实禁军，又大拆地方的城池，到后来地方的厢军沦为服苦役的劳动力。这样节度使的"兵也收了，财也收了，赏罚刑政一切都收了"。到后来，节度使成了一种荣誉称号。宋太祖对禁军还不放心，禁军的统帅部一分为三，即殿前都指挥司、侍卫马军都指挥司和侍卫步军都指挥司，又称三衙，由名位较低的将军掌管，称为三帅，分管部队训练布防；另设枢密院管调动军队，又与三帅相互牵制。军队又经常换防，将军经常调动，使兵将不能形成亲密的关系，这样一般兵变就不会危及皇权了。 对待官僚机构，宋太祖也是一个"分"字。宋代宰相的名称几经变更，一般正式称同中书门下平章事。前代宰相权太大，事无不统，宋太祖便将军权分给枢密院，将财权分给三司使，又设参知政事、枢密副使和三司副使，作为宰相、枢密使和三司使的副手，又相互牵制。御史台是管监察百官的，谏院是管劝谏皇上和大官的，现在都成了皇帝的耳目，下有一批官员叫台谏官，监督着官员的一言一行，道听途说也允许在朝上公之于众，并没有诽谤罪一说，于是宰相也怕他们几分，按惯例，一旦宰相被弹劾了，就要出京待罪，若皇帝不挽留，这个宰相就算罢定了。宋代官制有官、职、差遣之分：官名只用来表示官位和俸禄的高低，大约相当于现在的局级处级之类；职指带某某馆的职称，馆指皇家图书馆与史馆，此人并不一定到馆里写书，而只是文官最羡慕的头衔，大约相当于现在的教授研究员之类（或者当今教授太多了，相当于科学院院士？）；差遣才是实际管事的职务。官职分来分去，老官名不废除，让它留作荣誉称号，新官不断设立，于是官越来越多，机关越来越复杂，宋代官制号称最为难懂，就是这样造成的。谁要是有耐心了解那种连环套的几何证明题，就去研究宋代官制吧。 宋初这一系列分来分去的措施，宋代人奉为不可变易的"祖宗之法"，现在史学界就称为加强专制主义中央集权统治。下面权力分散，互相牵制，互相攻击，皇帝老儿就可坐在上面哈哈笑了。赵宋三百一十六年间，武将始终未对中央政权造成威胁，权相时有也不能颠覆赵家的天下，外戚宦官并未形成心腹之患，这格局都是宋太祖奠定的。宋太祖实在聪明。政权稳定，也就少了许多刀光剑影的故事，失去上演英雄史诗的舞台，于是宫廷故事也很平淡。 安定了内部，自然要向外扩展。宋太祖采取先易后难或者说"先南后北"的统一战略，将江南、四川几个纨绔子弟统治的小国收拾之后，才面对强悍的辽及其属国北汉。正值壮年的宋太祖在其事业达巅峰之时突然死去，这个雪夜发生的事便成千古之谜。太祖的亲弟弟赵光义当上皇帝，史称宋太宗。宋太宗完成了统一南方的大业，亲率大军灭了北汉，还想一举收复被后晋石敬瑭割让的燕云十六州，但在强悍的契丹军面前碰了钉子。宋初削弱军权，守内虚外的政策显出了它的弊端，宋辽对阵宋军屡败，宋太宗被迫放弃收复燕云十六州的计划，采取守势，同时将每年的财政节余收入"封桩库"中，打算将来以钱财买回这块宝地。

重文轻武 太宗病死之后，他的儿子赵恒继位，史称宋真宗。真宗刚坐上龙椅，就给可恶的辽人搅得不得安宁。景德元年（1004），辽承天皇太后和辽圣宗带兵大举进犯，沿途绕过坚城，直指开封。生长于深宫的真宗，早已尽失太祖、太宗的英勇气概，吓得只想逃跑，在年轻气盛的宰相寇准逼迫下，才勉强前往澶州督战。宋军士气大振，辽军急于退兵，而真宗根本不想决一胜负，只想快点离开前线，便同意议和，以昂贵的代价结束了这场宋人未必会输的战争。宋辽约定：辽弟称宋帝为兄，宋每年给辽绢 20 万匹、银 10 万两。这就是所谓"澶渊之盟"。太宗辛苦积攒下的钱财，不但换不回燕云十六州，反白白养肥了敌人。➤ 宋真宗统治期间，宋朝的重文轻武倾向更为发展。科举制度日趋完备，后来为明清沿袭的防止作弊一整套程式都是在北宋形成的。开考前数日，考官被关在贡院中，不得外出，称为"锁院"。封弥院的官员把试卷上的举人姓名、籍贯糊住，另编字号，称为"糊名"。还怕考官认出考生的笔迹，又由誊录院的书手抄一遍，这叫"誊录"。对读所的人校勘之后，将副本送考官定等级，再送知举官复审决定名次，所以等到从状元直至末甲最后一名都定好之后，考官才知道考生的名字。当然以后随着制度的松懈，作弊还是历代都有，但总的来说比唐代严密多了。宋代科举的独木桥也加宽了，两宋三百多年，登科者共有十一万多人，平均每次录取的人数为唐代的十倍左右，而一旦及第就可当官，士人更热衷于读书考试了。为了加强文章批改的客观性，就要设立若干标准，反过来又损害了文章的丰富性。为后世深恶痛绝的八股文，其实在宋已见端倪，当时所谓"时文"，已具有八股文的许多特征。➤ 随着科举录取名额的增加和印刷术的普及，读书人更多了，州县普遍设置学校，一些学者也设立书院，招收弟子讲学论道，有名的书院大多得到政府的资助和奖励。私人讲学传道的风气使新学说得以产生传播。北宋时，周敦颐的弟子程颢、程颐创立了以儒家经学为基础、兼收佛道思想的新儒学，到南宋时经过朱熹的整理阐发，得到广泛传播。到明清时，程朱理学占据了思想界的统治地位。理学有不少流派，陆九渊的"心学"便是其中重要的一支。➤ 文学上的成就主要是散文和词。古文运动取得全面胜利，唐宋八大家中就有六人在北宋，即欧阳修、曾巩、王安石和苏洵、苏轼、苏辙父子三人。北宋前期，词尚婉丽，柳永的词尤其受到市民的欢迎，号称"凡有水井处，即能歌柳词"，据说金主完颜亮读了柳永描写杭州美景的词，顿起南来之心。豪放派的词经苏轼开创，到南宋辛弃疾手里，达到精湛绝伦的地步，田园风光，放声悲歌，皆成佳作。➤ 宋真宗信仰道教，在全国大建宫观，亲迎伪造的"天书"，大队人马到泰山封禅，耗费了大量钱财，搞得乌烟瘴气。

王安石变法 ➤ 真宗的儿子赵祯是北宋第四个皇帝，史称仁宗。仁宗继位时，北宋已到中期，各种社会矛盾日趋尖锐。宋实行不限兼并的田制，到这时大地主占田已十分严重。宋的户籍分为主客户两种，主户又按田产数分为五等，上三等户又称上户，其中有不少是官吏的官户或形势户，一方面差役杂税集中于乡村主户的中下户和客户身上，使社会分配更不公平，引起下层人民的反抗，一方面农民的大批破产，使国家难以征税差役。同时，国家的财政支出越来越多，形成巨大的缺口。宋初分官而治政策的弊端在这时充分显露，官僚越来越多，真宗时文武百官为 9700 余员，到仁宗时便达 17000 余员，到下一个皇帝又翻一倍。官越多事情却越难办，遇事无人负责，议论起来却扯皮不断，腐朽的官气笼罩整个政府。兵也越来越多。从宋太祖时就定下的募兵制，被认为是化解农民起义的好办法，每逢灾荒，便用大募兵的办法安置灾民。1038年，陕西沿边的党项族首领元昊建立了大夏国，史称西夏，定都兴庆府（今宁夏银川），从此与宋征战不休。为此宋仁宗时更广募士兵，禁军激增至80多万人，养兵的费用竟占全国财政收入总数的十分之七八。然而兵越多越不中用，禁军士兵手不能射箭杀敌，眼不会识别旗帜号令，将领不是纨绔少年就是奸滑老吏，根本不会打仗，一上前线就怕得要死，因而屡战屡败。

　　面对着这种"冗官冗兵"、"积贫积弱"的局面，大家都说应该改革，可一旦改革触动到自己的利益，又激起一片反对的声浪。　　仁宗中期的庆历年间，范仲淹进入执政班子，尝试进行整顿吏治的改革，史称"庆历新政"，但因触犯了贵族、官僚的利益，只推行了一年多就被迫停止了。仁宗没有儿子，宗室赵曙以继子身份入继皇统，史称英宗。英宗很有个性，也曾想对朝政进行一番改造，无奈身体状况不佳，只做了四年皇帝就死了。英宗的儿子赵顼继位，史称宋神宗。神宗即位时只有二十岁，给老朽的朝廷带来一股勃勃生气。他看不惯官场的腐败习气，对宋朝的弱国地位愤愤不平，一心要学唐太宗，做一番大事业，力图要使宋在自己手里富强起来。因此，他与敢做敢为的王安石一拍即合，很快掀起了改革的浪潮。　　关于王安石变法，历来争议最多，至今史学界仍有截然相反的两种意见。王安石变法的目的是"富国强兵"，其措施可依此分为两大类。王安石建立了一个制置三司条例司，新法便从这里源源不断地炮制出来。　　所谓"富国"便是理财，他号称"民不加赋而国用饶"，即一方面抑制大商人、大地主和官僚的兼并，把其剥削所得的一部分收归国有；另一方面减轻小地主和农民的差役负担，兴修水利，发展生产。均输法是停止原来不合需要的地方实物上贡，改由中央财政官员视京城需要与市场贵贱灵活采购粮食等必需品。市易法是企图由政府控制市场，市易务以官钱为本，贱买贵卖以平抑市价，并向商贩贷款，还不出本息者便被没收其抵押产业。后来又实行免行法，即停止向商铺征收实物与人力，而改为根据商人的所得征税，称为免行钱。与乡村有关的主要是青苗法、募役法、方田均税法和农田水利法。青苗法实际是官府向农民放贷，每年正月、五月青黄不接时，农民最为困难，这时可向官府借钱物，夏秋作物成熟后，随两税加息十分之二或十分之三归还谷物或现钱，官府所得钱粮按规定也要逢粮荒时降价出售，粮贱时加价收购，起到平抑粮价的作用，照理说十分之二三的利息在当时也是较低的，应起到限制高利贷者的作用。募役法又称免役法，即废除原来按户等轮流充当官府差役的办法，改为按户等交免役钱，原来不必服役的官户、城镇户、女户等也要按定额的半数交助役钱，官府再用这些钱雇人干活。方田均税法即重新丈量土地，核实是否有偷漏税的情况。农田水利法即鼓励兴修水利，资本由受益人户按户等高下分摊，若工程浩大，民力不足，就由官府贷款，官钱不足，再由州县官劝富户出资，依例计息，以后由官府负责催还本息。　　所谓"强兵"主要推行了将兵法、保甲法和保马法。将兵法是把军队的基本编制单位改为"将"，使作战经验丰富的武官掌管训练，使兵知其将，将练其兵。保甲法是把农户组织起来，十家为一保，五保为一大保，十大保为一都保，各家出保丁，农闲时军训，夜间巡逻维持本地治安，这样一方面节省军费，一方面加强对人民的统治。　　新法先后推行了十五年，基本上收到了预期的效果，国家增加了收入，

960年至1279年
平淡而耐人寻味的时代
宋代

朝廷的仓库装满了，军队裁减不少，但由于豪强兼并受到一些限制，官僚特权也有所减少，首先遭到上层的反对，而且官吏欺上瞒下，乘机为自己捞好处，每一项新法都或大或小地产生了违背初衷的弊端，有些的确害民不利国，因此王安石遭到了前所未有的反对，新法始终在非常艰难的环境下勉强推行。 〉司马光起初也主张改革，但看不惯王安石轰轰烈烈的执政作风，认为新法太欠考虑，容易害民，主张实实在在地办事，与王安石意见不合，便退居洛阳，闭门著书，写成《资治通鉴》一部大书。神宗不到四十岁便死了，十岁的幼子赵煦继位，史称哲宗。因为皇帝还不能亲政，英宗的皇后高氏以太皇太后的身份处理军国大事，高氏反对变法，故马上任用司马光，废止了新法，反变法派一度得势，这期间年号为元祐，故废止新法的经过称为"元祐更化"。司马光死后，反变法派分裂成蜀、洛、朔三党，政治见解不再成为争论的焦点，个人意气成为混战的导火线。元祐八年（1093），高太后病逝，宋哲宗亲政，他有志继承神宗的事业，因此改年号为绍圣，变法派得到重用，已死的司马光等人遭到追贬，大批反变法派被流放贬官，新法相继恢复。此后变法派也出现内部分裂，忙于争权夺利，改革军政富国强兵的目的实际已被遗忘，在热闹的政党纠纷中，北宋为自己唱起了挽歌。 〉哲宗也没有儿子，由神宗皇后向氏作主，立神宗第十一子赵佶为帝，史称徽宗。有意思的是，北宋中期的皇后似乎都是反变法的，向太后在短期"垂帘听政"中，又再次起用反变法派，变法派又被贬斥出朝。七个月后，徽宗亲政，又发生了逆转，和哲宗一样，他用年号表明自己的志向，改年号为崇宁，崇为崇法的意思，宁指神宗年号熙宁。但这时的新旧法之争完全失去了改革的意义，奸臣蔡京、高俅与宦官童贯等把持朝政，搞了一个"元祐党人碑"，不但司马光等反变法派被列名其上，连一些变法派也包括在内，遭到贬斥流放，而新法成了大肆搜刮的借口。从神宗以来，政局几番变动，连这段时间的国史也先后改写了四次，历史的真相越来越模糊。

北宋灭亡 〉在北宋诸帝中，徽宗是最多才多艺的，同时又是最奢侈昏庸的。皇帝爱奇花异石，蔡京等便从江南运来，称为"花石纲"，大批农民为此倾家荡产；皇帝爱园林风光，蔡京等便在东京造了一座周围十多里的皇家花园；皇帝爱美人，蔡京等为他找舞女歌伎，宫女数以万计。不久，神宗积攒下的财富就被这个风流天子挥霍一空，于是更穷凶极恶地向人民搜刮。蔡京等人也穷奢极欲，官场贿赂公行，政治腐败到了极点。于是，在两浙地区爆发了方腊起义，在京东地区出现了宋江领导的农民起义，起义不久被镇压，但不满情绪犹如干柴遍布全国。 〉这时，新兴的女真族在遥远的东北建立起金国，屡败辽兵。宋徽宗自以为建奇功的机会到了，决定联金灭辽。宣和二年（1120）宋金订立"海上之盟"，约定宋金联合出兵夹击辽，灭辽后，燕云之地归还宋，而宋要将原来送与辽的岁币转贡给金。然而，腐朽的宋军在童贯的率领下出师即败，燕京还是金打下的，宋又另外拿出一百万贯钱交给金，才换得一座空城。 〉金人看透了宋虚弱胆怯的本质，乘胜南下，渡过黄河，直指东京。宋徽宗急忙传位给太子赵桓，自己星夜南逃避难去了。赵桓史称宋钦宗，其年号为靖康。主战派李纲率军民坚守东京，地方宋军也赶来增援，金人已不敢恋战，而宋钦宗急于与金人议和，竟答应赔款割地。金兵退后，徽宗回京，钦宗也不思备战，李纲被贬官，朝政仍十分黑暗。当年秋天，金军再度南下，包围了东京，在钦宗与求和派的荒谬指挥下，东京很快失陷。靖康

二年（1127）四月，金军俘徽、钦二帝和众多皇室成员北去，赵宋皇朝的传国宝玺及法物等也全部落入金人手中，北宋灭亡。

宋金战和 同年五月，徽宗第九子赵构在应天府（今河南商丘）即位，史称宋高宗。高宗即位之初任用李纲，但不久转而信任黄潜善、汪伯彦等投降派，幻想用岁币和割让土地换取和平，因此李纲只当了75天宰相就被赶走了，宗泽在汴京积极组织抗金也得不到支持，高宗丢下北方的军民逃到了扬州。不久，金军大举南下，高宗只身逃到杭州，武将苗傅、刘正彦发动政变，逼高宗退位，后在其他武将的干预下，平息了政变，而高宗已饱受惊吓。金将完颜宗弼率军渡江，高宗一路狂奔，最后乘船逃到海上。金军追到明州方才退军，沿途遭到韩世忠、岳飞等军的截击，从此不敢轻易渡江。 金人扶刘豫为"大齐皇帝"，在中原建立了傀儡政权。宋高宗定都杭州，改称为临安府，不再指望恢复中原，从此苟安于江南一带，故史称南宋。金军不断南下压迫，高宗只得任用抗战派，南宋军队日益壮大，出现一批优秀的将领，岳飞在战争中崭露头角，成为最著名的抗金将领。吴璘在四川大破金军，守住了西部防线；岳飞出师反击，一举收复襄阳六郡。经过将士四五年的浴血奋战，高宗才坐稳了皇位，然而他坚决拒绝岳飞等人恢复中原的建议，用秦桧为相，以抗金战争的大好形势为资本，向金求和。秦桧为高宗出谋划策，解除了韩世忠、岳飞等人的兵权，以"莫须有"的罪名杀害了力求抗金的岳飞。绍兴十一年（1142）宋金订立和议，约定：①宋帝向金称臣；②划定两国边界，宋割让大片领土；③宋每年向金纳银25万两，绢25万匹。对宋来说，这是前所未有的屈辱和约，史称"绍兴和议"。 秦桧独揽大政十多年，用高压手段钳制舆论，大兴文字狱，公然索贿受贿，政治十分黑暗。南宋的地方官僚一面大肆兼并土地，一面加紧搜刮民众，社会矛盾日趋尖锐，各地农民起义不断。而高宗等不再想念北方的家乡，安心在南方享乐，西湖变成一个大销金锅儿，杭州变成贵族们的歌舞场。 绍兴三十一年（1161），金主完颜亮亲自领兵南下，直打到长江边，惊醒了南宋君臣的好梦。宋军溃逃至江南，奉命到前线慰军的虞允文挺身而出，指挥水军在采石挡住了金军的进攻，这时金军内部又发生内讧，完颜亮被杀，金军北撤。 第二年，高宗传位于宗室赵昚，史称宋孝宗。宋孝宗锐意抗金，一即位便给岳飞平反，召回抗战派张浚等。隆兴元年（1163）张浚出任枢密使，派兵北伐。北伐军起初进展颇为顺利，后由于大将李显忠与邵宏渊不和，各部不相配合，李显忠在符离（今安徽宿州）一战失利，诸军相继溃逃，遭致惨重损失。已退位的高宗称太上皇，仍拥有相当大的权力，主和派以他为靠山，纷纷攻击抗战派，宋孝宗只得重新任用秦桧余党汤思退为相，派人向金求和。隆兴二年（1164）冬，经过激烈的争论，宋金和议终于达成。主要内容有：①宋皇帝不再向金主称"卑臣"，而是自称为"侄儿"；②宋金维持"绍兴和议"所划定的疆界；③宋每年给金的"岁贡"改称为"岁币"，数额也减为银绢各20万两匹。由于这次宋方态度比较强硬，和议条件反而比过去有利。 宋孝宗不甘心屈服于金，励精图治，任用虞允文为相，积极整顿军队，仿效宋太宗再设"封桩库"，将每年的财政节余都储备起来，准备再次北伐。然而虞允文不幸病故，整个官僚阶层耽于享乐，难有大作为，孝宗再次失望了。高宗当了二十多年的太上皇才死去，孝宗这时已心灰意冷，便将帝位传给四十多岁的儿子赵惇，自己也作太上皇了。赵惇史称光宗。他即位不久便发了精神病，与孝宗的关系相当紧张。绍熙五年（1194）宋孝宗死，光宗不肯出面，连葬礼也无法进行，引起朝野严重不安。宗室赵汝愚与外戚韩侂胄组织政变，在高宗皇后吴氏的支持下，另立光宗子赵扩为帝，令光宗为太上皇。 > 赵扩史称宋宁宗。宁宗是一个没有主见的懦弱皇帝，不久政权就被韩侂胄把持，韩侂胄要弄阴谋，排斥赵汝愚一派，将理学称为"伪学"，著名理学家朱熹等也遭到迫害，这便是"庆元党禁"。但"党禁"延续时间不长，六年后便宣布弛禁了。 > 通过几年经营，韩侂胄在朝廷中建立起说一不二的威权，极端的言论管制，败坏了士风，黑暗的专制政治，使吏治更加腐败。上自缙绅士人，下至平民百姓，都对韩侂胄恨透了。为了转移朝野的视线，也为了巩固自己的地位，开禧二年（1206），未经充分准备，韩侂胄便贸然发动北伐。宋军不堪一击，很快全军奔溃，金军乘胜南下，再次渡过淮河，饮马长江。韩侂胄吓慌了，忙派人去求和，谁知金人把斩韩侂胄作为议和先决条件，韩侂胄恼羞成怒，决心不惜一切代价血战到底。礼部侍郎史弥远与杨皇后策划政变，假传圣旨突然捕杀了韩侂胄。嘉定元年（1208），宋金再订和议，宋帝改称金帝为"伯"，岁币由银绢各 20 万两匹增至各 30 万两匹，宋还要另付犒军银 300 万两。这便是"嘉定和议"。"嘉定和议"订立后不久，金就遭到蒙古军的猛烈攻击，被迫迁都南京开封。宋趁机停止向金交纳岁币，金以此为借口，又向南用兵，由于宋军民的坚决抵抗，金没捞到什么好处，只好自己宣告停战。

元灭南宋 > 嘉定以后，史弥远当上宰相，长期把持政权，他和韩侂胄一样，只热衷于结党营私，根本不注重国计民生，官场贿赂公行，政治非常黑暗。这时，国家财政也出现危机，史弥远等一方面加紧搜刮，一方面滥发纸币，引起物价飞涨，大批民众因此破产。 > 宁宗没有亲生儿子，曾立宗室赵竑为皇子。史弥远探知赵竑痛恨自己，便阴谋偷梁换柱，设法另找了一个沦落民间的皇室远亲赵昀。宁宗病逝后，史弥远假传圣旨立赵昀为帝，皇子赵竑被废，不久便被害死。赵昀史称宋理宗。理宗初年，史弥远把持政权，六年后理宗才得以亲政。理宗亲政之初，也一度想更新政治，可不久便沉溺于声色，听任阎妃、权奸马天骥、丁大全和宦官董宋臣等招权纳贿、胡作非为，人们敢怒不敢言，有人在朝门上写道："阎马丁当，国势将亡"。 > 这时，崛起于北方的蒙古，在西征取得巨大胜利之后，转而掉头南攻，金国抵挡不住，已四面楚歌。南宋君臣尽忘前车之鉴，重蹈北宋末覆辙，又与强敌联盟，共灭昔日的仇敌，端平元年（1234）与蒙古联手灭了金。正当宋人庆贺之时，蒙军已大举南下，南宋处于生死存亡的关头。 > 余玠受命于危难之中，出任四川安抚制置使，积极招纳人才，听取各种建议，修造了大批如合州钓鱼城那样的要塞，守蜀十年，屡次击败蒙军，最后却为权臣所害。宝祐六年（1258），蒙古军兵分三路攻宋，大汗蒙哥亲自领主力攻四川，忽必烈率军攻鄂州，兀良合台自云南进军。蒙军在四川遭到顽强抵抗，宋将王坚率军民死守钓鱼城，重创蒙军，蒙哥死于军中。忽必烈所领蒙军也被阻于鄂州城下，奉命督师救援的贾似道急于结束战争，回京享乐，便私下遣使向忽必烈求和，提出划江为界、岁贡银绢各 20 万两匹等丧权辱国的条件，忽必烈急于北归争夺大汗帝位，无心恋战，就接受了贾似道的建议，双方达成了和约，蒙军安全撤走。贾似道隐瞒了求和真相，向朝廷报告说，宋军在他的率领下一战告捷，蒙军大败而逃，贾似道因此当上了宰相。〉景定五年（1264），理宗病逝，其侄赵禥继位，史称度宗。度宗是个发育不全的弱智儿，除了吃喝玩乐根本不会过问政治，贾似道本是个浪荡公子，将政权捏在手心，却不把军国大事放在心上，政治腐败日趋严重，国家经济濒于崩溃，宋朝危如累卵，只是由于蒙古人忙于争夺汗位，南宋才得以苟延残喘。〉与政治军事上的软弱无能相对，两宋经济文化上的成就是十分辉煌的。宋代农业的发展水平已远远超过了汉唐。中国古代四大发明中有三项是在宋代得到普遍运用的，即指南针、印刷术、火药。宋代采取鼓励海外贸易的开放政策，广州和泉州都是当时世界上著名的大商港，宋人会造数十丈的巨型海船，海船上普遍装有"针盘"，也就是用磁石做成的原始罗盘。雕版印刷在唐五代开始应用，直到北宋才开始普及，沈括的《梦溪笔谈》记载了宋仁宗时布衣毕昇发明的活字印刷术，这比欧洲要早400年。火药武器在唐末发明后，在宋得到普遍运用。宋官府设有火药武器的作坊，宋神宗时，边防军已大量配备火药箭，南宋时，军民又发明了名为"突火枪"的管形火器。宋代城市商业的繁荣也是引人注目的，沿袭至唐的隔开居民住宅与市场的坊墙被打破，工商与居民杂居，到处开店，夜市可以开到三更。由于铜钱外流，造成钱荒，宋人铸造铁钱作为补充，到南宋时，纸币逐渐成为主要货币。〉忽必烈巩固了皇位之后，专力南攻，采取久困军事重镇襄樊，逐渐南压的战略。宋将或由外攻，或由内突，当地民兵也参与了运粮斗争，终因没有集中兵力，没有统一指挥，未能打破元人的包围。贾似道躲在京中享乐，坐视战局恶化，根本无心组织救援。襄樊被围六年，以至拆屋为薪，缝纸币为衣，非常困难，咸淳九年（1273），襄樊终被攻破。〉第二年，宋度宗死，贾似道拥立度宗四岁的幼子即位，史称宋恭帝。元丞相伯颜领军沿江东下，宋守臣纷纷降元。德祐元年（1275），贾似道一面集结精兵，一面向元人求和，遭到拒绝后，两军于鲁港、丁家洲一带开战，刚一接触，贾似道等便率先逃跑，以致全军大溃，元军趁势进逼临安。贾似道被革职流放，途中又被人诛杀，可事到如今，不管怎么惩罚他也已无济于事。宋人又拿出看家本领，一再求和，许愿割地、贡岁币，最后连称臣也不在乎，只求名义上保存赵宋小朝廷的宗庙社稷。伯颜喝斥道："你们宋家的天下本来就是从后周的小儿手中抢来的，如今从小儿手中失去，不正是老天的报应么？不必多说了！"1276年，理宗皇后谢氏、度宗皇后全氏领小皇帝出降，南宋灭亡。〉其后，一些地方官仍坚持抗战，如潭州的李芾、淮东的李庭芝、姜才等都不屈而死。文天祥、张世杰、陆秀夫等人先后拥立度宗的两个幼子赵昰、赵昺为帝，在江西、福建、广东一带继续抗元，直至1279年在崖山（今广东江门新会南海中）一战，陆秀夫抱幼主赵昺跳海，南宋才失去了最后的希望。文天祥被押往元大都（北京），拒绝了从元帝到旧友的劝降，三年后英勇就义。〉与后来的清朝贵族相较，蒙古政权对南人的民族压迫更为表面化，而宋人的反抗却远不及明人激烈。在明末，于小小的嘉定城也会有几个读书人挺身而出，而市民也居然一呼百应；武装抗清延续之久，参加阶层之广泛自不必说，就连记录明末历史的野史也比宋详细。而在南宋末，除了文天祥等有数的几个人，少见坚决抗元的宋官及士人，甚至连文天祥的弟弟也投降做了元官；同为官修正史，《宋史》也修得散乱无序，不如《明史》有一股内在的凛然正气。宋朝结束的挽歌实在不如明亡时那么悲壮、那么感人。〉这真是一个平淡的时代。

960 年至 1279 年
平淡而耐人寻味的时代
宋代

规模浩大、组织严密的皇宫仪仗队

9 6 0 年　宋　1 2 7 9 年

辽、北宋时期全图

图　例　Legend

選自谭其骧主编《中国历史地图集》第六册：宋辽金时期

北宋世系表

1 太祖赵匡胤 → 2 太宗赵光义 → 3 真宗赵恒 → 4 仁宗赵祯

→ 5 英宗赵曙 → 6 神宗赵顼 → 7 哲宗赵煦 → 8 徽宗赵佶 → 9 钦宗赵桓

中国大事记

建隆元年，赵匡胤（宋太祖）在陈桥驿发动兵变，建立宋朝，定都开封。平定藩镇李筠、李重进叛乱。

黄袍加身

在经历了五代十国的纷乱之后，人心思定。后周禁军将领赵匡胤自行披上了黄袍，成了宋朝的开国皇帝，但天下并未太平，新王朝的命运如何，人们拭目以待。

唐亡之后，天下大乱，五十三年间，中原地区后梁、后唐、后晋、后汉、后周五个朝代相继更替，史称"五代"，这些朝代最长的不过十七年，最短的只有五年，前后更换了八姓十四君。政局之所以如此混乱，是由于唐代后期，逐渐形成军阀割据的局面，当统一的象征唐王朝轰然垮台之后，独霸一方的军阀便成了没头苍蝇，今天我起兵打倒你，明天我又被新的兵变推翻，新兴的辽国还常常趁火打劫，真是"乱哄哄你方唱罢我登台"。老百姓受够了战乱之苦，只求早日安定下来。而宋王朝的序幕恰恰是从最令人厌恶的兵变开始的。

乱世造就的英雄

宋朝第一个皇帝叫赵匡胤，他本人便是这乱世造就的英雄。

赵家本是行伍世家，赵匡胤的父亲为禁军将领。后唐天成二年（927），赵匡胤生于洛阳夹马营。后汉时，他投在军阀郭威帐下，不久，就亲眼看到了兵变，看到这个外号叫"郭雀儿"的军人登上皇帝宝座，建立了后周王朝。赵匡胤心想：当皇帝原来这般容易。一颗野心悄悄地发芽了。

赵匡胤立下赫赫战功，赵家父子同典禁军，可赵匡胤并未满足，他有更远大的志向。在禁军苦心经营六年之后，赵匡胤以其豁达大度和英武收服了众多将士。然而，周世宗是少有的英明君主，其威望使野心家不敢轻举妄动。禁军的另一首领叫韩通，性情急躁无谋，遇事只会瞪眼乱吼，所以人们背地里称他为"韩瞪眼"，他的儿子有点小聪明，可又天生的罗锅腰，所以外号叫"韩橐驼"。

早在赵匡胤收买人心之时，韩橐驼就多次提醒父亲，该及早防备那姓赵的，可韩通眼一瞪，大吼一声："别胡说！"儿子便只好躬着腰退下了。

机会终于来了

后周显德六年（959），周世宗英年早逝，临死前，他拉着宰相范质等人的手，流着眼泪把七岁的儿子托付给他们，心里真是一百个不放心。第二年元旦，朝廷的贺岁大礼还未结束，一匹快马便送来一个紧急情报，说是辽兵勾结北汉入侵，很快将南

宋代开国皇帝赵匡胤

赵匡胤（927-976），涿州（今属河北）人。自幼习武，善于骑射。其父为后唐禁军将领。后周时，匡胤积战功为殿前都指挥使，后升殿前都点检，执掌兵权。陈桥兵变，代周称帝，创建宋朝，从此结束了唐末五代以来割据混乱的局面。他在位十六年，史称宋太祖。此像为明人所绘。

11世纪藏族有一部民间说唱体英雄史诗，那是什么？

公元 960 年

世界大事记

中亚西亚七河省突厥人始信奉伊斯兰教。

《续资治通鉴长编》卷——《涑水纪闻》卷一

赵匡胤 赵光义 赵匡胤 黄袍加身 机遇 范质 赵普

人物　典故　关键词　故事来源

下。七岁的小皇帝哪知军国大事，懦弱的皇太后没了主意，叫来宰相范质、王溥商量，两人主张派殿前都点检赵匡胤领兵抵御，马上出发。

消息传出，京城骚动起来。眼下这局势和后汉末何等相似，想当初，那"郭雀儿"就是领兵出征抗辽，在途中披上撕裂的黄旗，当上皇帝回京的。于是开封城里一个流言不胫而走："出军之日，当立点检为天子。"老百姓人心惶惶，因为每次改朝换代，新天子往往纵容骄兵在城中大肆抢夺，称为"夯市"，因此，许多富人慌忙卷起细软逃往城外。赵匡胤也有些慌了，偷偷溜回家中，把外间的流言告诉家人，说："外面这样骚动不安，怎么办呢？"匡胤的姐姐正在厨房做面食，一听此言，顿时脸色铁青，举起擀面杖就朝匡胤头上打去，她气愤地说："大丈夫面临生死关头，是否行动应在自己心里决定，跑回家中吓唬妇女有什么用！"说着把他赶了出去。赵匡胤默默退出，决心孤注一掷了。

学问渊博的窦仪

窦仪（914-966），字可象，蓟州渔阳（今天津蓟县）人。从小就写得一手好文章。后晋高祖天福（936-942）中举进士。曾为滑、陕、孟、郓四镇从事。后汉初，召为右补阙、礼部员外郎。后周太祖广顺年间（951-953）改仓部员外郎、知制诰，召为翰林学士。后周世宗时（954-959）拜端明殿大学士，判河南府兼知西京留守事。入宋，迁工部尚书，罢学士，兼判大理寺，奉诏重订《刑统》三十卷。再入翰林为学士，加礼部尚书。死后赠右仆射。窦仪学问渊博，有弟四人也相继登科，时称"窦氏五龙"。此图出自《历代名臣像解》。

规模浩大、组织严密的皇宫仪仗队（局部）

历史文化百科

〔加强皇权的举措〕

宋朝十分注意分散大臣的事权，以此加强皇权。宫城内设中书门下，或称政事堂，正副宰相在此集体处理政事，在北宋前期，宰相称同中书门下平章事，副宰相称参知政事；神宗元丰改革官制，宰相称尚书左、右仆射；徽宗时宰相称太宰、少宰；南宋时又改称左、右丞相，根据需要有时设平章军国重事，位居宰相之上，用以安置德高望重的老臣，或皇帝用以笼络宠臣。又设枢密院，作为主管全国军政的最高机构，其长官称枢密使或知枢密院事，副长官称枢密副使或同知枢密院事。中书门下与枢密院俗称东西二府，副宰相与枢密院长官合称执政，加上宰相，简称为宰执。二府既相互监督，又相互配合，往往共同商讨决策。

规模浩大、组织严密的皇宫仪仗队（左页及右页图）
这是宋代皇宫规格最高的仪仗队，仅限于皇帝前往南郊拜祭天地的时候使用。整个仪仗队规模浩大，有五千余人，近三千匹马参加，但队伍的组织又十分严密，每一个人的位置和穿着道具都是有明确规定的。皇帝还特地派画师把整个队伍准确无误地画下来，取名为《大架卤簿图卷》，以便经常操练并且把这套规范永久地传下去。

陈桥兵变

初三一早，赵匡胤率军出征，走到开封东北40里外的陈桥驿，便下令宿营。黄昏时，赵匡胤的亲兵发现有人在对着夕阳指指点点，仔细一看，原来是军中号称会算命的苗先生，他好奇地问："苗先生，看什么哪？"苗先生神秘地摆摆手，说："可别大声嚷嚷！你仔细看看，这太阳下面还有一个太阳的影子，这是天命，要应在点检身上，改朝换代就在眼前了。"那士兵闻言眼睛都直了，回到营中悄悄告诉了好友。于是一传十，十传百，晚饭还没吃完，流言便传遍了整个军营。

这天夜里，那赵匡胤却像没事人似的，吃了几杯浊酒，就推说头晕，自回帐中睡下了。众将横竖睡不着，便聚在一起饮酒。一位将军站了起来，借着酒意道破了大家的心思："诸位，如今天子幼弱，不能亲政。我辈再怎么拼命为国抗敌，也无人知道，还不如先把点检立为天子，再去抗敌不迟！"顿时，帐中就像炸开的油锅，吵成一团。有人把匡胤的弟弟光义和亲信赵普叫来一起商议。光义假意劝了几声，赵普则说："如今主少国疑，当然不能制服众人；而点检在军内外都享有崇高威望，一入京城，就能顺利即位。今夜安排好，明晨就可行事。"众将齐声叫好，便分头行动起来。东方欲曙之时，士兵们都被叫起，穿戴好盔甲，把匡胤的营帐团团围住，呼叫声震动了原野。光义和赵普冲进营帐，赵匡胤这才起身，随后众人也一拥而上，有人把准备好的黄袍披在他身上，全军山呼万岁，随即拥他上马向京城开去。赵匡胤假作苦苦推辞，众人自然不允，赵匡胤便乘机提出要求："你们自己贪图富贵，立我为天子。如果能听从我命令，进城不滥杀抢掠，我就当皇帝，否则不当。"众人下马立誓遵命。

大宋王朝的建立

大军浩浩荡荡开回京城，朝廷大臣乱成一团。面对宰相范质等，赵匡胤一把鼻涕一把眼泪地诉说自己如何迫不得已，他手下的大将却亮出兵刃以死相逼，范质等只好率百官跪下。随即举行了禅代礼，事先甚至连禅位诏书都准备好了。赵匡胤正式即位，国号"宋"，改年号为建隆，国都开封，称东京。其间仅杀了韩通全家，整个过程基本是和平的，京城百姓没有受到惊扰，街市上一切照旧，人们感到和过去的兵变大不一样。

一场"黄袍加身"的闹剧就这么结束了，但天下并未太平，这个新王朝是不是又一个短命王朝呢？人们拭目以待。

话说中国

○○二

杜太后教子

儿子成为天子，国母杜氏可以享尽荣华富贵，而杜太后却面有忧色。

宋太祖赵匡胤的妈妈杜太后是一个有政治眼光的女人，史书上说她"治家严毅有礼法"。

"福兮祸所倚"

赵匡胤在陈桥驿搞政变，黄袍加身后，勒兵回京城。他的部下快马加鞭先期赶回开封，向赵匡胤的老娘杜氏报喜讯说："您儿子做皇帝啦。"

杜太后训子

赵匡胤陈桥兵变、黄袍加身后，回到京城开封，拜见父母，其母杜氏却对儿子当皇帝面无喜色，说："皇帝不好当，治国有道的话，受万人崇敬，万一无道，就众叛亲离，那时要做个普通百姓也办不到啊！"赵匡胤立即跪倒在地表示一定谨记心上。此图出于《帝鉴图说》。

敬受母教

皇太后

宋太祖

杜氏却似乎早有所料，不动声色地说："我儿素有大志，今日总算如愿以偿。"

赵匡胤登基后，他老妈自然也就成了皇太后，赵匡胤在朝堂上为母亲举行庆贺大礼，群臣都来祝贺。杜太后却板着脸，毫无喜色。周围的人感到很纳闷，就问："俗话说'母以子贵'，现在您儿子成了当今的天子，老人家为何还面有忧色呢？"

杜太后说："你们只知其一，不知其二，有道是'福兮祸所依'，做皇帝不容易呵。天子位居亿万百姓之上，治国有道，搞得好，自然受人崇敬。万一搞得不好，众叛亲离，群起而攻，到那时要想做个普通百姓，过太平日子也办不到，这就是我为什么要担忧的原因。"

> ＞历史文化百科＜

〔小镇成商市〕

镇起源于北魏，在五代以前，镇是作为军事据点设置的。入宋以后，旧有的镇变成商品经济活动的集散地，其军事性质基本消失；一些地方居民户口虽不及县，但商业发达，官府便在此设镇收税；市的地位又低于镇，有的市设置行政机构，有的则是在城郊或交通要道自然形成的草市，暂时还未有官僚机构，许多市或草市又上升为镇。商品经济的大潮席卷全国城乡，在大城市发展的同时，成千上万个镇市也兴盛起来，北宋的地理书《元丰九域志》就记载了1900个以上的市镇名。官府一般在镇上设官收税，个别小镇市不设官，而将税务交由私人承包，称为"买扑"。有的镇市发展到很大的规模，甚至超过了所在的州县，如黄池镇（今安徽芜湖东）的商业繁荣已超过太平州（今安徽当涂）；上海的前身青龙镇已成为海舶汇集的商埠。镇市的税收已在全国商税总收入中占不小的比重。

宋

公元 9 6 2 年

世界大事记

奥托一世加冕称帝，神圣罗马帝国开始，阿富汗伽色尼王朝开始。

杜太后
赵普
赵光义胤
赵匡胤

《宋史·昭宪杜太后传》

果断
谋略

金匮之盟

太祖母

人物 典故 关键词 故事来源

宋太祖听了立刻跪倒在地说："母亲的教导我一定铭记在心。"

金匮之盟

太祖初即位时，老太太身体还挺好，常以皇太后的身份参与国家政事。传说杜太后病重时，把赵匡胤叫到身边，问道："知道你为什么能得天下吗？"太祖说："这全靠祖上和太后的福气。"太后微微一笑，说："得了，这只不过因为柴家让小孩坐天下，你才有机会的。"沉默了一会，太后郑重地说："你

宋太祖之母杜太后

杜太后（902-961），太祖、太宗母。太祖即位，尊为皇太后，每与太祖参决政事。宋太宗夺取帝位后，与赵普伪称曾奉杜太后遗命订立"金匮之盟"，预定传位太宗。

背子：宋代女子的外衣

背子亦可作礼服。此背子为紫灰色绉纱制成，缘边纹饰有彩绘百菊、几何纹、印金芙蓉、菊花等。剪裁缝缀十分精致，色彩绚丽，光彩夺目，与一般宋代绘画雕塑中仕女服饰有所不同，而与后妃服的缘边装饰类似。印金芙蓉亦喻意富荣高贵。

不行了，要把皇位传给光义，光义再传给小弟廷美，保证皇位一直在成年君主手里，这样你的子孙也能长保富贵。"

太祖伏地磕头，哽咽着说："儿子怎敢不听母亲教诲！"这时，太后叫来赵普，要他把这一传位顺序写成誓言，然后把盟誓藏在一个金制的箱内。旧史称之为"金匮之盟"，但后代有的史学家认为根本就没有这回事，而是赵光义当了皇帝之后造出来的。但终太祖之朝，光义的地位的确在一人之下，万人之上，而太祖自己的儿子不但没有太子称号，连王也没封，只得到低级官衔，这是不同寻常的。也许真有"金匮之盟"？

事实上，杜太后的确为稳定宋初的局势起了相当的作用。

宋人习用硬枕

和西方人习惯使用柔软的枕头不同，包括宋代人在内的中国古人习惯用陶瓷或竹木等制成的硬枕，他们认为，这样对形体和养生更有益处。在枕头的造型和色彩上更是各有千秋，很富有艺术性。

○○三

制服强藩

赵匡胤轻而易举地坐上龙椅，昔日的兄弟自然不服。该杀就杀，宋太祖决不手软。

恩威并施十兄弟

赵匡胤在开封坐上龙椅，不过控制了京城一带。沿袭唐以来旧制，后周也任命了许多武将为节度使，他们拥重兵在外，收取一方钱粮，有很强的实力，而且能征善战、武艺高强，人称"十兄弟"。他们和赵匡胤出身、资历差不多，有的原和他兄弟相称，有的还是他的前辈，忽然一夜之间那姓赵的当了皇帝，怎不令他们又嫉又恨。赵匡胤是过来人，心里明白得很，在收拾他们之前首先要在气势上压倒对手。赵匡胤把他们召来，每人骑一匹马，带上弓箭，皇帝自己也不带随从，一行人悄悄奔出城门，钻进郊外的丛林，然后下马喝酒。这时，赵匡胤从容地说："现在此地无人，谁要想做皇帝就可以杀了我。"众人都伏在地上，吓得直打哆嗦。赵匡胤再三喝问，也无人敢应。他又厉声说："既然你们愿意拥戴我当皇帝，今后应当谨守臣节，不得骄横。"众将都叩谢龙恩，口呼万岁。

此后，赵匡胤恩威并施，逐步化解了这股势力。

心存异志的李筠

其中也有特别不听话的，那就实行坚决打击。潞州节度使李筠，统领河东子弟，累立战功，是抵挡北方敌国北汉与辽的重要屏障。赵匡胤即位后便派使节拉拢，并许他加官晋爵。可李筠并不买账，当时就想抗诏不从，在左右的苦劝下才勉强跪下，但仍然掩饰不了愤愤不平的表情。当晚宴请朝廷使节，院中鼓乐大作，厅内灯火通明，酒过数巡之后，李筠突然大叫一声："来呀！"一个军士捧上周世宗的画像，李筠拜倒在像前，痛哭流涕。陪坐的亲信慌了手脚，忙对使节解释说："李公喝醉了酒，失去本性，千万不要见怪。"

北汉国主刘钧听说李筠心存异志，便派人送来亲笔信，约他共同反宋，为了稳住朝廷，李筠一边把这封信上交，一边暗地准备起兵。但李筠生性暴躁，一怒之下就会乱杀人，又口没遮拦，喜欢开玩笑，所以他的密谋早已传进赵匡胤的耳里。李筠派长子守节入京观察动静。守节刚上殿，赵匡胤劈头就问："太子，为何来此？"太子是皇帝儿子的尊称，这还了得！守节吓得一个劲地磕头，连声说："这是什么话！一定是有奸人诬告了父亲。"赵匡胤笑着说："我也知道你曾多次哭着劝谏你父亲，可那老贼始终不听。他叫你来，是想叫我杀你，说明毫不顾惜你。现在我杀你又

撞开城门的攻击武器：撞车

在攻城作战中，除了城头的争夺之外，城门也是攻守双方争夺的一个焦点。这个前端装有尖利而厚重的铁器的撞车装置，是撞开或毁坏城门的首选武器，是典型的攻击性武器。

公元963年

世界大事记

拜占廷帝国罗马勒斯为其妻狄奥梵诺所杀，其五岁子即位。

赵匡胤　李筠　李重进

果断

《涑水纪闻·卷一》《宋史·李筠传》《宋史·李重进传》

人物　关键词　故事来源

宋太祖登基

赵匡胤挥师回开封，禁军高级将领石守信、王审琦开城迎接，后周宰相范质等人无可奈何，只得向赵匡胤跪拜，帮助赵匡胤举行了禅代的仪式，赵匡胤正式登皇帝位，改封后周恭帝为郑王，改国号为宋，定都开封。此图出于清刻本《廿一史通俗演义》。

登宋基

战太行山

战太行山

赵匡胤登皇帝位，盘踞潞州的昭义节度使李筠进兵反抗，讨伐檄文历数赵匡胤不忠之罪，赵匡胤又羞又气，下诏亲征，先派石守信等将领分道出击，截住李筠退入太行山的道路，一路报捷，将李筠围困泽州，李筠赴火自杀，潞州很快被宋军占领。此图出于明刻本《大宋中兴通俗演义》。

有什么用！你回去告诉那老贼：我不做天子，随你怎么样都行；我做了天子，你就不能退让一点吗？"听了守节的传话，李筠知道已无退路，反志更坚了。

叛军来者不善

为了筹措军需，李筠煞费苦心。当地有个深受信徒敬重的高僧，李筠悄悄把他召至密室，和他商定："我军用不足，想借师傅的名气化募钱粮六十万。你以舍身自焚为号召，柴堆下挖好地道，直通我府中。所得暂存我仓库，事成和你对半分。"所谓高僧竟是贪财之徒，便满口应承。自焚的消息一发布，果然引起轰动，李筠和夫人先去施舍，献出全部家财，善男信女从四方涌来，争相献出钱财，一时连仓库都装不下了，不到十天，就募到了六十万。于是，李筠下令举火，待四面火起，那高僧钻入柴下，发现地道口已被堵死，可怜他临死才明白上了当。

李筠自以为钱粮充足，兵强马壮，建隆元年（960）四月，正式宣布起兵，率军直扑东京而来。他得意地说："我是周朝宿将，与世宗情同手足，禁中亲兵都

是我的老朋友，听说我来，必定倒戈归我。何况我的爱将儋珪，使一杆长枪天下闻名；我还有日驰七百里的拨汗马，试问天下谁能敌！"北汉国主刘钧闻讯，大喜过望，亲自率军来会。李筠虽以臣礼拜见，但口口声声说自己深受周祖大恩，故以死相报。周汉本是世仇，北汉主一听此言便起了疑心，留下亲信为监军。于是李筠也不高兴，两军便不能协同作战了。

削平二李

李筠的讨伐檄文历数赵匡胤不忠之罪，句句皆戳到痛处，赵匡胤又羞又气，下诏亲征。太行山区险峻多石，骑兵不能行走，赵匡胤亲自背石，群臣自然不敢怠慢，与士兵一起背石，一天之中就开出了一条平路。禁军进展神速，一路报捷，李筠的部下纷纷倒戈，很快李筠被围于泽州。李筠见大势已去，只得赴火自杀，追随那老和尚去了。

就在赵匡胤准备亲征李筠之时，又传来坏消息，淮南节度使李重进将反于扬州。李重进是周太祖的外甥，世宗时与赵匡胤分掌内外兵权，为周南方屏蔽，

攻防兼备的连发弓弩

这一连发弓弩是专用于城池攻防战事中的。因敌对双方相距较远，要求弓弩的射程必须是远程的，带有手柄的绞绳装置即是为了加强射程的距离。这种武器在攻守双方均可使用。

> **历史文化百科**
>
> **〔古代砖雕艺术的代表作：开封铁塔〕**
>
> 　　到开封不可不看铁塔。所谓铁塔，是一座琉璃砖塔，近看色泽晶莹，富丽堂皇，每块砖上几乎都有浮雕，绘有坐佛、立僧、伎乐、狮子、龙纹、云纹、芍药等几十种图案，造型生动，为古代砖雕艺术的代表作，因远看呈赤铁色，故民间俗称铁塔。塔建于仁宗皇祐元年(1049)，原名开宝寺塔，内造塔心柱，有蹬道上通各层，每层均有门，可登临眺望；而外部仿木构建筑，飞檐斗栱，塔角悬挂小铁钟，风吹钟鸣。现塔身高 55.08 米，八角十三层，因黄河泛滥，塔座及塔下八棱方池已被埋没。砖瓦上有子母槽，互相扣合，十分牢固，外部构件又通过蹬道与塔心柱紧密衔接，形成抗震体系。九百多年来，历经地震、水患、兵火，尤其 1938 年，日本侵略军在黄河北岸向铁塔炮击五百余发，击中北面四至十三层，八、九两层严重损坏，后又用飞机扫射，塔顶中弹六十余发，而宝塔仍巍然屹立，奇迹般地保存下来。

人称"黑大王"。赵匡胤称帝后，为了使他安心，派人送去铁券誓书，而李重进自以为是周朝近亲，终不免一死，便图谋起兵。赵匡胤通过间谍设法稳住李重进，使他晚点起兵，以免腹背受敌。待收拾了李筠，他便挥师南下，同年十一月，攻下扬州，李重进也赴火自杀了。

　　削平了二李，各路节度使再不敢乱动，只好听从调遣，赵匡胤终于实际拥有了原属后周的领土。

开封铁塔并非铁制

位于河南开封市东北隅。建于北宋皇祐元年(1049)。平面呈八角形，外壁镶以褐色琉璃砖，近似铁色，故俗称铁塔。塔身用不同形制的琉璃砖砌成各种仿木结构，檐下配置斗，檐上葺以黄瓦，造型宏伟挺拔，俨如擎天巨柱。

　　"宋代四大书"是指北宋早期编撰的四部大类书，书名是什么？

公元 965 年

世界大事记　高丽遣使如宋。

《续资治通鉴长编》卷二一 《涑水纪闻》卷一

赵普　石守信　王审琦　赵匡胤　杯酒释兵权　谋略

人物　典故　关键词　故事来源

〇〇四

杯酒释兵权

"兔死狗烹"为历代开国皇帝之故伎，赵匡胤则技高一筹，请来功臣喝酒，谈笑间拔掉了走狗的利牙。

虎视眈眈的野心家

赵匡胤做了皇帝，史称宋太祖。皇位得来容易，可要巩固下来就不那么简单了，且不说割据一方的霸主与在外拥兵自重的草头王，就是都城之内也潜伏着不少虎视眈眈的野心家。一次，皇帝车队从京城桥上驶过，突然，一支冷箭飞了过来，穿过宋太祖头上的黄旗，卫队亲兵都愣住了，而宋太祖从容下车，敞开衣襟，笑着喊道："射呀！射呀！"

当然，他明白必须提防，便常常潜出宫外，微服私访，以亲自掌握情报。他的亲信非常担心，劝说道："陛下新得天下，人心未安，您这样随便出巡，万一

崇尚饮酒的生活

我们在看《水浒传》等表现宋代社会生活的小说时，几乎到处都有关于酒的描写。酒是宋人生活的重要组成部分。石雕中的酒保双手托举着的，是当时最为常见的一种酒具，它内中是酒壶，外层的莲花状底座则可加注热水，使酒加热后口感更好。

有人谋害，就后悔不及了。"

太祖哈哈一笑说："称王称帝，自有天命，强求不能得，推也推不掉，若真有祸患，人为是不能幸免的。想当年，那周世宗看到方头大耳的将领便疑心

精致典雅的酒具莲式温碗

制瓷技术的长足进步使宋代的人们改变了前代惯用铜器和漆器的习尚。这件产于宋代名窑汝窑的莲式温碗，是宋代最常用的温酒器具，从中也可以看出宋人对饮酒的嗜好以及其中的诸多讲究之处。

> 历史文化百科

〔宋代的酒店〕

北宋东京有不少大酒楼。宋诗中常见的樊楼，为五座三层高楼，各栋之间有廊道相连，内有不少单间，门口挂着珠帘，公子哥儿在此夜夜狂欢。宋代的大酒店一般大门都绘有彩画，设红绿杈子，悬翠绿帘幕，挂红纱栀子灯。三园楼在进门后有一条主廊，中间一个天井，南北的长廊及楼上都是一个个精致的小阁子，一到夜晚，灯火辉煌，几十个浓妆艳抹的妓女聚于主廊上，以待酒客召唤，望之宛若神仙。内行的人说："大酒店的娼妓只是伴坐而已，另有所谓奄酒店，谓有娼妓在内，可以就欢，而于酒阁内暗藏卧房也。"这种酒店的标志是在门首的红栀子灯上加盖一顶箬笠。

重重，把他们都杀了，而我就在他身边，却没有遇害。若我命该为天下主，谁还能害我？若我不该为天下主，就是闭门深居，又有什么用！"从此，太祖更常常外出，出现在众人想不到的地方，并扬言："自以为得天命者，随便你们怎么行动，我绝不禁止。"这么一来，众人又怕又服，军内外初步安定下来。

但是，太祖深知自己走过的路尚未堵死，随时可能会出现后来者，豁达大度的外表，掩盖着惊惧不安的内心。一天，罢朝之后，太祖回到便殿，又闷闷不乐地呆坐了许久，身边的内侍小心地上前探问，太祖长叹一声说："你以为天子是容易做的么！"

现代装甲车的鼻祖

四周围有铁甲，底座设有轮子，士兵们可以躲在里边或修筑工事，或据以推进，它可以使士兵躲避箭矢的袭击。这种装置是现代装甲车和坦克的鼻祖，据此原理创制的坦克的使用是在此后七个多世纪的第一次世界大战。

太祖秘密召见谋臣赵普

石守信、王审琦等人是赵匡胤的老朋友，在"黄袍加身"的闹剧中又扮演了重要角色，这时升了官，掌管禁军亲兵，于是得意非凡。谋士赵普冷眼旁观，私下劝太祖把他们调离禁军，太祖不同意，可他还是一有机会就提这桩事。太祖说："他们肯定不会背叛我，你何必担心呢！"赵普狡黠地一笑说："我并不担心他们反叛，只是觉得他们没有领导才能，如果不能控制下面，军伍间跳出几个害群之马，恐怕他们也会身不由己吧？"赵匡胤做皇帝后，为了表示他不是篡逆者，总在正式场合表白他是被部下逼做皇帝的，现在赵普一提这话，他马上就明白了。过了几天，太祖暗地召来赵普，开口就问："自唐末以来，数十年间，帝王换了十姓，兵荒马乱，百姓处于水深火热之中，这是为什么呢？我想平息战乱，使赵氏王朝长久不败，又该怎么办呢？"赵普喜上眉梢，说："陛下提到这一点，真是天大的福气。自唐末以来，天下战乱不息，国家不安，只不过因为节度使权太重，君弱臣强而已，要治理也容易，只要收其精兵，控制钱粮……"话未说完，太祖急忙说："别说了，我懂了！"

杯酒释兵权

第二天，晚朝之后，太祖把石守信、王审琦等武臣留下喝酒，便殿之中少了许多礼法，故人情浓，酒不醉人人自醉。酒宴正酣，太祖手一挥，在旁服侍的内侍悄悄退下，太祖举杯站了起来："诸位！要不是你们出力，我哪有今天，因此对你们的恩德我永志不忘！""哪儿的话！""托陛下的福！"……席上气氛达到高潮，武臣们都高兴得忘乎所以了。这时，太祖皱着眉，话锋一转，慢慢说："可是，当天子太难了，还不如当初做节度使快活，如今我每晚都不能安枕入睡。"有人问："为什么呢？"太祖提高了嗓音："这不难明白，这个位子，谁不想要啊！"刹时，殿中死一般地寂静。众将惊出一身冷汗，方才明白皇帝摆的是鸿门宴，酒早醒了，忙趴在地下拼命磕头，石守信战战兢兢地说："陛下怎么突然说这种话？如今天命已定，谁还敢起异心啊！"太祖一字一顿地说："不然！即便你们没有异心，而一旦部下贪图富贵，把黄袍强加于诸位身上，想不当皇帝也不成吧？"众将哭声一片，一边磕头一边哀告："我等实在非常愚笨，根本想不到这一点。只求陛下怜惜蚁命，指一条可生之路吧！"太祖放缓了口气，说："人生就好比白驹过隙，一眨眼就过去了，人人都羡慕富贵，也不过多积金银，自己得到享受，使子孙不至贫穷而已。你们为何不放弃兵权呢？还不如买些良田美宅，为子孙留下永久的产业，再多收罗歌姬舞女，每天喝酒作乐，以终天年，君臣之间互不猜疑，上下相安。这不是很好么！"众臣拜了又拜，纷纷谢

开国名将石守信

石守信(928-984)，开封（今属河南）人，北宋开国勋臣。初仕周，领洪州防御使，加领义成军节度，与赵匡胤相亲厚，是后来"陈桥兵变"的主谋之一。宋太祖即位后，改领归德军节度，后又平李筠、李重进之乱。建隆二年(961)，宋太祖杯酒释兵权，自请解除兵权。卒后追封威武郡王，谥武烈。此图出自《历代名臣像解》。

道："陛下为我们考虑到这些，就好比让死人复生，使枯骨生肉啊！"第二天早朝，这些人都声称生了重病，请求解除军职。太祖自然一一准许，让他们改任闲官，优厚的俸禄一钱不少，还赏赐众多金银，有的还与皇室结了姻亲。同时，任命易控制的人指挥禁军，后来，又设置转运使、通判，以分地方实权，把各地的精兵都收归禁军，加强了中央集权，唐晚期以来的藩镇之祸终于被止住了。但"反者道之动"，强干弱枝的结果又过度删削枝叶，而枝败叶枯的本干必是弱不禁风的。

一般王朝建立初期，为了把江山传给后代，大都免不了诛杀功臣，"狡兔死，走狗烹"几乎是功臣的共同归宿。宋太祖在酒宴中解决了这个问题，而宋初功臣皆得善终，子孙长保富贵，以此为开端，也引导出赵宋王朝较为宽厚的风气。但太祖慷慨的代价便是白养许多没用的官，老百姓头上徒增许多赋税，史称宋代"积贫积弱"，可不是一天两天造成的。

攻城拔寨的重型武器（上图）

在火药尚未大规模用于战场时，攻打城堡时也只好以冷兵器打头阵。这种被称作"饿鹘"的重型武器，就如其名，向前上方伸出的利器，如同一只饿鹰的大嘴，咬向猎物。

○○五

扫平荆湖

柿子拣软的捏，弱小的荆湖，便成了宋太祖砧上的第一块肥肉。

剃平了境内的刺儿头，铲去了心腹之患，宋太祖便把目光投向境外，做皇帝当然得做中华帝国的皇帝。当时，北面有强大的辽国，与北汉互为犄角，南面有南唐、吴越、后蜀、南汉、荆南等国，还有周行逢割据于湖南，留从效盘踞于泉州。到底先收拾谁好呢？

太祖雪夜访赵普

前面说过，宋太祖喜欢微服出巡，常常出其不意地叩开大臣的家门，看看他们在干什么。一旦皇

雪夜访普图（明·刘俊绘）
此图画的是宋太祖赵匡胤在一个大雪纷飞的冬天暗访谋士赵普，君臣二人在炭盆前促膝长谈，最终促成宋太祖后来"先南后北"的作战方略的实施。

帝大驾光临，大臣衣冠不整是非常失礼的，闭门收拾又会引起怀疑，因此，即便散了朝在家闲坐，赵普也不敢脱去朝服。这一天，大雪铺天盖地，赵普料想皇帝定不会出来了，便换了家常衣服，靠在椅上正待享享福。时至深夜，忽听叩门声急，赵普暗叫一声"苦也！"顾不得更衣便慌忙迎出，只见皇帝已站在风雪之中，赵普当即跪于雪地请罪。太祖笑着说："随便点好。我已约了晋王，我们一起喝几杯。"说话间皇弟晋王光义已到，三人过去是老朋友，在一起喝酒是常事，自从分成君臣，便生疏了。进了门，太祖朗声大叫："嫂嫂，拿酒来！"气氛顿时温暖起来。三人围炉而坐，挑火烤肉，赵普妻子在旁服侍，闲谈间似乎忘了身份地位，重温往日兄弟情谊，真是难得的享受。赵普问："夜深大寒，陛下为何出门？"太祖说："一榻之外，都是人家的地盘，我怎么睡得着？"赵普乘势问起下一步的打算，太祖豪气满怀地说将直捣太原消灭北汉。赵普不以为然地说："太原为我们挡住西北两面，打下太原，我们不是要独自抵御辽兵了吗？待收拾南方诸国之后，那弹丸之地还逃得掉吗？"太祖哈哈一笑，改口说："我就是这样想的，刚才不过试试你的谋略而已。"谈笑间，"先南后北"的策略定了下来，而宋太祖得了良谋还要卖乖。

高赖子万事皆休

南方诸国中，占据湖北江陵一带的荆南最弱，四面受敌，对南北称帝诸国都一概称臣，有机会便抢点过路使节的贡物，别人打上门来就请和求饶，所以其国主被称为"高赖子"。宋朝建立后，新国主高保勖来讨了个节度使的名号。高保勖生得眉目清秀，虽然

宋

公元 968 年

世界大事记

基辅大公斯维雅托斯拉夫再率大军
六万人进攻多瑙河流域。

赵匡胤
高保勖
慕容延钊
周保权
赵行光
赵普逢义
专制

《宋史纪事本末》卷三
《续资治通鉴长编》
卷二一、卷二三

人物　关键词　故事来源

汴京宣德楼前演象活动

北宋时，皇室每年都要在京城汴京的宣德楼前举行盛大的车骑演象活动，以示与民同乐，普天欢庆。事实上，类似的活动于南北朝以后就经常举行。此为宋人所绘《汴京宣德楼前演象图》。

瘦弱而口吃，却从小就讨父王喜欢，哪怕父王正值盛怒，一见这小子就笑逐颜开，所以当地人称他为"万事休郎君"。当上国主之后，他不理国事，淫乐无度，每日召娼妓入府，挑些健壮的士卒，令他们当堂调谑，自己和妻妾在帘后观看，以为娱乐，于是，不过三年便万事皆休，一命呜呼了，死时才三十九岁。其侄继冲继位。此前一个月，割据湖南的周行逢也病死了，十一岁的小儿子保权继位，其下的大将张文表起兵造反，周保权遣使来宋求援。宋太祖决定以此为借口出兵，声称借道荆南，援救周保权，实际是一箭双雕，一举扫平荆湖。

高继冲摇尾乞降

宋乾德元年（963）正月，宋太祖派慕容延钊领十州兵向荆南进发。高继冲闻讯，仓皇出城迎接，至城北十五里外遇到宋军先头部队，宋将令他等待后面的主将，他只好乖乖地候在路边。好不容易看到宋军帅旗，与慕容延钊行礼完毕，入得江陵城来，宋兵已布满大街小巷。万般无奈，高继冲只好捧出三州十七县的图籍，摇尾乞降。

与此同时，湖南军队已打败了叛军，抓住了张文表，士兵们甚至把他剁碎吃掉了。而宋军继续向湖南进发，周保权的军队这才明白宋军的意图，忙收兵固守。宋军被阻于朗州城下，屡攻不克。宋将下令从战俘中挑出几十名较肥硕的湖南士兵，把他们杀了吃掉，然后在一些弱小的湖南士兵脸上刺字，再把他们赶入朗州。这些死里逃生的战俘进入围城，添油加醋地描述了宋军开人肉筵的情形，湖南士兵吓得一哄而散，敢吃人的军队却被更会吃人的军队吓倒了。难怪鲁迅先生说：翻开历史一查，"满本都写着两个字是'吃人'"。

宋军长驱直入，横扫湖南。周保权躲到澧水南岸的一个寺庙中，宋军渡江把他揪了出来。

占有了荆湖，宋军如尖刀一般插入南方，可直捣南汉，东逼南唐，西胁后蜀了。

〇〇六

蜀中恶战

灭后蜀一波三折，如同蜀道之艰难。

古语曰：天下未乱蜀先乱，天下已平蜀未平。收拾了荆湖，宋太祖便开始动后蜀的脑筋。但蜀道之难难于上青天，后蜀兵力也远胜于荆湖，为此，宋太祖进行了长期准备，他派人探听蜀国内虚实，勘查山川形势，绘制出详细的地图，然后制定出周密的作战计划和进军路线。

凉风清冷儿时来？

这时，后蜀君臣尚在繁华梦中。国主孟昶自称"大蜀皇帝"，虽是夜郎自大，但排场一点不含糊，连宫中的溺器上也缀满了七彩宝石，又新得一个花蕊夫人，国色天香自不必说，文采才思更不减国士，乐得孟昶整日混于脂粉队中，把国事都交给了从小服侍他的王昭远等人。太后李氏见过兴亡衰替，忧心忡忡地教训儿子："我见你父亲当年创业时，主管军队的都是有功之臣，如今你用的不是过去的亲信就是世家子弟，打起仗来，这些人有什么用？"这生于安乐的大蜀皇帝哪里听得进去，不但自己大肆挥霍，还放手让底下的狗官任意搜刮，尽管有"天府之国"为本钱，也经不起折腾了。宋间谍从蜀国归来，报告说："在成都听到人们都在吟诵朱长山的《苦热》诗：'烦暑郁

蒸无处避，凉风清冷儿时来？'"

宋太祖说："这说明蜀民盼我去讨伐孟氏呢！"

孟昶的亲信王昭远平白得了个主管军事的知枢密院事，有人给他出了个馊主意："如今您要建立奇功，才能压服朝野的非议，上策是联络北汉，共同进攻中原。"王昭远以为这是个好主意，忙劝蜀主实行。谁知蜀国的密使阳奉阴违，却中途溜进汴京，把给北汉的密信送到了宋太祖手中。太祖展信一看，哈哈大笑起来："我西讨有理了！"

王昭远三战三败

乾德二年（964）十一月，宋太祖任命王全斌为统帅，六万宋军兵分两路，王全斌一路自剑门入川，刘光义、曹彬等率另一路自三峡入川。大军未发，太祖已派人在汴水旁造了五百间房，衣服被褥一应俱全，扬言这是专为蜀主一家预备的。临行，太祖对众将说："攻下城镇，钱财都分给将士，我只要这片土地。"众将大喜，得令而去。

蜀主闻讯，命王昭远为蜀军统帅。王昭远好读兵书，自以为可比神机妙算的诸葛亮。出军之日，宰相以下都来饯行，王昭远喝得半醉，口出狂言："我此行

三败，蜀军的精锐尽失，退守剑门，企图依天险拒守。宋军得蜀降卒指点，从小路直插江边，另造浮桥过江。蜀兵一见，弃寨而逃，王昭远听说，也留下偏将守剑门，自己先往汉源逃去，在中途便传来剑门失守的消息，那假诸葛吓得浑身发抖，坐在椅子上爬不起来了，

美人花蕊夫人

花蕊夫人是五代蜀后主孟昶的宠妃，宋太祖灭了后蜀，将花蕊夫人掳至开封纳入后宫。宋太祖很是宠幸她，常要她为自己吟诗作乐。但花蕊夫人一直惦念着孟昶，画像寄托思念，宋太祖问其原由，花蕊夫人说这是张仙，祭祀他便会多福多子，宋太祖信以为真。此图出于清末民初马骀的《马骀画宝》。

显示身份与地位的银器（上图、下图及左页图）

在大多数场合里，瓷器是被广泛地接受的。那些做工精美、价格不菲的银器，只有在地位显赫的有钱人家，或者是高档的场所里被使用。它们往往出自名家之手，因而除了实用之外，更富有艺术鉴赏的价值。此为刻有"张四郎"字样的银碟。

何止克敌，取中原也易如反掌。"说完，手挥铁如意，模仿着诸葛亮的动作，率军出征了。送行的众臣哭笑不得，皆摇头叹气。

巴蜀地形险峻，但宋军作了充分准备。蜀军在夔州锁江上造有浮桥，上设三重栅栏，江两岸布有炮具，易守难攻。

行前太祖特地指着地图交待，到这里不可以战船相争，应以步兵袭取。刘光义、曹彬一路行至距锁江三十里外，便弃舟上岸，依计突然袭取了浮桥，很快攻占了夔州。王全斌一路更进展神速，那号称诸葛再世的王昭远三战

别说指挥作战，连如何逃跑也不知道了。蜀军将领只好自己领军抵抗，结果又被宋军杀得尸横遍野。王昭远逃到东川，脱去战袍，躲进百姓的仓房，每日哭哭啼啼，等到束手被擒之日，两眼红得像桃子，哪还有半点潇洒风度。

王师竟是一群野狼

前方败报传至成都，蜀主方才如梦初醒，把宫中所藏的金帛拿出招兵买马，令太子为统帅，开赴剑门。太子本是纨绔子弟，出师时还带着乐器、乐师和美妾，军旗皆绣得花里胡哨的，刚出发就碰到骤雨，太子恐怕淋坏漂亮的军旗，命卷旗而行，过一会雨过天晴，又急忙挂出，仓促间军旗都倒挂着，引得围观的路人大笑。这样的军队当然不战而败，唯一的战绩只是大烧民舍，抢劫百姓。宋兵至城下，蜀主降于军前。

两路宋军在成都会师，从宋军发兵到蜀降，前后不过六十六日。因为太祖有言在先，一路上将士都分得不少财物，到成都蜀主又献出大量金帛劳军，可欲望一旦激发便无限膨胀了。王全斌等人被成都的暖风熏醉了，日夜开宴痛饮，不理军事，纵容部下抢美女、夺财物，百姓苦不堪言。蜀人没想到所谓王师竟是一群野狼，敌对情绪迅速弥漫。曹彬预感到危机，劝王全斌等班师，可诸将玩得正开心，哪里听得进。

为了控制两川，太祖令征发蜀兵进京，本来朝廷发下一笔优厚的治装费，却被贪得无厌的王全斌等人克扣了，宋兵又任意欺压，蜀兵都愤恨不已。乾德三年（965）三月，出川的蜀兵走到绵州便哗变了，号称兴国军，聚众至十几万，两川民众争相助战，一时十六州及成都属县都有蜀人起兵响应。宋军退保成都，王全斌等惶惶不可终日。成都城内还有二万降兵，宋军把他们骗至夹城，全部杀害。宋太祖听说两川兵起，又发来援兵，宋军内外夹击，直至年底好不容易才把兵变镇压下去。事定之后，太祖召回王全斌等人，尽管他们恶行昭著，但总算为皇帝抢到了一大块土地，所以只受到象征性的惩治。只苦了四川百姓，经历两场兵火，所过之处，残破不堪。

蜀主一族被押送到汴京，果然在那五百间房的府第中住了下来，以此证明宋太祖的预言实现了，以满足胜利者的虚荣。但没住几天，蜀主就不明不白地死了，花蕊夫人也归了皇上。蜀主之母李氏至此不掉一滴泪，以酒酹地之后，痛心地说："你不为社稷而死，贪生至于今日又如何呢！我忍到今日都是为了你，现在你死了，我还何必活呢！"不久便绝食而死。

〉历史文化百科〈

〔名存实亡的节度使〕

节度使始于东汉，原为节制部队出征之意，但还不是一个正式的官名。到唐代，成为重要的地方官，最初设于边境，统管一道或若干州，不仅可以调配军队，而且可以任官用人、征税理财，甚至专权诛杀。节度使的野心随其权力的加强而增长，终于酿成安史之乱。唐王朝手忙脚乱地平定了安史之乱，却再也不能将称为"节度使"的妖魔收回了，此后节度使遍布国内，他们独霸一方，拒绝中央的调配，父死子继，自置官署，互相攻战，甚至动辄反叛朝廷。宋朝一建立，宋太祖就采取一系列措施来削弱架空节度使。所以，有宋一代，节度使虽仍带某镇之名号，但已不再到当地赴任，在名义上虽仍是武官的最高头衔，薪俸很高，但已不再必然拥有兵权，往往成为外戚、宗室、被罢宰相以至得宠宦官的荣誉头衔。可见，唐五代时期，是节度使的黄金时代，而至宋代，它的实际意义已经消亡。

公元 971 年

世界大事记

多瑙河流域尽为拜占廷帝国占领。

《续资治通鉴长编》卷二一五

《宋史纪事本末》卷五

赵匡胤
龚澄枢
刘铱
潘美
贪婪

人物 关键词 故事来源

○○七

宋得湖南之后，便与南汉接壤。

庸主刘铱

南汉建都广州，北境达湖南南部。南汉主刘铱长得肥肥胖胖的，能言善辩，手也挺巧，会做精巧的工艺品，但在政治上昏庸无能，政事都交给宦官和宠姬，自己每日和金发碧眼的波斯女厮混。宫中宦官多达七千多人，有的身居高位，执掌军政大权。女巫在宫中设座，自称为玉皇的代言人，对皇帝颐指气使，弄得乌烟瘴气。南汉君臣的奢华，在北方人听来犹如神话。他们用黄金作宫殿的屋顶，白银铺地，梁柱也用银子和大量的珍珠、玳瑁作装饰，饰一根柱子就消耗三千银子，殿下的水渠里布满真珠。金碧辉煌的宫殿是建立在累累白骨之上的，百姓出入城门要纳税，下海采珠有定额，刑罚非常残酷野蛮，有活烧、

攻灭南汉

垂涎南汉的奇珍异宝，宋太祖起兵劫夺，志在必得，结果却事与愿违。

水煮、剥皮、抽筋、跳刀山剑树等等，甚至逼刑徒斗虎取乐。

开宝三年（970）九月，宋太祖命潘美为统帅，率军南下。南汉已五十年不打仗了，战船已毁，兵器朽烂，城墙深池已被改建成楼台庭院，老将几乎被杀光了，掌军权的都是些尖嗓子的内侍。结果可想而知，宋军以一场伏击战便击溃南汉主力，连克贺、昭、桂、连四州。南汉主得到败报，自我安慰说："这四州本是湖南土地，宋兵得此就满足了，我料他们不会南来了。"

富丽而不失雅致的居住时尚

在达官显要当中，普遍追求住宅的豪华气派。不过，和前代的雄大不同的是，宋代住宅在尽显富丽奢华的时候，更注重典雅精致的建筑风格，亭台楼阁、小桥流水的园林化样式被广泛地使用。一年四时的气候，周围的山水环境，都与住宅十分和谐地融合在一起。此图为宋代刘松年所绘《四景山水图轴》。

然而，事与愿违，宋军继续南下，进逼韶州。十二月，南汉聚兵十余力，在莲花峰下布阵，与宋军决战。阵前排列着十几头大象，每头象背上坐着十几个手执武器的士兵，想以此壮声势，恐吓北人。潘美命弩兵集中于阵前，以劲弩射象，大象转身奔逃，背上的士兵全掉了下来，反把南汉军阵冲得一塌糊涂。宋军一举攻破南汉的门户韶州。南汉主急得不知如何是好，这才下令在广州城外挖护城深壕。仓促间连一个可用的将军也找不到，只好抓个宫婢的养子充数，可这小子无谋无勇，只会每天烧香求神。

第二年二月，宋军攻克英、雄二州，汉主遣使求和，请缓兵，当然遭到拒绝。宋军直逼广州城下，汉主将珍宝、妃嫔装了十船，打算从海上逃跑，可没等汉主上船，连船带货都被内侍偷走了。汉主只得纠集残兵抵抗，依水布阵，潘美领兵烧了汉营，南汉军大败。南汉大臣龚澄枢等人商量说："北军是为了我国的珍宝而来的，若把它们烧光了，他们必不能在空城中久驻。"于是放起火来，一个晚上就把金碧辉煌的宫殿和国库烧个精光。

现代火炮的雏形：抛石机

在宋代的大型武器系统中，已经明确形成了攻击和防守等两大类型。还有一些武器是攻防双方均可使用的，抛石机便是其中之一。这种利用杠杆动力原理而制作的抛射武器，称得上是现代火炮的雏形。

具有玳瑁花纹的瓷器

以瓷器的釉彩来重现玳瑁斑驳的天然纹理，其难度是可想而知的。宋代制瓷艺术家们的精湛技艺，往往连现代人都自叹弗如。

第二天，汉主出降，潘美入城，下令把汉主与宗室、大臣一起送往东京。一群衣着华丽的内侍求见主帅，还想在新朝混口饭吃。潘美大怒，喝道："我奉诏南征，就为了铲除你们这些败类。全给我杀了！"可怜这些内侍自投罗网，一下被杀五百多人。

> **历史文化百科**

〔义庄与家族制度〕

唐末五代，门阀士族遭到毁灭性打击，研究贵族血统的旧谱牒学随之衰落。宋代的政治经济制度不再承认世袭官职田产的特权，随着社会秩序的恢复，士大夫意识到必须加强家族内聚力，以作为国家统治的补充。宋仁宗时欧阳修和苏洵首倡编写新族谱。范仲淹在苏州置良田十多顷，作为族产，称为"义庄"。范仲淹亲定规矩十三条，规定各房选一名子弟共同掌管，义庄所得稻米按人口分给本族男女，族人嫁娶、丧葬、赴科举考试等都可得到一定资助。以后范氏子孙又不断增补修改规章，使义庄得以延续扩大，到南宋理宗时，范氏义田达三千多亩。两宋官员纷纷仿效，在各地建立了一些义庄，有的扩大为赈济本地穷苦百姓。与义田相类似的族产，还有义屋、义学、义冢等。新的家族制度陆续形成，其影响远及明清。

宋

刘铱怕赏酒

太祖早就垂涎南汉的奇珍异宝，没想到却给烧光了，自然恨得牙痒痒的。刘铱解到京城，先被献俘于太庙、社稷，侮辱够了，再问烧宫室罪。刘铱把一切都推给龚澄枢等人，伶牙俐齿地说："我十六岁就僭位了，龚澄枢等人都是先父的旧臣，所以我什么事也作不得主。在本国时，我是臣下，龚澄枢才是国主。"一番话说得宋君臣都笑了起来。宋太祖明知他在狡辩，也乐得留下做个逗乐小丑，封了个恩赦侯养了起来，倒把龚澄枢等人推出去斩了。

刘铱虽得以苟延残喘，但仍然每日提心吊胆的。一天，太祖到讲武池边游玩，侍从还没到齐，刘铱先到，太祖随手赏他一杯御酒。刘铱当年做国主时，常在酒里下毒害死大臣，所以一看皇帝赏酒便哭了起来，当即跪下哀求："当初我继承祖父基业，违抗朝廷，有劳王师远征，固然罪该万死。但陛下已许臣活命，我愿为东京城中一个布衣百姓，多看几年太平景象。臣不敢饮此酒。"太祖笑着说："我对人推心置腹，怎么会做下毒暗杀的事？"说完，伸手取过这杯酒一饮而尽，叫人另给刘铱倒了一杯酒。刘铱又惭愧又庆幸，这时才觉得内衣已被冷汗濡湿了。

世界领先的海盐生产

图为古代煮海为盐生产过程。煮海为盐就是把海水取上岸来，放在铁锅等设备内，用火烧，待海水烧开后，蒸发出水汽，使海水浓缩成苦卤，再使苦卤继续蒸发，蒸发到最后，食盐就会变成一颗颗像冰糖一样的晶体。世界历史学家们公认，中国是最早从海水里提取食盐的国家。据文物考证，早在5000年前，我们的祖先已经用海水煮成食盐了。此图选自宋代《重修政和本草》。

话说中国

〇〇八

宋太祖不滥杀

宋太祖虽为一介武夫，却不轻易开杀戒。

宋太祖赵匡胤虽为一介武夫，当上皇帝后，却轻易不开杀戒。

不忍下手

宋太祖初进皇宫时，看到宫女抱着一个小孩，便问这是谁的孩子。宫女回答说是前朝皇帝周世宗的儿子。太祖便问在一旁的范质、赵普和潘美等重臣应该如何处置。赵普等人答道："斩草除根！"潘美在一旁默默无语。太祖问他的看法，潘美不敢回答。太祖说："夺了人家的皇位，再杀人家的儿子，我有点不忍心下手。"潘美这才开口："臣与陛下当年都在周世宗手下当官，我要是劝你杀世宗的遗孤，太对不起世宗。要是劝你不杀，陛下肯定要怀疑我不忠。"太祖说："把这孩子当作你的侄子，带回家去抚养罢。"以后太祖不再过问，潘美也不提此事。

宽待酒徒

宋太祖有一次举行国宴，翰林学士王著喝醉了，借着酒兴大声喧哗。王著是前朝留下来的学士，如此狂态，旁人都有点看不下去。太祖却没有发火，吩咐手下人把王著扶出去。王著却死也不肯离开，还走到皇帝的屏风前放声痛哭。旁人只好把他硬拖出去，国宴被搅得不欢而散。第二天有人上奏道，

受人欢迎的陶枕（上图）
陶制枕头深受宋朝士大夫和城市居民的喜爱，有的陶枕夏天可注入冷水，冬天可注入温水。此磁州陶枕上面是大莲花瓣形，下面是司堂形状，门扉半开，站着一个人。

前朝遗臣土著在宫中痛哭，是因为思念周世宗，让当今皇上难堪，应加严惩！宋太祖说："王著不过是一个酒徒罢了。我当年在周世宗手下时就深知他的为人。何况一个白面书生为前朝皇帝掉几滴眼泪，又能掀起什么大浪呢？"这件事就此不了了之。王著酒醒后，有点后怕，摸摸脑袋还在，从此便死心塌地效忠当今皇上了。

密刻誓碑

宋太祖的知识分子政策也不无可圈可点之处。他曾叫人秘密地刻了一块碑，立在太朝寝殿的夹室之内，称为"誓碑"，用贴金的黄布遮盖住，门户紧闭密不示人。

规定以后新天子即位后，必须来此拜读碑上的誓词。新皇帝前来拜读时，只准一个不识字的小内侍陪伴，其余的人不得靠近。新皇帝默诵誓词后，再拜退出。大臣和身边的侍从对誓词的内容都一无所知。北宋各朝皇帝均照此行事。直到靖康之变，异族入侵，皇宫大门洞开，人们才发现誓碑高七八尺，宽四尺多，上面镌刻着三条誓词。第一条：前朝柴氏子孙，有罪不得加刑，即使犯上作乱，最多让他们在牢中自杀，不可在大庭广众之处公开行刑，也不可株连他们的亲属。第二条：不得杀士大夫和上书议论国家大事

货币需求量比前代大为增加（右页图）
宋代钱币在外在形式上和前代没什么大的不同，但在数量上大大超过了以前。这都归结于宋代商品经济的空前繁荣，加快了货币的流通，加大了货币的供给。在宋代，每个皇帝都有铸新币更换前一位皇帝旧币的习惯。有的皇帝更是在自己的皇位上发行了数种不同版本的货币。

货币需求量比前代大为增加

莎竭海龙王

画家张胜温笔下的大理国

原画三段，这是第二段"诸佛菩萨及天龙八部法会等之像"的部分图。张胜温是 12 世纪后半叶南宋时期的画家，擅长佛像、天王及鬼神画，以精细的笔墨及华丽的色彩而闻名。

的人。第三条：子孙如有违反这些誓词的必将遭到老天的惩罚。或许正是太祖的戒律，柴世宗的后代依旧能尽享富贵荣华，宋朝的知识分子议论国是，也不必担心会因此掉了脑袋。

对于"誓碑"的有无，史学界尚有不同的看法，但宋代政治较为宽松，却是不争的事实。不滥杀，固然反映了宋太祖本性中较为仁慈的一面，但主要还是由于他对自己统治的自信。不杀，是以料定对方不会危及自己统治为前提的，否则，决不会心慈手软。

宋

> 历史文化百科

〔《百家姓》为何以赵开头〕

《百家姓》为古代小儿识字课本，不知何代何人所作。全篇 472 个字，由 408 个单姓和 30 个复姓组成，实不止百家之姓氏。尽管有文无义，但字不重复，句短押韵，琅琅上口，很适合儿童口味。开篇第一行为"赵钱孙李"，南宋学者王明清说：疑是宋初吴越未灭时当地老秀才所编，因吴越尊奉宋朝，吴越国主姓钱。此说颇为后人所信。然近来学者研究认为，《百家姓》出于唐人之手，宋人改姓为第一行而已。改朝换代以后，又有改编，如朱明时的《皇明千家姓》第一句为"朱奉天运"，而《百家姓》开篇为"朱王万寿"；清国姓为爱新觉罗，众臣正伤脑筋，号称康熙编的《御制百家姓》巧妙地解决了这个难题，开篇为："孔师阙党，孟席齐梁"，不置国姓，而崇万世师表的孔孟。

公元974年

世界大事记 拜占廷帝国佐安尼斯亲自指挥与阿拉伯帝国的战争。

《续资治通鉴长编》卷一五
《宋史·南唐李氏传》
卧榻之侧 岂容他人酣睡
李煜 赵匡胤
曹彬 潘美
享乐 怯懦

人物 典故 关键词 故事来源

〇〇九

以文失国

南唐后主李煜文采超群，但一首绝妙好词却是以三千里山河换来的。

国家不幸诗人幸

"春花秋月何时了，往事知多少？小楼昨夜又东风，故国不堪回首月明中！

雕阑玉砌应犹在，只是朱颜改。问君能有几多愁？恰似一江春水向东流。"

一千多年来，这首哀婉动人的词万口传诵，至今读之仍使人动容。在这样一个花好月圆的春夜中，才子佳人若有愁也无非担心韶华易逝，而这位词人怨的却是这没完没了的美景，可见不是一般强说愁的人写得出的。须知这样一首好词是用四十年家国、三千里山河换来的，普通人当然写不出。

南唐后主李煜

李煜（937－978）即位后对宋称臣纳贡，以求偏安一方。宋军破国后，沦为阶下囚。后由宋太宗赐牵机药毒毙。精于书画、音律、诗文，词尤为五代之冠。后期词反映亡国之痛，意境深远。有合辑《南唐二主词》。此图出于明嘉靖年间王圻父子合编的《三才图会》。

在中国文学史上理所当然要给南唐主李煜留下重要一页，但在政治史里，他只能甘居配角地位。人说培养一个贵族需要几代的努力。李煜的祖父还是赳赳武夫，到其父李璟一辈已崭露了文学才能，李煜更

是天才少年，喜欢读书作文，不仅工诗词，而且善于书法绘画，精通音乐，与皇后一起据古谱恢复了久绝不传的《霓裳羽衣曲》。然而，在政治才能方面，李家的确是一代不如一代。

宋太祖刚从孤儿寡母手中夺得皇位之时，南唐还是一个江南大国，但它既不像北汉那样自强谨守，也不像后蜀那样桀骜不驯，对宋一直采取低姿态。太祖一即位，唐主李璟便派使送金帛来祝贺。不久，为平定藩镇李重进叛乱，太祖亲征至扬州，唐主又派冯延

追求高尚风雅的士大夫（上图）

宋朝的士大夫，为寻求高尚风雅的精神生活，以在山林间咏诗、弹琴及下棋为乐。

鲁带财物来犒劳。宋太祖气势汹汹地质问南唐为何帮助叛军,冯延鲁不卑不亢地说,正因为没帮助叛军,李重进才失败的。宋太祖傲慢地说:"将军们都劝我乘胜渡江,怎么样?"冯延鲁镇静地说:"陛下神武,率大军压境,我们小小的唐国怎么敢抗拒天威?但是,我们国主还有侍卫数万,这都是先主打江山时留下的亲兵,与国主誓同生死,陛下如能舍弃几万士兵的生命与他们血战,那也罢了。而且长江波涛汹涌,假如贵军进不能克都城,退便断了粮道,这也是贵国需要担忧的吧。"一席话使太祖泄了气,他讪讪地说:"我

凝重的豹斑玉尊

宋时由于同辽、金互相攻伐又互通贸易,经济、文化交往十分密切,玉器艺术也在相互学习中共同繁荣。这一时期用于实用装饰的玉器占主要地位,玉器更接近现实生活。陕西咸阳武功报本寺塔地宫出土的豹斑玉尊,色彩斑斓,美观大方,是体现宋代琢玉水平的佳作。武功县文物管理委员会藏。

不过和你开开玩笑,哪里在乎你的胡说呢!"当时,宋内部尚未太平,又四面受敌,宋太祖当然清楚时机未到。所以,南唐小官渡江来献平南策,反被太祖杀了,以使南唐安心。

李璟死后,李煜继位,仍然每年向宋朝贡献大量财物。宋灭南汉后,他更为恐惧,赶忙上表,主动削去唐国主称号,改称江南国主,诸王皆降为国公,中央政府都降级改名。李煜是何等聪明人,他当然明白恭顺并不能买来平安,但又明白自己根本没有能力和宋太祖相抗,只求推迟一点灭亡的时间。因此他不做任何救亡准备,日夜狂饮作乐,尽情享受眼前的一切,和南汉主不同,娱乐方式更高雅一些。但就在观赏"佳人舞点金钗溜"之时,他仍不由"触目柔肠断",唱出"离恨恰如春草,更行更远还生"的不祥之音。

"卧榻之侧,岂容他人鼾睡!"

开宝七年(974)九月,宋太祖认为时机已经成熟,便以李煜不肯入朝拜见为名,发兵十万攻南唐。

宋军从荆南(今湖北)乘船顺江东下,江南守军开始以为是例行的巡逻,还奉上酒肉犒劳,但很快发现不同于往日,池州守将弃城而逃。宋军很快占据重要渡口采石矶。这之前,曾有江南文士樊若水来献策。他向宋太祖建议在长江上造浮桥,太祖力排众议,先在荆南按樊若水所量尺寸造了数千艘黄黑龙船,又准备好许多巨竹。这时,以樊若水为指导,开始造浮桥。唐主李煜听说,问大臣如何对付,博学的大臣说:"有史以来,长江从未造过桥。"李煜欣慰地笑了,说:"是啊,我也认为这不过是儿戏罢了。"然而,三天内浮桥就搭成了,尺寸正好,部队踏之过江如履平地。

江南屡战屡败。第二年二月,宋军开到秦淮河边,江南水陆兵十万陈于城下,宋战船还未开到。副将潘美焦急地说:"我潘美带几万勇士,一路战无不胜,

攻无不取，难道这一衣带水能拦住我不成！"说着带头跳入水中，于是大军随他涉水过河，江南兵大乱，宋军乘风放火，江南十万主力大败而逃。这时，李煜还蒙在鼓里，每天在后宫与道士、和尚谈经论道。一天晚上，偶然出来巡城，发现城外栅栏密布，旌旗满野，方才明白金陵已成了孤城。

李煜派能言善辩的大臣徐铉去东京向太祖求情。徐铉恳切地说："李煜无罪，陛下师出无名。李煜以小国服从大国，就像儿子侍奉父亲一样恭敬，从未有过失，为什么要讨伐我国呢？"宋太祖冷冷地说："你说父子分为两家，行吗？"徐铉还大道理小道理地辩论不休，太祖按剑怒吼起来："不要废话！江南是没

宋代"石泉"七弦琴

罪，只是天下一家，卧榻之侧，岂容他人鼾睡！"徐铉只得惶恐逃归。

金陵困守了十个月，又从湖口方面调来援军，援军号称十五万，顺流而下，与宋军战于皖口，江南军模仿周瑜故技，以火助战，然而运气不佳，突然北风劲吹，反烧了自己军阵，一夕兵溃数百里。不久，金陵城破，宋军入城。

赋到沧桑句便工

李煜到军前请罪，曹彬让他带五百人入宫整理行装，说："珍宝财物，随你拿多少，明天起就收归国有，不可再拿了。"李煜遵命回宫，曹彬领人等在宫外，有人在耳边提醒他说："李煜回宫，万一自杀怎么办？"曹彬笑笑说："李煜平素懦弱，既肯投降就不会自杀。"亡国在眼前，忧愤填膺，李煜哪有心思蓄财，匆匆了一点就出来了，走出宫门之时，宫中乐师为他奏起了凄凉的离别曲。此情此景真令他刻骨铭心，以后他曾伤心地写道："最是仓皇辞庙日，教坊犹奏别离歌，垂泪对宫娥。"

李煜被押到东京，穿白衣戴纱帽，受尽了凌辱，才得了个违命侯，被送入深宅大院软禁起来。从此贫病交加，以泪洗面，而其文学成就也因人生的艰辛而达到了顶峰。

"帘外雨潺潺，春意阑珊，罗衾不耐五更寒。梦里不知身是客，一晌贪欢。

独自莫凭阑！无限江山，别时容易见时难。流水落花春去也，天上人间！"

写下这首肝肠欲断的哀歌后不久，李煜便死去了，终年四十二岁。

〔古文、时文与白话文〕

宋初流行骈文，其险怪奇涩的一派号"太学体"，更形成一时风气；明白流畅的散文因上承先秦，被称为古文，虽经几代文学家提倡，仍未占上风。嘉祐二年（1057）欧阳修主持科举考试，使作"太学体"的考生全部落第，发榜后，欧阳修遭到了愤怒的士人围攻。然而，经此一役，文风终于彻底改变。后列入唐宋八大家的苏轼、苏辙和曾巩都在这一年登科，苏洵、王安石也在这前后成名，清新流畅、骈散文结合的新式古文成为时尚。一般认为"古文从此取代骈文占据了文坛的主导地位"。然而，今人朱瑞熙教授指出，束缚读书人几百年的"八股文"实际也肇始于宋代，称为时文，这种重章法不讲内容的死文体在南宋中期基本定型，为适应科举考试需要，坊间出版了不少时文汇编。而一旦登科入仕，士人转习四六文（骈文的一种），用以应付官场作文。同时，宋代也出现了口语化的文章，如著名的《朱子语类》。其实，宋文同时向各方发展，呈现出复杂的现象。

话说中国

中国大事记

太平兴国五年，宋定役法，上四等户量轻重轮差，下四等户免除。

〇一〇

李煜满腹文章，但既不能保国救亡，也不能解忧保身；而他的大臣却凭博识文学，在新朝步步高升。

以文得官

旧主以文失国，旧臣却凭美文在新朝步步高升。

狗为主叫

张洎年少时便以博学闻名，举止风流倜傥，文章清丽，谈起玄机禅理更无人可及，是个典型的江南才子。李煜非常赏识他，皇室于深宫开宴，往往只有张洎一个外臣得参预其中。但他人品卑琐，为正直的士大夫所不齿。当他还是个举人时，常去拜见显贵张佖，为了套近乎，名帖上总是谦恭地自称"从表侄孙"；可当他中进士后，辈分便升高为"侄子"了；待升了官，又变成"弟"了；等到成了李煜亲信后，便和张佖断绝亲戚关系，板起面孔，对他颐指气使，和其他小官一样看待了。因此，张佖对他恨之入骨。

当金陵被围时，他劝李煜抵抗到底，并和另一宰相陈乔相约，城破时自杀殉国。城破之日，陈乔对李煜说："今日国亡，我身为宰相无力救国，请施予极刑，以谢国人。"李煜长叹一声说："这是天命，你死了也无益。"

富有古典美的瓷器
宋代瓷器的外部装饰通常分两种：一是在表面涂抹釉彩的平面装饰，另一种是表面经过镂刻的立体装饰。这件瓷器是属于后一种类型的。刻工精致典雅、富有立体感的工艺让人叹为观止。

陈乔痛切地说："即使陛下不杀，我又以何面目见士人呢！"最终，他还是自尽于国主之前。而张洎对李煜说："您入宋后，宋帝肯定会怪罪您早不投降，我们都死了，谁为您辩护呢？我还是随您出降吧。"

亡国君臣被审时，宋太祖拿出了张洎为国主写的求援诏书，厉声喝道："你教李煜不降，才有今日之辱！"张洎脸不变色，不慌不忙地说："这的确是我所为，臣为君效力，就像狗叫为主一样，这不过是一件小事罢了，此外还做了许多事呢，如今得为君死，是臣本分。"太祖惊奇之余也很赞赏，便温和地说："你有识见有胆量，就放了你吧。以后为我服务也要这么忠诚！"然后赏了个小官，张洎自然感激不尽。

无行文人

入宋时，李煜所带财物不多，所以在亡国君主中是最穷的，以至后来过不下去只好开口向宋帝哀求赏赐。这时，张洎是再也不会来陪旧主吟诗作词了，偶尔上门皆是来敲诈勒索的。昔日的爱卿已是新朝大臣，李煜不敢不给，把自己正在用的白金制洗脸盆都拿了出来，他还不满意，嘴里骂骂咧咧的。对此，江南士人侧目而视，北方士人更为嘲笑。但他凭借其学问和文章，又在新朝结识了

宋

"艺祖"语出《尚书·舜典》，后代用来指开国皇帝，宋代人所说的"艺祖"指谁？

钱俶
李煜　张洎　虚伪
赵匡胤　张佖　谄媚
《宋史·张洎传》《涑水纪闻》卷三
人物　关键词　故事来源

显贵，不断向上爬，太宗时，做到参知政事（副相），笑骂由你笑骂，好官他自为之。

他的前表叔爷张佖也在宋朝做了官，为人仍十分豪爽。从江南来的穷亲旧友，常来投奔，以至每天有许多人在他家吃饭。这事引起了皇帝的怀疑，问道："你家为何有这么多的宾客，每天一起议论些什么？"张佖说："我的亲友，多困居都城，穷得没饭吃，我因为有俸禄，就都来投奔，我没办法拒绝，只好每天以简略的饭食打发他们。"皇帝派人在他们开饭时突然闯进去，把食物也拿来，果然都是些粗粮蔬菜，器皿也是很粗糙的陶器。皇帝很欣赏他的诚实，也得到提升。

闲适而充满诗意的生活

绿阴笼罩，百花盛开，盛夏的庭园里充满了凉爽和惬意。在仆人的周到服侍下，达官贵人们看上几幅字画，听上几段小曲，生活优哉游哉。这是宋代充满柔情而匮乏阳刚的上层生活的典型写照。此图为宋人所绘《消夏图》。

大气又精美的青釉瓷壶

此壶宽口，高颈，鼓腹，双脊把，壶嘴呈八棱管状。壶肩部饰两匝弦纹和对称的两组折枝菊花，腹部饰三组盆景牡丹，属青瓷中珍品。出土于陕西咸阳安仁瓷窑遗址，是宋代北方著名的民间瓷窑耀州窑系列。陕西旬邑县博物馆藏。

历史文化百科

〔馆驿与邸店〕

宋代官员因公外出，可以在馆驿住宿，公家发给"驿券"，作为免费食宿的证明。士人赴京参加科举考试，也可领到"驿券"。根据官员品级的高低，在驿馆的享受也不一样，如低级武官三班奉职的待遇是"驿券肉半斤"。邸店为私人旅馆，随着宋代商品经济的发展，邸店遍布城乡。北宋时东京州桥以东，沿着汴河散布着众多邸店。为适应各阶层的需要，邸店有不同的等级，如东京的"无比店"，原是某高官的豪宅，无疑是家高级旅馆。而为适应行商需要，有的邸店附有仓库，乡镇草市的小店甚至有关鸡猪的地方；为适应久住者的需要，有的邸店甚至提供炊具，让旅客自己做饭。

张佖当然看不惯张洎。太宗时，张洎奉命为死去的吴越国主钱俶作《谥议》，张佖抓住文中"居亡无悔"数字大作文章，说他把钱俶比为龙。亡国之臣若有怀念旧主之类的事，就会被新主子怀疑，这是最忌的，所以张洎十分紧张。但张洎学问到底比那位前表亲渊博，他洋洋洒洒写了篇申诉状，引经据典，论证有力，最终把皇帝说服了，反使张佖罚了一个月的薪俸。

古人说"文章憎命达"，实际达不达与文章无关，只要脸皮厚，文章也能使人达。

可爱的骑鼓瓷娃娃

骑鼓娃娃系陶质模制，施乳白釉，点褐釉纹饰，釉色光泽极好。骑鼓娃娃束双髻发形，目面姣好，造型丰满，天真无邪，憨态可掬。娃娃脖子上系一"长命锁"，赤身骑在大鼓上戏耍，滑稽有趣，逗人发笑。艺人对童子的眉眼描画细画，用笔拘谨，但对身上的装饰绸带和鼓上的装饰物，却大笔挥洒，一气呵成。

公元 977 年

世界大事记

法王罗泰尔侵入洛林。

《宋朝事实类苑》卷一
《续资治通鉴长编》
卷二 卷六

赵匡胤 范质 残忍

人物 关键词 故事来源

整治骄兵

自唐末以来，皇帝怕武将，武将怕小兵，宋太祖手段毒辣，岂容骄兵横行。

自唐末以来，武将横行霸道，颠倒朝廷，成了皇帝的克星；而武将手下的兵痞也不是好惹的，往往为了钱财或女人发动兵变，杀死或赶走武将，为了讨好兵痞，武将只得放纵他们欺压百姓；为此形成了皇帝怕武将，武将怕小兵的怪圈。宋朝要长治久安，就必须跳出这个怪圈。

骄兵猖狂

宋太祖采取了循序渐进的方法。陈桥兵变时，太祖只能低声下气地与骄兵悍将商量，求他们入城不杀掠。太祖即位初期，手下亲兵还很嚣张，曾有人晚上夜巡时到宰相范质家讨酒喝，坐下就不肯走，

宰相无奈，拿出了白金千两，这才呼啸而去。太祖听说此事，只悄悄把那亲兵赶走了事。春天，朝廷征民夫来疏浚都城的河流，一些民夫企图逃走，一个禁军小军官一怒之下，杀了十几个民夫小队长，并把逃亡者的左耳割去。武夫滥刑在以前是很普遍的，而兵部尚书连夜上奏，痛陈其弊，请杀了兵痞以谢天下。宋太祖非常赞赏大臣的意见，但多方考虑之后还是发配了事。

宋禁军攻蜀时，太祖还许诺将士任取财物，由于引起了大规模反抗，太祖十分后悔，以后攻战前就十分强调纪律。

卤簿玉辂图卷：规模浩大、组织严密的宫廷仪仗队。

收拾罢悍将，太祖也开始狠狠整治骄兵了。

铁腕治骄兵

首先从禁军中淘汰出老弱与骄兵到地方，然后把一些强壮又精通武艺的士兵作为"兵样"颁布各地，令各地照此送精兵充实禁军，禁军的待遇高于地方。又从禁军中挑一些更为精壮的作为皇帝的侍卫，称为"诸班直"。这些侍卫经过精心训练，武艺都十分了得。有一次地方献来一头猛虎，皇帝来观赏，令人喂它一

养马官和进贡的纯种马

西域每年有优质的纯种马进贡给宋朝的皇帝，这幅画很好地再现了纯种马高大、健硕、有力的形态特征，同时也将宫廷养马官优雅从容的气质和神态表现得淋漓尽致。优质纯种马的引进，使宋代马匹的品种质量得到了优化。此为宋画家李公麟所绘《五马图》局部。

宋

惟妙惟肖的红陶坐童

红陶因焙烧时，黏土中的铁成分氧化，故器体呈现出土红、砖红或褐红色。分为泥质红陶（红泥）和夹沙红陶（陶土中掺加细砂）两类，一般装饰简单。此宋代坐童颐满目秀，颈佩项链，臂腕饰镯，双手持球，趺坐平视，天真可爱。陕西旬邑县博物馆藏。

条羊腿，谁知猛虎吞咽过快，羊骨鲠在喉中。太祖对左右使了一个眼色，一个侍卫便伸手入虎口中取出羊骨，而自己一无所伤。又一次，一只漂亮的小鸟在宫中最高楼的屋顶上啼叫，太祖随口说："有谁能为我抓到它？"便有一个侍卫应声出列，攀檐走壁抓到了这只鸟，看的人吓得魂飞魄散，而他神色自若。所以侍卫的待遇地位又在禁军之上。

宋·张择端《清明上河图》（局部）

但是，侍卫不听话，照样严惩。平蜀后，从蜀军中挑了一些精兵作为侍卫，称为"川殿直"。不久，朝廷举行大典，按例赏钱给侍卫兵，可"川殿直"士兵要比老侍卫少五千钱。这些川兵在后蜀时都是天不怕地不怕的骄兵，谁受得了这个，便一窝蜂跑到登闻鼓院敲鼓闹起来。太祖大怒，吼道："朝廷赏赐，由我说了算，你们是什么东西！"当即下令把领头的四十人当众斩首，其余士兵发配边远地方，废除"川殿直"的编制。

其他禁军士兵要敢乱闹，更要严惩。有一年，太祖对一个禁军军官说，"你的部下是刚招来的，有的可能还没结婚，如有愿嫁士兵的妇女，就让他们成亲，

公家可以为他们备些酒肉。"那军官一听，误会了太祖的意思，便纵容士兵大抢妇女，弄得整个京城骚动不安。太祖听说后十分震惊，马上派部队镇压，抓了一百多个士兵，当场斩首。并告诉地方官，以后士兵闹事要马上报告。

有时，这种严惩也是非常残酷而没有道理的。一次，内酒坊失火，太祖即命将主管军官以下数十人统统杀死，内部人员被逼无奈，供出失火士兵，便马上绑起投入火内。从此，各单位都不敢大意，再未出事。

就是用这种毒辣手段，宋太祖才治住了骄兵，正如俗话所说："不要命的，服不要脸的。"

打架争状元

**"之乎者也，助得了什么！"
打一架争个状元又有何妨。**

宋太祖以一介武夫做了皇帝，却特别提倡读书，这也许鉴于唐末以来武将害国，欲转变世风，也许因为缺乏教养，便特别羡慕文雅。

即位不久，宋太祖便对大臣说："应该让武臣都去念书，让他们知道治理国家的道理。"身边的近臣都读书不多，拿起书本就头疼，便以沉默来反抗。太祖带头拿钱出来修孔庙，令手下的大官都出钱，并常去国子监看儒生讲学，地方官有招生讲学的，马上得到嘉奖，于是兴学逐渐成了风气。

但是，宋太祖所提倡的读书主要是为了学以致用，他曾对皇子的老师说："帝王之子读书，只要懂治乱大道理就行了，不必学作文章，这些东西没用。"用人也重在实际能力，而并不重用迂儒。平时他常常注意观察部下的特长，并一一记录在册，当要用人时就查本子找合适的人，哪怕是下层官吏也越级提拔，并不在乎资历。

那时科举取士还未成为选官的重要途径，每科进士不过十人左右，状元、榜眼在他眼里也没什么了不起。有一年，士人王嗣宗与赵昌言为争状元互不服气，在御座前吵了起来，太祖说："你们打一场吧，谁赢谁就是状元。"赵是秃头，帽子戴不稳，王一拳打过去，赵的帽子就掉了。王忙跑到御座前叫道："陛下，臣赢了！"太祖大笑起来，便让王做了状元，赵为第二名，但新科状元也不过到外地做个小官。士人将功名视为生命，而这种几近儿戏的做法真让士人丧气。

京城有一个朱雀门，门额上大书："朱雀之门"。一次，

宋人科举考试
科举考试及第，赐进士出身等，任以官职。宋代重视文人，相臣多出自进士。

公元 979 年

世界大事记

拜占廷封建诸侯叛乱。

《涑水纪闻》卷一·卷三

荒诞　学以致用

王嗣宗　赵匡胤

人物　关键词　故事来源

一套精美的酒具：影青温碗注子

此温碗注子1963年于安徽宿松洛土村北宋墓出土，由温碗和酒注子配套组成。由于碗内的热水可随时更换，因此使用这套酒器可以达到时刻保温的目的。

"苏门四学士"之一秦观（右图）

北宋词人秦观（1049-1100），字少游，号淮海居士，扬州高邮人。他的文词被苏轼赏识，为"苏门四学士"之一。其著名的《鹊桥仙》堪称恋情诗词中的千古绝唱。

他和赵普走到朱雀门下，指着上面的刻字问："为什么不直接写'朱雀门'，而要多一个'之'呢？"赵普说："'之'有助于语气。"宋太祖哈哈大笑起来："之乎者也，助得了什么！"

可见，宋太祖的脑子还是很清楚的，但其后代就未必了。

历史文化百科

〔榜下捉婿〕

宋人缔结婚姻不重世家大族，而重女婿本人，由于进士前程远大，故成为大家千金的争夺对象。每逢科举考试发榜那天，达官贵人便清晨出动"择婿车"，满城拉外地来的新科进士，这时不管阴阳八字，也不问其家世，拉到家里就是东床高婿，后连京城内的富豪大贾也为本家千金拉婿，则局面更为混乱，故一日之间，新科进士往往十之八九已有了归属。王安石诗云："却忆金明池上路，红裙争看绿衣郎。"苏轼诗曰："囊空不办行春马，眼眩行看择婿车。"有的达官贵人甚至采取强制手段，如外戚张尧佐派人将新进士冯京拖至家中，用金带捆起，假称皇帝圣意逼其就范，又搬出陪嫁财宝诱其点头，新进士只好赔笑力辞。有些女子或其父母坚持非进士不谈婚嫁，以至错过适婚年龄，因而终身不嫁。

话说中国

中国大事记

端拱元年，宋命李继迁为定难军节度使，赐姓名赵保忠。

〇一三

半部《论语》治天下

西谚曰："只读一本书的人最可怕。"赵普却只凭半本书就成为名相，不由你不服。

宋初最出名的宰相应数赵普。

赵匡胤没发迹时，赵普就服侍在他父亲身边了，和匡胤等兄弟相称，后来成了赵匡胤的幕僚。陈桥兵变，赵普出了大力，建国初更是皇帝的左右手。那时，太祖的母亲常亲切地对他说："赵书记多费心，我儿还不会做皇帝呢！"

坚持己见

赵普的确尽心，出谋划策，顾全大局，为皇帝收兵权、平割据立下汗马功劳。由于他的身份特殊，说话较少顾忌，对朝政又敢于负责，对宋初统治的巩固起到重要作用。宋太祖很信任前朝名将符彦卿，想让他掌管军队，赵普说他名气、官职已很大，不能再掌管军队，太祖不听，赵普仍劝，太祖干脆避开他把委任状发下去，赵普听说了又中途扣了下来。太祖说："你何必苦苦怀疑彦卿呢！我对他恩情最深，他必不会辜负我。"赵普轻轻地说："周世宗也对陛下最好，为什么陛下会辜负他呢？"太祖愣住了，默默收回了成命。

有一次，赵普推荐一个人做官，太祖不喜欢他，批了不同意。第二天，赵普又上奏请求，仍被驳回。第三天，他又来了，还是坚持自己的

意见，太祖大怒，把公文撕得粉碎扔在地上。赵普脸不变色地慢慢拾起来，拿回去贴好又拿了来，这回太祖不胜其烦就同意了。这个人上任后果然很称职，为太祖出了大力，对赵普的远见，皇帝也服了。

又一次，为立功者升官，其中有一人，因为皇帝平时很讨厌他，就故意不予提升，赵普又坚持要提升。太祖气呼呼地说："我就是不给他升官，你怎么办？"赵普说："刑罚用来惩恶，官爵用来赏功，古今都是如此。而且刑罚赏赐是天下的权利，并不是陛下个人的权利，怎么能凭自己的喜怒来行使呢？"皇帝大怒，拂袖而去。赵普也站起跟在后面，皇帝进宫，他就站在宫门边，久久也不离开。后来皇帝终于醒悟了，同意了他的请求。

为人如其住宅

赵普劝皇帝时很贤明，但自己处事却未必清醒。他对部下相当忌刻，为了争权暗害了不少人，而且相当贪财，曾收人贿赂，强买民宅，生活奢华。曾

宋初名相赵普

赵普（922—992），字则平，幽州蓟县（今属天津）人，迁居洛阳。原是赵匡胤的幕僚，策划陈桥兵变，助赵夺取政权。乾德二年（964）为相，参与政要。宋太宗赵光义在位时，赵普两度为相。后以老病退职，封魏国公，死后追封韩王。他读书不多，但吏治精明，相传他以"半部《论语》治天下"。

现存最早的有关蔗糖的专著是什么？

公元 980 年 ▷ 世界大事记　越南前黎朝。

赵匡胤　赵普　赵光义

半部《论语治天下

谋略　学以致用

《宋史·赵普传》
《涑水纪闻》卷一

人物　典故　关键词　故事来源

神情毕肖的《捣练图》（上图及下图）

练是指白绢一类的丝织品。在唐代，白练都是女子手工打制的。神情专注的宫女们有的在捣练，有的在织补，有的在熨烫。还有一位宫女伏下身去透过白练扭头向光亮处看，是在检查成品中是否还有瑕疵。鲜艳华丽的衣饰，从容娴雅的神态举止，显示出盛唐人们温和、厚重、务实的心态。这幅唐画家的作品因为经过宋徽宗的反复描摹而变得更为有名。

> **历史文化百科**

〔妾与婢女有服役年限〕

宋士大夫普遍蓄有姬妾，但买妾大多不是一次买断，而有一定的年限，有约三年或五年者。有的小妾期满后不忍离去，但如妾父母不同意，也不能留下，又被嫁于他人。妾的地位低下，往往妾婢连称，若将宠妾升为夫人，颇费一番周折。婢女的来源有罪犯家属、卖身或被拐卖者，但宋代婢女主要来自雇用，订有契约，雇主订立契约时，很注意被雇者的来源，并要求有人担保。法律规定雇用婢女最高年限为十年，其间转雇于他人，年限也要通计。有的使女雇值是按月或按年领取的，若婢女几经转雇，其身子钱往往看涨，具有特殊才能的使女相当昂贵。法律对奴婢犯上明令严惩，但亦明令雇主不许私设公堂惩处奴婢，不许私刺其面。一般士大夫家庭也承认所谓奴婢本出良家，期满多送婢女还乡，让其及时婚嫁，但也有不少富家地主以各种方式超期或终身役使婢女，如在契约内将婢女谎称为"养女"等；或雇佣双方通过转雇等方式，隐瞒受雇年限。总之，宋婢女的地位高于唐代的奴婢。

有人向太祖告发赵普，太祖生气地吼道："大鼎还有两个耳呢，你难道没有吗？没听说赵普是我社稷之臣吗？"叫人把他拉下去，在院子里甩了几圈，过一会让他穿戴整齐上来，再对他轻声说："以后不许再说！今天放了你，不许对别人说！"太祖对赵普的不法当然清楚，只是要用他，故意不追究罢了。后来，太祖到洛阳去，看到赵普家的府第，外面是简陋的柴门和篱笆，后面却是富丽堂皇的高楼和美丽的花园。太祖嘲笑说："这老头

宋

宋赵佶摹张萱《宫乐图》

的为人就和这房子一样，总归不纯。"

　　赵普读书不多，有时也要闹笑话。太祖时改年号要找前代没用过的，后定为乾德，赵普在旁直吹捧说改得好。过了几年，有大臣告诉太祖，说这年号前蜀用过，太祖大惊，叫人一查，果然如此。太祖很生气，用毛笔在赵普脸上涂了几下说："宰相还是要用读书人。"

逼真的莲蕾佛手

出土于河南巩义的佛手紧握一含苞待放的莲蕾，佛手丰满，指节、甲盖刻画清晰，莲蕾刻画逼真，从中可以看出此佛像身材高大。

赵普回去脸也不敢洗，第二天上朝皇帝也笑了起来，命他洗去，并要他以后多读书。此后，他一回家就关上门，从箱子里拿出书来，一读就是一整天，第二天上朝，处理政事非常机敏，好像从书上得了许多启发。他死后，他的家属打开那个箱子，发现其中只有半本《论语》，如此学以致用，真令人叹服。

　　以后，赵普又参与了太祖弟太宗夺占皇位的阴谋，太宗坐稳了江山，便不让他参与国家政事了，最后把他赶出东京了事。钱行时，皇帝赠诗两首，赵普百感交集，捧着诗痛哭流涕，说："我要把这诗刻在石上，将来和我一起葬入黄泉，希望来世再为您家效力！"

　　有一位北宋文人隐居在杭州西湖孤山，种梅养鹤，自称梅妻鹤子，他是谁？

公元981年

世界大事记

一些诺曼人在伊利克的率领下，发现北美洲东北的格陵兰岛。

《涑水纪闻》卷一、卷三 《宋史·曹彬传》

曹彬　赵匡胤　潘美

仁爱

人物　关键词　故事来源

〇一四

柔弱胜刚强

不肯杀人的将军却能攻城略地，凭柔弱之术，更可在朝廷中百战百胜。

古语曰："一将功成万骨枯。"古兵法明载："古之善用兵者，能杀卒之半，其次杀十三，其下杀十一。"可见忍心杀人才是好将军。宋初肯杀人的将军不少，而宋太祖最欣赏的还是不肯杀人的曹彬。

谦和结人缘

曹家本是后周皇室的姻亲，曹彬以此显贵，但他仍很谨慎。后周末期，赵匡胤掌管了禁军，权势日盛，一班势利的官吏都忙着巴结他，而独有曹彬从不上门，公事之外也不与他交谈。赵匡胤爱喝酒，

北宋初年大将曹彬

曹彬（931－999）参加伐后蜀之役。统兵灭南唐，又攻下金陵，屡立战功。在征辽役中曾失利，被降职。真宗即位复任枢密使。

一次，叫掌管公酒的曹彬给点酒喝，曹彬一本正经地说："这是官酒，不敢私下给人。"然后到街上买了酒给他喝。赵匡胤做了皇帝后，曾问曹彬："当初我想与你亲近，你为什么总躲着我？"曹彬叩头请罪，说："我为周皇室近亲，又身负重任，谨慎守职还恐怕有过错，还怎么敢私

儒将曹彬焚香禁杀

儒将曹彬出身将门，宋太祖挥师江南，命曹彬先赴荆南，为大军开道，曹彬率战船顺流而下，连破数城，驻军采石矶，直逼金陵。眼见南唐就要被灭，曹彬突然生病了，众将纳闷，纷纷前去探望。曹彬对众将说："我的病不是药物所能治好的，只要你们发誓城破之日不妄杀一人，我的病就不治自愈了！"众将依当焚香盟誓，承诺决不妄杀生灵。第二天，曹彬的病就好了。宋军破城，果然纪律严明，百姓仍能安居乐业。此图出于清末民初马骀的《马骀画宝》。

色彩斑斓夺目的宋代瓷器

宋代制瓷技术的长足进步，改变了人们以往惯用铜器和漆器的习尚。制瓷艺人们已经很熟练地使用金属微量元素和窑变的技术来加强瓷器色泽效果。特别在南方的江西、浙江、福建等省份，出现了八个有名的瓷窑。

下交结大臣呢？"赵匡胤感叹说："看来只有曹彬一人不敢背叛君主啊！"为此，反而对他更为器重。

曹彬性格温和，待部下较为宽容。有一次，部下有个小吏犯罪，曹彬判定打二十大板，可过了一年才命令执行。属官对这种做法百思不解，曹彬解释说："听说那人刚刚结婚，如果马上执行，他家公婆就会怪新媳妇给丈夫带来恶运，必然每天打骂，那样他的婚姻就算完了，但国法又不能废，所以缓一年执行。"大家都非常佩服，被打的小吏反而对他感激不尽。

攻灭后蜀时，诸将滥杀战俘，纵容部下抢夺百姓财物，引起蜀人大规模反抗。只有曹彬不肯乱杀人，出川时，行李中只装了几本书和换洗衣服。回到都城见皇帝，诸将都争着夸功，而宋太祖板着脸说："我都知道了，你们怎么敢乱杀人！曹彬退下，不干你事。"诸将不但未得赏，反被降官处罚，独有曹彬得到提升。曹彬忙跪下推辞："征西将士都被罚，只有我受赏，恐怕不利于激励士气吧。"在朝中，他从不讲别人的坏话，即使皇帝逼问，也只是说："军政之外，非臣所知。"谦和不仅使他得到皇帝的赏识，也在大臣中广结人缘。

以柔克刚

派兵攻南唐时，宋太祖接受了教训，任命谨慎仁恕的曹彬为统帅，临行前又反复交待不可滥杀，

并把一把宝剑交给他，说："副将以下，不听令者先斩后奏！"众将闻言皆大惊失色。

金陵城坚守固，为了减少伤亡，曹彬命令采取长期围困的战术，并多次放缓攻城，派人捎信给南唐主李煜说："事到如今，孤城是守不住的，我只是怜惜一城生命，你还是投降为上。"城破在即时，曹彬却突然病倒了。众将很着急，都来探望。曹彬不紧不慢地说："我这病靠吃药针灸是治不好的，只要诸位诚心发誓，入城后不乱杀一人，就肯定痊愈。"众将依言焚香起誓。第二天，曹彬便说病好了。不久，宋军攻入城，军纪严明，百姓仍能安居乐业，宋军也顺利地统一了江南。皇帝自然非常满意。

南下出师前，宋太祖曾对曹彬许愿说："平江南回来，定以节度使赏你！"走出宫门，副将潘美以下都向曹彬表示祝贺，曹彬只淡淡一笑，说："得了，此行靠皇帝天威，江南不难平，我能立什么大功。何况北汉未灭，节度使是武将最高官衔，怎么可能随便给人呢？"凯旋回京，曹彬照例递上文书，对自己的功劳只字不提，只简单地写道："奉圣旨去江南办公事回来。"拜见皇帝时，太祖大大夸奖一番后，说："如今割据一方的霸主还不少，节度使的品位已到顶了，若给了你，以后还怎么肯努力作战呢？待收拾了北汉，我一定把节度使赏你。"曹彬神色自若地叩首拜谢，而潘美等人都望着曹彬会心一笑。太祖看到了，觉得蹊跷，叫过潘美，问道："你们鬼头鬼脑地笑什么？"潘美不敢隐瞒，只好把私下的交谈都说出来了。太祖也笑了，什么也说不出，但心里觉得有几分过意不去，便暗地里叫人往曹家送去五十万钱。曹彬回到家，忽见满屋的金钱，长叹一声说："升上高官也不过多得钱罢了，何必一定要做什么节度使呢！"

就这样，凭柔弱之术，他在充满能人的朝廷中百战百胜。

公元 982 年

世界大事记　威尼斯与热那亚与东方伊斯兰教地区贸易繁荣。

《续资治通鉴长编》卷一七
《涑水纪闻》卷一

赵匡胤　赵普　赵光义　烛影斧声　阴谋

人物　典故　关键词　故事来源

〇一五

皇位只有一个，于是不得不争，争起来必定你死我活。宋皇室也一样，穷凶极恶丝毫不亚于前代，但赵家人更善阴柔的把戏，于是不见血洗京城的政变，未闻伏尸千里的战役，只留下一个个千古疑案，让人怒不得悲不得，但平淡之中充满杀机，虽千年之后仍能感受到这种令人窒息的气氛。"烛影斧声"便是这疑案之一。

烛影斧声

赵家不喜血洗京城的惨剧，而仁慈宽厚的幕布之下掩盖着恐怖的沼泽。大雪之夜，烛影摇曳，斧声铿锵，一个千古奇案发生了。

手足之情

中国正统的皇位传承顺序应是父死子继，而宋朝第二个皇帝是宋太祖的弟弟赵光义，兄终弟及是不正常的。于是，出现种种传说。

赵光义也是武将出身，但后周时地位比老兄低多了。那时兄弟俩感情很好，闲时常常一起喝酒聊天，哥哥武艺较强，而弟弟喜欢读书，取长补短，一起策划搅动天下，英雄气概溢于言表。一次，弟弟生病了，哥哥为他烧艾条灸穴位，弟弟

皇后骂殿

据传，当年太祖病重时，赵光义入宫探视，并屏退宦官、宫女。太祖身边近臣在远处望见，烛影之下，赵光义不断离开座位，好像有所躲避。一会儿，太祖一边拿着柱斧戳地板，一边大声对赵光义说："好自为之。"当夜，太祖死于万岁殿。这就是流传甚广的"烛影斧声"之谜。太祖病故后，其弟光义即位，贺后不服。命长子德昭上殿讨还皇位，光义不与，欲斩德昭，德昭不屈撞死金殿，贺后闻知，带次子德芳上殿，大骂昏王篡位。赵光义赐嫂尚方宝剑，执掌昭阳宫，风波始平。这是小说戏曲的演义，清代杨家埠年画《皇后骂殿》就是表现这个故事。

熬不住大叫"痛死我了！"哥哥心疼地说："忍着点，老弟。来，哥和你共苦痛！"说着，在弟弟身上烧一下，也在自己身上烧一下，直至治疗完毕。手足之情使光义感动得热泪盈眶。从人情的角度说，那时真是黄金时代。

赵匡胤在陈桥驿披上黄袍，老弟也出了力，又有卓越的政治才干，因此一直身负重任，当过开封尹，被封为晋王，位在皇帝之下、宰相之上，这种信任是不同寻常的。宋太祖领兵亲征李筠、李重进时，命他为大内都点检，把京城留守的重任交给了他。赵匡胤当初就是以都点检的身份因政变而坐上皇位的，所以京城出现了谣传："点检作天子，又要出新天子了吗？"

京城疑案

开宝九年（976）春，南方割据势力只剩下名存实亡的吴越，太祖踌躇满志，盘算迁都于洛阳，便入关巡视了一番，不久便回到开封。阴历十月，开封已经很冷了，而太祖仍兴

宋太宗赵光义

一名匡义，是宋太祖赵匡胤的弟弟。976—997年在位。登位之初，锐意夺取幽云地区，出兵北汉，对辽开战。对内加强专制主义中央集权，进一步重视科举，增加进士名额。执政期间，多用文人，更加形成重文风气。太平兴国二年（977）下诏，由翰林院学士李昉等人历经六年多，编成超越前代的大规模类书。宋太宗每天看阅三卷，一年内读遍全书，赐名《太平御览》。

致勃勃地到校场上看部队练兵，众将都说皇帝这么精神，也许不久又要领兵亲征太原了呢。没过几天，开封下起了大雪，一清早，官员们上朝时却传来噩耗，说昨天太祖已死于急病，而皇弟赵光义已稳坐在龙床上了。

有的内侍说，那天晚上太祖生了急病，道士说活不过今晚了，所以马上派人叫来皇弟光义，把身边的侍从都赶开了，远远看见烛光下两个身影，一会分，一会离，好像皇弟跪了下来，后来听见太祖把斧子狠狠摔在地上，大声说："好好干！"后来听见皇弟叫我们，进去发现太祖已驾崩了。

有的内侍说：不对，不对！太祖病重了，皇弟以为他睡着了，调戏了太祖的女人，太祖看见，把斧子掷了过去，皇弟就逃出宫去。不久，太祖就气死了。

有的内侍说：不对！不对！四更时太祖病逝，皇弟并未在身旁。皇后叫我把皇子德芳叫来，我想太祖一直想传位给皇弟，就没去叫皇子，一直跑到皇弟晋王府上。晋王还犹豫了半天，不肯马上就走。我说："再拖下去位子就是人家的了。"这才赶进宫，我们走进太祖寝殿时，皇后说："是德芳吧？"我说："晋王到！"皇后当时呆住了，过一会，醒了过来，跪下哭着说："官家，我们母子的性命都在您手里了！"晋王也哭了，说："共保富贵，不必担忧！"

太医局诸科程文

宋代对中医教育比较重视，朝廷专门设立"太医局"作为培养中医人才的最高机构。学生所学课程包括《素问》、《难经》、《伤寒论》和《诸病源候论》等。考试方法完全仿照太学的办法，每月一次初试，成绩的评定分为"优、平、否"三等，学习成绩优良者补升内舍。图为太医局的考试试题及其标准答案。

其他还有许多更离奇的传说，只不过没人敢说是皇弟砍了哥哥。那晚究竟发生了什么事？也许只有他们兄弟两个人知道。总之，有两点是明确的，一是太祖死得很突然，终年只有五十岁。二是皇弟赵光义在天亮之前坐上了皇位，后来历史上就称他作太宗。太宗一即位，就让皇弟廷美顶了自己过去的位子，即做开封尹兼中书令，上朝时位在宰相之上，并封为齐王；太祖的两个儿子德昭、德芳仍称作皇子。

杀人不见血

太宗即位后第四年，带兵亲征北汉，出发前按太祖时的惯例任命齐王廷美留守东京。有聪明人教齐王说："你身为皇室至亲，留守反而遭怀疑，你还是请求出征吧！"齐王依计而行，皇帝果然顺水推舟地同意了。

皇帝神武，出师不久便灭了北汉，得意之余，决定立即北上攻辽，然而，英勇善战的辽兵可不是好惹的，打得宋军大败。皇帝坐驴车逃走了，军中却传说皇帝已死，太祖儿子德昭也在军中，有人主张立皇子为新帝，正好传来皇帝的消息才中止了。太宗听说

此事，面有怒色，但什么也没说。回京后，因为打了败仗，太宗很不高兴，连灭北汉的功臣也不赏了。众臣都说不应该，德昭就傻乎乎地到皇帝跟前提这事，皇帝没好气地说："等你做了皇帝再赏他们吧！"这是什么话！德昭当时就变了脸色。传说他走出来就问："带刀了吗？"左右的人说："宫中怎么敢带？"只见他走进吃茶点的小房间，关上门，过一会就听说他用削水果的刀子自杀了。皇帝这时跑出来抱着他的尸体大哭道："傻孩子，你怎么偏到这种地步呢！"

过了两年，太祖另一个儿子德芳也突然死了。传说他是个贪吃的家伙，是肥猪肉吃得太多胀死的。

又过了一年，有人告发说皇弟齐王廷美阴谋加害于皇帝，于是他的官职给解除了，被送到西京闲住。不久又有人告发齐王，说他在西京怨愤不已，恐怕又会制造阴谋。因此又把他的王位去掉，迁到房州安置。传说他到房州后惊吓成疾，不久就病死了。而告发他的人不久也被流放，死在边远地方。

传说太宗也曾想传位于廷美，可赵普说："太祖已错，陛下不能再错了。"都是赵普那小子不好，所以廷美死后，赵普也给赶出了中央。

廷美被搞掉后不久，太宗的儿子便顶了廷美原来的位子，到太宗晚年，被立为太子。

宋代的史书就是这样，每到关键时候就没有话了，只剩下笔记中的种种传说，而传说又那么可笑。还不如玄武门之变，尽管唐太宗弄得一身血污，但到底痛快地承认了杀了哥哥。宋朝自夸的仁慈宽厚就像一个软绵绵、混沌沌的大沼泽，使人慢慢沉下去，却连一点声音也没有。

浑朴而充满古意的宋代铁剑

这柄铁剑造型浑朴，线条简洁，具有秦汉的古风。在当时宋代的官僚阶层中，刀剑是一种具有收藏价值的装饰物，好的刀剑往往价格不菲。刀剑的武器功能在丧失。

话说中国

〇一六

钱俶纳土

**对宋最恭顺的吴越，
也不过晚死几天而已。**

在南方诸国中，吴越对宋最恭顺，灭亡也最晚。

马善被人骑

吴越最后一任国主叫钱俶，和一般亡国之君不同，他生活相当俭朴，衣着食物都很简单，喜欢读书，善作草书，雅好吟诗，曾自编了一本诗集。他为人谦和，不肯滥杀。本来王位是他哥哥的，大臣废了他哥哥，转而拥立他。即位后，大臣都劝他把废王杀了，以免后患，可他哭着说："要杀哥哥，我绝对于心不忍，如果他有异谋，我让位给他好了。"大臣要暗害废王，钱俶甚至派兵保护他，使他又平安活了二十年。后来国舅企图搞政变，钱俶也不忍杀害，使母亲一族得以保全。

吴越是个小国，创立者钱镠临终就嘱咐说："以后子子孙孙都要事奉中原的朝廷，即使中原朝廷换了姓也不能改变。"钱家的确世守这一基本国策。宋初，钱俶便派使祝贺，以后每年都遣使贡物问安，一直非常恭敬。但即便如此仍不能逃脱灭亡的命运。

宋太祖伐南唐前，命钱俶出兵相助，并警告他说："要是别人说'皮之不存，毛将焉附'之类，你都不

宋代登封嵩阳书院

要听。正因为南唐倔强不服，我才收拾它的。"钱俶很害怕，赶忙点兵出征。吴越丞相劝道："南唐是我国的屏障，大王自己动手毁掉屏障，将来靠什么保卫社稷呢！"可钱俶不听，派兵攻下南唐重镇，使南唐腹背受敌。南唐主李煜给他捎信说："今日无我，明日岂有君？将来宋帝最多赏你做个开封平民罢了！"钱俶无话可说，只把信转给宋太祖一阅。

南唐亡后，宋太祖三番五次派人催钱俶进京，并信誓旦旦地保证一定让他回国。万般无奈，钱俶只好带着妻子、儿子上京。太祖很高兴，为他举办盛大宴会，让亡国君主都来作陪，为表示特别恩宠，叫诸位皇弟与钱俶兄弟相称，钱俶哪里敢受，又磕头又哭泣才免去此礼。酒过数巡，太祖叫出艺妓，弹琵琶助兴。钱俶献上新词，艺妓唱道："金凤欲飞遭掣搦，情脉脉，行即玉楼云雨隔。"太祖一听，这不是在担心回不去吗？他站起身抚着钱俶的背说："誓不杀钱王！"钱俶又是一番哭哭啼啼的谢恩。看着这一番表演，李煜真是百感交集。

过了两个月，太祖对钱俶说："南方热得早，你就早点回去吧。"钱俶表示以后三年一朝，太祖说："不必了，以后听圣旨再来吧。"临行，赏给他许多珍宝，又交给他一个密密封着的黄包，叫他在路上看。钱俶在途中打开一看，里面有几百份宋大臣的奏书，内容全是要求不放吴越王回国。钱俶又恨又怕，可还得对皇帝表示感谢。

任人宰割

宋太宗即位后，又叫钱俶来朝。太平兴国三年（978）三月，钱俶来到东京，太宗仍摆盛宴招待，可这回总也不提让他回去的话题。钱俶在东京如坐针毡，四月，

北宋末年兴起了一个中药材集散地，一直到今天还名闻遐迩，是什么地方？

公元984年

世界大事记 越南攻陷占婆首都。

《宋史纪事本末》卷二一
《宋史·吴越钱氏传》

钱俶 李煜
赵光义 赵匡胤 怯懦

人物 关键词 故事来源

第二年，太宗要率军亲征北汉，临行在宫中举行宴会，亡国君主们都垂头陪坐。席间，最无耻的前南汉主刘铱跳出来插科打诨："朝廷威服远方，今日四方僭伪君主都在座，不久平了北汉，刘继元又将来此。我最早来，请皇帝让我做个诸国降王队长吧！"太宗哈哈大笑。然而，仅过了一年，马屁精刘铱不明不白地死了。

吴越亡后十年，钱俶过生日，太宗派使者赐宴，当晚钱俶便暴死了。

这之前，诸降王都死光了，各国旧臣私下颇有怨言。太宗便让他们在文馆编些大部头书，如《文苑英华》、《太平广记》之类，用优厚的俸禄塞其嘴，用满屋的诗书苦其心，从此天下太平。

汝窑青瓷盘

割据泉州的陈洪进献上二州图籍，表示归附，钱俶更为惊惧。吴越大臣崔仁冀说："宋朝的意思很明确了，大王若不赶快交出国土，大祸就临头了。"左右随从七嘴八舌地说不行，崔仁冀厉声说："如今我们已在人家掌心，本国在千里之外，只有生出翅膀才能飞回去！"五月，钱俶作出最后决定，上表献出吴越十三州一军八十六县。退朝后，跟随他进京的将吏才得知亡国的消息，大家失声痛哭："我王再也回不去了！"

历史文化百科

〔北宋四大书〕

宋太宗、真宗时，朝臣编撰了四部大书，号称"北宋四大书"。一是《太平广记》五百卷，是一本小说类书，所谓类书，便是摘录各种书上的有关资料再分门别类地编排，太平兴国三年（978）撰成，收录了汉至宋初的野史、小说、佛道藏等四百多种书的资料，内容主要是神仙鬼怪故事，以后戏曲、小说家多以此为素材进行再创作。二是《太平御览》一千卷，为百科全书式的类书，太平兴国八年（983）编成，学者一般认为它是在前代几部类书的基础上编成的，引用的资料并非从当时存世的书籍中直接引用的。三是《文苑英华》一千卷，为文学总集，雍熙三年（987）编成，收上自萧梁下迄五代的近二万篇作品，主要是唐人诗文。四是《册府元龟》一千卷，为史学类书，成于大中祥符六年（1013），主要是历代君臣事迹，采取编年体与纪传体相结合的方法，尤其唐五代的史事是全书的精华。

古代小说总集《太平广记》

《太平广记》为我国古代著名的大型小说总集，北宋李昉等编辑。因为它编成于太平兴国三年（978），所以定名为《太平广记》。全书五百卷，目录十卷，专收自汉至宋初野史传记和以小说家为主的杂著，按性质分为九十二大类，从而保留了大量的古小说资料。图为清武英殿本《太平广记》。

〇一七

杀丐疑案

草菅人命，官府岂有公道可言；
可怜蚁民，皇帝曾无仁爱挂念。

太宗初即位时，由于太祖死得不明不白，市井中颇有些流言，但皇家的事谁敢管，没多久朝廷内外便恢复了往日的平静。但由于习惯于太祖的英明，大臣小吏对新皇帝还是有几分不服帖。

这一天，东京的繁华街市人来车往，熙熙攘攘。有一个乞丐沿街乞讨，讨到一个小店门口，店主刚从外地来京，不知此地规矩，一时不肯施予，那乞丐便靠在门上大骂，店主见势不对，加倍给钱，又施礼又道歉，那强讨饭的还不依不饶。原来东京的乞丐成帮，类似黑社会，入帮者多是无赖，一般人可惹不起。围观的人越来越多，忽然人丛中跳出一名大汉，一刀刺死了恶丐，扔下刀就逃走了。人们

吓得一哄而散，待官兵来到，凶手早不知去向。

第二天，这件大案吵到了朝廷上。太宗大怒，严令道："竟有人敢在都城白日行凶，这是五代的乱世习气，绝不能放纵！必须严加搜索，限在五日之内破案，否则惩治有关官员！"开封尹（东京最高行政长官）诚惶诚恐，催逼下面办案，不久便破了案，说是因那恶丐欺人太甚，店主的家人按捺不住愤恨而杀的，凶手已捉拿在案。

案子审理清楚，报给皇帝过目。太宗微微一笑，说："你们能这样用心，不错。但是，还要复查一下，不要冤枉人啊。而且下次把凶器带给我过目。"过了几天，开封尹再次求见，把复核的案卷和刀一道呈上。太宗扫了一眼案卷，紧盯着开封尹问道："肯定审清了？"

吉州窑黑釉贴花瓷碗

从这件贴花瓷碗看，聪明的永和窑匠师对路旁脚下俯拾即是的片片落叶发生了兴趣。于是，他们开始实验了，直接将树叶贴在坯体上，施釉后，将叶子揭去入窑烧。当人们捧起这只黑釉碗饮茶时，就会看见一片活灵活现的叶子沉在碗底。

> ▷历史文化百科◁

〔宋代的泼皮无赖〕

城乡衣食无着的贫民沦为游民，大批老实正直的游民，无路求食，只得饿死路旁。迫于生计，游民往往成为城中丑恶一族，开封及临安的泼皮无赖皆以万计。或沦为富人的玩物，成为男妓，涂脂抹粉，盛装打扮，善做女红，称呼亦如同妇人，以之求食，其为首者，号"师巫行头"。或以乞讨为生，甚至结帮成团，其团头得以致富。或成为盗贼，以城市的下水道为窟，自称为"无忧洞"，甚至偷藏骗来的妇人，自称为"鬼樊楼"（樊楼是东京有名的大酒楼兼色情中心）。或依傍富人做走狗，成为无赖流氓，凶恶者结成黑帮，与官员勾结，成为不可一世的黑势力。或以坑蒙拐骗为生，设置骗局，邀人至其家喝酒，妻妾满堂，财宝堆床，屋宇华丽，然后假说钱物丢失，逼来者赔偿，或诱其赌博，将其财物骗光，受害者再访其处则已封门走光。就是能干的府尹对这种丑恶现象也无可奈何。

赵光义 怯懦 《铁围山丛谈》
人物 关键词 故事来源

话说中国

以市井小人物作为主人公的宋代杂剧

宋代杂剧往往取材于民间，以市井小人物，如周身挂满眼睛招幌的卖眼药的走方郎中、手臂刺青的走街游民等，作为剧中主人公。这种演出形式虽偶尔也在正式宴饮的场合里被召来助兴，但绝大多数情况下，它是在街头的棚子里受到市民们的追捧的。此为宋人所绘《眼药酸图》。

开封尹自信地说："肯定审清了。"这时，太宗对身后的小内侍使了个眼色，说："把我的刀鞘拿来！"

小内侍拿来刀鞘，再把凶器往鞘内一塞，竟正好吻合，开封尹一下惊呆了。太宗拂袖而起："你们如此办案，平日又怎能避免妄杀无辜！"

原来这是皇帝亲自导演的一出戏。大小官员平日欺上瞒下，只会严刑逼供，屈打成招，没想到今日上了皇帝的当。太宗借恶丐区区小命，在朝廷树立了威望，而官员办事不得不更加仔细小心。

〇一八

太宗雅兴

皇帝爱书迷棋，总强于沉溺声色。

宋太宗是个相当负责的皇帝，不但审阅全国各地的公文，还不辞辛劳地亲自审理京城的大案，近臣们劝他不要过于劳累，他只付之一笑。为了使宋朝长治久安，他常常和儒臣们探讨历史经验，由于很喜欢读书，他似乎比太祖更能和书生交流。他叫人把前朝历史及天文地理等百科知识编成一千卷，这本书后来定名为《太平御览》。书还在编纂中，太宗便命令每天送进三卷，说是打算在一年内读完。宰相劝他不必太劳累，他说："我天性喜欢读书，若不喜欢，也读不进的。"

宋蜀刻大字本《春秋经传集解》

太宗不但认真读书，还喜欢思索，注意吸取历史经验教训。有一次，谈到后唐历史，他感慨地说："治理天下，最要紧的是要耐烦。唐庄宗百战方得天下，却不懂如何保住。当了皇帝他每日

竟日观书

宋太宗爱读书，每天从上午巳时开始看书，直到下午申时才放下书卷。太宗命翰林学士李昉编洋洋一千卷大型类书，定名为《太平御览》。书还在编纂中，太宗命人给他每天进呈三卷，供他阅读。右谏议大夫宋琪劝他注意休息，太宗说："天下古今的义理，全都记载在书中，只要开卷阅读，就能有所收益。我要争取在一年之内读完这部书。"结果，宋太宗果然读完了这部巨著，并把原先书名《太平总类》改为《太平御览》。此图出于《帝鉴图说》。

公元 986 年

世界大事记

日本花山天皇让位于一条天皇（六十六代）。

赵光义 赵普 谋略

《宋朝事实类苑卷二》

人物　关键词　故事来源

喝得烂醉，与戏子鬼混，又喜欢打猎，半月不归，所以国家政事都荒废了。看来皇帝不能有嗜好，尤其不能让臣子利用这些嗜好。"因此太宗很注意收敛自己的欲望，食不过量，色不过度。没当皇帝以前，太宗喜欢放鹰牵狗去打猎。夏国主听说了，便派人送来当地的名鹰"海东青"。太宗回信说："我已久不打猎，鹰犬都放归自然，这只鹰还是你自己饲养吧。"

除了读书之外，太宗有时也弹弹琴、练练书法，嗜好也是有的，那便是痴迷于围棋。他常常研习古棋谱，叫国手来陪他下棋，下完又自己复盘记谱，入迷时也会忘了国家大事，当时的著名文士作诗曰："太宗多才复多艺，万机余暇翻棋势。"因此，曾有些多嘴的谏臣上书，请求把他最喜欢的国手流放到南方去，太宗恼怒地说："我并不傻，下下棋不过是想躲开六宫粉黛的诱惑，你们不要多说了。"下棋到底比沉溺于声色好，于是大臣不再啰嗦了。

但是，因为要做好皇帝，有时也就不得不忍痛割爱。有个内侍玩得一手好魔术，因此颇得皇帝青睐，便不知天高地厚，在外胆大妄为。赵普把他的罪状一一调查清楚后，请求杀了他，皇帝不同意，赵普仍纠缠不休。太宗生气地说："我身为万乘之主，还庇护不了一个

人吗？"赵普坚决地说："不杀他就乱了天下大法，国法重要，一个小小的仆人又有什么可惜的！"太宗没办法，只好同意。

即便如此，太宗仍觉得自己做得不够。一天，他颇为自得地问大臣："我能和唐太宗相比了吧？"一个大臣只是轻轻念起白居易的诗句："怨女三千放出宫，死囚四百来归狱。"太宗一听，立刻站起身，严肃地说："我不如他，我不如他，你的话提醒了我！"皇帝能这样谦虚，也算少有了。

梅妻鹤子的林逋

林逋（967—1028）字君复，钱塘（今浙江杭州）人，是北宋初著名的隐逸诗人。林逋一生跟梅花结下了不解之缘，又喜爱养鹤，故人称"梅妻鹤子"。他的诗以擅咏梅著称，尤以"疏影横斜水清浅，暗香浮动月黄昏"（《山园小梅》）两句被视作千古绝唱。著有《和靖集》，存词三首。此图出自《历代名臣像解》。

暗香疏影图（明·盛茂烨绘）（上图）
林逋有《山园小梅》云："众芳摇落独喧妍，占尽风情向小园。疏影横斜水清浅，暗香浮动月黄昏。霜禽欲下先偷眼，粉蝶如知合断魂。幸有微吟可相狎，不须檀板共金樽。"其中尤以"疏影"和"暗香"两句为咏梅之千古绝唱。此画画的正是"疏影"和"暗香"两句的意境。

〇一九

苦战灭汉

两代亲征，太原一朝灰飞烟灭。

在诸国之中，雄踞北方的北汉最为倔强，一直是宋初皇帝的一块心病。

宋太祖受挫

周太祖郭威灭了后汉，汉皇弟在太原拥兵自立，建立了北汉，北汉受辽的册封，与辽互为援助。宋太祖初即位，节度使李筠反叛，北汉主刘钧曾带兵支援。宋太祖恨之入骨，但北汉易守难攻，便派人捎信去说："周主和你是世仇，不屈于周还有道理，我和你前世无仇，何必与我过不去呢？你若有志于

北宋著名将领潘美

潘美（925-991）曾率兵平南汉，又随宋太宗伐北汉，在北伐征辽时兵败而归。一生南征北战，在北宋消灭十国的过程中起了积极作用。

中国，就该走下太行山与我决一胜负！"刘钧复信说："我们河东物产军队是比不过中原，但我家本是皇室出身，守此区区小国，不过为了保存汉国的香火不灭而已。"宋太祖知道自己还无力收拾他，只好顺水推舟地对使者说："你告诉刘钧，就说我放他一条生路！"

开宝元年（968）北汉主刘钧死，养子继恩立。宋太祖认为时机已到，便派大军伐北汉。汉禁军中有个叫侯霸荣的小军吏，有百步穿杨的本事，奔跑如飞，能追快马，但得不到重用，心里怨恨，便带十几个人冲进王宫，杀了汉主。汉宰相郭无为派人杀了侯霸荣等，立刘钧的另一养子继元为主。辽主得报，派兵入援，宋军退回。

第二年，宋太祖率军亲征。宋军在城外筑了一圈长墙，又引汾水灌城，日夜围攻。北汉一边坚守一边向辽求援。

用于城门防守作战的刀车

攻和守是一对互为依存的矛盾。在城门被攻开的时候，如何及时封堵，拒敌于门外呢？宋朝军人发明的这种刀车，在防守的同时带有进攻性，特别是对付骑兵的进攻更为有效。

公元 987 年

世界大事记

法兰西加洛林王朝告终，加佩王朝开始。

赵匡胤
潘美　赵光义
曹彬　刘
继元　钧

勇敢

《续资治通鉴长编》
卷一〇～卷二〇

人物　关键词　故事来源

机动灵活的云梯

这个用于攻城攀爬的云梯设计是颇有创意的。底座装有轮子，是便于机动；阶梯折叠式的设计，也是出于机动性的考虑，便于调节高度、便于移动。不过，面对以游牧为特征的北方骑兵，这样的装置似乎作用不大。

太原久攻不下，连日大暑之后，又连降暴雨，宋军在草地上露宿了两个月，将士都腹泻不止，战斗力大减。宋太祖身边的侍从都是武艺高强的武士，这时愤恨不已，围在太祖身边跪了下来，要求做敢死队，带军攻城。太祖摇摇头说："你们都是我亲自训练的精锐，无不以一当百，可你们要保卫腹心，应和我同生死。我宁愿不得太原，也不忍驱你们入必死之地。"侍卫感动得流下热泪，更要求死战。

赵普等眼见军中情绪不对，又听说辽援兵再度来犯，都劝太祖撤兵，太祖无奈，只得同意。宋军退师时十分仓促，丢弃许多军粮兵器，被北汉拾得，残破的太原靠此得以复苏。七年后，太祖又命潘美等分五路北征，仍无功而返。

太宗得逞

宋太宗一即位，便雄心勃勃地宣称："我必取太原！"文臣武将都说北汉打不得，太宗也是武将出身，哪里吓得住。一天，他叫来枢密使曹彬，问道："周世宗与太祖都曾亲征太原，皆无功而返，为什么呢？难道太原城墙果然坚不可摧吗？"曹彬说："世宗时是因为辽援兵打进来，全军恐惧才撤兵的；而太祖时是因为士兵多生病而中止的；并非太原城坚不能接近。"太宗又问："我将举兵，你以为如何？"曹彬说："如今国家兵强马壮，攻北汉如摧枯拉朽，有何不可！"太宗便下定决心了。

> 历史文化百科

〔禁军：宋代的国家正规军〕

《水浒传》中林冲"八十万禁军教头"的头衔给人以十分了得的印象，实际宋代的禁军已没有皇帝近卫军的含义，不过是国家正规军的代称而已。宋初，为了架空节度使，便不断扩大禁军，削弱地方军。朝廷不仅使禁军获得最好的装备，而且到地方军中挑选武艺精良的士兵编入禁军，为了获得最强壮的兵员，甚至将一根根粗长的木棒颁于各地，这木棒称为"兵样"，要求新兵的身高起码达到这一尺寸。禁军挑剩的老弱及武艺不合格者组成厢军，承担运输、建筑等劳役，而禁军驻扎各地，成为主要的军事力量。就在这期间，汉族从尚武走向崇文，以后宋禁军便成为汉文明有史以来最弱的王朝军队，其战斗力甚至不如地方临时招来的民兵，以至接战时，契丹人一听对手是禁军，便以手加额表示庆幸。

太平兴国四年（979），新年刚过，宋太宗便领兵亲征了，潘美等分四路直指太原。大军正要渡黄河，忽有一个小官拦在路中，前排士兵赶也赶不走，直叫要见皇帝。太宗命人取下他手中的奏书，一看署名是"临河县主簿宋捷"，太宗大喜，认为"宋捷"二字是吉兆，奏书内容也不看了，马上赏他高官。宋捷靠名字骗得爵禄，得意而去。

三月，宋军于北边大败辽军，辽兵龟缩不敢出战。北汉主频频派人求援，信使都被宋军截获，宋军把信使的头拿到太原城下示威，城内守军顿时泄气了。四月，宋太宗领兵团团包围了太原，北汉援兵不到，粮道又绝，军心动摇。在开封时，宋太宗下令从各营挑选了几百壮汉，集中练习剑舞，人人都学会了各种绝技，最绝的是把剑高高

开封繁塔散乐雕砖

开封繁塔散乐雕砖二十方，1983年在修复繁塔时在二层塔心室被发现。此塔创建于北宋太祖开宝七年，宋时称兴应寺塔。这二十方佛装伎乐雕砖皆呈方形，边长约34厘米。正面挖出佛龛状，每砖龛内雕佛伎一人。均头戴宝冠，颈戴多串璎珞，左右衣袖做成二十五金刚结的臂钏，结跏趺坐于莲花座上，手持乐器演奏，形象十分生动传神。

抛起，然后人跃起以身体左右接剑，而人体无伤。攻城前，太宗先进行心理战，让这些剑士在城下表演杂技般的剑术。数百勇士光着身子，大呼小叫，各逞其能，只见一片刀光剑影，虽是花拳绣腿，可也颇为壮观。北汉士兵都登城观看，不知深浅，心里已有几分惧怕。

宋各路军齐集城下，太宗冒着箭雨，日夜到城下督战，宋将士人人感奋，皆拼死攻城。太原几次险被攻破，城墙都残破不堪，上用木板、草垛临时修补，每次攻城前，宋军总是集中弓手蹲在阵前，用阵阵箭雨作掩护，以至城墙上端密密麻麻扎满了箭，好似刺猬一般。城内出来的降兵说，北汉主募人取箭，以十钱换一支，已收集了几百万支。宋太宗自信地说："他在为我收集，待我入了城全是我的。"

五月，北汉的将士纷纷出城投降，北汉主的亲信大臣几乎都逃光了。太宗一边送信进城催促北汉主投降，一边下令暂缓攻势，而急于立功的将士群情激奋，更加拼命攻城，太宗一看势头不对，凭经验这种失去控制的军队一下涌入城内必然滥杀无辜，于是严令各军后撤，聚兵于二里之外。当夜，北汉主刘继元派人来请降，宋军一片欢声，皇帝举行宴会慰劳众将。

第二天，举行受降仪式，刘继元献上十州一军四十一县的图籍，北汉宣告灭亡。宋太宗踌躇满志地作了一首《平晋诗》，随从文臣少不了搜索枯肠作和诗，武将们半懂不懂只会跟着叫好。

两代皇帝亲征，好不容易攻陷这太原城，宋人深恐留下后患，便急急忙忙毁去城墙，把老百姓赶往新城，又一把火把太原烧得精光，来不及出城的老幼被烧死不少。然而，以后在面对辽兵时，失去坚城的河东成了砧上之肉，宋人后悔莫及。

公元 988 年

世界大事记　基辅罗斯定希腊正教为国教。

《续资治通鉴长编》卷二〇
《宋史纪事本末》卷二二

赵光义　杨业　屈辱

人物　关键词　故事来源

皇帝乘驴而逃

恢复旧疆，本太宗之志，宋辽初次交锋，皇帝却乘驴车狼狈而逃。

唐末五代时，乘中原大乱，北方的契丹族逐渐兴起，建立了辽国，自从后晋石敬瑭把燕云十六州拱手相让之后，中原更失去了雄关屏障，随时受到契丹骑兵的威胁。宋太祖虽制定了"先南后北"政策，但时刻未忘记这睡在他身边的猛虎。他专门设了封桩库，将每年节省的金银收入其中。他对身边亲信说："石敬瑭这小子为自己私利，把燕云卖给契丹，实在可恨。等这库里存满四五百万银绢，我就派使与契丹谈，用这些钱买回燕云，若他不肯，我就用这钱为军费，以二十匹买一胡人头，他的精兵不过十万，只用去二百万匹，就可消灭光了。"起初，太祖也曾想先收回燕云再打北汉，可经不住大臣的苦劝，决定还是先打北汉，终于北汉未灭身先死。后代一些事后诸葛亮啧啧叹息，说这一战略转变导致了宋代的积弱。

出师不利

太平兴国四年（979），宋太宗灭了北汉之后，就考虑继续北伐。而宋军已苦战数月，将士皆疲惫不堪，好不容易打下太原城，人人指望重赏，可偏偏碰上太宗这小气鬼，说什么收回燕云再赏，将军们都泄了气，议论纷纷，有的说给养跟不上，有的说士气不济，如强弩之末等等，都不想再战。有一文官跳出来说："由此攻取燕云势在必得，就

好比在烧热的铁板上翻饼一样。"一个武将反唇相讥："书生之言不足信，此饼没这么好翻！"武将崔翰看看皇帝的脸色不对，忙站出说："取燕云与灭汉本是一件事，不必分两次做。大胜之后我军势如破竹，乘势攻之如囊中取物，机不可失啊！"太宗这才满意地点点头，再不听他人废话，下令继续北进。

太宗披上战袍，亲自率大军北上，一时声势颇壮，辽军的一些汉人守将开城投降，宋军很快占据了易州、涿州，太宗以为燕云指日可下，中途便派人到北岳恒山祷告上苍去了。六月，太宗领大军包围了辽南京（今北京）。和攻太原时一样，太宗仍亲临前线督战，但城坚守固，将士又无昔日锐气，苦攻半月一无进展。名将曹翰奉命带兵攻城东南。一天，士兵挖土时抓到一个小螃蟹，大家感到很稀罕，都围在一起看。曹翰对身边的副将说："怪了，蟹是水中生物，怎么到土里去了，看来我军驻地不合适。而且蟹脚特多，也许是敌人援兵要来的预兆。

宋代石刻代表杰作：石客使头像

北宋涌泰陵石客使头像，头戴高桶帽，两侧为凤翅幞头，两角上曲而作云头状，两旁覆以两金凤翅，菊花形额花。耳垂上戴大大的圆形耳环，粗眉微敛，打眼，圆脸，方唇，高鼻稍残，表情严肃，神态虔诚，雕刻精美，刀法细腻，是宋代石刻的代表作之一。

'蟹'谐音'解'，看来不久要解围班师了。"古人多迷信，但曹翰之语说出了当时将士的心情。不久，听说辽名将耶律休哥引大兵将来，太宗果然下令班师。

归师如溃，将士皆垂头丧气，不复成阵。到高梁河宋主力与辽兵打起了遭遇战，太宗亲自督战，众将奋战，眼看敌军将退，辽将耶律休哥引一支生力军赶到，两下合击，宋军留下上万尸体，大败而逃。辽军紧追不舍，在涿州追上了宋太宗，太宗大腿中了两箭，在一班精壮侍卫的拼死保护下才杀出重围，而龙旗御

骆驼和牛、马一样，成为陆上运输业的主要工具

随着商品经济的繁荣，宋代的运输业也获得了发展。在当时，骆驼已经和牛、马等牲口一样，成为陆上运输业的主要工具。和其他牲口相比，骆驼更加适合长途跋涉和恶劣多变的气候。这是宋人朱锐所绘的《闸口盘车图轴》。

车、随从宫嫔皆陷于敌手，在当地只找到两匹毛驴，套了老乡的大车，靠宋军主力吸引辽兵，自己单车从小路直逃入京。宋军主力被辽军追杀，全军溃散，丢弃兵器粮草不计其数。仓皇间无人知道皇帝所在，以为皇帝已死或被俘，有的大臣主张另立新帝，待逃入宋境，才得知皇帝的消息，立新帝的议论自然无人敢再提。宋太宗狼狈回京，恼羞成怒，不但不赏灭北汉的战功，反处罚了一批将军。

再战再败

前方吃了败仗，宋朝廷内主和派更神气了，逐渐占了上风。可宋太宗哪里咽得下这口恶气，跟这班酸儒没什么说头，太宗便在武将中寻求支持。他叫来曹翰说："我看到你的诗，十分喜欢，最欣赏其中两句：'曾因国难披金甲，耻为家贫卖宝刀。他日燕山摩峭壁，定应先勒大名曹。'真是太妙了！"曹翰忙叩头拜谢，表示愿为皇帝死战。一天，太宗对宰相宋琪说："我读史书，看到石敬瑭一段最气不过，他称契丹为父，还将燕云拱手奉送，真是太屈辱了！"宋琪是幽蓟一带的人，熟悉北方地理与风俗人情，虽是文臣，却也主战，他冷静地说："是要图谋恢复，只要等待时机！"

雍熙三年（986）宋再度发兵北伐。上次败仗心有余悸，故皇帝不亲临前线，但又不放心，便授以详细的阵图，派监军遥控。曹彬率主力进展神速，

宋

宋代科技发明大事表

天文	宋代五次大规模的天文观测，制成星图。 1247年所作星图刻为石碑保存至今，共收有1434颗恒星，还刻有黄道、白道与银河的界线。 苏颂等制成"水运仪象台"，集观测天体、演示天象、标示时间于一体。
造纸	谢景初造十色信笺，称为谢公笺，是宋代生产的名纸。此外还有海盐县金粟寺藏经纸。 苏易简著《纸谱》，是世界上最早有造纸的专著。 宋代造纸技术更加成熟。纸品除书写绘画外，大量用于书籍印刷。
印刷	毕昇在1041-1048年间发明活字印刷术，用胶泥做单体活字模，刻反字烧制成陶，然后用以排版。这是印刷史上的一次革命。雕版印刷刻工精良，工艺精美。除《太平御览》、《册府元龟》、《资治通鉴》等官刻本之外，还普遍出现了专业的坊刻本、家刻本。全国形成五大刻书业中心（汴梁、浙江、四川、福建、江西）。
指南针	宋代开始用人工磁体代替天然磁石，用磁针代替磁勺。用缕悬法、水浮法等发展了磁性指南工具。沈括发现地磁偏角现象，为科学地使用指南针奠定了基础。南宋时的盘针装置增至四十八方位，更有助于航海。
火药	宋代兵书《武经总要》中首次使用"火药"一词，并记载三种不同效用的火药方。人们对火药制造及使用技术有很大提高，产生霹雳火球、震天雷、火炮及突火枪（管状射击火器）。
农业	宋代出现水力九转连磨，用水碓加工粮食。
陶瓷	宋代形成五大名窑：钧窑、汝窑、哥窑、官窑、定窑。另外还有龙泉、景德镇、耀州、建阳、德化、磁州、潮州等窑。工匠熟练掌握配釉技术和窑炉内的火焰变化，成功地烧制各种色彩的瓷器。还有"窑变"、"开片"等特殊工艺。
纺织	缂丝工艺进一步发展，一块织物上可有百种以上颜色，图案精致。南宋朱克柔《莲塘乳鸭图》、沈子蕃《梅鹊图》是缂丝杰作。
机械	宋代制造出走马灯，是世界最早利用热气流产生机械运动的装置。
医学	王惟一（约987-1067）精医药，擅长针灸，主持设计铸造针灸经络腧穴铜像，是世界上最早的立体生理模型。针灸铜人的创制使针灸经络腧穴有了统一规范，对针灸学发展作出重要贡献。
数学	南宋秦九韶《数学九章》发明正负开方术。

杏坛

杏坛相传为孔子讲学的地方。《庄子·渔父》载："孔子游乎缁帷之林，休坐乎杏坛之上，弟子读书，孔子歌鼓琴。"至宋代，人们按此记载在曲阜孔庙大成殿前甬道的正中建造了一座杏坛。后来杏坛成为讲学之处的代名词。

而辽将耶律休哥不正面应战，只是夜出游击袭扰，昼出精锐断其粮道，没几天宋军便断了粮，只好后退接应辎重。辽军趁机大举出击，一路追杀，宋军人马相踏，死者无数，尸体堆积使沙河水都倒流了。其他两路也大败，名将杨业兵败被俘，宋军全线崩溃。

此后，宋人主守，无险可守，便在边境大开塘泊，想以此限制敌骑，可北方冬天结冰，可长驱直入，秋天水大时，敌以土铺路，根本不能阻挡敌人，只是白白淹了自己的田地。于是，主守又变成主和，一帮文官力劝太宗"忍一朝之忿"，说燕云不过是"穷荒之地"，得之无用。可太宗坚定地说："恢复旧疆，此朕之志！"然而，后代皇帝再无锐气主动进攻，大臣主战主和争吵不休，直吵至宋亡。

话说中国

中国大事记

大中祥符七年，宋就福建取占城稻种给江淮、两浙三路种植。

〇二一

杨家将名传千古

可怜杨家一门忠义，到头仍报国无门。

杨家本是麟州（今属陕西神木）的土豪，为众多的草头王之一，后接受了后周的封号。杨业便是小说中的杨老令公。杨业自幼就好舞枪弄棒，武艺精湛，弟兄们成群结队出去打猎，杨业所得猎获物总比别人多一倍。他常自信地说："将来我当了将军，带兵打仗，也像今天用鹰犬逐野兔一样所向披靡。"杨业后来投了北汉，成为北汉主的养孙，改名为刘继业。他在北汉当了二十年将军，屡立战功，人称无敌。

忠心耿耿为大宋

宋太宗亲征北汉，苦战之后北汉主出降，杨业仍在城中坚持巷战。太宗早就听说了他的英名，想把他收罗帐下，可杨业不肯，直到北汉主出面，他才痛哭一场放下了武器。

投宋后，宋太宗命他复姓杨，名业，特别给予赏赐与勉励，仍命他在代州为宋守边。从此，杨业又忠心耿耿为宋而战。代州的冬天十分寒冷，将军一般穿着毡衣皮裘，还要躲在帐中烤火取暖。而杨业每日穿着单衣坐在露天督促士兵练武，旁边也不设火炉，身后的侍卫常常冻僵倒地，而他却照样谈笑自若，仅此一点就令士兵敬佩不已了。

太宗亲征辽国大败后，辽兵十分轻视宋军。第二年，辽发兵十万来攻雁门，杨业领几千精兵，绕到敌军背后发动突然袭击，大败辽兵，从此辽兵一见杨业的旌旗便望风而逃。为此杨业得到皇帝的特别嘉奖，

一门忠义杨家将

杨家一门忠义，男女老少个个能征善战，杨家将的故事千古流传，传统戏曲、年画多有表现，清代杨家埠年画《杨家将》绘佘太君点兵、新帅点名、穆家寨饯行、双挂印四个情节。

京剧《杨家将》是根据北宋史实改编的，杨老令公杨继业这一角色的行当属什么？

公元 990 年

世界大事记 日本藤原兼家死，藤原道隆摄政。改元正历。

赵光义 杨业 勇敢
赵恒 潘美 爱国

《续资治通鉴》卷二七
《宋史·杨业传》

人物　关键词　故事来源

四郎探母

话说中国

而这时原来的嫡系宋将几乎是屡战屡败，所以对杨业又嫉又恨，便常常向皇帝打小报告说杨业的坏话。皇帝看了这些奏书一概不问，只是把它们封好又转送给杨业，杨业自然感恩戴德，对皇帝更为忠心了。

杨延昭在河北雄县的地下藏兵洞遗址

四郎探母

此年画画的是《杨家将演义》里的故事：宋辽交战，杨家将因潘仁美暗中作梗，损失惨重，杨四郎被辽兵所擒，幸喜未被认出，遂隐姓埋名，后又与辽国的铁镜公主成婚。15年后，四郎闻听老母亲佘太君押粮至雁门关，因思母心切，向铁镜公主吐露实情，铁镜公主十分同情，便盗得出城令箭，使得四郎顺利出关，母子遂得重见。

出师未捷身先死

雍熙三年（986），宋第二次大举攻辽。宋军分三路，宋太宗原布置东路与中路缓慢进军，牵制辽军的主力，而潘美、杨业的西路出雁门，迅速插入敌后。杨业的儿子杨延昭为先锋，作战非常勇敢，攻城时臂上中箭，仍猛如狮虎，把辽军打得落花流水。宋西路军很快攻占了云、应、寰、朔四州，东、中路却沉不住气了，也迅速进军抢功，可很快大败。宋太宗得知主力大败，

中国大事记

乾兴元年，宋真宗死，太子祯嗣位，是为仁宗，太后刘氏同听政。

幽州城内南北合好

此年画画的是《杨家将演义》里的故事：辽国萧太后与杨六郎于雁门关交战，难分胜负，余老太君奉旨助战，大败辽军。萧太后无奈，递表乞降。萧、杨两家骨肉团圆，宋辽两国亦归和好。

急令西路军后撤，并命令他们把四州百姓迁入内地。

杨业对潘美等人说："现敌军势大，不能正面迎击。让百姓先走，我军派三千弓手在谷口阻击，再以骑兵在中途袭击，军民必能平安撤回。"众将早就对杨业嫉恨在心，都撇着嘴冷笑。监军王侁仗着钦差的身份，阴阳怪气地说："带着数万精兵还如此怯懦吗？只要鸣鼓正面迎击就行了！"几个将军都跟着附和。杨业着急地说："万万使不得，这是必败之策！"王侁瞪起了眼珠："你号称无敌，如今遇敌不战，是不是有什么企图啊？"杨业脸涨得血红，吼道："我杨业不是怕死，而是如今时势对我军不利，

虽白白牺牲士兵生命也不会成功！我不过是太原降将，本该死，而皇帝不但不杀，还授我军权，我立功都是为了投答皇上。今天你责备我不肯死战，我就先于诸位去死吧！"临行，他哭着对潘美说："请诸位在陈家谷口设伏等候，待我转战至此，便两面夹攻救我。否则，便无一人能生还了。"

杨业领军拂晓出发，不久便遇上敌军，全军奋战，且战且退。潘美等直等到中午仍未见杨业来，王侁说："肯定是杨业打败了辽军，不能让这小子一人抢了头功啊！"诸将一听，带兵就往谷外跑，潘美三令五申也制止不住，只好随着奔过去。可只跑出二十来里，就遇上了前方的败兵，全军顿时大乱，再也不听指挥，转身就往关内逃去。杨业转战至谷口，已空无一人，杨业禁不住抚胸痛哭。这时杨家旗下只剩下百余名亲兵，杨业说："你们都有父母妻子，

上绝路，致使全军大败。我还有什么脸在异邦苟活下去！"于是绝食三天而死。

一门忠义

杨业妻子佘太君，本是能征善战的一员女将，曾助杨业立过战功，这时毅然上书提出控诉。宋太宗十分痛惜，特地下诏褒奖杨业，潘美因见死不救降级，王侁等革职，并录用杨家其他几个儿子为将。

史载，杨业有七个儿子，除延玉与父同死之外，其他诸子都曾为国戍边，其中最著名的是杨延昭，以智勇双全著称，在北方守边二十多年，契丹人称他为"杨六郎"，不敢轻易来犯。延昭虽得到真宗的当面褒奖，但仍是朝中嫉恨者多，为此得不到提拔。延昭的儿子文广也是一员猛将，曾精心制定了夺取燕云的计划和阵图，但报上朝廷如石沉大海，空怀壮志而卒。杨文广的妻子姓慕容，也是一名善战女将，后被小说演义成穆桂英。杨业的弟弟杨重勋和重勋的曾孙杨畋也都做过宋朝的武将。

杨家的确可称为"一门忠义"。而杨家将的故事之所以感人至深，并不是因其能征善战，而主要是因其"报国无门"。

杨延昭注水冰城

公元999年，契丹入侵，杨延昭当时在遂城，城小兵少，形势万分紧急。杨延昭临危不乱，有一天夜里，天气非常寒冷，杨延昭灵机一动，命令军士提来一桶桶水，从墙头上向外墙泼下，水泼在城墙上，马上结成一层冰，水越泼得多冰也结得越厚，等到第二天天亮，遂城已变成一座冰城，有了这层冰，契丹兵再也无法攻城，只得退兵。从此，便有了"铁遂城"之说。杨延昭智勇双全，深沉刚毅，治军有方，号令严明，与士卒同甘苦，深得士卒爱戴。守边二十年，辽兵对他十分敬畏，称之为"杨六郎"。此图出于清末民初马骀的《马骀画宝》。

与我一起死也没用，你们快奔回去报告天子吧！"亲兵痛哭流涕，无一人肯去，跟随杨业返身再战。七十三岁的老将王贵亲手射杀了数十人，箭打光了，还举着空弓肉搏至死。百余人皆奋战至死，无一人生还，儿子杨延玉也倒在血泊之中，杨业受伤数十处，被辽兵俘虏。杨业仰天长叹说："皇上待我恩重如山，本想破敌立功作为报答，谁知被奸臣嫉恨，逼我走

可作升降和移动的瞭望塔

登高远望，侦察城楼内的敌情，这种瞭望装置的优越之处在于：一是观测点的高度能用绳子控制，随时调整；二是底座有轮子，机动性好；三是观测小窗的设置，便于观察和保护。

：类似法令的作用，规定宋代中原地区官式建筑的规范。

一〇二二

将军愚不可及

党进愚蠢得可爱，虽难得下民拥戴，却总讨皇帝欢心。

宋朝与战争相始终，但与其惨淡的战绩相应，三百年间罕见扭转乾坤的猛将，也罕见决胜于千里之外的智者，即使是北宋初的杨家将与南宋初的岳武穆，也主要以其受气包的形象，被后人抬上忠义祭台的，余下多是连平庸也算不上的蠢才。

傻有傻福

北宋初的武将党进很早就得到节度使的称号，爬到了侍卫步军都指挥使（全国步兵统帅）的高位。太祖征太原时，还效力于北汉的杨业带轻骑偷袭，党进曾率军赶走了杨业的游击队。这便是史书上明载的党将军赫赫战功，其余便是些趣闻佚事了。

党进行伍出身，以力大闻名，后周时逐渐得到升迁，入宋后很快升到高层。高级武官常将自己所带的兵数与武器装备记在木棍上，以备上朝皇帝询问时能对

宋初大将党进

党进（928－978）是宋初赵匡胤手下的一员猛将。党进没什么文化，性子又憨直，所以经常会闹些滑稽的笑话。有一次，党进让画工为自己画像。画完后，他看了大怒，叱责画工说："前几天见你画老虎，还用金箔贴眼睛，为什么画本将军时却不用，难道我还消受不起一副金眼睛吗？"党进镇守许昌时，有说书人想为他说书，党进便问说的是什么故事，回答说："说韩信。"结果说书人被赶走了。党进的手下人不解，问他为什么要赶走说书人，党进说："他对我说韩信，对韩信也会说我的。"他的手下人一听，都大笑起来。此图出自《历代名臣像解》。

答如流。党进的侍从也帮他写好一串数目字，但他目不识丁，还是不能读。一天，偏偏皇帝问起党进部队的情况，党进举起木棍，大声说："陛下请看，都写在这儿呢！"朝臣都在下面暗笑，而皇帝认为他很忠厚，从此更喜欢他了。一年秋天，朝廷分派武将到边境上防守，按惯例，临行前都要面见皇帝致词辞行，考虑到党进不善言词，皇帝特地派人吩咐："你是守边武臣就不必拘礼了。"可党进生性倔强，大吵大闹非要当众致词不可。管朝见礼仪的官员没办法，只好在他的笏板上写了两句套话，又教他念会背熟了。第二天，文武分列上朝，官员一个个出班奏事，遣词皆文雅得体，堂上庄严肃穆。轮到党进了，他抱着笏板跪在当中，却半天说不出一个字，管礼仪的官员正急得不行，忽见他抬起头直视着皇帝，朗声道："臣听说上古的人都很厚道，我只愿皇帝好好睡觉！"顿时，堂上好一场哄堂大笑，平时像木头人似的仪仗士兵，这时也东倒西歪，捂着嘴还不敢放肆，把肚子憋得生疼。下朝后，左右的人问党进："您为何突然说这两句怪话？"他憨厚地笑着说："我见那些酸秀才常在朝上说什么'上古上古'的，所以我也掉掉书袋，好让官家知道我也读书来！"

这一天，党进下朝归来，见街市上人们围聚听书，便勒马停住，叫来说书人，问道："你嘴里嘟嘟哝哝地瞎念什么呢？"说书人恭恭敬

宋

公元 992 年

世界大事记

波利斯拉夫一世即位，为波兰国家真正组织者。

党进 杨业

赵匡胤 赵光义 愚蠢

《宋史·党进传》

人物　关键词　故事来源

敬地说："小人正在说韩信。"党进顿时大怒："你对我说韩信，见韩信就该说我了吧，好一个两面三刀的小人！"可怜那穷艺人为一千年前的韩将军挨了一顿板子。

傻人自有乖巧处

党进身材魁梧，但平时并不威严，在熟人间常笑嘻嘻的，可一旦披上战袍，便目光如电，毛发尽竖，显出一副拼命三郎的架势。朝廷派画师画功臣，党进也排进座次。可看了画稿，党大将军并不满意，他大怒道："我看人家画老虎还用金箔贴眼呢，我就消不得一对金眼？"画师只好把他画成凶神一般，也不管像不像了。以后年久，朝廷重新向各家征集开国功臣像，党家人说："我家没有祖宗像，城南仓库前的土地像就是党进像。"

这样的人自然战时不动脑子，而平时也养尊处优。当时流传着这样一个笑话：这一天边境上大雪纷飞，党将军在帐中喝酒烤火，不一会便大汗淋漓了，他摸着圆鼓鼓的肚子感叹说："大雪天这么热，这天气不正呀！"门外站岗的小兵探头说："报告大人，小人此处天气很正。"这和杨业那种与士兵同甘共苦的作风适成对照，作战时自然得不到部下的拥戴。

党进显得傻乎乎的，可处事自有乖巧之时。太祖时，他曾奉诏巡视东京街市。都城的市井闲人喜欢蓄养各种鸟类，提着鸟笼在街上遛达，党进看见了，二话不说就把鸟都放了，嘴里骂道："买肉不供养父母，倒拿来喂鸟吗？"一天，他在市上看到一个小兵臂上举着一只鹰雏招摇过市，便气冲冲地走过去，一边教训人一边抬手就要放，身边的小吏说了一声："这是晋王的鹰。"他的手马上缩了回来。晋王可了不得了，那是皇帝的亲弟弟，就是后来第二代皇帝太宗。党进的脸上立刻堆满了可爱的笑容，

作为休闲娱乐活动的狩猎生活

穿着考究的皮装，周身挂满各式佩件，带着满足愉快的神情踏上归程。没有看到猎获物，是因为这些东西早已由随从仆人收起了。这种怡然的样子，不啻把狩猎看作是一场轻松休闲的游戏而已。这幅《猎归图》是宋画家赵伯啸所绘。

认真地说："你可要买点鲜肉好好养啊！"一时市井中人传为笑谈。

这样的人得到重用，并不是因为宋时缺乏将才，而和皇帝制订的基本国策密切相关。唐末以来武将权重，往往能颠覆朝廷，宋太祖常说：一个英明武将的祸害比一百个贪污的文臣还厉害，因此能干的武将被杯酒释兵权后，党进这样憨厚可爱的武将便得到了提升，以后更用略知兵事的文臣替换武将，于是像党将军这样不要命的猛张飞也少见了，宋朝的阳刚之气更如江河日下。

而在这种时代，党进能稳坐高位，真是其愚不可及了。

〇二三

宋初还有一位猛张飞式的将军，叫呼延赞，其地位虽不高，却以其怪癖为世人所知。

刺字报国

将军不以战绩名世，却以刺字表忠彪炳史册。

道呼延赞缺乏指挥才能，对他的请求仍不肯答应。

有勇无谋

呼延赞出身于行伍世家，从骑兵干起，因英勇善战，被选入侍卫皇帝的亲兵部队。太祖时，参加了攻灭后蜀的战斗，充当前锋，虽几处负伤仍奋战不已；太宗时，参加了攻太原的战役，充当敢死队，四次冲上城墙又被打下来，因作战拼命而逐渐得到升迁，但终身只做到刺史、都军头。

呼延赞把唐初名将尉迟敬德作为榜样，自称"小尉迟"。太宗时，为建立盖世功名，他坚决要求去守边防。太宗接见了他，问："久不作战，你还行吗？当场表演一下吧。"呼延赞心中大喜，忙穿戴上场，只见他身披金甲，头裹绛红的帕布，打扮颇为怪异。他骑一匹白花战马，手持铁鞭、枣槊，在皇宫院子里舞了四圈，舞得正欢，手一挥，他的四个儿子手持剑刀枪槊也舞了上来，只见一片刀光剑影，五人舞得如旋风一般，赢得众人阵阵喝彩。皇帝看得高兴，赏给他们衣服和几百两黄金，但知

宋代武士的形象

神态沉稳温和，双目炯炯有神，在重文轻武的宋代，武士的形象也显得敦厚有余而勇武不足。

自我炒作

呼延赞不死心，反复上书，表示自己受国深恩，誓与契丹血战到底。一天，

寓意富贵相连的宋代男子锦袍

此袍为宋代男袍。袍里衬驼黄色素绢，有蓝绿白黑等色，色彩和谐，纹样活泼，织工精致，衣物保存完好，在出土丝织衣物中尚属上乘之品。图案风格和公元10—13世纪的波斯、拜占廷的织物风格相似。连钱纹、龟背纹与联珠纹寓意富贵相连。

公元994年

公元 994 年

世界大事记

越南黎氏改元应天，遣使如宋。

《宋史·呼延赞传》

呼延赞　赵光义　浅薄

人物　关键词　故事来源

他叫来一个会刺字的小兵，叫他在自己身上刺下"赤心杀贼"的字样，和别人不同，他要求墨色深黑，全身都刺满，连嘴唇也不空着。小兵惊呆了，可在他的喝令下，只好从命。呼延赞忍着剧痛刺完字，又叫来四个儿子和家里的仆人，命他们都在身上刺字，儿子另在耳后刺上"出门忘家为国，临阵忘死为主"的字样。这边刚忙完，他又叫来娇妻美妾，大声喝道："我受国重禄，全家得福，但你们总无法报国，应当在脸上刺字以表示对皇帝感恩。今天若不从命，立即斩首！"全家老小都跪了下来，痛哭哀求，呼延赞哪里肯听。呼延夫人深知这老头的怪癖，当初儿子还小时，大冬天让他们冲凉水，说什么锻炼御寒能力；四儿才满百日，又把他从城楼上丢下去，幸而未死，还说什么试试他的命硬不硬；今天不依着他定不能过关。呼延夫人哭着说："妇道人家脸上刺字，像判刑的淫妇，总归不好，我愿刺字于臂。"呼延赞这才同意。家里女人都刺上字，又在兵器马鞍上都刻上字，这才算完。

宫中内侍都知道这呼延将军有趣，每当他入宫值班，内侍们常围着他找乐子。一天，他拔出佩刀刺胸出血，然后令从官蘸血写奏书，坚决要求守边杀敌。内侍戏弄他说："为何不剖心明志呢？"呼延赞苦笑一下，说："我并不是怕死，只是辽贼未灭，不能白扔生命罢了。"

皇帝为他的一片赤诚所感动，终于同意了他的请求。辞行时，他又请求说："我的服饰怪异，一路上定会引来众人围观，请陛下命各州县派兵为我清道。"太宗笑笑没同意。

呼延赞一路招摇到了北方前线，人们笑过看过很快就把他忘了。而他也没立下什么盖世功劳，没多久就因指挥无方而调至地方，后又因没有行政才能而调回东京，不久就默默无闻地死了。至今彪炳于史册的仍是那段刺字报国的奇事。

缠足女子的银鞋

宋代女子缠足风盛行，此浙江衢州南宋墓出土的小脚银鞋，鞋底刻有墓主之妻名"罗双双"。鞋全长14厘米，宽4.5厘米。宋时1尺约今30.66厘米，故此鞋可谓"四寸金莲"。若穿袜，则可适合于"三寸"足穿。通常陪葬之鞋多为锦帛麻等制作，而银制的与真鞋一样大小的鞋则较为罕见。

> 历史文化百科 <

〔缠足的流行〕

缠足出现于五代，但在北宋时并不普遍。大致由内宫传至教坊，再由教坊传至京城，京城再传至全国城乡，大约在北宋末，缠足风俗及于民间。南宋初人张邦昌曰："妇人之缠足，起于近世，前世书传皆无所自。"随着宋室南迁，缠足风习渐由北方传向南方。为适应小脚女人需要，流行起尖底鞋。徽宗宣和末年，妇人鞋底尖，以二色合成，名"错到底"。尽管南宋妇女缠足更流行，但时有士大夫愤而抨击。如车若水曰："妇人缠脚，不知起于何时。小儿未四五岁，无罪无辜，而使之受无限之苦，缠得小来，不知何用！"直到宋末，如理学家程颐之后裔等世家名族，仍坚持不让女人缠足，其族聚居池阳，妇人不缠足，不贯耳，至元代仍坚守这一家规。直到元代，缠足方才普及，民间反以不缠足为耻。

中国大事记

宝元元年，党项首领元昊称帝，国号大夏，定都兴庆府，成为宋西面劲敌。

〇二四

宋朝以名相辈出著称，其中又多是文雅深沉之士，像张齐贤这样豪放不羁的文臣实在少见。

秀才豪气

秀才健胃，惊呆众好汉；
名相机智，一言服王公。

强盗服秀才

张齐贤生于乱世，家世贫寒，但自幼胸怀大志，发愤读书，十几岁便四处求学，到处流浪。一天，在乡村野店投宿，突然闯入十多个打家劫舍的强盗，进门便大呼小叫地讨酒要肉，旅客和本村人都慌忙逃走。可张齐贤走上前作了个揖，不慌不忙地说："小生贫贱，从未吃过一顿饱饭，想求诸位大王让我大吃一顿，行不行？"强盗们都笑起来，说："既然秀才不嫌弃，有何不可？只是我们都很粗鲁，秀才不要见笑罢了。"张齐贤一屁股坐下，满不在乎地说："所谓强盗，都是世间英雄，肮脏下贱的小人可做不了。我也是慷慨之士，诸位何必见外呢！"说着，只见他手拿一个大海碗，倒满浊酒，一饮而尽，连喝三大碗之后，又用指爪撕开一个大猪腿，如狼似虎地啃起来。众好汉都看呆了，啧啧赞叹："秀才真有宰相气派，要不然，怎能如此不拘小节！将来治理天下，可别忘了我们都是不得已当强盗的。今日得识先生，真乃三生有幸。"说着纷纷拿出金银财宝送给他，张齐贤也不推辞，背了一大包回家了。

好食未必是饭桶

宋太祖西巡到洛阳，张齐贤拦在马前，自称有十条奇策。太祖也是豪爽人，当即带他回住处，叫人拿出一大盆卫士的饭菜，张齐贤伸手抓着大吃起来。太祖用随身带的利斧敲敲他的脑袋，厉声喝道："说！你那十条奇策是什么？"张

翰林医官王怀隐

王怀隐，宋朝睢阳（今河南商丘）人，初为开封建隆观的道士，精通岐黄之术，医理精深，医术精湛。978 年奉诏还俗，任"尚药奉御"，后来升为"翰林医官使"。宋太宗即位后，诏集翰林医官，献出家传的验方秘方，并在民间收集有效的方子，令医者在民间使用这些方剂，以试其效验。最后，征得效验良方一万余个，命王怀隐和他的副使王光佑、陈昭遇等共同类编方书，终于 992 年编成了《太平圣惠方》这一部大型的方药著作。

宋

公元 995 年

世界大事记

日本改元长德。

《宋史·张齐贤传》
《涑水纪闻》卷七

赵光义 张齐贤 敏捷
赵恒 赵匡胤
潘美

人物　关键词　故事来源

齐贤面不改色，一边大口吃喝，一边把十条计策说得明明白白。太祖认为其中只有四条可行，可张齐贤坚持十条皆妙，太祖大怒，命士兵把他拖了出去。回到东京，太祖对太宗谈起了张齐贤，说西行的收获只是发现了一个宰相之才。

太宗即位后，一直惦记着张齐贤。这一年，张齐贤来考进士，太宗本想让他高中前三名，可主考官未领会圣旨，只把他排在末等，太宗很不高兴，于是连状元一起赶出去做小官。不久，张齐贤便充分显露出政治才能，很快显贵起来。做了大官，口福自然不浅，可张齐贤仍以食量著称。他在荆湖山区一个小州当知州时，当地人从没见过这么特别的人，单是他的食量就成了一州的新闻。有一次，张齐贤设宴待客，掌厨的小吏想测量一下他的食量，便在屋角放了一个金漆大桶，他吃下多少酒食，就把同样的食物倒入桶中，酒席未散，大桶已装满，酒水溢了一地。当地人都惊叹说："这样的人必享大富贵。"

张齐贤能吃一大桶，为官从政可不是饭桶。他精明干练，敢作敢为，在地方上，纠正了许多冤狱，提议取消许多苛税弊政，有时部下抓到一些强盗，他却下令放了，可所治之处十分太平。在朝廷上，他处事得当，知人善任，议论慷慨，提出许多高明的建议。太宗时伐辽失败，名将杨业战死，边防吃紧。已经在中央当上大官的张齐贤请求守边，太宗大喜，派他到代州当知州，与潘美共守北边。张齐贤果然称职，一次，辽兵攻到城下，武将畏惧，缩在堡垒中固守，张齐贤亲自点兵，慷慨誓师，率军出战，以一当百，辽兵狼狈而逃。又一次，张齐贤约潘美带太原的大军前来会战，可信使中途被辽军截获。张齐贤正担

文人们注重生活质量和生活细节的表征：鎏金八角夹层银杯

这只杯盏装饰奢华，外层的浮雕图案和内部的诗词都表现了同样的主题，即文人获得最高荣誉（高中状元）时飘飘欲仙的场面。它表现了宋代文人注重生活享乐和追求名利的心态。

心潘美军队遭伏击，可潘美带信来说，由于东路宋军已败，太原大军中途退回。这时辽军已铺天盖地向代州而来。张齐贤说："辽兵知道潘美大军要来，但不知道退军的消息，我有办法了。"半夜时分，他派二百士兵出城，每人手持一面旗帜，背负一捆柴禾，在城西南三十里处散开，点起篝火。辽兵遥见火光闪烁，旗帜飘扬，以为潘美的大军已经赶到，便急忙退军。张齐贤在中途设有二千伏兵，乘乱攻击，大胜而归。以后，他又守卫西部边陲，对防备西夏提过许多高明的建议。

巧断家务事

宋真宗时，他再度为相。不久，两家皇亲国戚因分家产吵得不可开交，各级衙门改判了十几次都不服，一直告到皇帝面前。张齐贤说："看样子下面都解决不了，还是我自己来审理吧。"皇帝只好同意。张齐贤高高坐在堂上，把双方召到相府，高声说："你们都认为自己得到的财产太少，都认为对方得到的太多？"双方齐声说："是的！"于是，命双方都把这个意思写下来，并要他们签字画押，保证不反悔。然后叫来两个小吏，命他俩作监督，催促甲家搬入乙家，乙家搬入甲家，而财产一毫不许动，于是两家再也吵不起来了。第二天，办案结果报上，真宗高兴地说："我就知道，这件事只有你来办才行。"

行事如此旷达，绝不是寻章摘句所能学到的。

话说中国

〇二五

宰相肚量

吕蒙正出身贫寒，终身不忘拾瓜之耻，容人纳谏，方成一代名相。

宋初有两个三次当宰相的名臣，一个是赵普，另一个便是吕蒙正，而赵普狭隘忌刻，吕蒙正方可称为"宰相肚里能撑船"。

艰难困苦，玉汝于成

吕蒙正出身非常贫寒。本来吕氏也是官宦人家，可吕父好色荒唐，家里养了不少姨太太，夫人刘氏颇为不满，便被休回娘家，蒙正为刘氏的亲生儿，便被一道扫地出门。母子借住寺院，生活十分困苦，常常

三居相位的吕蒙正

吕蒙正(944-1011)，洛阳(今属河南)人，幼贫苦，孜孜好学。宋太宗太平兴国二年，荣擢进士第一，为将作监丞通判升州，不数年迁为翰林学士拜左谏议大夫参知政事。吕蒙正为人正直，遇事敢言。太宗曾夸称京城繁盛，他则当面指出郊外因饥寒而死者甚多，不惧犯颜。太宗、真宗两朝，他曾三居相位。后累封至同平章事、昭文馆大学士，加司空、太子太师，封许国公。卒后谥文穆。此图出自《历代名臣像解》。

连饭都吃不上。在洛阳求学时，有一天，骄阳似火，吕蒙正忍着干渴赶路，路边正好有一个瓜摊，望着那翠皮红瓤的西瓜，他真想吃一片，可身上一文不名，这时小贩挑出一片坏瓜扔掉，吕蒙正如获至宝，忙拾起吃掉了。可这件事他深受刺激，难以忘怀。然而，艰难困苦，玉汝于成，贫穷使他更为发愤，终于在太宗初年高中状元，并很快进入朝廷最高层。发迹后，他把生父也接到府中供养，因为父母誓不肯和好，所以异室而居，两人终生都未相见。实际上，吕蒙正的宽容，正是对父亲最好的报复。

君子坦荡荡

吕蒙正年纪轻轻便当上了参知政事（副相），许多大臣颇为不服。第一天上朝，就在众臣列队等候时，有人在帘后指手画脚地说："哼！这小子居然也当上参知政事呢！"吕蒙正身边的从官大怒，喝道："你是何官，敢如此无礼！有胆量报上姓名来！"说着就要冲进帘内，吕蒙正一把拦住了他。下朝后，从官还在后悔没查到那无礼的家伙，吕蒙正却悠然一笑，说："要是知道了他的姓名，以后就终身不忘了，还不如不知道的好。而且不去追究这种闲话，对我也没有丝毫损害。"此事传出，众臣都非常佩服，他的威信一下树立起来。

吕蒙正破窑风雪（明·谢时臣画）（上图）

宋

公元 996 年

世界大事记

神圣罗马帝国鄂图三世入意大利，立布卢诺为教皇，称格累戈里五世。

《宋史·吕蒙正传》《涑水纪闻》卷二

吕蒙正　赵光义　　宽容

人物　关键词　故事来源

吕蒙正接彩球（清末年画）

洛阳城里的刘翠屏是相国的千金，她用彩楼抛球的方式选择佳婿。彩楼下前往应选的少年自然是人头攒动，有王孙公子、富商子弟、风流阔少……但这些刘翠屏都不中意，却偏偏看上了一个寒酸书生吕蒙正，终因触怒了相国父亲而被双双逐出家门。在风雪破窑里，夫妻相濡以沫，吕蒙正则励志苦读，终于青云平步，得中高第。

吕蒙正当上宰相后不久，便以贪赃罪罢免了知州张绅。有人告发说："张绅家十分富有，不可能贪赃。肯定是吕蒙正贫寒时张绅不肯接济，现在借故报复。"太宗听信谗言，让张绅复官。吕蒙正对此不置一词，根本不加辩解。不久，负责监察的官员再次查出张绅贪污的证据，还是把他罢免了。太宗十分后悔，让吕蒙正回到相位，对他说："张绅果然有罪！"可吕蒙正还是既不为自己辩解，也不追究说坏话的人。他这种作风深得人心，连一向妒贤嫉能的赵普也说他是难得的好宰相。吕蒙正为相后，果然敢作敢为，太宗朝实现清明政治，他起着重要作用。

官高不忘落魄时

吕蒙正显贵之后，拍马巴结的人也围了上来。有一个朝官家藏一面古镜，据说神乎其神，能照见

二百里，他托蒙正的弟弟说情，想借献镜结识吕相。一天，两兄弟谈得正高兴，弟弟乘机提起此事，吕蒙正微微一笑，说："我的脸不过碟子大小，哪用得着照二百里的镜子呢？"弟弟便不敢多说了。按惯例，宰相的儿子可以沾光得高官，吕蒙正说："我当初状元及第也要从九品小官做起，何况天下还有许多才子连进士也中不了，我家小儿何德何能，不该居此高位。"从此，规定宰相的儿子也得从九品官做起。

宋

翁氏家族五代珍藏的北宋刻本《长短经》

宋代是我国雕版印刷的兴盛时期，其雕印数量之多，内容范围之广，产品质量之精，不仅是空前的，甚至在某些方面明、清两代亦有所不及。宋刻本流传至今已属星凤之珍，且大都是南宋本，北宋刻本可谓绝无仅有。宋刻孤本《长短经》，经考证刻于北宋，系翁同龢家族五世所藏，它反映了北宋雕版印刷的高超水准。

　　富贵之后，吕蒙正在洛阳买下一块瓜地，又在当年拾瓜处造了一个亭子，以示不忘落魄之时。然而，随着时光的推移，相府的生活也日渐豪奢了。吕蒙正口味挺怪，尤其喜欢喝鸡舌汤，每天早上都要喝一碗。有天傍晚，他到花园游玩，远远看到墙角处有个小山，便随口问道："前些时还没看到这小山，谁堆的？"

身边的老仆说："每日为相公杀鸡，鸡毛堆在这里就成了小山。"吕蒙正大吃一惊，问道："我吃了多少鸡？居然鸡毛堆成山了？"老仆摇了摇头，反问道："一只鸡不过一只舌头，相公一碗汤要用多少鸡舌？你又喝了多少鸡舌汤呢？"吕蒙正默默走回房，从此再不喝鸡舌汤了。

　　王公贵族总要喝百姓血肉，他一人不喝鸡舌汤也无济于事，但身为宰相而为此惭愧，实在难能可贵。

宋代砖雕艺术的杰作：繁塔

原名兴慈塔。因建筑在繁台上，俗称繁塔。位于河南开封市东南郊。建于北宋太平兴国二年(977)，为开封市内现存最早的建筑物。平面呈六角形，为楼阁式砖塔，现只残留三层塔身，据文献记载原为九层。壁面上嵌砌有数十种佛像雕砖，刻工精美，姿态各异，堪称宋代砖雕艺术的佳作。

〇二六

皇子惧严师

伴君如伴虎，衙内的老师最难当。

太宗有九个儿子，为使王朝后继有人，他费尽了心血。皇子日渐成人，太宗便下令为儿子选老师，要找品行正直的五十岁以上老臣，还要求精通儒经，文笔优美。太平兴国八年（983），皇子正式出阁封王，所选老臣便作为王宫的侍从官。太宗对这些老臣恳切地说："诸子都生长于深宫，不知世道艰辛，诸位都是我精心挑选的，一定要好好教导他们。"

严师的架势

在王宫当官可不是美差，一方面不可避免地要受到宫廷斗争的连累，另一方面这些少爷都不是好惹的，往往左右为难，所以一般人并不愿当真管教皇子，只是混混罢了。其中有一位叫姚坦的老先生，为太宗的一番话所感动，居然真的摆出了严师的架势。

姚坦担当太宗第五子益王元杰的王府翊善。元杰聪明好学，喜欢读书作词，但到底是世家子弟，在府中大造亭台楼阁，招来一帮纨绔子弟，变着花样游玩。姚坦哪里看得惯这种公子哥派头，当面直谏不听，又一次再次地到皇帝跟前告状，弄得这小王恨之入骨，皇帝也烦不过。于是，皇帝训斥姚坦说："元杰知书好学，也算得上贤王了。他年少不懂事，是要管教，但也要言词婉转一些，何况他也没什么大错，这么过分地说他坏话，恐怕也达不到教诲帮助的目的吧？"而姚坦生性固执木讷，一点也不知趣，仍直言不止。

皇帝还算明白

这一日，王府又新造了假山，耗资数百万钱，年轻的益王有心显摆，在府中大摆宴席，招来一群公子哥儿，一边喝酒一边玩赏。举座欢笑之时，唯有姚坦低头喝闷酒，益王气不过，命人把姚坦的头拎起强迫他看。姚坦倔强地说："我只看见一座血山，哪有什么假山！"益王眉毛一挑，问道："什么意思？"姚坦大声说："我是农家出身，在乡下时，常见州县官催租，官兵抓住农家父子兄弟，就

汴京宣德楼前演象活动（局部）

送往县衙门鞭打，往往打得血流满身。这假山都是用百姓交来的租税造的，不是血山又是什么？"益王大丢面子，宴会不欢而散。太宗听说了这件事，颇为赞赏，悄悄把自己官内的假山也毁掉了。

　　姚坦是皇帝派的，益王也奈何不得，左右的走狗便教他装病不上朝。听说宝贝儿子生病了，皇帝便每天都派人去看望，可一个多月过去了，仍说不见好转。太宗十分担忧，这一天，招来小王的奶妈仔细询问。奶妈一边哭一边说："王二本来很健康，就因为姚坦管得太苛刻，王二起居不便，心里又不快活，所以忧惧成疾了。"太宗一听大怒，喝道："我选正直士人为儿子近臣，就为了教他学好。他不听劝谏，反倒装病骗我，想让我去掉姚坦，以后自己好胡作非为。而且益王年轻不懂事，还想不出这种花招，定是你们教的！"说完，叫人把那老太婆带下去，拉到后苑痛打了几十大板。然后，太宗召来姚坦，温和地说："你在王府做事，往往遭到众多小人嫉恨，实在不容易。以后还要好好干，不要怕那些小人说坏话，我必定不听。"姚坦自然感激涕零，从此更加忠于职守了。

　　太宗死后，益王的哥哥当上了皇帝，不久，益王生暴病死了。召见王府旧官时，姚坦仍直言不已。但新皇帝也是公子哥儿出身，老早就听说这老头可恶，物伤其类，哪还会欣赏他。姚坦走后，皇帝愤愤地说："这老头当初不正面劝导，益王有点小过错便大肆张扬，只不过炫耀正直来买名声罢了。"因此，姚坦并未得到提拔，被赶出京做地方官去了。

　　值得庆幸的是，益王没当上皇帝，否则姚坦定会死无葬身之地。

见义勇为的济公

济公是南宋僧人，法号原为"道济"，因其不守戒律，嗜好酒肉，举止如疯如狂，又被称为"济癫僧"。有关他的大量传说中，济公总是以嬉笑幽默的方式方法见义勇为，打抱不平，成为一个神通广大的传奇人物。此为清代画家王震所绘《济公图》。

段氏大理国建立于北宋中期，一直延续到南宋末年，这个政权是哪个少数民族建立的？

公元 998 年

世界大事记

高丽改西京为镐京。

寇准
赵光义
赵恒

正直

《宋史·寇准传》

人物　关键词　故事来源

〇二七

宋太宗知人善任，所以朝廷多能臣。名相寇准也是太宗发现的。

宰相才具

寇准小时候十分浪荡，尽管家中贫困，仍终日玩狗斗鸡，和一帮市井浪子鬼混。母亲非常严厉，百般劝阻，可寇准仍是难改恶习，一天，母亲越说越气，随手抓起一个秤

抗辽名臣：寇准

寇准（961-1023），字平仲，华州下邽（今陕西渭南）人。太平兴国四年(979)进士，太宗朝曾在巴东、成安、郓州任地方官，后入朝任枢密直学士、枢密副使等职。寇准为官刚正不阿，敢犯颜直谏，曾一度被排挤出朝。宋真宗即位，又入朝任官。景德元年(1004)，升同中书门下平章事。当年冬天，辽承天太后和辽圣宗亲统大军攻宋，他力排众议，劝真宗亲征，遂与辽订立澶渊之盟。次年，遭参知政事王钦若谗言所害，被罢相知陕州。天禧三年(1019)再相，不久又罢相，封莱国公。后因副相丁谓陷害，被贬为道州司马、雷州司户参军，死于雷州贬所。著有《寇莱公集》。此图出自《历代名臣像解》。

少年得志

寇准十九岁中进士，以聪明得皇帝赏识，可太宗说："鼠雀还会看人脸色，何况人呢？"

砣扔了过去，谁知正中儿子的脚背，当下打得血流满地。从此，寇准痛改前非，发愤读书，年仅十九岁便中了进士，并很快名显当世。可在这之前，母亲已经死去。寇准第一次拿到薪俸，把成堆的钱财堆在堂屋的桌上，得意洋洋地向家人炫耀。家里的老婶娘哭着说："葬你母亲时，家里穷得无法给她做一件新衣陪葬。她可没等到今天啊！"寇准摸着脚上的伤疤也伤心地哭了。此后，尽管他待客一掷千金，十分奢华，可自己平日起居仍很简朴。

由于治事敏捷，寇准很快得到升迁。进入朝廷之后，他又敢言国事，并以其远见卓识得到太宗器重。有一次，寇准在御座前请示，一句话惹恼了皇帝，太宗当即拂袖而起，而寇准伸手拽住皇帝的衣服不放，皇帝只好重新坐下，听他说完。为此，太宗更为赏识

〉历史文化百科〈

〔宋代官员的待遇〕

相对来说，宋朝对士大夫特别优待，虽待遇因品级而迥异，但总的来说较为优厚。宋初承五代弊端，官员俸禄往往打折扣，或将官员俸钱折成实物，摊给商人发卖，再征钱给官员，这种扰民制度于太宗初年被废。真宗时，大幅度增加了文武职官的俸钱；仁宗时制定《禄令》，进一步拉开了官员的俸禄差距。中高官俸禄的名目多于前代，数额较大。以宰相为例：北宋前期料钱每月三百贯（时每石米价六七百文至一贯），禄粟每月一百石，春、冬各发绫二十匹，绢三十匹，冬增绵百两，还有其他名目，如发给七十个随从的衣食，发柴禾、发炭、发盐等。担任实际工作，有的还另支禄钱，增发饭钱等。地方官大多分有职田，朝廷另给地方官以"公使钱"，用作官员往来供应酒食之费，但往往为官员私用。朝廷的各种临时赏赐，也是官员的重要经济来源。如此待遇，虽未可轻言"养廉"，而的确算高薪了。

文人们的聚会休闲活动

在一个晴明的日子里，苏轼和他的一班文友们在一个叫西园的地方聚会。他们在仆人的服侍下，吟诗作画，饮酒弹琴，过着富足而又浪漫的生活；无拘无束，不拘小节。在宋代文人中间，这种聚会宴饮之风十分盛行，而且宴会规模大，持续时间长，至少是一整天，有时长达数天。此为宋画家马远所绘的反映这场聚会活动的《西园雅集图》。

他，说："我得到寇准，就和唐太宗得到魏徵一样。"

一年春天，北方大旱。古人认为天气与人事有关，所以太宗召来近臣，讨论政事得失，众臣都唯唯诺诺，只讲好话，只有寇准朗声说："天大旱是由于朝廷处事不公！"太宗气坏了，转身就回宫去了。过些时，太宗气消了，又把寇准叫来，要他说清楚。寇准说："要高官都在场，我才说。"太宗又把高官都叫来。寇准说："前些时祖吉、王淮两人都贪赃犯罪，祖吉受贿较少被判了死刑，而王淮因为是参知政事的弟弟，只打了几下就复职了。这不是处事不公是什么？"事后，太宗感叹说："寇准真是宰相才，可惜太年轻了。"

得理不让人

太宗很欣赏寇准，但由于他少年气盛，在朝廷中有不少政敌。一天，寇准骑马上朝，路边冲出一个疯子，拦在马前狂呼"万岁"。有人抓住这一点大作文章，寇准不服气，当下和对方在御座前吵起来，太宗一怒之下，就把双方都贬到地方去了。寇准走后，太宗很想念他，常闷闷不乐地问左右的人："寇准在青州快活吗？"左右的人都不喜欢寇准，说："寇准在青州每天喝酒作乐，不知会不会想念陛下。"太宗就沉默了。第二年，还是把寇准召回来，让他当了参知政事（副相）。

太宗年高，身体日渐衰弱，攻辽时腿上中箭留下的老伤时时发作。大臣们很担心，有人上书请求选定继位的储君，可老人最忌说后事，大怒之下把这多嘴的家伙发配到最远的边疆，从此谁也不敢提这话了。寇准回京便来见皇帝。太宗伤感地说："你怎么这么晚才来看我啊！我老了。"说着，揭开衣服让他看自己的伤腿。寇准说："没有圣旨我怎么能上京呢？"太宗说："我的儿子当中，谁可以担当国家大事呢？"寇准说："陛下应为天下选君主，不可与女人、内侍商量，也不可与近臣商量，只能挑符合天下期望的人。"太宗低头沉思了半晌，挥手叫其他人退下，悄悄问寇准："襄王行不行？"寇准说："知子莫如父，如陛下认为可以，就该赶快定下来。"不久，襄王赵恒便被立为太子。太子祭庙完毕回城，东京的市民都拥在路边看，纷纷赞叹道："好一个少年天子啊！"老皇帝听到，又不高兴了，对寇准说："人心都向着太子，把我置于何地？"寇准再拜表示庆贺，说："这是您赵宋家的福气啊！"太宗脸色这才多云转晴，当即吩咐摆下酒宴，和寇准喝得一醉方休。

不久，为了提拔官员的事，寇准又和同事争吵起来。太宗想息事宁人了事，说："你身为执政，在朝廷上争辩，太失礼了。"可寇准性格刚烈，不肯服输，又找证据，又翻文件，还是论辩不休。皇帝更不高兴了，感叹道："鼠雀还会看人脸色，何况人呢？"于是又把他赶到外地去了。

对于宋代官僚机构的设置，宋太祖强调一个"分"字。宋代宰相称为同中书门下平章事，主管国家政事，而国家的军权和财权则由枢密院和三司使主管，三权分立，而不是像前朝那样由宰相一人独揽。同时又设参知政事、枢密副使和三司副使，作为宰相、枢密使和三司使的副手，又相互牵制。御史台是管监察百官的，谏院是管劝谏皇上和大官的。宋代官制还有官、职、差遣之分，官表示官位和俸禄的高低，职为荣誉头衔，差遣才是实际管事的职务。宋初的这一系列措施，被宋代人奉为"祖宗之法"，它的直接意义是使得宋朝政权稳定，少了许多刀光剑影的故事，失去了上演英雄史诗的舞台。

北宋前期中央官制简图

〇二八

吕端大事不糊涂

吕端晚年方贵，与寇准同朝，显得笨拙迟钝，可太宗说："吕端小事糊涂，大事不糊涂。"

寇准少年得志，刚烈敢为；而吕端晚年方贵，宽厚寡言；性格相反，却同样受到太宗的青睐。

能柔则柔

吕氏是世代官宦人家，靠父辈的恩荫，吕端在宋朝未建之前就当了官。太祖时，他不过做做地方官，升迁很慢。太宗初，他先后给皇弟、皇子当过王府从官，但运气不好，两王都卷入宫廷斗争，吕端也受到连累，几次被降级。有一年考核官员，皇帝亲自询问被降级的人，拜见时，这些官员都哭哭啼啼地诉说自己如何贫困，只有吕端平静地说："我两次辅佐王爷，事情都没办好，陛下并没严厉惩罚我，还让我当官，已经觉得很幸运了，做个小官，就很满意了。"太宗一听，点点头说："我知道你了。"不久，

世界上最早的纸币的出现
宋代初期，流通货币以铜铁钱为主。随着商品经济的发展，货币需求量比前代猛增十几倍。为了缓解铜铁资源短缺的状况，也为了更便于流通，在川蜀地区出现了世界上第一张纸币交子，又在临安（今杭州）发行了全国通行的会子。图为会子的印版。

吕端就官复原职，才过一个月，又当上参知政事（副相）。

寇准当上参知政事时，只有三十多岁，不免年轻气盛；而吕端已六十多岁了，却常常谦让，主动请求排在寇准之下，皇帝却偏偏任他为宰相。当时在朝廷议事，大臣都议论风发，显得才智横溢，只有吕端很少与人争论，许多事往往让寇准等出风头。一天，有人议论说："吕端为人太糊涂。"太宗说："吕端小事糊涂，大事不糊涂。"

当刚则刚

有时候，吕端也很刚强果断。一天，边防报信，说抓到了西夏主的母亲。太宗想杀了她以示威，便召来寇准商量。事情定了下来，寇准匆匆去办，从宰相门前经过，吕端估计有大事情，便叫住寇准问道："皇上刚才叫你不要告诉我吗？"寇准说："没有。"吕端严肃地说："如果是边防小事，我可以不过问，若是军国大计，我既然做了宰相，就不应该不知道！"寇准只好一五一十地说出来。吕端说："这样做不妥当，你等一下，我进去

再和皇帝说说。"吕端急忙进宫,一见皇帝,他劈头就问:"陛下今日杀夏国母,明日就能抓到夏国主吗?"太宗低头不语。吕端又侃侃而言:"陛下喜欢读史书,还记得项羽抓到刘邦父亲的事吗?项羽扬言要把太公放在鼎中煮熟,刘邦说'煮好了,只求你分我一碗汤。'做大事的人不顾亲人,何况那种叛逆之人呢?杀了夏国母,不过结下怨仇,使

南宋的纸币"会子"

南宋初曾发行"关子",后又发行"交子",但最通行的是"会子"。"会子"具有较完备的纸币性质,不但可以流通,并可用于缴纳税赋。"会子"有"二百文"、"三百文"、"五百文"、"一贯"等面值。

历史文化百科

〔纸币的通行〕

　　商品经济的发展,使货币流通量大为增加,北宋的货币以铜钱为主,铁钱为辅,北宋铜钱年铸造量已为唐朝的一二十倍,仍不能满足需要,由于各种原因,宋钱不断流出境外,更加剧了"钱荒"的现象。于是,纸币应运而生。北宋真宗初年,益州(今四川成都)十六户富商发行一种交换券,称"交子",仁宗天圣元年(1023)官府在益州设交子务,将发行交子的权力收归国有,储备铁钱为本位,两年为一界(期),每界有一定的发行额,界满制新交子,商民持旧换新,还要交纳纸墨费。交子原在川峡流通,后扩大到陕西、河东等路,故官府又在开封设交子务。南宋时,纸币成为主要的货币。南宋纸币主要有四川钱引、湖广会子、两淮交子和东南会子,前三者都以铁钱为本位,东南会子以铜钱作本位,各种纸币都有换界的期限和一定的发行额,各有规定的流通地域,相互间有一定的兑换率。官府为了弥补财政亏空,往往滥发纸币,还有人私造假币,造成严重的通货膨胀。

他的叛逆之心更坚定罢了。"太宗说:"那么怎么办好呢?"吕端说:"依我的愚见,不如把她好好供养在延州,这样也许能招来夏国主,即使他不肯投降,也能使他挂心,而这老太婆的生死不是还在我们手中吗?"太宗抚胸叹道:"妙啊,要不是你,我几乎误了大事。"

　　太宗病重时,后宫又不安静了。吕端每天陪着太子到皇帝病床前请安。李皇后觉得太子精明,难以控制,就勾结一些大臣和内侍,想另立有精神病的长子元佐为帝。太宗一驾崩,内侍王继恩就来请吕端进宫,吕端知道事情有变,突然把王继恩锁在房内,又叫人看他,然后自己进宫。吕端一进房,皇后抢先说:"皇上已经驾崩,长子继位才符合道理,怎么样?"吕端不卑不亢地说:"先帝立太子就为了今天,如今遗体未寒,怎么能就违背先帝的遗命,另起异议呢?"然后不由分说,立刻派人去接太子。不一会,在灵柩前举行即位典礼,新皇帝坐在房内,门前垂着竹帘,只能隐隐约约看到一个影子。诸臣都跪下了,只有吕端不肯跪,大声请求卷帘,然后又上去看清楚确是太子,这才走下台阶,率群臣跪下高呼万岁。新皇帝以后庙号真宗。

　　事实证明,太宗看人的确很准。

世界上最早的纸币"交子"

"交子"是世界上最早的纸币,比欧洲钞票早六百多年,在宋太宗淳化年间开始于四川流通。当时,四川使用铁钱,体大值小,流通不便,商人发行一种纸币,称为"交子"可以兑现,用它来代替铁钱流通。后改由十六家富商发行,因富商破产,由政府发行。北宋崇宁、大观年间作过一次纸币改革,"交子"改为钱引。"钱引"即兑换券的意思。"交子"是四川地方俗话,也是票证、票券的概称,有交合之意即"合券取钱"。

〇二九

澶渊之盟

契丹大举南下，君臣惶惶，只有逃跑一策，寇准孤注一掷，迫御驾亲征。

自宋太宗两败于辽之后，宋军一直采取守势，而辽军不时在边境挑起战斗。至真宗时，辽圣宗英武善战，治国有方，辽国日渐强盛，便开始大规模入侵。

临危受命

咸平二年（999）秋，辽兵大举进攻，渡河直入内地，真宗离京亲征，辽军大肆抢掠之后退军。

第二年十月，辽军再度南侵，被宋军阻击，无功而返。

辽军攻势凌厉，宋君臣十分忧虑。这时有人向真宗推荐寇准是个人才，真宗有些犹豫，说："听说他过于刚强，好耍脾气。"这个大臣说："寇准忘身殉国，正直不阿，所以小人不喜欢他。如今辽兵嚣张，边患不止，像他这样能断大事的人正用得着。"真宗终于同意了，命寇准为相。

景德元年（1004）九月，辽圣宗率大军入侵，辽兵号称二十万，直趋黄河边上的澶州，威胁东京。

宋朝廷乱成一团，参知政事王钦若等人极力主张放弃东京，迁都金陵（今南京）或成都。皇帝也动了心，问寇准怎么样，寇准气愤地说："谁出的馊主意？"真宗说："先别管谁出的主意，你先说是否行？"寇准斩钉截铁地说："要我说，我就斩下这些人的脑袋祭旗，然后发兵北伐！"真宗低头不语，王钦若等脸色都发白了。寇准放缓了语气，说："如今

我军尚强，如皇帝亲征，敌军必仓皇而逃，即使一时不走，敌孤军深入，我以奇兵袭扰其后，待其师乏力疲惫，必能获胜。如果陛下抛弃都城，必然全国人心崩溃，这样天下还能保得住吗？"真宗点点头，说："待我回宫再想想。"寇准大叫起来："陛下不能入宫，进去就不会出来了。"说着便下令备驾亲征，皇帝只好同意，但同时派人与辽议和。辽军在内地屡战受挫，也有意讲和，提出割地赔款，宋人不能接受。

临危不惧

澶州有南北两城，夹黄河而立，中有浮桥相连，城坚守固，听说御驾亲征，宋军更士气大振。辽军包围了北城，苦攻不下，辽悍将萧挞览中箭身亡。宋真宗出京前，命王旦留守东京。王旦逼问："若十天之内不胜，怎么办？"真宗沉默了半天，低声说："立太子！"宋君臣似乎决心死战了。可是，走到澶州南城，看到铺天盖地的辽军，真宗害怕了，又想逃往金陵。寇准急切地说："如今只能进尺，不能退寸，您只要回车几步，就万众瓦解，敌军在后乘势一冲，陛下能走到金陵吗？"真宗还在犹豫，大将高琼也站出说："寇准说得有理。请陛下进北城！"

具有耀斑纹理的茶碗（上图）

像饮酒一样，宋人饮茶不用杯而喜好用碗。这只出自名窑的瓷碗具有不规则的耀斑纹理，在黑色背景的映衬之下，乍一看就像天上神灵在黑夜中张开天眼一样，所以宋人给了它一个"天目"的名称。茶碗的创意令人称奇。

宋

公元 1001 年

世界大事记

阿富汗伽色尼朝苏丹马穆德侵袭印度。

《宋史纪事本末·卷二二
《宋史·寇准传》

高琼　寇准
王旦　赵恒
王　曹利用
钦若　盟誓

人物　关键词　故事来源

一个文臣在旁呵斥道："高琼休得无礼！"高琼怒吼道："如今敌军逼近，还说什么有礼无礼，君以文章得做大臣，为何不赋一首诗吓退敌军？"真宗无奈，只得下令开往北城。但到浮桥前，他又犹豫了，高琼举起手中的鞭子，猛抽轿夫的背，喝道："还不快走！到这里了还犹豫什么？"皇帝只得下令前进，直至北城。城门上黄灿灿的龙旗一打开，城下宋将士眼睛一亮，流着热泪齐呼"万岁"，欢呼声如山呼海啸，一直传到二十里外，辽军顿时气馁了。

住在围城之中，皇帝不免心惊肉跳，晚上睡不着，便不时叫人去看看身负前敌指挥的寇准在干什么。一个内侍回来报告说："相公在听小曲喝酒呢。"第二个内侍回来说："相公在和人赌博呢。"第三个内侍说："相公睡着了，鼾声如雷。"真宗这才放心睡了。

火药的发明和广泛使用

作为中国"四大发明"之一的火药，在公元 10 世纪初被用作具有杀伤性的武器。宋代是火药武器被广泛使用的时期，主要有火箭、霹雳火球、火蒺藜等品种。火药武器在宋朝对金朝的战事中起到重要作用。

议和

由于皇帝在此，几十万宋军迅速开来。辽军害怕了，派人来议和，打算体面撤退。真宗急欲休战，说只要不割地，赔点钱财不在话下。寇准不但不肯赔钱，还想借机逼辽称臣，并退还燕云故地。他制定出详细的计策，对真宗说："这样能保证百年太平，不然，几十年后，辽人还会卷土重来。"真宗不耐烦地说："几十年后，一定有能人阻挡辽军，我只要管目前！"寇准还要争论不休。有人对皇帝说，寇准主战是为了抓兵权，其中恐怕有阴谋。自宋开国以来，这一点是最忌讳的，寇准只好不作声了。真宗下令派曹利用去议和。临行前，曹利用问最多能许多少银绢，真宗不假思索地说："逼不得已，百万也行。"曹利用刚走出来，就被寇准叫住，他瞪着眼睛说："虽然皇帝发了话，可你要敢超过三十万，我就杀你的头！"经过一番讨价还价，和议终于达成，宋每年给辽三十万银绢，辽宋君主以兄弟相称。

曹利用回到澶州，立刻来见皇帝，真宗正在吃饭，曹利用只好等在门外。内侍急切地问："许了多少银子？"曹利用伸出三个指头。内侍飞奔入内，告诉皇帝："已许了三百万呢！"皇帝大吃一惊，叫起来："啊！可是只要了结此事，三百万也行啊！"面见时，皇帝才知道刚才搞错了，真是大喜过望，认为曹利用有功，对他好一番夸奖，还赏赐了不少财物。于是辽宋都宣称大胜回朝。

中国最早的军事教科书：《武经七书》

公元 11 世纪，宋朝政府编订了中国最早的一部军事教科书，这部书汇集了中国古代七位最有才能的军事家的经典著作，所以称作《武经七书》。宋朝军队虽然在与北方军队的作战中，屡战屡北，但在军事理论和实践上还是有所成就的。

话说中国

○三○

真宗朝，寇准几起几落，而王旦在相位上一坐就是二十年。

慢性子宰相

王旦一食三搁筷，仍不愠不怒，为政宽厚，故成一代名相。

谁能伤害他呢？

自后汉以来，王家便世代为官，王旦虽是世家子弟，仍勤奋读书，考得进士功名。王旦从小性格内向，沉默寡言，老成的样子令家人十分吃惊，祖父因此预言说："这小子能当上宰相。"真宗即位不久，他进入朝廷上层，因为稳重谦让，受到皇帝注意，大臣们也交口称赞。一天，他奏完事，恭恭敬敬地退下，皇帝望着他的背影说："只有他，能为我达到太平啊！"不久，王旦便当上了宰相。

志得意满、放浪无羁的宋代学者

宽敞的书房，精致的桌椅几榻，巨幅屏风画环绕四周，前有书童殷勤服侍。正在书几前校勘书册的学者一手挖耳，一目微闭，袒胸赤足，一副无拘无束、悠闲自得的神情。随着科举的风行，印刷术的不断改良，从事书籍编校出版的书坊从业者获得的利润也是十分的可观。此为宋人所画《勘书图》。

即使在家中，王旦也喜怒不形于色。一次，皇帝赐给他家十坛御酒，王旦的哥哥看见了，马上要搬走两坛，夫人不同意，说："这是皇帝赐的，总得等相公看过再说吧。"哥哥大怒，把十坛酒全砸碎了，夫人很生气，不许人收拾。王旦回来，看到满地酒浆碎陶，仆人七嘴八舌地学说了一番，他只心平气和地说："人生能有几年光景？何必这么计较呢？"王旦总是不发脾气，连家里人都很奇怪，想试试他，就故意招惹他生气。一天，在菜里放点墨粉，可他什么也不说，只吃白饭。家里人问起，他只说："我今天偶然不想吃肉。"过一会，又在饭里放上墨粉，王旦放下碗，说："我今天不喜欢吃饭，给我做点粥吧。"这样的人，谁还能伤害他呢？

识人

仕途一帆风顺，王旦仍是不骄不躁。尽管他从不发怒，但部下还是很怕他。他家常常宾客满堂，但谁也不敢以私事相求。人们大发议论，王旦只是在一旁静听，发现有见地或知名的人，就会悄悄记在心里，过些时候，便把这人叫来，向他详细询问，然后记下他的特长，以后，这人再

宋代辟邪石狮

公元 1002 年

世界大事记

亨利二世被选为日耳曼王。

王旦　寇准　赵恒

宽容

《宋史·王旦传》

人物　关键词　故事来源

来登门，也绝不相见。待到要用人了，同僚都急不可待地引荐亲朋好友，而王旦总是根据平日的调查给皇帝提出参考意见，所以他所引荐的人总得到皇帝赞同，同僚很嫉妒，但也无可奈何。许多人得到他的推荐，自己还不知道。为此，皇帝十分满意。

君臣之间往往有些忌讳，如果有人利用某件小事触及这种忌讳，便是一场杀人灭族的大祸，明清的"文字狱"便是这样。王旦到底厚道，总是设法化解这种小事。一次，一个算命先生上书，妄谈皇室的未来，皇帝大怒，下令杀头示众，可抄家时却发现许多当朝大臣求他算命的文书，真宗气坏了，要追查这些大臣。王旦劝解说："求人算命，也是人之常情，这些文书并没有诽谤朝廷，就凭这些不能判大臣的罪。"皇帝的脸色缓解一些，王旦又拿出自己过去求神算命的文书，说："我年轻时也做过这种蠢事，一定要判罪，就连我一起抓起来吧。"皇帝感到有点理亏，摆

宋代白釉黑彩梅瓶

了摆手，说："那你去处理吧。"王旦马上到办公处，把这些文书都烧了。过一会，皇帝后悔了，又派人跑来取这些文书，可已经来不及了，只好不了了之。

装糊涂

但王旦也有懦弱的一面，明知不对，也不敢坚持。真宗后期，王钦若鼓动皇帝造天书拜神仙，真宗很想借神道树威，但一时犹豫不决，低头想了很久，说："宰相王旦该不会反对吧？"王钦若拍拍胸膛说："陛下放心好了，这事包在我身上。"王钦若找机会和王旦谈起此事，把皇帝的意思都挑明了，王旦本不是刚直之人，哪敢反对，嘴里咕咕噜噜，不置可否。这一天，皇帝叫王旦来喝酒，席间君臣无间，十分融洽。喝得正高兴时，皇帝叫人抬来一个大坛，亲热地对王旦说："这是好酒，你拿回去和妻儿女共享吧。"王旦回家打开一看，里面装着满满一坛珍珠，他什么都明白了，便收下皇帝的贿赂，从此装起糊涂来了。

从此，闹剧开幕，大小官员忙着找祥瑞，僧人、道士、妖人纷纷作怪，民间谣言四起，怪物越来越多，东京盛传出席帽精，白日出来吃人，百姓人心惶惶，更加迷信，一片乌烟瘴气。而每次盛典都由王旦捧着天书行礼，王旦明知不对，又不敢说，因此常常郁郁不乐。临终时，他对儿子说："我一生别无过错，只不劝止天书一事，罪不可赎。我死之后，你要剃光我的头发，让我穿僧衣入敛。"

宋代男子夏季便服（上图）
这件对襟袖单衫，衣料为盘绦纹纱，盘绦纹又称双矩纹，纹样如两"山"字相对而连，有聚财如山之意。此衫织造精细，衣质轻薄，穿着舒适，可见当时丝织技术的精湛。

蕉阴击球图（宋·无名氏绘）

公元 1003 年

世界大事记

丹麦王斯旺入侵英格兰。

张咏　赵光义　赵恒　　果断　　《宋史·张咏传》

人物　关键词　故事来源

〇三一

北宋初，两川一直不太平。灭后蜀时，由于宋军的残暴，引发蜀兵反抗；太宗淳化年间，由于赋税繁重，引发王小波、李顺起义；真宗咸平年间，又爆发了兵变。当时许多地方官十分贪婪，百姓十分愤恨，农民起义时曾剖开一个县官的肚子，在里面塞满铜钱。因此，皇帝不得不认真选择能干的官员派往两川，其中，张咏两度入川，不但受到皇帝嘉奖，而且深得民心。

饮酒使气

张咏虽以进士出身，但以好侠刚强著称，年轻时曾学剑习武，饮酒使气，不拘小节，甚至路见不平，拔刀相助。贫贱时周游各地，他从不肯低声下气；当了大官，也不耐烦跪拜，往往叫接待的小吏事先向客人打好招呼，如果客人执意跪拜，他就叉开两腿仰坐着大骂，或者不停地回拜，直弄得客人手足无措为止。一天早晨，张咏穿戴好准备到官府去，出门前赶着吃热馄饨，可他一低头吃，帽带就滑下来掉到碗里，他伸手甩到肩后，再低头吃，帽带又滑下来了，两次一来，无名火就拱到脑门，只见他一把扯下帽子，把它扔进汤里，气呼呼地说："你吃！你吃！"他的脾气就这么急躁怪僻，自己也知道难以得到士人的赞赏，便干脆自号"乖崖"。他曾感叹说："幸好我读书识理，又生于太平时代，否则真不知会变成什么样的人呢！"

宋建刻本《巨宋广韵》（上图）

蕉阴击球图（宋·无名氏绘）（左页图）

图中庭院芭蕉青翠，湖石兀立，两个小儿正在玩槌球游戏，他们的母亲和姐姐在一旁观看。画面清新秀丽，具有浓郁的生活气息。

急性子州官

张咏脾气急躁，性急吃不成热馄饨；但他思路敏捷，快刀斩乱麻，不愧能干州官。

恩威并用

张咏当官执政，也带有刚强威猛的个性。各地州县衙门都有些老奸巨猾的恶吏，他们不但欺压百姓，甚至敢玩弄顶撞没经验的年轻长官。张咏初当县令时，看到一个小吏从仓库中出来，帽带上吊着一个铜钱，便质问从何而来。这种官仓老鼠平日是拿惯的，便理直气壮地说："当然是仓里的钱。"张咏大怒，命拖下去打板子。那恶吏不服气地嘟哝："拿一个钱有什么了不起，最多打打屁股，总不能杀我吧！"张咏哪吃得了这个，立刻拿笔"唰唰唰"地写起来："一日一钱，千日一千，绳锯木断，水滴石穿。"写完笔一扔，操起剑便杀了他，然后自己到上司面前自首。从此一县肃然，贪官恶吏再不敢嚣张了。

理事治民，若一味威严，必流为酷吏，而张咏还是懂得恩威并用的。在杭州时，部下捕得许多卖私盐的贩子，张咏往往加以轻罚就放掉了。部下十分不满，张咏说："眼下发生饥荒，百姓不过靠贩盐苟活，若不让他们有活路，必然揭竿而起，那时就不好收拾了。"他到两川后，打击贪官污吏，政事简明，也注意减轻赋税，让农民归乡耕田，因此深得当地人拥戴。真宗曾赞叹说："只要你在两川，我便无西顾之忧了。"

明断

古代的州县官便是当地法官，处理民事诉讼也是繁难的政务之一。张咏十分精明干练，往往一眼洞察真伪，当地人心悦诚服，所以他办的案子往往传为佳话。有一次，公堂上来了一家人，两姐弟吵吵嚷嚷地争家产。姐夫说："我

雄伟壮观的宋陵石雕

河南巩义宋陵，葬有北宋九个皇帝中的七个，加上宋太祖赵匡胤之父的陵墓由开封迁至此，共八座大型帝陵。此外，尚有皇后、大臣（如寇准、包拯）等陪葬墓三百多座，形成庞大的陵墓群。当初陵墓四周建有神墙、角楼，现多已倾塌，只有墓南神道两侧的石雕群仍威武壮观地屹立着。图为宋陵前的部分石雕。

岳父死时，内弟才三岁，临终前他写有遗书，让我掌管家产，内弟长大后，把家产的十分之三给他，十分之七给我。"而弟弟说，儿子应享有全部继承权。张咏叫人拿来一杯酒，洒在地下，说："死者有知，本官尽知你意！"然后又对那姐夫说："你岳父真是聪明人，正因为孩子幼小才托付于你的。假如当初写好以十分之七给儿子的话，这孩子早死在你手中了。"当即判决把财产的十分之七给弟弟，十分之三给姐夫。

当时，奉命出京办事的内侍十分嚣张，地方官都很害怕。一天半夜，一群内侍叫开北门，闯进成都。张咏立刻接见，质问道"朝廷还知道张某在西

宋李公麟《五马图》
（局部）

川吗？此地经历两次兵乱，所以叫我来治理。你们半夜进城，惊扰一城民众，不知有什么紧急公务？"这帮骄横的太岁内侍只好低下头，说："奉命往峨眉山烧香。"张咏冷冷地说："是要先斩后奏呢？还是要先奏后斩？你们挑吧！"这下，内侍们都吓瘫了，纷纷叩头求饶："念在小人初办公事，不知州府规矩，请大人饶命。"张咏手一挥，把他们赶出门外露宿。第二天，这帮人就灰溜溜地走了。

历史文化百科

〔宋代的吏胥〕

所谓吏胥即官员下面打杂的人，其名目极多，中央和地方的吏胥皆有定额，但各地往往以各种名目超额录用，以致人满为患。吏胥来源可分为差役、招募与下级官员充当三大类，北宋前期，相当多的吏并无工资，神宗时改行雇募制，此后基本不变，有验明身份、取保、考试等程序。神宗首先给仓吏高薪，并以重罚防止贪污盗窃，但乡吏仍行差役，州县吏虽行募役，也不一定领工资；当财政困难时，地方官又以各种借口拖欠或不支有禄吏胥的工资；候补试用的吏胥更拿不到钱。由于官场的文牍主义及官员的昏庸无能，也由于官有任期，且有不能任于本乡的限制，尤其在朝政昏暗时，奸吏往往能玩弄权柄，上下其手，欺压百姓，转嫁赋税，贪污敲诈，在某些地方甚至形成吏强官弱的局面。故能治恶吏的官员往往得到士林称赞，但在整个统治阶级之中，吏胥是被蔑视的低贱一族，受到士大夫的极力压制。

公元 1004 年

世界大事记

波兰公爵波利斯拉夫占领波希米亚。

《宋史·王旦传》《张咏传》

王旦　寇准　张咏　赵恒　宽容

人物　关键词　故事来源

〇三二

王公器量

寇准在朝时常常批评王旦，可王旦还是在皇帝面前称赞寇准。一天，皇帝忍不住了，说："你老说寇准好，可寇准总在我面前说你的缺点。"王旦平静地说："这是理所当然的，我当宰相久了，处理政事一定有许多错误，寇准对陛下什么都不隐瞒，说明他很忠诚正直，我就是因此器重他的。"皇帝为此更佩服王旦了。

澶渊之役后，真宗更器重寇准了，王钦若又嫉又恨。一天，皇帝目送着寇准退朝，王钦若轻声说："陛下这么尊敬寇准，是因为他有大功吗？"真宗说："是的。"王钦若又说："澶渊之役，陛下不以为耻，还认为寇准有功吗？"真宗惊奇地问："这话怎么说？"王钦若微微一笑，说："城下之盟，自古以来引以为耻。陛下以万乘之尊，和辽订立城下之盟，还不是莫大的耻辱吗？"真宗垂下头，不说话了。王钦若又在皇帝耳边说："陛下听说过赌博吗？赌输的人到最后往往拿出所有的家产拼命一博，这就叫下'孤注'。陛下不过是寇准的'孤注'罢了，这太危险了。"从此，真宗便不再欣赏寇准，第二年，寇准被罢相，到外地做官去了。

宋代宰相被罢时，如果皇帝还想用他，往往送一个节度使的虚衔，以示礼遇，称为"使相"。寇准知道自己将被罢，也想得一个使相的头衔，便托人求王旦帮忙说句话。王旦严肃地说："将相头衔，怎么能求得呢？我绝不接受私下的请托。"寇准气得够呛。在朝廷商量时，皇帝想把寇准贬为小官，王旦慢悠悠地说："寇准有才气名望，给他一个使相的头衔，其

宽容与敬佩

王旦大器，使寇准惭愧；而寇准敢为，亦使张咏敬佩。

风采定能使朝廷增光。"这才定了下来。第二天，当堂宣布后，寇准捧着文书跪在皇帝面前，谢道："要不是陛下知臣，我怎么能得到这个光荣头衔。"皇帝冷冷地说："是王旦知你。"寇准顿时愣住了，惭愧地说："王公器量这么大，我可远远不及。"

寇准生性豪爽，出京以后常常与人聚会痛饮，有人便来告诉皇帝，说他摆生日宴会，非常奢华，排场超过了皇帝。真宗非常生气，对王旦说："寇准什么事都模仿我的排场，像话吗？"王旦只是微笑着说："寇准是个贤明的人，只是就那么呆，拿他怎么办呢？"皇帝也笑了，说："可不是，他也不过有点呆罢了。"

宋代抄手砚，苏轼作砚铭（上图及下图）

此砚长 15.9 厘米，宽 9 厘米，高 5.6 厘米，系宋代抄手式样。墨池中央有一圆形石柱，柱面的碧眸黄睛石眼，象征明月。砚背有参差不一的六十余条石柱，每柱都有石眼，犹如群星闪烁。苏轼为王定国所藏此砚作砚铭："月之从星时，则风雨汪洋，翰墨将此，是似黑云浮空，漫不见天，风起云移，星月凛然，轼。"这方端砚因而名作"从星砚"。

临终荐贤

王旦晚年多病，皇帝还是不许他辞职。一天，真宗命人把他抬入宫中，亲切地说："我正要托你大事，你怎么就病成这样呢？万一不行了，我把天下事交给谁好呢？"王旦说："知臣莫如君，请陛下自己考虑吧。"真宗问了几次，王旦仍不肯说，真宗只好念出身边大臣的名字，一个个问："这人

如何？"王旦还是不吭声。真宗没办法，恳求道："您就试说说心里的想法吧。"王旦挣扎着爬起来，气喘吁吁地说："按臣的愚见，谁都比不过寇准。"真宗生气地说："寇准刚强狭隘，请您说说看其次还有谁？"王旦轻声说："别的人，我就不知道了。"说完，他再也不开口了。

当天书闹剧正盛时，有人对皇帝说，如今寇准最不相信神异，若得他报告发现天书，就可取信于天下了。于是皇帝派人去见寇准，威胁利诱双管齐下，寇准官迷心窍，居然答应同流合污，也上书说发现天书，不久皇帝便召他回京，重登相位。他的门生劝说道："您一进相府，一生英名就毁于一旦了，还不如留在外地做个小官呢。"寇准哪里听得进，高高兴兴进京骗皇帝去了。

回到东京，寇准便去王旦灵前祭奠，痛哭了一场。

惺惺相惜

张咏性格刚烈，自然难得和人相容，可最佩服敢作敢为的寇准。他说："让寇公治蜀，也未必比得

笔势豪放的黄庭坚书法（上图）

在书法艺术家云集的宋代，黄庭坚仍然处于其中顶尖的位置。黄庭坚的字笔力苍劲、恣意豪放，这似乎和他自己提倡的"无一字无来处"的细腻保守的诗风有点不协调。

上我张咏；可在澶渊孤注一掷，我也不敢干。”张咏第二次守成都时，正值兵变之后，军内人心惶惶，骚动不安。一天，检阅当地驻军，张咏刚到校场，全体士兵突然齐声高呼“万岁！万岁！”从官吓得脸色刷白。按规矩，人们只能向皇帝高呼万岁，如今乱呼不是要兵变，便是要使张咏为难，此事传进京去，就是杀头之祸。再看那张咏，临危不乱，马上跳下马，转过身，也面朝东北，和众人一道高呼“万岁”，于是，造反的象征就变成了官兵共同效忠于皇上的举动，捣乱的士兵顿时不敢响了。寇准上朝时也曾路遇狂人

对他乱叫“万岁”，此事甚至成了被人攻击的把柄。听说张咏此事后，寇准佩服得五体投地。

寇准后为小人所害，死于远方。张咏始则大哭，继则大骂，然后赌博买房置地，再也不肯诚心从政了。

对世界文明作出重要贡献的活字印刷术

在公元1040年代，平民毕昇用胶泥刻字，做成单个的字模。在印制书籍时，将单个的字模排列成书的版样。其优点是字模可以反复使用，灵活简便，所以称作“活字”，以别于此前惯用的雕版印刷的“死字”。尽管当时的活字印刷只用于民间印刷品，如佛经宣传品等，士大夫们仍习惯于富有书法艺术的手抄书卷；毕昇的这一发明从今天的人们看来，无疑是世界科学技术史最重要的发明之一，世界文明的进程都将永记这个名字。

话说中国

〇二二

和尚借宿成巧祸

若非向敏中明智，则和尚沉冤难雪。

太宗时，还有一位精明能干的地方官，与张咏齐名，名叫向敏中。真宗时，向敏中一度升为宰相，后在官场斗争中失败，被贬到地方当官。当时，宰相贬至外地，大都心怀不满，如张齐贤、寇准等人都不肯尽心尽力，往往终日喝酒作乐，只有向敏中努力治理地方，所以很快被委以西京留守的重任。

寒夜借宿

这时，西京洛阳发生了一桩奇案。

宋代和尚很多，有的和尚不甘寂寞，便云游四方。一天，一个和尚游到河南，看看天色已晚，正在发愁，忽见路边有一座独立民居，真是喜出望外，忙上前叩门求宿。和尚敲了半天，才有一个男人打开一条门缝，一看是个又脏又臭的游方僧，他便厌恶地皱起眉头。和尚低声下气地说："施主，外面又冷又暗，请让我在此借宿一晚如何？"男主人不耐烦地说："走走走，我家不留讨饭的和尚。"和尚再三哀求，男主人也不肯放他入内，"砰"的一声关上了大门。和尚只

赵州陀罗尼经幢

赵州陀罗尼经幢位于河北省赵县城内南大街与石塔路交叉口，原是开元寺遗物，现寺已毁，只存经幢。该经幢建于北宋景祐五年(1038)，由礼宾副史、知赵州王德成等督办，赵州人何兴、李玉等人建造，因幢体刻有陀罗尼经文而得名。幢高18米，分7级，造型雄伟俊秀，是我国现存最高大的石刻经幢。经幢的方形台基上刻有"妇女掩门"、各种伎乐、神佛、菩萨、蟠龙、莲花等图案和花纹，线条圆润、飘逸，人物造型栩栩如生，充分体现了当时高超的雕刻艺术。

好在门外的破车厢里和衣躺下。

深秋的夜晚，寒风阵阵，野地上一层白霜，和尚怎么也睡不着。时至半夜，忽见一个人影一闪，翻进那家农舍院墙。和尚不敢动弹，定睛偷看。过一会，一个男人扶着一个妇人从墙上爬出来，手里还拿着一个包裹，不久便消失在黑暗之中。和尚心想：主人不肯让我留宿，我却硬要睡在这里，明天主人发现少了钱财和女人，一定会怀疑我，把我抓到县里去的。三十六计，走为上计。和尚跳起身，连夜离开这是非之地，因为恐怕被人追上，不敢走大路，便落荒而逃。黎明前天特别黑，和尚在荒草中高一脚低一脚地乱跑，突然一脚踏空，掉进一个干井，他一下昏死过去。待和尚醒来，天已微明，他睁眼一看，"哇"地一声大叫起来，原来井里还有一具血淋淋的女尸。井深壁陡，他想尽办法也爬不出去。

有口难辩

早晨，那家农户的男主人醒来，才发现女人和家里的钱财全都失踪了，便叫了一帮亲戚朋友分头寻找。不久，有人发现了那干井里的和尚，便七手八脚把他捆得结结实实，抬出女尸，送到县衙门报案。

和尚大叫"冤枉"，县官哪里肯听，喝道："这秃头，铁证如山，还敢狡辩，不打如何肯招，给我狠狠打！"两种刑具还没用完，和尚已熬不住痛楚，只求速死，大叫道："我招，我招。"县官叫人放开他，

公元 1006 年

世界大事记

拜占廷舰队与阿拉伯海军大战于累佐海面，取得胜利。

寇准 赵恒

向敏中 赵光义 冤狱

《涑水纪闻》卷七

人物　关键词　故事来源

面向普通百姓的绘画艺术

一位老和尚手里捉着一只鲜活的虾子，开心得哈哈大笑。像这种以老百姓的生活以及他们的喜怒哀乐为题材的绘画作品，在整个宋代的绘画中占有较大的比例。这是宋画家牧溪所绘《虾子和尚图》。

他只好信口胡说："小僧本与这家妇人通奸，便和她一起私奔。女人走不快，我怕主人追上，便杀了她，扔在井内，手忙脚乱之中，我也掉入井中，赃物掉在井旁，不知被什么人拿走了。"县官满意地笑了，让他在供词上按了手印，给他定了死罪，便上报洛阳。

明察秋毫

河南府的官员都认为证据确凿，可以定案了，只有向敏中不相信，认为不见赃物是很奇怪的。向敏中四次提审那和尚，他都低头认罪，只是说："还有什么好说的，总归我前世欠那人一条命罢了。"向敏中更怀疑了，再反复询问，和尚才说了实话。

向敏中公开扬言和尚罪大恶极，私下却派出许多便衣四处查访。一天，一个小吏在一家小店吃饭，店主是一个老妇。老妇问道："客官从哪里来？"小吏说："从西京来。"老妇眉毛一抖，问道："你听

说那和尚杀人案了？结果怎么样？"小吏随口撒谎说："哦，那和尚昨天已在市口被处决了。"老妇长叹一声，又问："那和尚真冤枉，如果现在发现真凶怎么办？"小吏说："当官的就会屈打成招，一旦误判，就是后来发现真凶，也不敢再追究了。"老妇说："那么我现在说出也不要紧了吧。其实，那女人是本村的年轻人张三杀的。"小吏心中大喜，脸上还作出一副漫不经心的样子，问道："这人现在何处？"老妇抬手指了指近处一幢农舍。那小吏拔腿就跑，冲进屋内，抓住了张三，并在床下搜出了赃物。张三被送到府中，马上就低头认罪了。和尚奇得雪，哭哭啼啼地对知府大人拜了又拜，谢了又谢。

这桩奇案很快传遍全府，传言中不免有人添油加醋，向大人成了料事如神的小诸葛。由于到处是草菅人命的昏官，向敏中便成了穷百姓心中的偶像。

> 历史文化百科

〔和尚要有执照〕

《水浒传》中鲁智深、武松皆有度牒，这的确是宋代社会真实写照。宋朝规定：凡兴建佛寺、道观，须由朝廷赐给敕额，方才合法，剃度新的僧徒也有定额，一般须经考试，考试一年一度，严禁私相剃度。合法僧道的凭证称为度牒，要交纳一定的费用。高级僧道也有紫衣和师号作为凭证，师号有二字、四字、六字之分。度牒最初用黄纸，后改用绫纸。太宗太平兴国时度牒一度免费，到神宗时卖度牒成为政府重要收入来源，甚至成为高价货币在世间流行，南宋时一道度牒竟值八百贯，故当国家财政紧缺时就增发度牒，当要压缩僧道人数时就减发或停发度牒。各朝虽注意控制其人数，而总数仍膨胀起来。御前寺观及王公贵族荫庇下的寺观往往享受蠲税免役的待遇，拥有称号的高级僧道，在法律上享有特权。做佛事道场仍是僧尼道冠的无限财源，同时他们拥有大量田产，经商也相当普遍，有的甚至获得免税权。僧道地主勾结官府、富豪，有的成为地方一霸，欺压百姓，无恶不作。

〇三四

皇帝伪造天书

伪造天书，并非小妖专利，为求长生，真宗封禅学道，一片乌烟瘴气。

《西游记》中妖怪为了赶走孙悟空，造了份天书，从天抛下，便骗过了唐僧。为了骗天下人，宋真宗也干过这种小妖勾当。

以神怪压天下人

澶渊之盟后，因参知政事王钦若说了几句，真宗终于明白这种城下之盟没什么好得意的，便赶走了寇准，但还是闷闷不乐。善于察颜观色的王钦若又凑了上来，说："陛下要雪耻，只有去泰山封禅，向外国夸耀宋朝的财富，这样才能镇服四方。"古人认为泰山是天下名山，在泰山上祭上帝，就证明这个皇帝已得到统治天下的天命，所以秦始皇、汉武帝都急于封禅。封禅虽是盛典，但劳民伤财，并不多行。真宗有些疑惑，问道："实行封禅一般都先有吉祥的先兆，比如黄龙出现，灵芝生于宫中等等，如今并没有看到这种祥瑞，又怎么能行呢？"王钦若说："传说伏羲时有龙马从黄河中钻出来，背上带有八卦图形；夏禹时有神龟从洛水中钻出，背上有怪异的文字。您以为这些都是真有其事吗？其实都是当时人假造的，而君主公布于天下，表示坚信不疑，不过是以神怪压天下人罢了。"皇帝点头不语。

怪异迭现

一天早朝，真宗当众宣称，昨天半夜宫中突然发出一片异光，一个身穿红袍、头戴星冠的仙人从天而降，他说："要在宫中建一个道场，皇帝诚心祈祷一个月，到正月就会有三篇天书从天而降。"此后，宫中便忙起来了，皇帝穿上道袍，每天斋戒烧香。第二年正月，果然有官吏来报告，在承天门最高的屋角上发现一条两丈多长的黄绸。宰相王旦等率众官来祝贺，说这一定是天书了。真宗一直走到城门下，向天拜了又拜，然后叫两个内侍爬上去取了下来，恭恭敬敬地迎入宫内。据说里面确有三篇文章，内容类似于老子的《道德经》。这一年便改为大中祥符元年（1008）。从此，各地更热闹了，今天说发现苍龙，明天说泰山冒出一股仙泉，到处都有官员进献灵芝，没多久便达到上万支，一茎两穗的稻子叫嘉禾，生得古怪的树叫瑞木，真真假假，弄得拍马屁的史官都来不及一一记录，举国若狂，许多小人以妖术得宠。只有一个不识时务的儒生说："从未听说过天说话，怎么会有天书呢？"真宗无言以对，将他赶走了事。

自欺欺人

王旦率百官及和尚、道士三万人联名上表，请真宗到泰山封禅。真宗召来管财政的丁谓问国家收支情况，丁谓说："如今国库都满出来了，每年收支相

宋真宗封禅玉册（下图及右页图）

古时候帝王登泰山祭天，称为"封"；在泰山旁的小丘祭地，称为"禅"。宋真宗曾封禅泰山，规模空前。祭典时的祝祷文，刻在玉册上秘不示人。1931年出土的宋真宗玉册，有十六简，用金线串连，简上刻楷体文字，涂以金漆，富有帝王气派。盛装玉册的容器是玉匮，玉匮上的嵌片，正中刻有生动的飞龙，四周为对称的云水纹，图案精美，令人赞叹。

抵还节余很多。"于是，皇帝下令准备封禅，从开封到泰山沿途大造行宫，修路造桥，大肆挥霍。同年六月，又说在泰山也发现了天书，于是免不了一番祝贺、拜谢之类的表演。十月，皇帝带了几万人出京，车辚辚，马萧萧，彩旗飘扬，浩浩荡荡开往泰山，沿途官吏迎来送往，花了大量人力物力。走了十七天，才到泰山脚下，附近的乡绅百姓都来围观这百年难遇的盛典，聚集了数万人，皇帝的车队被困，随行士兵连骂带打也开不出路来。皇帝十分着急，问左右大臣怎么办，有人说村民只怕当地县里的巡兵头子，只有他才能解围，于是赶快派人去叫。过一会，一个身穿绿袍的年轻人拍马飞驰而来，村民大叫："官人来了！"便一哄而散。好脾气的真宗觉得很有趣，笑着说："难道我不是官人吗？"真宗步行上山，举行了隆重的禅礼，拜天拜地拜祖宗，忙完了，又宣布大赦天下，官员都升官得赏，各地也免不了借名目大摆宴席，回京的途中，又祭孔子祀老子，花钱如流水。

为了表示虔诚，皇帝曾令随从一律吃素。封禅大礼结束，皇帝召来王旦等人，慰劳说："众卿一路辛苦，又吃了多日的蔬食，真不容易。"这时，旁边跳出一个马知节，愣头愣脑地说："臣与王旦等人在旅舍都私下吃肉，一路上只有陛下一人吃素罢了。"他回头指着王旦的鼻子质问："王公，我说得对不对？"王旦只好跪下请罪，说："的确如此。"大臣们不信，皇帝何尝不知，不过心照不宣罢了，这时两下都苦笑起来。

真宗求神修道，不但未获长生，晚年还得了精神病。驾崩后，天书便随葬于陵墓，再也无人提起。到仁宗时，玉清昭应宫遭雷击，一夜之间几乎全都烧光，此后再未修复。

话说中国

○三五

丁谓一举三得

丁谓机智多谋，策划工程一举三得，但为人巧佞，故得"鹤相"雅号。

宋真宗时，皇宫失火，烧毁了不少宫殿，又大修道观，工程浩大。宰相丁谓负责建筑工程，虽迎合皇帝求仙，加重了人民负担，但具体筹划时十分精密，令时人赞叹不已。

系统工程

丁谓为人机敏多谋，琴棋书画无不精通。他想贸然动工难免劳民伤财，要在短时期内修复大批宫殿决非易事，首先，修筑宫殿需要大量泥土，但皇宫中没有这么多土，得从数里外的城郊去运土。

世界上最高的砖木古塔开元寺塔

开元寺塔位于河北定州市南门的东侧，是世界上现存最高的砖木结构古塔，建于北宋咸平四年（1001）。据史书记载，北宋咸平四年，寺僧慧能往天竺求经，得舍利子而归，宋真宗下诏建造此塔，于至和二年（1055）竣工，历时五十五年。由于工程十分浩大，河北地区流传有"砍尽嘉山木，修成定州塔"的民谣。宋代的定州是宋和契丹间的边防重镇，那时当地守军常登塔瞭望敌情，故开元寺塔又叫"瞭敌塔"。塔全部为砖木结构，平面八角形，13层，高84.2米，平面由两个正方形交错而成。比例匀称，外观秀丽。塔有四个正面辟券门，其余四面设假窗，雕几何形窗棂；塔内每层均有梯级，两层之间形成八角形回廊。塔内有佛龛、彩绘。开元寺塔在其九百多年的历史中，经历了十多次地震，清光绪十年（1844）六月，塔的东北面从上到下塌落下来，破坏了这一雄伟古建的完整，但塔身至今依然挺拔屹立。

其次，各地从水路运到开封的建筑材料无法靠船筏直接运入宫中，要把这些东西从城外运到工地还得花大量人工。再次，要把烧毁的砖瓦和建筑垃圾运出城外，也不是件容易的事。

丁谓冥思苦想，终于设计出一个完美的施工方案。他先让民工在皇宫前面的大路上开挖，将取出的泥土运入工地。没几天大路便被挖成了一条宽阔的深沟，这样就备足了修复宫殿所需要的泥土。然后，他下令把深沟和城外的大河挖通，将河水引入深沟，深沟就成了河道。这一来，停泊在城外的船筏就可以径直驶到皇宫门口。再把上面的建筑材料运到工地就方便多了。宫殿修复完毕后，丁谓又吩咐民工将建筑垃圾填入深沟，没过多久，深沟又被修整成一条宽阔的大道。

丁谓的施工方案省时省力，妥善地解决了取土、运输和处理建筑垃圾的问题，一举而三得，与现代系统工程思想不谋而合。

"鹤相"可笑

真宗时大造天书，闹得乌烟瘴气，丁谓凭其聪明，也乘时于政界兴风作浪。大中祥符四年，真宗西行汾阳，举行祀后土的典礼，自然又是一场劳民伤财的闹剧。为了安置那神乎其神的天书，皇帝下令在京修个

　现在"胸有成竹"比喻做事前已有成熟的计划，此典出自谁的故事？

公元 1008 年

世界大事记

伽色尼王马哈德大败印度德里、伽诺间诸国联军，大掠康格拉寺。

马丁
知谓
节

张赵
咏恒
　机智

《宋史纪事本末》卷二二
《梦溪补笔谈》卷二

人物　关键词　故事来源

前所未有的道观。丁谓主持这项工程，设计十分奢华，本要十五年造成，丁谓督民工点着火把日夜加班，许多工匠辛劳致死，用七年就造成了。新道观命名为玉清昭应宫，有二千六百多间房，用彩绘金银装饰得金碧辉煌，天书被封在玉匣石匮中，皇帝常来叩头烧香。各地随之也大造宫观，耗费无数人力物力。张咏愤而上书说："造宫观耗尽天下财富，伤及人民性命，这都是贼臣丁谓作的怪。请斩丁谓头置于国门，

道家思想和佛教思想的和谐统一（上图）

一位道士手持羽扇正在讲解道家的理论，令人不解的是在听众里却有佛家弟子在内。和其他朝代有所不同的是，宋代提倡的是道教和佛教合一的思想体系，道教信徒和佛教信徒能够和谐相处，互为表里。这幅《山庄图》是宋代著名画家李公麟所绘。

以谢天下；再斩我的头置于丁氏家门，以谢丁谓。"

皇帝将这封火气十足的上书一笑置之，谁的头也没斩。其实谁人不知这是皇帝的主意，丁谓不过善于迎合罢了。

因造宫观有功，丁谓很快爬到相位，从此更起劲地炮制神怪故事了。每次皇帝到玉清昭应宫烧香，他都报告说有仙鹤飞临；每次天书下凡，他都报告说有仙鹤舞于道路，后来几乎带翅膀的在他眼中都成了仙鹤，于是得了个"鹤相"的绰号，官绅常常传为笑谈。一天，寇准在山上游玩，一群黑乌鸦从头顶飞过，他笑着说："丁谓看到这玩艺，准会说黑鹤飞舞于仙山了。"

宋代计时器：莲花漏

宋仁宗朝有燕肃造莲花漏，在很多州使用。莲花漏就是浮漏，用两个放水壶，一个受水壶，再用两根叫"渴乌"的细管，利用虹吸原理，把放水壶中的水，逐步放到受水壶中，使受水壶中水平面高度保持恒定。相等时间内受水壶的水流速度恒定，据以测定时间。莲花漏实物已不存在，图为根据记载仿制莲花漏的再绘图。

马知节　欧阳修

《梦溪笔谈·独醒杂志》卷一七

博学

人物　关键词　故事来源

公元 1073 年

中国大事记

熙宁六年，宋代理学之倡导者周敦颐卒。

〇三六

识　画

从文人到武士，皆好书画，可见一代风雅。

世上不少人收藏书画只是为了附庸风雅，他们并不具备艺术鉴赏力，只是人云亦云，凭书画家名气来争相购买书画，根本不懂那些字画是真品还是赝品，是佳构还是劣作。古人将这叫做"耳鉴"——凭耳朵来识别字画。

宋真宗时马知节为将家子，又好书善儒。他藏有一幅唐代名画家戴嵩所作的《斗牛图》，十分珍爱。

"唐宋八大家"之一欧阳修

欧阳修（1007-1072），北宋文学家、史学家。庆历三年（1043）任谏官，支持范仲淹，要求在政治上有所改良，被诬贬知滁州。官至翰林学士、枢密副使、参知政事。是北宋古文运动的领袖，"唐宋八大家"之一。曾与宋祁合修《新唐书》，并独撰《新五代史》。有《欧阳文忠公文集》。

一天闲暇无事，便把《斗牛图》铺在前厅的石阶上晒晒。有个交租的老农从厅前走过，好奇地上前看了看地上的画，禁不住暗自发笑。

马知节问："你为什么笑？你也懂画吗？"

老农说："我不懂，可是我成天和真牛打交道，熟知真牛打架时的情景。牛在角斗时尾巴都是紧紧地夹在两个大腿之间，连大力士也无法将牛尾巴拉出来。画上两牛犄角相交斗得正凶，可两条尾巴却像旗杆似的高高翘起，与真实的情况不符。"

马知节听说戴嵩擅长画水牛，与他同时代的韩幹善于画马，世称"韩马戴牛"，名震天下，可眼下却让一个老农看出了破绽，只能表示叹服。

宋代大文豪欧阳修也曾藏有一幅古画，上面画着一丛牡丹，花的下方蹲着一只眯眼的老猫。欧阳修吃不准这幅画是否精品，便请他的亲家吴育来帮忙鉴定。吴育凝神细看，不觉脱口而出道："画的是正午牡丹。"

"有什么根据？"欧阳修问道。

吴育说："花瓣萎靡无力，色泽略显干燥，这正是中午时的牡丹。再看猫眼眯得几乎成了一条线，这是正午时的猫眼。清晨的牡丹称之为带露花，花心收敛，色泽湿润。猫的眼睛早晨和晚上是圆溜溜的，近中午时就渐渐显得狭长，正午时就眯成一条线了。"

对于吴育精到的评析，欧阳修大为折服。

宋代花鸟画代表作之一《红梅孔雀图》

"唐宋八大家"是指唐代和北宋的哪八位散文家？

宋代不讲门阀，科举向文人开放，真宗以后，儒学更成为压倒一切的正宗，科举为主要的取士途径。太祖时一科进士还不过十人左右，太宗时便一下子膨胀至三四百人，诸科多到七八百人，连续考不中的，还有特恩赐个进士名分，名额大大多于唐代。而进士名额越多，读书人就越多，士人

儒生迂腐

一个死读书的儒生，以《诗经》断案，百姓传为笑谈，却深得上司赞赏。

对功名也越热衷，为此考试方法越来越严密，弄得读书人一天到晚昏头昏脑地作文读书。

死读书不要命

宋真宗时有个叫陆参的读书人，从小就很好学，读儒学经书非常认真，而且一举一动都按经书上所

永乐宫的壁画——三清殿西壁之天神群像

永乐宫原位于山西省芮城县永乐镇，1959年迁至城北龙泉村。宋代后建造洞庙，后来又建立巨大的大纯阳万寿宫。其中三清殿及纯阳殿等四个建筑物留存到现在，以壁画著称。主殿三清殿，以八位主神为中心，描绘多彩多姿的道教诸神，数目多达280人。人物的表情、衣服以及手持物品等，仔细观察乃具有无穷趣味。

对文学艺术杰出人士的重用和提拔

宋朝政府对文学艺术给予了前所未有的高度重视。科举制度的高度完善，国家级的文学馆、绘画馆的设立，保证了杰出人才都能网罗到政府的各级机构和学术团体中来，使他们为国效力，同时也保证他们具有相当高的地位和收入。图中显示的是朝廷为文人学士所举办的盛大宴会。此为宋徽宗赵佶所绘《文会图》。

话说中国

唐代的韩愈、柳宗元，北宋的欧阳修、苏洵、苏轼、苏辙、王安石、曾巩。　119

说的去做，有板有眼，规规矩矩的。他的父亲早死，家里又穷，便和母亲睡在一张床上。有天半夜，邻居家突然失火了，母亲惊醒过来，大叫儿子，可陆参一声不吭，母亲急坏了，一脚把他踢下床，他还是不响。过了好久，他摸索了半天，点上灯，才慢慢腾腾过来，一边行礼一边说："刚才大人叫我，因为我没穿戴好，所以不敢答应，请大人不要生气。敢问大人叫我何事？"母亲真是又好气又好笑，所幸大火没烧到他家，否则这书呆子非和那经书一起烧光不可。

呆气不改

后来他中了进士，当了县令，呆气还是一点不改。一天，部下抓来一个打家劫舍的强盗，因为他力气很大，士兵用麻绳把他紧紧捆在柱子上。陆参看到颇为不忍，对他说："你是迫于饥寒做这种事的，并不是本性不善。"便叫人给他松绑。当天晚上那强盗跑掉了，小兵忙来

报告，他一边慢吞吞地叫人去抓，一边感叹说："我以仁爱之心可怜你，你还忍心辜负我，要是再被抓来，你怎么有脸见我！"旁边的官吏都忍不住笑起来。

过了几天，有两家人因争田产来打官司，那陆县官什么也不说，提起笔就在状纸上写道："你们怎么不学学虞、芮那两家人呢？"陆参用的是一个典故。虞、芮是商末的两个国家。传说在这两国边境上有两家人因为地界问题打起官司，虞、芮两国都无法公平判决，就去找周文王评理。可他们一进周境，就发现当地风气非常淳厚，农民都在地界上相互谦让，以至宁肯抛荒也不多要一点地头。他们很惭愧，于是也互相谦让，转身回家，官司自然不打了。《诗经》中"虞芮质厥成，文王蹶厥生"一句就讲这件事。陆参的意思是你们见了我这样的君子，也该惭愧，不要再打官司了吧。乡下人哪懂这些，拿了状纸到处去问，可还是没人看得懂，万般无奈，只好再来求陆大人明示。陆参给他们好好上了一课，那两人还是一脑子糨糊，陆参长叹一声说："嗟乎！一县之中竟无人懂《诗经》吗？"这两家并未因此不争吵，

而这件事却成了当时人茶余饭后的笑话。但上面却有人赏识他，说他具有淳厚的古风，给予提拔。

宋代号称以文治国，终于养成 代文弱风气。

直抒胸臆的文人画（上图）

把书法的笔法引入到绘画中，绘画不求形似，而是追求境界和旨趣，这是中国文人画的主要特征。苏轼的这幅《枯木怪石图卷》，枯树屈曲盘旋，怪石嶙峋，墨色干涩，诚如他的一位好友评说的那样，这是苏轼内心抑郁苦闷的象征。在宋代逐步形成的文人画对中国画具有革命性的意义。

宋

> 历史文化百科

[宋代的读书人]

宋代科举考试不重门第，富贵人家仍以攻读应举为正业，而贫寒人家子弟一旦登第，极大地激励了众多的后继者，录取人数又远超前代，故宋代士人迅速增多。大部分士人未应举或落第，有的于乡间种田，有的卖文教书为生，或占卜行医，成为城市的自由职业者。宋朝士人地位大为提高，士人犯罪，在法律上享有减免处罚的特权，另有以学堂处罚取代官府公刑的做法；部分士人享有免役的特权；官府对士人较一般庶民客气，衙吏对士人不能直呼其名，要称某"省元"；士人告状，也要先受理，处理完毕才点唤一般百姓。一些士人更敢于对抗州县官，蔑视胥吏之徒，以正义的代言人自居，起到监督官员的作用。部分士人担负社会责任，参与本乡救济事业。但也有士人自以为高人一等，咆哮公堂，恶者横行乡里，成为一害。一些州县士人在学校也很不客气，县学分肉偶然分少了，学生就拿尺乱打斋仆，高声大骂。

公元１０１０年

世界大事记

越南李氏建元顺天。遣使于宋。

赵祯　　　　《宋史·
赵恒　阴谋　李宸妃传》
　　　　　　《宋史·
　　　　　　吕夷简传》

人物　关键词　故事来源

○三八

仁宗生母之谜

宫中险恶，母子生不能相认；
礼葬李妃，刘后死尚保一族。

公元1021年，元宵才过，宋真宗却一病不起。他自知不久于人世，便把年仅十三岁的太子赵祯和刘皇后召到床前，对皇后说："我死后，太子即位，他年纪尚小，可将朝廷大事托于寇准、李迪。"说完便一命呜呼了。

皇帝不识亲生母

宋仁宗小小年纪便做了皇帝，刘太后乘机垂帘听政。但刘太后并不是仁宗的生母，他的亲生母亲是宫中的一个姓李的侍女，赵祯一生下来，李皇后就把他领来当作自己的儿子，和杨淑妃一起抚养，李姓侍女虽被提升为昭仪（宫中地位较低的妃子），从此却与自己的亲生骨肉断绝往来。她深

意趣盎然的《妃子浴儿图》

此幅宋代人物画以给幼儿洗澡为主题，颇有生活情趣。从摆设和场景来看，可知此非普通人家。坐在浴盆里的幼儿，因被母亲按住脑袋抠洗鼻孔而无可奈何地举起双手，其神态憨稚可爱。精致的莲花状浴盆和饰以兽头纹的提手，隐喻出了"出污泥而不染"的"洗澡"意义。

话说中国

知其中的利害关系，绝不敢说自己是赵祯的生母，再说看见儿子成了皇后的嫡子，将来有望继承皇位，对一个侍女来说，她也心满意足了。宫中不少人知道此事，但谁又敢多嘴，仁宗也就一直自以为是刘皇后的亲生儿子。

仁宗当上皇帝后，李昭仪生了重病，临死之前才被封为李宸妃，可一直到死都不敢与亲生儿子相认。仁宗也不知道自己是李宸妃所生。

宰相远见

李宸妃死后，皇太后打算以普通宫人的葬礼来处理后事。宰相吕夷简在进宫奏事时，故意问太后道："听说有个宫妃死了？"太后脸一沉说："宰相难道还要干预宫中的事吗？"说罢带着仁宗拂袖而去。然后，她又单独召见吕夷简，质问他："你要离间我们母子吗？"吕夷简不紧不慢地答道："太后如果不管你刘氏日后的安危，臣就不多说了。若希望刘氏久安，宸妃的葬礼理当从厚。"刘太后顿时醒悟过来，宰相是在暗示她，如果现在不予李宸妃厚葬，将来万一仁

〉历史文化百科〈

〔武大郎的炊饼〕

《水浒传》里武松的哥哥武大郎卖炊饼为生，所谓炊饼是什么呢？炊饼类似于今天的馒头，原名蒸饼，宋仁宗名赵祯，在古代尊长的名字是不能叫的，这叫避讳，皇帝的名字连同音字都要避讳，故人们改称炊饼。还有各类汤饼，就是面片汤，有的已切得很薄，处在向面条的演变过程中，到南宋晚期，出现了"细仅一分，其薄如纸"的挂面。汤饼或称面，城里有专营面馆，因浇头的不同，面的花色也层出不穷，如丝鸡面、猪羊腌生面、三鲜面、笋泼肉面等。烧饼又称胡饼，可知为外来的吃食，在火上煎烤饷成，有的夹馅，有的沾芝麻，有糖饼、白肉胡饼和菜饼等各种口味。

宗知道谁是自己的生母，刘氏一族必受惩罚。于是一扫怒容，倾身问道："以宰相之见，李妃的葬礼应以什么规格举行？"吕夷简说："应以一品礼在皇仪殿治葬，殡于洪福院。"

吕夷简又关照负责此事的内侍罗崇勋："宸妃应当以皇后的服饰收殓，棺中注满水银。"罗崇勋一一照办。

在出葬的仪式上，皇太后又与吕夷简产生了分歧。太后下诏，凿开宫墙为李妃出丧。吕夷简认为，凿墙不合礼，宸妃的棺木应从西华门出宫。太后感到规格太高，不同意以皇后的规格出丧。命罗崇勋去告诉吕夷简，吕夷简对罗崇勋言明利害："你明白谁是当今皇上亲母，如果治丧有失礼仪，将来皇帝怪罪下来，可别说我宰相事前没说。"罗崇勋听了未免心里发怵，赶紧又去劝说太后。太后终于同意。葬礼办得十分隆重，可怜的李宸妃生前与亲生儿子咫尺不能相认，死后总算享受到了相当的待遇。

真相大白

过了一年，刘太后也去世了。仁宗终于知道自己的亲生母亲是李宸妃，不禁失声大哭。下诏追赠李宸妃为李太后，改葬永定陵。这时宫中传言李宸妃死于非命，仁宗心中也不免疑惑。在李妃迁葬换棺木时，仁宗亲临现场，看到棺材中的李妃面色如生，身着皇后的服饰，不禁叹息道："人言不可轻信！"

刘皇后夺人之子，不谓不狠，但她毕竟手下留情，没有加害李妃，在处理李妃后事时，又能听从吕夷简的劝告，为自己留了一条后路。因此，仁宗对刘氏一族也颇为优待。旧包公戏有"狸猫换太子"之传奇，曰刘后夺子后逐李氏于外，由包公访得迎入云云，皆信口捏造。

《宋史·仁宗纪四》
《宋人轶事汇编》

赵祯　仁爱
人物　关键词　故事来源

〇三九

仁宗厚道

宋仁宗天性宽厚，在位四十二年，国泰民安。

农桑不扰岁常登，边将无功更不能。四十二年如梦觉，春风吹泪过昭陵。

这首诗说的是宋仁宗在位四十二年，国家政治稳定，百姓安居乐业，表达作者对仁宗的思念之情。

仁宗天性宽厚，虽为君王，却崇尚俭朴，平时常穿旧衣服，宫中的摆设也多年不换。一些大臣看不过去，劝皇帝更新。仁宗说，宫中所用的钱都是百姓膏血，怎能轻易浪费？有一年秋初，仁宗吃饭时，见有时鲜的蛤蜊，便问："这是哪来的？价格贵不贵？"下人答道："每枚值千钱，一次送来二十八枚。"仁宗听了很不高兴，说："我常告诫你们不要侈靡，现在动一下筷子就得花这么多的钱，我实在吃不下去。"

有一天早上，仁宗对近臣说："昨晚睡不着觉，肚子饿了，很想吃烤羊肉。"近臣说："为何不降旨索取？"

天性宽厚的宋仁宗

宋仁宗赵祯，真宗赵恒之第六子。赵祯原名受益，生于大中祥符三年四月十四日，他的五个哥哥此前相继夭折，真宗四十三岁喜得此子，了却了一大心愿。赵祯五岁就被封为庆国公，九岁封为昇王，并册立为皇太子。他少年老成，举止端庄，不苟言笑，深受真宗喜爱。真宗去世后，赵祯即位，年仅十三岁，真宗以后临朝称制。仁宗亲政后，提拔范仲淹、韩琦、富弼等人执掌朝政，采纳范仲淹的建议，推行新政。这就是著名的"庆历新政"。仁宗在位四十二年，享年五十四岁。

由丝绸和瓷器贸易而展开的对外交往

由于丝绸和瓷器等外贸活动的频繁，宋朝对外交往的途径主要是：东亚和东南亚环中国海国家，以及西亚和东欧等国家。这些国家每年都要派使臣到宋都城谒见宋朝皇帝，并带来具有本国特色的贡品献上。

> 历史文化百科 <

〔宋朝皇宫的口味〕

宋代城市中猪肉消费量非常大，但上层社会以食羊肉为主。宋皇宫御厨大都用羊肉，原则上不用猪肉。宋仁宗、英宗时，每年从榷场（边界交易市场）买来契丹羊数万只。宋神宗时，一年御厨耗羊肉四十三万四千四百六十三斤四两，常支羊羔儿一十九口，猪肉四千一百三十一斤。

话说中国

中国大事记 元丰年间在宋神宗主持下，对官制进行了重大改革。

仁宗说："听说宫中想要什么东西，下面就会形成惯例。如果朕半夜下旨要食烤羊，以后他们必每夜宰羊，这不是太劳民伤财了吗？"左右听了无不为之感动。

仁宗有一次在御花园散步，不时回头。随身侍从都不知道皇帝要干什么。仁宗回到宫中，急忙对嫔妃说："我好渴，快点拿水来！"嫔妃问道："你刚才在外面为什么不喝？熬了这么久，多难受呵。"仁宗说："朕回头看了好几次，都不见有关人员。若开口要水，

文学大家梅尧臣

梅尧臣（1002-1060），北宋诗人，字圣俞，安徽宣城人，宣城古称宛陵，故世称梅宛陵。少时考进士，没考上，后历任州县官属，赐进士出身，最后做到尚书都官员外郎，参加过《新唐书》的编写工作。在北宋诗文革新运动中他与欧阳修、苏舜钦齐名，并称"梅欧"或"苏梅"。今有《宛陵先生集》。此图出自《历代名臣像解》。

理学家邵雍

邵雍（1011-1077），字尧夫，祖籍河北范阳，随父邵古迁居河南卫州共城（今辉县市），后又移居洛阳，北宋时著名的象数学家、理学家。邵雍随父迁居共城后，北海李之才摄共城令，授以图书先天象数之学。三十岁时，邵雍又迁居洛阳。初到洛阳，"岁时耕稼，仅给衣食，名其居曰'安乐窝'，因自号安乐先生"。平时与司马光、程颢、程颐等人交往密切。邵雍的哲学思想，主要是"先天学"。他创造了一种系统的唯心主义象数体系，运用一分为二、二分为四、四分为八这样简单的等比级数的抽象概念，说明现实世界，推测过去和未来。他的象数思想在一定程度上揭示了事物在矛盾中发展变化的规律，推进了古代象数学的发展。此图出自《历代名臣像解》。

难免有人会因此获罪，所以我忍着干渴回宫来了。"

有一次吃饭，仁宗发现碗里有个小虫，他想指出来的话，肯定有人要倒霉，于是便装作没看见。

有一个书生，在成都府献诗："把断剑门烧栈道，西川别是一乾坤。"这等于是在劝成都知府造反。知府就把这个书生抓了起来，并上报皇帝。仁宗说："不过是个老秀才急于想当官而已，没必要严加处罚，就给他到边远地区做个小官也无妨。"

贵为天子，富有天下，还能崇尚节俭，宽以待人，皇帝做到这个份上也确实是难能可贵了。

宋

公元 1012 年

世界大事记　日本改元长和。

《宋史·仁宗慈圣光
献曹皇后传》

赵祯　曹皇后

仁爱　勇敢

人物　关键词　故事来源

○四○

将门虎女

曹皇后出身将门，临危不乱。

曹皇后是宋代名将曹彬的孙女，仁宗时聘入宫，册封为皇后。曹皇后性情仁慈，生活不求奢华，喜欢在禁苑内种谷养蚕，还写得一手好字。

祸起萧墙

宋庆历八年（1048）元宵节三日后的一天夜里，宋仁宗与曹皇后正在宫中睡觉，忽然被外面的嘈杂声惊醒，只听到屋顶上传来瓦片被踩碎的声音。两人急忙披衣起床，仁宗冒冒失失地要到外面去看个究竟，曹皇后赶紧拉住仁宗，说："外面情况不明，千万不要出去，恐怕有人谋反，还是快派人去通知都知王守忠，命他速速引兵入内保驾。"

将门虎女曹皇后

曹皇后是宋代名将曹彬的孙女，仁宗时入聘后宫，册封为皇后，曹皇后性情仁慈，生活不求奢华，《宋史》称她性慈俭，重稼穑，尝于禁苑种谷养蚕，还善书飞白书。

禁苑种谷
宋史曰慈圣光献曹太后曹彬之孙女性慈俭重稼穑尝于禁苑种谷亲蚕善飞白书

话说中国

反对变法的宣仁太后

宣仁高太后（1032-1093）为宋英宗之后，宋神宗之母。神宗死后，高后立幼孙哲宗，并垂帘听政，起用旧党司马光，推翻熙丰新法，贬斥新党，史称"元祐更化"。元祐八年（1093），高后死，哲宗亲政，又起用新党。为打击旧党，新党曾说了许多有关宣仁太后的坏话。

　　这时，喧闹声越来越近，其中还夹杂着女人的哭喊声。仁宗有点慌了，曹皇后也感到事态严重，她对仁宗说："王守忠兵马未到，贼已逼近，不可不防！"仁宗已有点六神无主，一切悉听曹皇后安排。曹后把宫内的内侍侍从召集起来，编成队伍，分守宫门。一个内侍插嘴道："说不定是宫中的乳母殴打小女孩，才会有女人的哭声。"话音刚落，皇后便大声斥责道："叛贼在殿外杀人，你还在这里说八道！"

指挥若定

　　曹皇后估计贼人可能会进攻宫门，她知道宫门沉重厚实，一时难以攻破，但就怕火攻。于是便命令内侍速去取水备用。果然，叛乱者开始放火，曹皇后指挥大家用水灭火，力保宫门不失。为了鼓舞内侍的士气，曹皇后将每个参战者的头发剪下一缕，宣布明天将以此论功行赏。众人听了，作战更为奋勇。

　　正在相持之时，王守忠率兵赶到，很快就将叛贼镇压下去。曹皇后命令将为首分子速交刑部正法，不许株连他人。

　　曹皇后在这场突发的内乱中临危不惧，指挥若定，展示了将门之女的大智大勇，令仁宗大为叹服。

富有华贵气质的宋仁宗皇后像（右页图）

据《宋史》记载，北宋仁宗赵祯先后有两位皇后。始为郭皇后，后为曹皇后。此图所绘为曹皇后。皇后身着交领大袖花锦袍服，头戴龙凤花钗冠。北宋宫廷文物、图籍均为金人掠去，因此这幅画像应是南宋宫廷画家补绘的。

> 历史文化百科 <

〔**宋无外戚女祸**〕

　　宋朝虽先后出现了九次太后垂帘听政，但在强大的政府压制下，始终未危及皇权。如执政时间较长的真宗刘皇后，便受大臣层层设防。内宫女德亦以不干政为荣，代代后妃相沿，形成传统。从皇帝到大臣，对后妃、嫔御的干政都十分警惕，妃嫔直接对官府下令，往往行不通，她们的升迁及俸禄，都受到外朝监督，皇帝滥官外戚，往往遭到朝官的抵制，也受到一定约束。宋朝制度严格防止后妃与大臣及外戚交往，宫禁十分严厉，外戚不得随便出入宫廷，即使是皇帝亲人也难得一见。外戚的权势受到严格的限制，皇帝对外戚伸手要官，也常常加以限制。宋朝重文轻武，而一般不给外戚做文官，特别是不能授予显要的侍从官，不授有实权的郡守、监司。但这一惯例在徽宗时遭到破坏，高宗初沿前朝辟政，任命邢皇后父用焕、孟太后从孟忠厚为侍从官，遭到群臣激烈反对，在群臣的坚持下，高宗只得撤回成命，另授予二人武官系列官职。

宋

富有华贵气质的宋仁宗皇后像

话说中国

○四一

好水川之战

西夏崛起于西北，好水川一战，宋军损失惨重。

元昊建立西夏后，采取"联辽制宋"的方针，在宋的边境挑起一系列战争。

西夏入侵

1040年，西夏军攻入延州，宋将刘平、石元孙兵败被擒。宋任命夏竦为陕西都部署兼经略安抚使，韩琦、范仲淹为经略安抚副使。摆出架势对付元昊。夏竦派人在陕西边境张贴榜文，上书"得元昊首级者，赏钱五百万贯"。消息传到元昊那里，气得他火冒三丈。张元就给他出主意，派人化装成卖箔的商贩，到边境上张贴榜文的地方，佯为卖箔，遗下一个箱子。宋人打开箱子一看，内无他物，只有一张榜文，上面写着："得夏竦首级者，赏钱三文。"表示了对宋将极大的蔑视。

九月，西夏兵侵三川寨，宋军五千余人战死，夏兵掳掠三日退去。1041年正月，元昊领兵大举入侵，

造成直取渭州的态势。韩琦到镇戎军，召募勇士八千人，命大将任福率领出击。任福和先锋桑怿在山西张家堡与西夏军相遇。任福、桑怿跃马冲向夏军。夏军纷纷败退，抛下羊、马等东西，向西逃去。任福斩敌数百，十分得意，未免有些轻敌，手下将士更是争贪房获，抢夺战利品。参军耿傅劝任福要约束部下，持重缓行，任福置之不理，准备在好水川一举全歼夏军。

支持"庆历新政"的韩琦

韩琦（1008-1075），字稚圭，宋代相州安阳人，累迁右司谏。庆历三年（1043），与范仲淹同时被召入朝，任枢密副使，支持"庆历新政"，及新政失败，出知扬州等州。王安石变法，韩琦与司马光屡次上疏反对。封魏国公。著有《安阳集》。此图出于《历代名人绣像》。

宋代的火焰喷射器：猛火油柜

这是一个利用液压原理压出柜子里的燃油，在喷嘴的地方点燃后向敌方喷射火焰的武器装置。在战场上使用火器，这在当时是处于世界领先地位的。

公元 1014 年

世界大事记

亨利最后击败阿尔多伊诺，加冕为皇帝，意大利与日耳曼复归统一。

任元
福昊

韩夏
琦竦　屈辱

《宋史·夏国传上》
《续资治通鉴长编》
卷一二四

人物　关键词　故事来源

文人们注重生活质量和生活细节的表征：鎏金八角夹层银杯（局部）

兵败好水川

夏军且战且退，忽隐忽现，任福沿着好水川穷追不舍，待赶到了笼竿城北，却又不见了夏军踪迹。任福这才明白中了夏人的诱敌之计，可此时宋军已被困入六盘山支脉的两川之中，陷入了元昊十万伏兵的包围圈。正当任福打算寻找出路时，有士兵从路旁拾来五六个封闭严实的木盒，里面传出奇怪的响声。任福是个粗人，也不管好歹，命士兵打开，只见数百只悬哨的鸽子腾空而起，脚上的哨子发出银铃般的声响。宋兵仰头视天，莫名其妙，忽见夏军从四面八方呼啸而来。任福只得拼死一战，宋军饥渴难耐，人困马乏，加上地形不熟，交战到中午，伤亡已十分惨重，任福的儿子和几员大将都先后阵亡。任福身中十余箭，手下亲兵劝他投降，他说："我身为宋朝大将，兵败就以死报国吧！"挥动铁锏殊死抗争，面部又中一枪，铁锏坠地，就以手自扼咽喉而死。

好水川一战，宋军损失惨重。韩琦被贬官。元昊令张元在边界寺壁上题诗一首："夏竦何曾耸，韩琦未是奇。满川龙虎辇，犹自说兵机。"

此后，元昊又不断入侵，宋军连续损兵折将，处在西夏的严重威胁之中。1044 年 10 月，宋承认元昊

为夏国主，夏对宋仍保持名义上称臣。宋每年"赐"夏绢 13 万匹，银 5 万两，茶 2 万斤。宋就是这样拿人民的血汗来"贿赂"强敌，以求得边境的苟安。

宋十六罗汉·降龙（宋·陆信忠绘）

话说中国

中国大事记

元符三年哲宗病逝，其弟赵佶（徽宗）继位，向太后掌实权，一度起复反变法派。

○四二

名将种世衡

种世衡智勇过人，士兵拥戴，边民服膺。

宋代重文轻武，边将多饭桶，但也有些智勇过人的良将，种世衡便是其中之一。

银子作箭靶

种世衡年少时重义气，不拘小节。他的兄弟想分家产，世衡志存高远，表示除了书籍，其他什么也不要。他本是一个聪明人，当了官，更善于调动人们的积极性。一次，种世衡要在山上造庙，一根大梁太重，人手不够，搬不上山。种世衡叫来一班演杂技的，让他们穿得花花绿绿，敲锣打鼓地在城中心招摇过市，扬言要到山上造庙的场地表演。城里的人都高高兴兴地跟在后面。来到山脚，种世衡指着那根大梁对大伙说："要看杂技可以，请大家帮忙先把这根大梁搬上山。"众人大

吼一声"上"，人多力量大，没花多少时间就把大梁扛了上去。

到西北边境当上边将，他积极加强军备。由于青涧城内的军民都不善于射箭，作战时非常吃亏，为了刺激人们苦练，他宣布以银子来作箭靶，谁射中，银子就归其所有。城里的百姓踊跃参与练箭，连和尚、道士和女人也不甘人后，纷纷张弓搭箭，苦练箭术。射中的人越来越多，种世衡就把箭靶越做越小，但厚度增加，银子的重量和原来一样，人们的箭术也因此越练越精。人们在服徭役时，往往挑挑拣拣，趋轻避重，争吵不休。

埽工护黄

埽工技术是中国独创的水工技术，起源于先秦时期，其技术的成熟以宋代的卷埽为标志。 卷埽一般用若干个埽捆按一定的规则组合而成。每个埽捆均用柳梢、秫秸、芦荻一类的"软料"分层铺匀，分层压上土料和碎石，用大绳穿上，最后像卷帘子一样推卷成捆。大埽的直径可达几丈，须上千人才能移动。由于埽工使用灵活，就地取材，可在短时间内制成庞然大物，而且秸草等材料有柔性，容易缓溜停淤，所以常常用于黄河等多泥沙河流的岸堤、堵口等，在临时抢险与堵口截流中特别有效。图为现代将古代埽工护堤改制成水泥的护堤。

宋摹本《职贡图》（下图及右页图）
南朝梁元帝萧绎（约508-554）应是中国历史上最早的皇帝画家。他所作的《职贡图》描绘了滑国、波斯、百济等十二国使臣像。原图不存，现有宋人摹本藏于南京博物院。这幅图上，使臣着各式民族服装，拱手而立。从他们仆仆风尘的脸上，流露出南朝朝贡时既严肃又欣喜的表情，同时也传达不同地域和民族使者的不同面貌和气质；脸型肤色，各具特点。此图线条以高古游丝描为主，间以兰叶描，简练遒劲，并分层次加以晕染，形象准确生动，富有装饰性。这幅宋摹本无疑是研究、了解当时各国历史风俗与中外关系的宝贵资料。

宋

种世衡就让这些服徭役的人比赛射箭，胜者先挑。对一些有轻罪的人，也让他们练箭，射得准的，宽大处理，罪减一等。结果青涧城中的军民都练得一手好箭，战斗力大大增强。

恩威并施

对付诸族部落，他恩威并施，颇见成效。在羌族中，以慕恩为首的部落最为强悍，种世衡就请慕恩来赴宴，并叫自己的侍姬来陪酒。喝到夜半，世衡找了个借口，故意离开大帐，然后潜伏在帐外，从壁缝中窥视里面的动静，发现慕恩正在偷偷地调戏侍姬，就突然闯进帐内，慕恩满脸惭色，吓得连忙谢罪不迭。种世衡笑道："你若喜欢她，不妨带走。"慕恩大喜过望，从此对世衡俯首听命。其他部落造反，种世衡命慕恩前往征讨，他总是倾力相助，攻无不克。

种世衡为环州郡守时，有个名叫奴讹的部落首领前往迎拜。世衡与他约定次日回访。不料当天下了一整夜的雪，积雪达三尺厚。左右都说路上太险，劝世衡改日再去。世衡说："我已和他约定，人必须守信，不可失期。"于是冒着风雪，策马前往。奴讹也以为世衡不会来了，正躺在军帐内小睡，世衡突然造访，使他大为感动。从此对世衡唯命是从。

〇四三

巧施离间计

种世衡工于心计，不费一兵一卒，便除掉西夏两员大将。

种世衡干得最漂亮的是用离间计除掉了元昊的两员大将。

尔虞我诈

西夏元昊的崛起对宋构成威胁。他手下有两个得力的大将野利旺荣和野利遇乞。他们是元昊的皇后野利的兄长。两人谋略过人，长于用兵，曾在好水川等战役中大败宋军。宋人对其恨之入骨，曾企图派人去行刺，但没有成功。又派人携着金币去招降野利旺荣。野利旺荣将计就计，令部下浪埋、赏乞、媚娘到种世衡的军营诈降。世衡识破其诡计，部下要把浪埋等三人处死。种世衡说："且慢，与其杀死这三人，不如加以利用。"于是接纳三人，加以款待，还让他们负责管理商务。

苦肉计

种世衡工于心计，为了挑拨元昊和野利旺荣和野利遇乞的关系，他一直在找一个能到西夏实施间谍活动的人，终于物色到一个名叫王嵩的人。此人出身行伍，武艺高强，曾

西夏千手观音像
此绢画中观音是立于莲座上的千手观音像，背光由千姿百态的千手组成，下部两则绘立于莲花座上的童子。线条纤细流畅，具有娴熟的绘画技艺，当是早期藏传佛教艺术的珍品。

多次往来夏国，熟悉那里的地理风俗，后来迫于贫穷，出家为僧，人称王和尚。种世衡把他招募到军中，加以重用。王嵩好赌，又爱喝酒，世衡无不满足，王嵩非常感激。一天，种世衡忽然对王嵩说："我待你不薄，你却暗中与贼勾结，真是忘恩负义。"命人将王嵩拿下，严刑审问。王嵩说："我是个讲究信义的大丈夫，决不做任何对不起大人的事，你肯定是听了奸人的谗言，要杀便杀，你对我的优待我仍是十分感激的。"种世衡看他毫无怨恨之心，便上前为他松绑，说："你没什么过错，我不过是想试探你一下，我将有重要的事情委托你。要完成这件事，你将吃很多苦，你能忍受吗？"王嵩流着眼泪对世衡说："我原来落魄潦倒，多亏将军提携，致身显荣。我常发誓要以死相报，苦于没有机会，现在要我出力，小人怎敢推辞呢？"

种世衡写了一封信给野利旺荣，故意将内容写得含含糊糊，暗示宋有意任命旺荣为夏州节度，劝他速行。写毕，将信用蜡封好，藏在一件皮袄的衬里内。王嵩临行前，世衡置酒相送，他对王嵩道："塞外苦寒，我送你一件皮袄，内有密信，到紧要

戈壁滩上的"金字塔"

西夏王陵是西夏历代帝王和达官贵戚的墓地，陵园内有九座西夏帝王陵墓。各帝王的主陵墓是按汉族传统的陵墓建筑格式所建。但亦有其特色，与宋陵格局不同，亦与唐代的方形陵塔台不同。西夏王陵气势宏伟，号称塞外戈壁上的"金字塔"。

关头才能泄露。"又让捎上一株枣树，一幅画着乌龟的图，叫他交给旺荣。

王嵩受命后径直投奔西夏，刚出边境，就为夏的边兵押送到野利旺荣的军帐。王嵩呈上枣树和龟画，对野利旺荣说："将军派来的浪埋等三人已到宋，朝廷知你也有降宋之意，故封为夏州节度使，月俸钱万缗，请速行动。"旺荣问道："枣树和龟画又是何意？"王嵩道："枣、龟与早归同音，其意不言自明。"旺荣知道这是在挑拨他与元昊的关系，冷笑道："我向来佩服种将军，今何儿女见识。还有什么书信，快快拿来。"王嵩故意目视左右，显出为难的样子。野利旺荣深知元昊多疑，不敢隐匿，立刻通报元昊。

元昊令旺荣将王嵩押解到兴庆府，在中书省当场审问。他们对王嵩施以重刑，追问种世衡的书信。王嵩见野利旺荣在场，任其拷打，坚持闭口不言。过了几天，王嵩被带到一座寺院中，只见大厅的装饰十分华丽，竹帘中走出一人喝道："快快招来，到底有无书信！不然立刻处死！"王嵩仍不答，审问的人将刀搁在他脖子上，王嵩仍不交书信。于是下令拉出去斩

了。王嵩临死才大声呼道："种将军嘱我给野利王送信，关照我不得泄露，今不幸先死，没有完成将军交给我的任务，真是对不起种将军！"审问的人再加追问，王嵩如实以对，并交出皮袄中的密信。元昊立即把王嵩请到大帐中，以优礼相待。

元昊果然心生疑虑，他派心腹将领冒充野利旺荣的部下去见种世衡。种世衡派人先去旅馆与来人交谈，发现来人十分熟悉兴庆府的情况，对旺荣的辖区则不甚了然。就有点怀疑是元昊派来的。正巧这时抓住了几个夏国派来的奸细，世衡让他们在暗中辨认来使，他们认出来使是元昊的心腹。

种世衡决定将计就计，马上召见来者，当着使者大骂元昊，称赞野利旺荣弃暗投明，归附大宋的义举。并对使者说："夜长梦多，回去后请野利旺荣将军速速行动。"使者回到兴庆府，将情况报告元昊，元昊大怒，不久便杀了野利旺荣和他的全家。

元昊再中计

种世衡计成后，又将目标对准野利遇乞。野利遇乞号称天都大王，自恃有功，与元昊的乳母白姥不和。有一次，野利遇乞深入宋境数日不还。白姥向元昊进谗说遇乞有降宋的意图。种世衡探知这事后，又开始用计。他派人买通野利遇乞的心腹侍卫，盗得遇乞的宝刀。又令人散布流言，说是野利遇乞已被白姥诬谄而死，他将在边境为天都王设祭。

于是，种世衡在边境大张旗鼓，焚烧纸钱，熊熊的火光招来了西夏的骑兵。种世衡故意扔下祭文和遇乞的宝刀，仓皇撤退。西夏兵捡得宝刀和祭文交给元昊。元昊一看，祭文上写着野利兄弟有意归宋，对遇乞功败垂成表示无限惋惜。气得元昊立刻下令捕杀遇乞。

种世衡就这样凭借智谋，不费一兵一卒，借元昊之手除掉了西夏两员大将。

○四四

曹玮妙计杀敌

春秋的曹刿使敌军疲劳，宋朝的曹玮却让敌军休息。战术不定，因事制宜，却是一样的聪明。

曹玮出身将门，其父为北宋名将曹彬。曹玮沉勇多谋，十九岁就奉命镇守西北边疆，真宗时屡败西夏兵，立下赫赫战功。

有一年春天，西夏兵又来骚扰，曹玮率军迎战，西夏兵闻风溃逃，丢下了许多牛羊和辎重。曹玮侦知敌军已远遁，就叫部下赶着缴获的牛羊，带上敌军的辎重，收兵回营。一路上队伍行进的速度极慢，军容很不整齐。部将十分担心，就对曹玮说："牛羊有什么用，不如扔掉，把队伍排齐整一点，以防敌人偷袭。"曹玮只当没听见，依旧命部队缓缓而行。

西夏军逃了数十里后，听说曹玮贪图牛羊，以致军形不整，就调转马头进行追袭。曹玮获得情报后，并不着急，反而叫军队走得慢一点。走到一个地形有利的地方，曹玮才下令停止行军，布阵待敌。

西夏军快要逼近时，曹玮派使者迎上去说："古人言'先礼后兵'，贵军远道而来，想必十分疲劳，

曹玮礼让败敌（左图）

曹玮是宋代名将曹彬的儿子，很有军事才能，经常出奇制胜。有一次，他指挥士兵与敌军作战，敌军战败逃走，曹玮派人侦知敌人已走远，才叫部下赶着缴获的牛羊回营，一路上行动迟缓，军容散乱。敌国掉转头来袭击宋军，曹玮派人告诉敌军主将："你们远道而来，必定十分疲惫，我不想乘人之危，你们先休息一会，然后再来决战。"等到敌军休息了一段时间，曹才指挥宋军进攻，结果把敌军打得大败。部下问曹取胜秘诀，曹玮说：我故意装出贪财的样子，引诱敌人来袭，敌人走了百十里路，很疲惫，但这时敌人如果马上投入战斗，锐气尚盛，胜负很难说。所以我故意让敌人休息，远行之人，稍一休息就会感到腿酸脚痛，站都站不稳。此时进攻，当然会稳操胜券。众将这才恍然大悟。此图出于清刊本《百将图》。

集大成的军事典范著作《武经总要》

宋仁宗时，命曾公亮、丁度等编撰《武经总要》，成书四十卷，分前、后两集，前集叙述北宋初期军事制度，后集采录历代兵谋得失。图为《武经总要》中关于火药配方的记载。

先忧后乐的范仲淹
范仲淹 (989-1052)，北宋政治家、文学家，苏州人。生前以敢言闻名，曾参与推行"庆历新政"，新政失败后被贬官。有《范文正公集》传世。

我军并不打算趁你们疲惫不堪时进攻，你们可以让士兵和战马先喘口气，休息一下，过一会再开战，我们是仁义之师，胜要胜得光明正大。"

西夏军长途奔袭，确实很累，听说能让他们先休息，心想何乐而不为。于是，布好阵后，让兵马先歇一会。

等到敌军休息了好长一段时间后，曹玮派人去下战书："休息得差不多了吧，可以开战了吧？"

宋火箭

位于今江苏如皋的范公祠

敌军首领欣然应战，双方击鼓交战，没打几个回合，宋军就占了上风，大破敌军。曹玮这才命令部下抛弃牛羊，凯旋回营。

事后，曹玮告诉将士此战能如此轻易获胜的原因，他说："我军一开始虽获小胜，但并未消灭其有生力量。所以我装出贪图牛羊的样子来诱敌上钩。敌军远去后又返身追袭，跑了将近一百里路程，自然十分疲劳，但他们刚靠近我军时，锐气尚盛，如果立刻交战，我军不一定能占上风。你们知道，走远路的人，如果停下来休息后，再起身反而会感到腿酸脚软，打不起精神。所以我先让他们松了劲，然后才一举将其击溃。"众将这才恍然大悟，无不发出由衷的赞叹。

曹玮守边四十多年，几乎百战百胜，边境的异族首领常告诫部属："曹公在此，切莫忘乎所以。"

〇四五

狄青夜袭昆仑关

兵不厌诈，狄将军一夕破关。

北宋名将狄青出身于普通士兵，他擅长骑马射箭，作战时经常披头散发，戴着铜面具冲锋陷阵，所向披靡。经略使范仲淹认为狄青有良将之材，送给他一套《左传》，说："不通古今兵法的人，只不过是匹夫之勇，要成为良将，还得好好读书。"于是，狄青刻苦读书，熟读秦汉以来的兵法，在对西夏的战争中屡建战功，被提升为大将。

皇祐四年 (1052)，南方少数民族在头领依智高的率领下起兵造反。依智高攻占了南宁，又连破沿江九州，包围广州，岭外骚动。朝廷震惊，先后派了几个大员南下征讨，都大败而回。狄青上表请战，他对宋仁宗说："臣出身行伍，愿到疆场上拼杀，立功报国。只要给我一部

北宋大将狄青

狄青（1008-1057），北宋大将。宋廷择京师卫士从边，狄青入其选，任延州指挥使。在战争中，他骁勇善战，多次充当先锋，率领士兵夺关斩将。在宋夏战争中，立下了累累战功，声名也随之大振。后遭朝廷猜忌，生病郁郁而死。

分禁兵和守边的数百骑兵，我保证扫平叛军。"朝廷就任命他为广西宣抚使，领军平叛。

依智高的叛军扼守在昆仑关一带，依仗着易守难攻的天险有恃无恐。广西钤辖陈曙在狄青军队尚未到达时，为抢战功，率领八千步兵，猛攻昆仑关，结果大败而回。

将军夜饮

狄青将大军驻扎在离昆仑关约五十里的宾州，他说："军令不齐，是导致失败的主要原因。"首先带带头溃逃的将官驱出军门斩首，然后传令全军休整十天。当时正值元宵，军民们在城中张灯结彩欢度佳节。他宣布第一夜宴请高级将领；第二夜宴请中级将官；第三夜酒食款待全体士兵。

元宵之夜，狄青和将领们一齐在统帅府谈笑饮酒，从晚上一直喝到次日天明。一个个醉得七倒八歪地被扶出帐外。依智高的探子急忙将狄青大宴将士的情报送到昆仑关，守关的叛军顿时松了口气。

次日晚上，狄青又大宴宾客，到二更时分，狄青起身对众人说："我感到有点头晕，各位依旧请喝，我到内室去稍稍休息一会。"侍从将狄青扶入内室，隔了一阵子，有人从内室出来对狄青的副将孙元规说，请他代替主帅主持宴会招待客人，狄将军刚吃了药，还得再休息片刻。在以后的一段时间里，一直不见狄青露面，可过一会就派人出来代表他向客人一一敬酒，因此没人敢中途退席。

酒宴一直进行到第二天凌晨，突然帐外传来一阵急速的马蹄声，只见一个通讯兵冲进帐内，大声高呼："捷报，捷报，狄将军已于昨夜三更攻破昆仑关。"

军官们大吃一惊，他们没想到狄青在二更退席后，悄悄地率领轻骑去偷袭叛军，不到一个时辰便攻克了昆仑关。原来他设宴大庆元宵不过是放烟幕迷惑敌人，

宋

公元 1018 年

世界大事记

拜占廷灭第一保加利亚王国。

《宋史·狄青传》《梦溪笔谈卷一三》

狄青　赵祯　勇敢

人物　关键词　故事来源

话说中国

富有哲理的佛教宝幢（右图）

层层叠叠、由下往上逐级攀升的塔式造型由简入繁、具有强烈烘托和渲染效果的工艺特征，都在给观者传达这样一个寓意：佛理玄奥无穷，只有经年累月刻苦修炼，才能由浅入深，最后达到至高境界。诱使他们麻痹大意，然后，出奇兵攻其不备，打它个措手不及。

不贪军功

此战杀敌数千，生擒五百多人，侬智高乘夜色遁逃。人们在打扫战场时发现一个身穿龙袍的尸体，不少人就推断侬智高已死，怂恿狄青向朝廷报功。狄青说："这不过是掩护侬智高出逃的骗局，我怎能为贪功而欺骗朝廷呢？"

侬智高刚开始反叛时，越南曾主动要求出兵助宋平叛，边将余靖认为可行，准备了大批军粮接济越军，皇帝也打算给越兵提供大量饷银，并答应平叛后加以重赏。狄青坚决反对，他上奏道："越南声称出兵助我讨贼不知是真是假，向外借兵来平定内乱并非上策。一个侬智高就搞得两广不安宁，国家无力平叛，借兵蛮夷，岂不给邻国看轻？蛮夷贪利忘义，起而效尤，得寸进尺，朝廷将穷于应付。因此，决不可同意向越南借兵。"皇帝同意了狄青的意见。平定叛乱后，人们纷纷称赞狄青不仅骁勇善战，而且有政治远见。

雅致的油滴釉碗

宋代瓷器。碗内壁所施黑釉在烧制过程中，由于铁的氧化物富集，冷却时局部形成饱和状态，以赤铁矿和磁铁矿的形式从中析出晶体，形成黑色"油滴"斑，故称油滴釉碗，是黑釉瓷器中的一个特殊品种，十分珍贵。陕西省博物馆藏。

〇四六

包拯判案

说不完的包公故事，清正廉明的包大人垂范后人。但历史上的包公并不如传说中那么神奇，他也有上当受骗之时。

包拯的大名在民间流传甚广，平头百姓人多喜欢这个包青天。其实，包拯在正史上所占的篇幅并不多，不过史家也指出他性情刚直，嫉恶如仇。

巧断牛舌案

包拯是个大孝子。中进士后，朝廷任命他到建昌做县官，因父母年事已高，他辞官不就。后来又让他当和州的税务主管，他老爹老妈恋恋不舍，希望儿子不要远离家乡。包拯没当几天税务官便弃官回家，侍候双亲。父母去世后，包拯在他们坟边筑庐守墓，迟迟不愿离去。家乡父老数次前来劝说，包拯才到天长县做了县官。

有一天，一个人来县府告状，说是他的牛给人割了舌头，不知道是谁干的。包拯心想，肯定是仇家所为。就说："看来这牛是活不长了，你且回家，宰了这头牛，把牛肉卖了。"牛的主人只得回家，杀牛卖肉。没过多久，有人来县里告牛主私宰耕牛。包拯大喝一声："你为何割了人家的牛舌，还要来告人私自宰牛？"那人大

古代清官的典型包拯

包拯（999－1062），字希仁，庐州府合肥（今安徽肥东）人。他当过天章阁待制和龙图阁直学士，故人称"包待制"、"包龙图"，民间则呼其为"包公"、"包青天"。包拯是古代清官的典型和代表，后世有关包公办案的各种故事、小说、戏曲层出不穷，一直延续至今。此图出自《历代名臣像解》。

宋代以儿童为主题的画作大量涌现（左图）

类似作品颇多，都是描绘当时的生活情景，这种题材的画，大都传为宋人苏汉臣之作。

宋

公元 1019 年

世界大事记

诺夫哥罗德亲王雅罗斯拉夫迁都基辅，成为大公。

《宋史·包拯传》

包拯　清廉

人物　关键词　故事来源

铡陈士美

此年画画的是著名的包公怒铡负心郎陈士美的故事。

吃一惊，稍加审讯，便不得不承认正是他割了牛舌。牛舌案使包拯声名大震。

阎王包老

包拯在端州当知府时，政治清廉，深得人民拥护。端州出名砚，每年要把端砚作为贡品献给朝廷。前任知府借机大肆搜刮，超过朝廷应征数额的几十倍，拿去贿赂朝中权贵，为自己升官发财铺路，搞得端州的百姓苦不堪言。包拯到任后，命令制砚工每年做足上贡的数量后，便停止生产。从而杜绝了以端砚行贿的来源。他本人在离任时，没有带走一块端砚。

包拯当开封知府时，对贪官污吏严加惩治，谁来说情也不行，贵戚宦官把老包视为掌管地狱的阎罗王。当时民间流传一句民谣："关节不到，有阎王包老。"

> 历史文化百科

〔杀婴之风〕

宋代福建路尤其是西部山区，出现杀婴成风的丑恶现象，其他地方如岳鄂地区、江南东西路、淮南西路，甚至如两浙路的某些地区，也出现了这种现象。宋代不光溺杀女婴，连许多男婴也不能幸免，有的地方一家仅留一子，其余哪怕九个全是男婴也都不要；有的地区一般只养二男一女，其余则舍弃；有的地区男多杀男，女多杀女。甚至一些士大夫家也不能免此恶俗。其形成原因相当复杂，如丁税过重，贫下户不堪重负；贫民迫于贫困，无法养育儿女；富室则恐怕诸子均分财产使其家失去经济上的优势；而最根本的原因还是迫于人口过剩压力，出现了"多子固为人之患"的思想。朝廷严禁杀婴，地方官员施以劝导和法禁的两手政策，官府也推行资助产妇、给米助养及收养弃婴等慈善事业，但也只能奏效于一时，不能从根本上消除这种现象。

按照旧例，讼诉双方不可直接到知府案前申诉，而包拯大开正门，任人民诉冤，衙吏不得阻挠。当时不少官僚仗势侵占河边的公有土地，建造私人花园，导致河道淤塞，包拯一怒之下，将这些私人花园全部毁掉。百姓无不拍手称快，京师内连妇女儿童也都知道有个铁面无私的包公，贪官污吏不得不有所收敛。

包公上当

但是包拯也不像小说戏剧描写的那么神，他也有上当受骗的时候。有个人犯了罪，按刑律，将受杖打惩罚。包拯手下的一个小吏接受了犯人贿赂，与犯人约定："今天府尹审案时，肯定要我来记录你的罪状，到时你大声呼冤自辩，我自有办法为你分罪。"包拯一上堂，囚犯便照小吏的吩咐，拼命为自己分辩。这时，小吏摆出一副凶神恶煞的样子，大声呵斥："别再多说了，快快受了杖责，滚回牢房去吧。"包拯平时最看不惯官吏仗势欺负囚犯，怀疑小吏打算敲诈囚犯，叫人当场打了小吏一顿，转而对囚犯宽大处理。不知道这正中了小吏的计谋。小吏利用包拯嫉恨官吏苛刻的心理，达到索贿营私的目的，实在是狡猾透顶。

包拯性格峭直，铁面无私，他虽然官至高位，日常服饰饮食与平民百姓没什么区别，为了防止被人利用，与亲戚故友断绝来往。他曾言："我的子孙如有当官贪赃枉法的，生不可放归本家，死不可葬于家族墓场，违背我意愿的，不是我的子孙。"他的故事后来经小说和戏剧的传播在民间广为流传，"包公"便成了清官的代名词。

清官备受百姓推崇的社会是一个可悲的社会，因为这反衬出贪官之多。包青天的故事之所以广泛流传，深入人心，也正反映出人们对清官的向往，对贪官的憎恨与无奈。

补衲图（宋·刘松年绘）

《宋史·鲁宗道传》《厚德录》

鲁宗道 王缮 赵祯

识才

人物 关键词 故事来源

鱼头参政

鲁宗道人称"鱼头参政"，一因鲁字鱼头，二因性格刚烈，"骨鲠如鱼头也"。

忠实可大用

宋仁宗时，朝廷中有个名叫鲁宗道的参知政事，鲁宗道为人刚直，遇事敢言，经常上书弹劾一些贪官污吏，有时在皇帝面前大胆揭发那些恃权枉法的皇亲国戚。朝中的权贵对他又恨又怕，就给他起了个绰号"鱼头参政"。因为他姓鲁，性格刚烈，"骨鲠如鱼头也"。

鲁宗道喜欢喝酒，经常抽空在居所附近的酒馆饮酒。有一次皇帝有急事召见他，使者到他家等了好久，才见他喝得满嘴酒气回家。鲁宗道叫使者先进宫通报，自己随后就到。使者问："如果皇上问你为什么迟迟不来，怎么回答？"鲁宗道说："就照实回答。"使者说："这样的话，皇上肯定要怪罪你。"鲁宗道答："饮酒是人之常情；说谎是欺君之罪。"皇帝果然问了使者，使者就把鲁宗道的话对皇帝说了。皇帝再问鲁宗道，鲁宗道说："有老朋友从家乡来访，臣家里太穷，没有像样的杯盘，就拉他一起上酒馆喝了几盅。"皇帝看他实话实说，倒也没怪罪，反而认为他"忠实可大用"。后来鲁宗道病危，皇上赠白金三千两，以示慰问。死后，追认为兵部尚书。

忠厚长者

鲁宗道之所以能官居高位，得到皇帝的垂青，却应感谢当年的一个芝麻绿豆官王缮。那时，王缮为司门郎中，鲁宗道是他的部下司户参军。鲁宗道家境贫寒，一大家子人全靠他一人赡养，微薄的薪俸经常难以自足。王缮不时从经济上给鲁宗道一些资助，但还是入不敷出。鲁宗道便要求王缮挪用公款，让他预支俸金。王也给予满足。

鲁宗道平时对下属管理极严，难免引人怨恨，有人就揭发他预支俸金。这一来自然牵连到王缮。王缮对鲁宗道说："你不要担心，把事情都推给我好了。"鲁宗道说："这怎么行？此事只因我太穷，不能自给，才向你告贷，错全在我，怎能让你代我受过。"王缮说："我不过是碌碌无为的一介书生，并没有在仕途上青云直上的奢望。当个小官，有点俸禄养家糊口就心满意足了。治我的罪未必能对我造成多大的伤害。况

说唱伎乐俑

宋代说唱艺术十分发达。说话四家是宋代城市娱乐场中专门演唱故事的四个门类，即银字儿、铁骑儿、说经说参请、讲史。一般来说，银字儿演述小说故事，铁骑儿演述的是战争故事，说经说参请专讲与佛经有关的事，讲史专门演述历代兴亡史迹。在说话四家中，当数银字儿和讲史影响最大。

话说中国

磁州窑：大俗之雅

如果御用汝瓷确为大雅之雅，那么，磁州窑瓷器无疑就是大俗之雅。这件河南省鹤壁市鹤壁集窑出土的白瓷盘，反映了磁州窑系划花产品的典型风格，所刻钱文毫不掩饰作者对钱财的渴求。

且挪用公款，还不至于被撤职。你年轻有为，志向远大，是国家的栋梁之材，为了眼前这点小过影响前途太不值得，与其两人一起受处分，不如由我一人承担。"

王缙向上级表明鲁宗道并不知情，独自一人承当了全部责任。鲁宗道感到十分过意不去，王缙却若无其事，脸上没有流露出丝毫怨恨委屈的表情。事后，鲁宗道仕途顺利，青云直上。王缙却留职察看达二十多年。

直到晚年，王缙才得到举荐，在吏部受到皇帝的召见，在陈述过去的功过时，提到了鲁宗道的名字。这时鲁已是朝中大官，就站在殿中。宋仁宗问他："难道就是你么？"鲁宗道于是将当年的事实真相全都讲了出来。仁宗大为感动，称赞王缙道："真是个忠厚长者啊。"

皇帝下令，重用王缙，让他改任大理寺丞，并多次掌管有名的大郡。王缙一直活到八十九岁才去世，晚年田园丰殷，子孙满堂，时人认为这是因为他当年帮助鲁宗道所得的善报。

北宋皇室为佛寺特制的黄金供养钱（下图）

山西五台山乃我国四大佛教名山之一，是举世闻名的佛教圣地。1988年春天修建佛塔时挖出一批淳化佛像金钱，黄金质地，成色在90%以上。正面书有"淳化元宝"四字，背面铸有左立、右坐两尊佛像。坐佛背部有佛光屏，手持如意。两尊佛像下均有莲花座。佛身立体隆起钱面，五官清晰可辨。佛像造型逼真，体态栩栩如生，是北宋皇室为供奉五台山的佛寺而特制的，像这样成批的金质佛寺供养钱在我国还是首次发现。陕西省博物馆藏。

宋

公元 1021 年

世界大事记 日本改元治安。

〇四八

《宋史·程颢传》

程颢 明断

人物 关键词 故事来源

程颢辨年察奸

"一个四十岁的壮年人，村里人会称他为'三翁'吗？"程颢一语断疑案，可见理学家并不总是迂腐的。

程颢是宋代著名的理学家，他资性过人，极有涵养，不仅学问好办事能力也相当强。

程颢在山西晋城为县官时，当地发生了一件疑案。有个姓张的财主，父亲死后留给他一大笔田产，邻人都十分羡慕。有一天，有个老头找上门来，说："我是你的亲生父亲，想来和你共同生活。"然后向他讲述了事情的来龙去脉。

凭空来了个亲爹，张氏不胜惊讶，吃不准此事是真是假，就带着老头上衙门请县官判别。

程颢问老头："你说是张氏亲生父亲，证据何在？"老头答道："我早年出外行医，一直在各地奔波，妻子生了儿子后，家里太穷，恐怕养不活，就送给了张氏。某年某月某日，由某人抱去，有人亲眼看到。"

程颢问："事情已过去这么多年，你怎么还记得如此清楚？"

老头说："儿子送人的事情是我回家后才得知的，当时就将详情记在处方簿的后面。"说着便从怀中掏出处方本。

程颢一看，上面确实写着"某年某月某日，由某人把儿子抱给了张三翁。"程颢又问张

氏："你今年多大？"回答道："三十六岁。"又问："你死去的父亲今年多大？"答道："七十六。"

程颢冷笑了一声，对老头说："他出生时，张姓父亲才四十岁，村里的人可能称呼他为'三翁'吗？"

骗局被一言揭穿，老头吓得赶紧趴在地上低头认罪。

还有一次，有一个人借他哥哥的老房子居住，偶然从地下挖到不少银钱。他兄长的儿子就到程颢那里告状说："那些钱是我父亲所藏，应当归我所有。"

程颢问："你父亲是哪一年藏的？"答："四十年前。"又问："你叔叔借住在此有多少年了？"答道："二十年了。"程颢吩咐下人将挖出来的银钱拿一些来看。然后对上诉者说："宋政府所铸造发行的钱，不到五六年就流遍天下。这些钱是你父亲在世好几十年前所铸的，怎么可能是他所藏的呢？"上诉者张口结舌，无言以对。

程颢还勇于破除迷信。茅山的一个湖泊中有五色的蜥蜴，当地奉为神龙。有好事者

北宋著名理学家程颐

程颐（1033-1107），早年与兄程颢师事周敦颐。他与兄程颢，被世人合称为"二程"。认为"理"或"道"为万物本原。二程著述被后人合编成《二程集》。

北宋思想家程颢

程颢（1032-1085），理学奠基者。提出"天者理也"和"只心便是天，尽之便知性"的命题，把理作为宇宙的本原。程颢是主观唯心主义心学的发轫者，他的"天地万物理无独必有对"，对后来的理学，尤其对陆王心学，影响很大。二程著述被后人合编成《二程集》。

引以为骄傲的天文学成果

宋代有不少科学成果在世界上处于领先地位，天文学便是其中之一。中国的科学家们早在 11 世纪就知晓了近一千五百颗恒星，并作了精确的定位。而欧洲直至此后的三百年还远远未达到这样的成果。

捕了两条，准备进京奉献给皇帝，不料中途逃掉一条。外面就传说那条神龙飞入云中，远逝而去。程颢不信邪，派人搜捕，把那条"神龙"抓住后，煮杀吃了。

二程理学

二程，是北宋哲学家程颢和程颐。二程兄弟同师于周敦颐，开创洛学，奠定了宋明理学的基础。二程把"理"作为哲学最高范畴，认为万物出自一个"理"，有"理"就有了"气"，气聚而成万物人类。要认识这个"理"则需通过格物致知的方法，通过"去人欲"而"存天理"，进而演出"克私己之利欲维护纲常"的伦理。二程的主要著作有《二程全书》，程颢的《识仁篇》，程颐的《易传》、《颜子所好何学论》等等。

历史文化百科

〔《宋史》对现代科学的贡献〕

现在我们在银河系中观察到的正在膨胀的蟹状星云是一个非常迷人的天体。科学家发现，它的位置正好是《宋史·天文志》中所明确记载的一个位置。北宋时期的 1054 年，在天关星附近爆发了一颗客星（超新星），即"天关客星"。经过国内外学者的广泛研究，现在已经确认，正在膨胀的蟹状星云及其中的强射电源正是 1054 年天关客星的爆炸遗迹。中国古代丰富的天象记录，使当代的科学家发现了星云与超新星的发生学关系，这是天体演化学上的重大发现。宋人十分重视史学，记天文、地理、灾荒、异事等也不厌其详，未曾想为科学史留下了珍贵史料。

赵祯
王安石
赵项曙
司马光
赵
果敢

《宋人轶事汇编》卷二—
《宋史·王安石传》

人物 关键词 故事来源

○四九

拗相公搞改革

"天变不足畏，人言不足恤，祖宗之法不足守。"只有最固执的王安石才能实行新政。

神宗用安石

北宋中期，各种社会矛盾都暴露出来，官越来越多，吏治却越来越腐败，庞大的国家机器越来越运转不灵，国家财政十分困难，军备更加虚弱，偌大一个帝国，竟无法抵御一个骄横的辽国，只好用钱财买得暂时的平安，如今又多出一个西夏，更使边防捉襟见肘。仁宗以后，"积贫积弱"成了当时的热门话题，官绅士人都深以为耻，改革成为人们的共识，只是如何改革，便众说纷纭了。仁宗中期的庆历年间，范仲淹进入执政班子，尝试进行整顿吏治的改革，史称"庆历新政"，但因触犯了贵族、官僚的利益，只推行了一年多就被迫停止了。

仁宗当了四十一年的皇帝，尚能保持太平，可称为守成之君。仁宗没有儿子，宗室赵曙以继子身份入继皇统，后史称英宗。英宗很有个性，也曾想对朝政进行一番改造，无奈身体状况不佳，只做了四年皇帝就死了。英宗的儿子赵项继位，后史称宋神宗。神宗即位时只有二十岁，给老朽的朝廷带来一股勃勃生气。

的王安石一拍即合，很快掀起了改革的浪潮。

他看不惯官场的腐败习气，对宋朝的弱国地位愤愤不平，一心要学唐太宗，做一番大事业，力图使宋在自己手里富强起来。因此，他与敢作敢为

拗相公

王安石脾气犟，人称拗相公。王安石下台后，皇帝曾问司马光："你看王安石这个人怎么样？"司马光说："现在王安石失势，人们都说王安石奸邪，这样诋毁未免太过分了，其实王安石本意也是为国家好，只是他不晓事，又过于执拗。"

其实，在做宰相前，王安石的固执就很有名了。天子脚下的东京，聚集着不少闲人泼皮，常为一点小事闹出人命官司。有一个少年养着一只斗鹌，他的朋友看中了这只斗鹌，很想弄到手，好话说了一大箩，鹌主还是不同意，那人趁他不注意，

英年早逝的宋神宗

宋神宗为宋朝第六代皇帝。1066 年被立为太子，次年即位，时年仅二十。他立志改革，重用王安石，实行变法，力图挽救北宋中叶的财政危机。神宗在位十九年，三十八岁便英年而逝。

话说中国

偷了斗鹌，拔腿就跑。鹌主顿时大怒，追了上去，猛踢一脚，不料正中要害，那人倒地不起，一命呜呼了。开封府将鹌主抓获，判处死刑。这时，王安石在京为官，案子上报到他手里。王安石阅罢案卷，大笔一挥批驳道："按照法律，公取、窃取都以偷盗论罪。该少年不予斗鹌，其友擅自携去，其行为与偷盗无异。追杀是正当的，打死盗贼又有什么罪？开封府误判无辜为有罪，应当纠正。"府官当然不服。闹到大理寺，大理寺判定开封府对案件的处理无误，维持原判。按当时惯例，王安石错判应向有关部门赔礼谢罪。御史

台数次催他去认错，但王安石坚持自己没错，就是不去谢罪。因王安石名声很大，人们也拿他没办法。

有一次，某大官请客，邀来不少朝官到他家饮酒赏花。东道主命人捧上鲜花，请来宾佩戴。司马光为人

《岁朝图》里的过年习俗
主人在中堂招呼前来拜年的客人，由门前交谈的访客、侍仆，以及鹤及狗等动物，可看到当时士大夫家里过年的景象。而事实上，当时人家里确有养鹤的习惯。此图由宋画家董祥所绘。

政治家文彦博
文彦博（1006—1097），字宽夫，汾州介休（今属山西）人。天圣五年（1027）进士。由地方官升至殿中侍御使。宋夏战争期间，他出任河东转运副使、都转运使、知秦州等职，对加强西北防务出力颇多。庆历七年（1047），任枢密副使，再升参知政事。次年，镇压贝州王则兵变有功，升任宰相，力主裁减冗兵，节约军费。皇祐三年（1051）罢相，出任知许、青、永兴等州军。至和二年（1055）复相。三年后，又出判河南、大名、太原等府，封潞国公。治平二年（1065），任枢密使。后因反对王安石变法，出判河阳、河南等地。宋哲宗时，司马光任相，他被授以军国重事，参与废除新法。有《文潞公集》。此图出自《历代名臣像解》。

> **历史文化百科**

〔宋人好戴花〕
宋人不论男女老少，或贵族平民都喜欢戴花。花分生花、绢罗花两大类，生花即真花，城郊出现种花的专业户，绢花罗花是用绢罗为材料做的仿生花，工艺十分精巧，大城市的手工业中就有专门的面花儿行或花团。平时妇女在发髻或冠上插花，多是茉莉花或白兰花。皇帝举办的宴会，照例赐臣戴花，因是皇帝所赐，又称御花。根据节日、宴会的场合，所赐御花也不同，年节宴会多为仿真花，依品级高下，花的材料、颜色、数量也不同。如南宋时花分三种，大罗花以赐百官，有红、黄、银红三色；栾枝赐卿监以下官员，为用各种颜色的罗制成的双枝花；大绢花以赐将校以下武官，分红、银红两色。北宋时，每年三月，皇帝与大臣到金明池边踏青，宰相以下都赐给鲜花，君臣皆簪花以归。洛阳盛产牡丹，故俗尤好花，每年春天，城中无论贵贱皆插花，即便是贩夫走卒也不例外。南宋末，宫中流行戴琉璃花，不久就成为京城的时尚，为时局担忧的人，因"琉璃"与"流离"同音，以为此是不祥之兆。

朴实，不喜欢戴花，但不好意思拒绝，就手拿鲜花放在胸前。王安石却把鲜花掷于一边。主人一个接一个敬酒，司马光平时不喝酒，但碍于面子，也只好勉强喝了几盅，可王安石始终滴酒不沾。主人对他也没办法。

不畏人言

王安石议论高奇，有矫世变俗之志，在官场树敌甚多，当他协助神宗实行变法时，更是朝野汹汹，非议蜂起，但王安石不为所动。神宗虽想变法强国，但看到反对的人如此之多，也未免有些动摇。他对王安石说："你听到三不足之说吗？"王安石说："没有。"神宗说："外面人们议论纷纷，说什么现在朝廷以为天变不足畏，人言不足恤，祖宗之法不足守，这是什么道理？"王安石回答道："陛下自己管理政事，没有流连享乐，这就是惧天变。陛下征询、采纳人们的意见，岂不是恤人言？然而人言固有不足恤者，如果合于理义，人言又何足恤？以人言为不足恤，并没有错。至于不死守祖宗制定

的法规，本来就应当如此。仁宗在位四十年，数次修改法规。如果法一定，子孙就当世世遵守，祖宗为什么还要屡次变更呢？"

面对众多的反对派，王安石曾作《众人》一诗，"众人纷纷何足竞，是非吾喜非吾病。颂声交作莽（王莽）岂贤？四海流言旦（周公）犹圣。"表示他不媚世从俗、坚持变法的决心。但要真正实行改革必然会触及一部分人的利益，也必然会遭到这部分人的坚决反对，王安石变法同样遭到保守派的围攻，连支持他的神宗皇帝也几度动摇。王安石曾对神宗感叹说："天下事像煮汤，才下一把火，又接着泼一勺水，哪有熟的时候啊？"

宋代的玩具

宋代民间雕塑玩具兴盛，各种民间工艺雕塑小品，较之前代，显得更加活跃。宋时风俗，把一种别名"化生"的小娃娃造型的"唐喝乐"视为吉祥物，每逢七夕，送给新婚夫妇，以作生子之瑞。唐喝乐就是泥塑和瓷塑的娃娃。宋代出土的一组泥孩儿，笑容无邪，憨态可掬，有人认为就是宋代的雕塑玩具唐喝乐。

〇五〇

奇人王安石

王安石奇在不拘小节，更奇在既固执又开明。

王安石因进行变法而搞得是非蜂起，贬之者把北宋亡国的责任全归咎于变法；褒之者则将他称之为伟大的改革家，到20世纪70年代，王安石又被人戴上大法家的桂冠，拿出来大肆炒作了一番。可见王安石的确是个奇人。

不讲卫生

王安石虽然官至相位，但生活上不拘小节，尤其不讲卫生。他经常不洗脸，以致脸上时常黑一块白一块的，不知底细的人还以为他生有皮肤病呢。有一次，吕惠卿对王安石说："先生你脸上长有黑斑，用花园里的菱草泡水来洗，可以去黑斑。"王安石说："我脸皮本来就长得黑，不是什么黑斑。"吕惠卿又说："菱草也能使脸皮变白。"王安石笑道："我的皮肤天生就黑，用菱草洗又有什么用？"王安石的门人见王安石面色黧黑，就去问医生。医生说："这是因为太脏，不是什么病。"门人就搞了点皂荚子，请王安石用来洗脸。王安石还是那句话："天生脸黑，再洗也洗不白。"

王安石患哮喘，医生开的药方中有紫团山人参，很难搞到。正巧有个朋友从河东回京，带有紫团山人参，便送了几两给王安石。王安石硬是不收。有人劝王安石："先生的病非此药不可治，还是收下吧。"王安石脸一沉说："没有紫团山人参，我不也活到了今天。"坚决不接受，弄得朋友很没趣。

王安石五十岁时在金陵为母亲守丧，悲伤过度，更加不管穿戴，搞得蓬头垢面，衣衫不整。荆南知府潘夙遣人送信给王安石，信使来到王家，见

北宋改革家王安石

王安石（1021-1086），北宋政治家、思想家、文学家。提出变法主张，推行富国强兵的政策。因保守派反对，新法遭到阻碍被辞退。封舒国公，改封荆，世称荆公。有《临川集》、《临川集拾遗》等残卷传世。

> 历史文化百科

〔宋代妇女离婚改嫁多〕

宋明理学后成为明清泛滥成灾的节烈观的理论支柱，程颐"饿死事极小，失节事极大"之类的言论更成为以理杀人的名言。但理学在宋代思想界并未占据支配的地位，北宋时，妇女离婚改嫁者较多，即便是世家大族也不罕见；一般社会舆论对改嫁妇女还比较宽容，反之，认为强令不许改嫁是不合人情的；直到南宋时，士大夫仍然认为应当尊敬改嫁、离婚的生母。见于史籍的再婚妇女如范仲淹的母亲谢氏、岳飞前妻刘氏、词人李清照等。宋代法律规定：妻子从娘家带来的陪嫁财产、及婚后得自娘家、及自己陪嫁财产的增殖部分，当改嫁时，她可带走，这与明清的法律不同，对改嫁妇女较为有利。但理学家极力鼓吹妇女守节，在士大夫阶层中影响逐渐扩大却是事实。

　宋代把给帝后上寿制度化，帝后的生日是公共节日，这些节日统称为什么？

大厅前的地上坐着一个老头，又瘦又脏，以为是给王安石看门的老兵，就叫他把信送进去。那老头接过信，席地而坐，拆开信封读了起来。信使一看急了，大声呵斥："信是给你们主人王安石的，你一个看门的怎么可以自行拆开。"旁边的人笑着告诉信使："他就是我们的主人王安石。"吓得信使慌忙跑出门外，连声道："真是个好主人，好主人。"

王安石平时衣冠不整，对吃的也不讲究。仆人议论说宰相爱吃獐肉，王安石的夫人听了感到很奇怪，就问："你们怎么知道宰相爱吃獐肉？"仆人答道：

养蚕业和丝织业的兴盛

丝绸和瓷器一样，都是中国特有的物产。在宋代的富人阶层里，崇尚穿着华丽而舒适的丝绸衣服，由此带来了养蚕和丝织行业的兴盛。这是绘于宋高宗时期的《蚕织图》，图中详尽地解说了由种桑养蚕到织成丝绸贩卖的行业全过程，上面还有宋高宗妻子吴皇后的亲笔题字。国家大力支持能带来巨额税收的养蚕和丝织行业发展，希望好的经验和技术能很快传播到全国各个地区。

"他吃饭时别的动也不动，唯独把獐肉全部吃光，可见他喜欢吃獐肉。"夫人问："吃饭时，獐肉放在什么位置？"答道："就在他的筷子边上。"夫人说："明天吃饭时，在筷子边上放别的菜，把獐

公元 1126 年

中国大事记 靖康元年，正月，开封被围，在李纲领导下，宋军民迫使金军解围而去。十一月，开封再度被围，不久失陷。

自给自足的农村经济

日出而作，日入而息。这是千百年来中国农村自然经济的生动写照。和城市商品经济的兴旺繁荣不同，宋代农村经济大多仍是一家一户为单位的自给自足式的自然经济。自己种田，自己织布制衣，这种小规模的生产方式多依赖于自然条件，如遇上意外灾害，家庭生活便十分艰难了。此图为宋王居正所绘《纺车图卷》。

肉放得远一点。"仆人按吩咐摆菜，结果王安石把靠近筷子的那碗菜吃得精光，獐肉连碰都没碰。原来他是看什么菜近，就吃什么，并不是特别爱吃獐肉。

治家开明

王安石性情固执，但并非不通人情。夫人曾给他买了个小妾，王安石有些不以为然，问道："你来干什么？"小妾答道："夫人让我来待候老爷。"王安石问："你的身世如何？"小妾说："我原先的丈夫是个低级军官，为朝廷押送粮食，不料翻了船，受到处分，家产全部没收，欠了一身债，只得把我卖了。"王安石不胜伤感地问道："夫人用多少钱买了你？"答道"九十万。"王安石便派人到她的丈夫，让他们夫妻复婚。

王安石的儿子王元泽才气虽高，脾气极怪，是一个精神病患者。他妻子生了个男孩，元泽看那孩子长相和自己不同，就怀疑妻子不忠，认为小孩不是自己亲生，竟然千方百计要杀掉自己的儿子，结果把年幼无辜的孩子折磨死了。小夫妻俩每天不是吵，就是闹。王安石知道媳妇是清白无辜的，不忍心看她受儿子的虐待，就干脆出面让两人离婚。他担心流言对媳妇不利，还亲自帮她另找了个婆家。在封建时代，有这样开明的长辈，真是幸运。

神宗去世后，保守派得势，改革措施全被废除，王安石郁郁而终。

宋

话说中国

文采与悲怆的交响
960年至1279年的中国故事

程郁 张和声 著

上海文化出版社
上海故事会文化传媒有限公司

下

公元1025年

世界大事记　西班牙民族英雄洗德出生。

《宋史·邓绾传》
赵　邓
项　绾
王　司
安　马
石　光　怪诞

人物　关键词　故事来源

〇五一

好官我自为之

"笑骂由你笑骂，好官我自为之。"
邓绾因马屁而得官，因马屁而失官。

王安石变法，受到不少朝臣的反对，但有神宗皇帝支持，毕竟权倾一时。一些官员地位不高，野心不小。他们看准时机，借拥护变法来达到升官发财的目的。邓绾就是一个典型。

因马屁而得官

邓绾本是宁州的一个通判，为了迎合王安石，他给皇帝上书说："王安石的才干犹如古代的姜太公。陛下重用他，实施新法，百姓得利，无不欢欣鼓舞，竞相歌颂当今圣上的恩泽。臣在宁州对此深有体会，从宁州一地就可看出全体，整个国家因变法而日益繁荣富强，可见新法为史无前例的良法。希望圣上坚持实施新法，不要为个别的反对意见所动摇。"与此同时，他又私下写信给王安石，对新法大加赞美，极尽阿谀奉承之能事。

看了邓绾的来信，王安石十分高兴，在皇帝面前多次提及邓绾，于是神宗下诏召见邓绾，几次催他快点骑马来东京。邓绾到后，皇帝派人在顺天门接他，马上召见。邓绾见了皇上，先是大谈边境的事情，皇帝颇为赏识。神宗问他："你认识王安石吗？"他说："不认识。"神宗道："他是当今的圣人。"又问："你认识吕惠卿吗？"他说："也不认识。"神宗说："他是当今的贤人。"

退出朝后，邓绾马上去拜见王安石，二人一见如故，谈得十分投机。王安石问："家眷带来了没有。"邓绾说："接到来朝通知后，便急急赶来，不知朝廷将会委任我做什么官，所以不敢贸然带家属一同来。"王安石说："应该一块带来，你不会再回原

重现生前家庭生活的墓葬

为了让死者在去世后能过上与生前一样的富足生活，有钱人家建造了规模甚大的墓室，并且用壁画或雕塑的形式，将墓主人生前同家人及仆人的生活状况再现出来，以此表明，死者如生，一切和以前相同。这幅壁画表现的是墓主人的妻与她的女仆们在一起。此为白沙宋墓前室壁画。

《宫妃理妆图》（白沙宋墓后室壁画）

罕见珍品「宋三彩」

推磨彩绘砖雕

此砖雕为宋墓出土，砖为灰青色，砖雕一个磨房，内有两个妇人正用手推石磨，墙上挂有箩筐、簸箕等物。画面生动真实，是研究宋代民俗的重要资料。

罕见珍品"宋三彩"（左页图）

1966年在河南省密县挖掘出土，为999年（北宋咸平二年）制。高98厘米，河北及河南各地出土的舍利容器，大都被称为"宋三彩"，是罕见的珍品。

地做通判了，朝廷对你另有重用。"邓绾听了心里美滋滋的。

过了几天，有两个朝官上奏，说是邓绾熟知边事，应当仍让他回宁州做事。邓绾知道后气得要命，愤愤不平地对人说："朝廷急召我来，难道是为了让我再回宁州吗？我已经与王安石打过招呼了。"人们问他："你想做多大的官呢？"邓绾说："做个朝廷的谏官总是够格的吧。"别人以为邓绾只是自吹，没料到第二天邓绾果然被任命为谏官。邓绾好不得意，但他在东京的同乡知道他是靠拍王安石的马屁才得此殊遇的，很看不起他，冷嘲热讽不时传入邓绾的耳朵。邓绾不敢和同乡相见，还厚着脸皮自我安慰："笑骂由你笑骂，好官我自为之。"

因马屁而失官

王安石一度辞去相位，邓绾便改换门庭，投靠与王安石不和的吕惠卿。后来王安石官复原职，邓绾为了掩饰自己的丑行，又对吕惠卿翻脸不认，揭发吕惠卿在华亭抢夺民田的事，致使吕被贬官。

邓绾看到王安石政敌不少，担心王安石一旦失势，自己没了靠山，便向皇帝建议重用王安石的儿子和女婿。没想到这回弄巧成拙，王安石不但不领情，反而对皇帝说："邓绾是个反复无常的小人，他的言行有伤国体，应当受到惩罚。"结果邓绾被降职，逐出京城，在人们的笑骂声中郁郁而终。

因马屁而得官，因马屁而失官，邓绾可谓是机关算尽太聪明，反算了自己性命。

法事僧乐彩绘砖雕

宋代的丧葬习俗上，佛道二教的渗透，形成僧人做法事的习俗。图为出土于宋墓彩绘砖雕，画面从左到右，有两位俗家弟子与一位僧人各持乐器正在奏乐。此砖雕对研究宗教音乐和宋代丧俗有重要意义，是不可多得的实物。

○五二

脚踏实地司马光

司马光说："我没有什么超过他人的地方，但平生所作所为，没有什么不可对人明说的。"

在反对王安石变法一派中，最有威望的是司马光。有趣的是，尽管两派水火不容，作为两派旗帜的王安石与司马光，却没有多少个人成见，为国家大事吵得面红耳赤，但绝不涉及人身攻击，谈到对方的学问人品，都十分尊敬。

以诚待人

司马光曾问别人对自己的看法，那人说："您是一个脚踏实地的人。"司马光深以为然。确实，司马光并没有从事过什么轰轰烈烈的政治变革，也没有多少足以炫耀的政迹，却以他平实的作风赢得世人的赞誉。

司马光一生以"诚"待人，这和他所受的家庭教育不无关系。司马光五岁时，一次他要给胡桃剥皮，胡桃太生，皮剥不下来，他姐姐来帮忙，也不行。姐姐走后，来了个婢女，用开水烫了烫，就把胡桃的外皮剥了。他姐姐回来，问是谁剥的，司马光撒谎说，是他剥的。父亲司马池正巧看到真实情形，就训斥道："小小年纪竟敢说谎。"这件事给年幼的司马光留下很深的影响，从此他再也不敢说谎了。年长以后，司马光还把这件事记在纸上自励。

司马光小时与一群儿童在庭园里玩，一个孩子失足掉进一个装满水的大缸。孩子们吓得惊慌失措，纷纷逃离现场。司马光异常冷静，从地上搬起一块大石头，朝水缸砸去。水缸被砸破了，水全流了出来，里面的孩子得救了。此事在当地传开了，有人据此绘成"小儿击缸图"加以宣传，这个故事一直流传至今。

著名史学家司马光

司马光(1019-1086)，北宋大臣、史学家。他的史学著作有《资治通鉴》二百九十四卷、《考异》三十卷、《目录》三十卷、《通鉴举要历》八十卷、《历年图》七卷、《稽古录》二十卷、《本朝百官公卿表》六卷。其中《资治通鉴》是我国古代最著名的编年体史书。

和王安石一样，司马光生活也十分俭朴，后来虽然当了朝廷大官，仍保持朴素的生活作风。自称"食不敢常有肉，衣不敢常有帛"。他不喜奢华，甚至让人感到简直有点迂腐。有一次过元宵节，他夫人想出去看灯。司马光说："家里不是点着灯吗？何必到外面去凑热闹。"夫人道："不光看灯，还想看看外面的人呢。"老先生怒气冲冲地说："难道我不是人吗？"

司马光的夫人不育，朋友劝他再娶个小妾，司马光不愿意。朋友硬是给他配了个妾。可司马光对小妾视而不见。有一次小妾打扮得花枝招展，走进他的书房，想引起他的注意。司马光头也不抬，只管自己读

公元1028年

世界大事记

公元1028年

拜占廷帝国君士坦丁卒，其女索伊及索伊之夫罗马勒斯共主国政。

司马光
王安石
赵顼

正直

《宋史·司马光传》

人物 关键词 故事来源

书。小妾走近书桌，拿起一本书问道："这是什么书？"司马光起身拱手答道："此是《尚书》。"搞得小妾十分没趣。

"不诚之事，不可为之。"司马光常这样说。一天，司马光叫手下的老兵去卖马。他特意关照老兵："这匹马每到夏季就会发肺病，你必须对买者交代清楚。"

谦谦君子

司马光二十岁中进士甲科，但他并不因此炫耀自己，总是到处说自己并不擅长作文。神宗皇帝打算选他为翰林学士，也就是当皇帝的秘书，这是文人学士最羡慕的文职。而司马光连上辞呈，声称自己"拙于文辞"。但神宗执意要他，把他请入宫中，耐心地说："古代的君子，有的人学问好，但不善于作文。有的人文章好，但学问不行。只有董仲舒和扬雄文章学问两者兼长。你司马光也是两者兼长的人，为什么要推辞呢？"司马光坦诚地说："翰林学士要给皇帝起草文件，这种文件一定要用骈四俪六的文体，我写不好华丽的骈体文。"神宗说："就写汉朝那种文体也行啊。"司马光说："大宋可没这样先例。"神宗说："你能考中进士，还说不会写骈体文，这讲得通吗？"司马光低头不语，可还是不肯就职。司马光走出宫殿，神宗命内侍带着任命书追出去，硬逼司马光就任。司马光还是不同意。内侍说有皇帝圣旨，你必须回宫谢恩。司马光只得回宫，神宗示意内侍将委任书塞到司马光的怀里。司马光这才当了翰林学士。

司马光起初也主张改革，但看不惯王安石轰轰烈烈的执政作风，认为新法太欠考虑，容易害民，主张实实在在地办事，与王安石意见不合，便退居洛阳，闭门著书，写成《资治通鉴》一部大书。后来王安石

罢相，神宗逝世，司马光东山再起，回开封时，欢迎的人把道路都堵住了。他当上丞相以后，把王安石的新法全部废除，过了一年，他也死去了。而在他们身后，关于新法的是是非非仍有争论不休，几度反复，直到北宋灭亡，仍无定论。

司马光曾言："我没有什么超过他人的地方，但平生所作所为，没有什么不可对人明说的。"脚踏实地，一生光明磊落，一个政治家能做到这点也确实不是件容易的事。

《资治通鉴》草稿
《资治通鉴》是司马光在官场上失意而退居洛阳的十几年里，发愤著成的著名历史巨著。在掌握大量原始素材的基础上，司马光亲自删繁取精，对素材加以剪裁和润色，所以《通鉴》虽是集体编写，但行文、体例一贯，如出自一人之手。

> 历史文化百科

〔坐轿的习俗〕

轿子又名肩舆、檐子、兜子等，北宋时，百官多骑马，那些体弱多病的元老大臣得到特许才得以坐轿，如司马光拜相后，特许乘轿。王安石罢相后，居钟山，乘毛驴代步，有人劝他乘轿，他说："自古王公虽不道，未尝敢以人代畜也。"但富商大贾颇有乘轿招摇过市者，宋太宗时就下令禁庶人乘四人或八人抬的大轿，但仍屡禁不止。宋高宗将朝廷搬到扬州，因南方多雨路滑，下令允许百官乘轿，故此后不问大官小官都可乘轿出入了。而民间迎娶新娘，在北宋时已用花轿，世俗认为乘轿子比乘花车风光，到南宋时，已普遍用花轿迎娶新娘。

○五三

一程成三苏

眉山一门出三位大师，苏洵、苏轼、苏辙之大名无人不晓，殊不知三苏之成名，皆与一个女人有关。

文学史上著名的唐宋八大家，苏氏父子就占了三家。殊不知三苏的成名，皆与其家程夫人有关。

家有贤妻

程氏出身官宦人家，十八岁嫁入苏家，当时程家富有，苏家极贫，夫君苏洵既无功名，又不善经营家产。苏家婆婆极为严厉，家人走过，发出脚步声，都会被她臭骂，大家都很怕她。程氏过门之后，并不摆大家闺秀的架子，勤俭持家，对上恭敬有礼，对下和蔼可亲，因此苏家人都很喜欢她，甚至那位严厉的婆婆正在发火，一看到新媳妇也会眉开眼笑。有人曾劝程氏："你娘家这么有钱，父母又把你视为掌上明珠，你只要说一声，

必然有求必应，又何必忍受这种苦日子呢？"程氏微微一笑，说："我有求于父母，当然无所不可，可万一传了出去，别人说起闲话，说我丈夫养不起妻子，还要靠老丈人，那让他还有什么脸面呢？"于是，程夫人回娘家始终不提夫家的困境。

婚后，苏洵仍不将功名放在心上，程夫人也不多言，就这么平平淡淡地过了几年。一天早晨，他突然对夫人感慨说："我今年已达二十七岁，但觉得自己还可求学向上。只是这个家全靠我维持生活，我若专心求学，家怎么办呢？"夫人眉毛一挑，赶紧抢过话头："我早就想对你说了，可不知怎样说才能使你愿意为我去读书。只要你有志读书，把家业交给我好了。"苏洵只当闺房玩笑，漫应道："好呀！"可傍晚回家，方知夫人已将陪嫁带来的首饰及服装等值钱物品全卖了。苏洵这下急了，追问夫人要干什么，夫人只是笑吟吟地伸出了手："君子一言！"无奈之下，苏洵只得与夫人击掌，但内心颇不以为然：一个女人又怎能谋生？

程夫人将变卖所得的钱做本，开始经商，不几年，苏家竟成当地富室。

苏东坡：中国历史上最具感召力的文人

才华横溢而且其经历起伏跌宕、颇传奇色彩的苏轼，是宋代乃至中国历史上最具感召力的文人。他的形象和事迹，被许多艺术家不约而同地看中，以各种不同的艺术形式表现出来。这是明崔子忠《苏轼留带图》中的苏轼形象。

苏轼像

苏轼（1037-1101），自号东坡居士，四川省眉山县人。北宋文学家、书法家、画家。他的一首《江城子》，千百年来使多少人潸然泪下。

相夫教子

苏洵本是好读书的人，又给夫人逼上梁山，只好一心治学。一年后，他参加了进士科考，然而名落孙山；不久又应考茂才异等科，仍铩羽而归。他回到家中，一言不发，将以往所作文章付之一炬，以后足不出户，闭门读书。程夫人仍对丈夫不闻不问，治家之余，也读书自娱。这时苏家两个儿子也日益成长起来。夫人不仅教他们读书，更重教其做人，常以历史上的志士贤人激励儿子，说："读书不能只为自己求名，即使你们为正义而死，我也决不哭泣。"

苏家富裕之后，程夫人倒不安起来，常叹息说："这岂是我家之福，再这么发下去，会使我子孙变愚蠢的。"于

与苏轼齐名的黄庭坚

黄庭坚（1045-1106），北宋诗人、书法家。治平进士。以校书郎为《神宗实录》检讨官，迁著作佐郎。后遭贬谪。他出于苏轼门下，而与苏轼齐名，世称"苏黄"。

苏辙像

是，她常常散财救济，无论亲戚乡邻，往往有求必应。

又过了十余年，苏洵已成为精通六经、熟读诸子百家的大儒，顷刻之间，下笔千言。苏轼、苏辙两名佳儿亦已学问精深。嘉祐元年（1056），苏洵携二子赴京，遍访著名学者，其文章才学，震惊学界，更使一帮来京赴考的学子自惭而归。当时士人间传诵着一首歌谣："眉山生三苏，草木尽皆枯。"

三苏祠正门（四川眉山）

中国大事记

建炎三年，金军奔袭扬州，宋高宗渡江逃至杭州。宋将苗傅、刘正彦发动兵变，迫高宗退位，不久失败。宋高宗为金军追至海上。

秋声赋意图（清·华嵒绘）

青瓦白屋，瘦木飘摇，霜天渐晚，远峰朦胧，一派秋意萧瑟的景象。图中所表现的正是宋代大文豪欧阳修的名篇《秋声赋》的意境。

　　第二年，苏轼就以第二名的优异成绩考上进士，年仅二十二岁。弟弟苏辙也同年高中。苏轼本来可以中第一名，主考官欧阳修读到他的文章《刑赏忠厚之至论》，大为欣赏。但这次考生中有欧阳修的门生曾巩，而这份考卷与曾巩的文风颇为接近，欧阳修唯恐将自己的弟子

录为第一会招来非议，于是将这份卷子定为第二。

后来揭晓，才知作者

"唐宋八大家"之一的曾巩

曾巩（1019-1083），字子固，南丰（今属江西）人。北宋文学家。世称南丰先生，为"唐宋八大家"之一。

完好无损的宋代褐色夹衣
此为福州南宋黄昇墓出土的对襟女上衣。衣料为宋代常见的罗织物，衣襟饰边花纹有牡丹、茶花、芙蓉、月季，采用提花、贴金、印金工艺制作，纹样栩栩如生，金碧辉煌，有宋代花卉写生特点。衣完好无损，在出土纺织品中实在难得。

白沙宋墓墓室壁画
这幅壁画表现的是墓主人的妾与她的女仆们在一起。

是苏轼。欧阳修称赞道："此人善读书，善用书，才学比我高出一头，他日文章必独步天下。"苏洵回想起年轻时屡战屡败的痛苦经历，不由感叹道："莫道科场易，老夫如登天；莫道科场难，小儿如拾芥。"

欧阳修把苏洵所著的二十多篇文章献给朝廷，士大夫争相传诵，苏洵被朝廷委以修书重任。于是苏氏父子名声鹊起，形成"三苏文章动天下"的盛况。苏轼在十几年后回忆这段经历，还不无自负地写道："当时共客长安，似二陆初来俱少年，有手头千字，胸中万卷；致君尧舜，此事何难？"

同年四月，程夫人在老家悄悄病逝，竟未及亲见夫君与爱子的成名盛况，死时家产已散去大半。

> **历史文化百科**

〔宋代妇女有财产继承权〕

过去一般认为中国古代女性毫无经济权利，而日本的柳田节子首先提出宋代女性享有一定的财产继承权，引起学界争议。肯定论举史料证明：妇女财产继承权分女儿、妻子两大类。女儿又分在室女、归宗女与出嫁女三类。①未婚的女儿称在室女，父母双亡，又无兄弟称为户绝，这时在室女可继承全部财产；父母双亡，有亲生儿子时，数子均分财产，而在室女也有财产继承权，但只能得到男子的一半；南宋时更为明确规定在室女参与全部财产分配，但实际执行时，也有只给嫁资者。②已出嫁因离婚或丧夫而归娘家的女儿，称为归宗女，也有财产继承权，北宋时同于在室女；到南宋时，归宗女所应继承的分数被削减。③父母亡后，身后无儿子及在室女时，出嫁女也有三分之一的财产继承权；以后法律对出嫁女的继承权有所修改，在在室女及归宗女的条件下，出嫁女也得以分配遗产，但主要是对其继承的财产作了最高限额。总的来说，女儿的财产继承权低于儿子，但不能说完全没有，且当诸女与过继儿子共同继承时，女儿的权利强于继子。身为妻妾的妇女，也有一定的财产支配权及继承权。首先，《宋刑统》规定：妻子得自娘家的财产不属夫家。这类财产包括妻子从娘家带来的陪嫁财产、及婚后得自娘家、及自己陪嫁财产的增值部分，当改嫁时，她可带走。但当丈夫在世时，妻子带来的财产是与丈夫共有的。其次，丈夫死后，若有儿子，寡妇不能继承丈夫的财产，只能为幼子代管财产；无子的寡妇，也可继承部分财产作为赡养费。

话说中国

公元1130年

中国大事记

建炎四年，宋军民英勇抵抗，迫使金军退回江北。金扶持宋降臣刘豫为大齐皇帝，以控制新占领地区。洞庭湖畔爆发钟相起义，不久失败，余部由杨幺领导。

〇五四

乌台诗案

文人好作诗讽刺朝政，何况才高八斗的苏东坡，于是就免不了身陷"文字狱"。

"乌台诗案"是宋代一起有名的文字狱，主犯则是大名鼎鼎的文学家苏轼。

王安石变法，苏轼站在对立面，几次向神宗皇帝上言，极论新法的弊端。苏轼的议论自然引起王安石的不满，王安石通过亲信网罗罪状，上书弹劾苏轼。苏轼感到在都城的日子不好过，就上书请求到外地做官。

作为隐士的苏东坡

才华横溢的苏轼虽然在他二十岁时便高中进士的第二名，但他的仕途之路却充满艰险和苦涩，几起几落，最后不得不离开京城，隐居在南方的几个小地方。这里的苏轼身着布衣，头戴斗笠，脚踏木屐，手持竹节，显然是一个隐居的东坡居士了。这幅《东坡小像》是明画家孙克宏所绘。

且莫猖狂爱咏诗

元丰二年（1079）四月，苏轼到达湖州，到任不久，一场灾祸便从天而降。朝廷御史台（旧称乌台）在七月派人将苏轼逮捕，押送汴京，罪名是作诗讽刺朝廷。当时苏轼正在办公，两个悍卒冲进大厅，扯住苏轼的衣袖说："御史中丞召见。"苏轼大惊失色，说："我得罪朝廷之处不少，今日必是赐死。死就死吧，请让我先与家属告别。"苏轼妻

题竹图（明·杜堇绘）

大文豪苏轼性爱竹子，不但喜欢赏竹，还爱画竹、咏竹，并常常将咏竹之诗题于竹上。图中的苏大学士头戴高冠，美髯飘飘，手执毛笔，题诗于竹。画面简洁，线条细劲流畅，人物神态潇洒，透出一股放逸、秀雅的风致。

宋

公元 1032 年

世界大事记

威尼斯始设议会与元老院。

苏轼 赵祯
赵祯 赵顼
赵顼 赵恒
王安石 曹皇后 冤狱

《宋史·苏轼传》

人物　关键词　故事来源

子送夫至门，泣不成声，扯着他不肯放手。苏轼嬉皮笑脸地回头说："你就不能学学人家杨朴的妻子，作首诗送我么？"妻子不由"噗哧"笑出声来，苏轼这才得以脱身。原来这是苏轼常在家与妻子讲的趣事。杨朴是真宗时的隐士，被迫入京见驾，真宗问他："卿临行时可有人赠诗么？"杨朴说："只有臣妻作一首：'更休落拓耽杯酒，且莫猖狂爱咏诗，如今捉将官里去，这回断送老头皮。'"好一个东坡，这时还开玩笑。

苏东坡题扇图

苏轼的书法艺术

苏轼是宋代书法的四个大家之一，他的书法取法颜真卿等诸家，而自成一体，具有丰满厚重的特点。这封信札则很好地体现了苏轼书法的这一个性。

苏轼被押到汴京，关进大狱，审讯随即进行。罪证是别人为苏轼刻的一部诗集，而最先把这部诗集作为罪证的正是《梦溪笔谈》的作者沈括。文人相轻，进而相轧相害，从来都是毫不手软的。当然，苏轼也不是没有把柄可抓。他仗着自己文才过人，经常在诗文中讥讽朝政，贬斥新法，这些诗传诵一时，影响不小。

主审官或与苏轼有私仇，或因政见不同要杀一儆百，他们把苏诗中某些讽刺新法的地方，捕风捉影上纲上线，夸大为对神宗的不满，逼苏轼招认叛逆罪。苏轼《咏桧》诗中有"根到九泉无曲处，世间唯有蛰龙知。"有人在神宗面前挑拨道："陛下飞龙在天，苏轼以为不知己，反欲求地下蛰龙，不是想造反吗？"好在神宗还算明白，回答说："诗人之词怎么可以这样理解，他咏桧树，和我有什么关系？"

却对酒杯浑似梦

前途险恶，生死未卜，苏轼一度相当悲观。在押往汴京的途中，他曾想跃入江中自尽。入狱后，他将许多青金丹埋在土内，准备一旦得知自己将被处死，就先行自杀。苏轼与儿子约好，每天往狱中送饭，都要有菜和肉，如果听到自己将被判死刑，就撤掉菜和肉，改送鱼。他儿子每日给他送去肉菜。有一天家里粮食不多了，他儿子去郊外买粮，托亲戚代为送饭菜，但忘了关照不要送鱼。亲戚正巧送了鱼。苏轼看到鱼，以为这回完了。就写了两首绝命诗，嘱咐狱吏转送其弟苏辙。他知道狱吏不敢擅自为犯人送信，必然会将此事上报。果然，神宗皇帝读到此诗，心中不免有所感动。

苏轼名满天下，连宫中的皇室成员也喜欢读他的诗文。仁宗皇后病重时，神宗为了祖母病势的好转，打算进行一次赦免。仁宗皇后说："不须赦天下凶恶，只要放了苏轼一个人就行了。"她还对神宗说："过去仁宗举贤良，回宫时非常高兴地说，我今天又为子孙得到太平宰相两人，他说的就是苏氏兄弟，现在难道你要把苏轼杀掉吗？"仁宗皇后边说边掉泪，神宗也在一旁陪着下泪。

沈括与太行山

太行山在山西、河南与河北三省交界，海拔一千到一千五百米。它由多种岩石组成，而形成不同的地貌，同时也是我国煤炭资源最丰富的地区之一。北宋时，沈括在太行山麓找到了蚌壳化石，确认了太行山是由大海演变成高山的。

东坡博古图（清·萧晨绘）（上图）
此图画的是大学士苏轼和两位文士一起欣赏古玩的情景。图上有作者的题词："东坡博古图，前人有其本，考之书史未见其说，岂好事者为之耶？"云云。

> **历史文化百科**

〔防作弊高招〕

科举考试到宋代已相当成熟，两宋登科者共十一万多，平均每次录取的人数为唐代的十倍。当时实行解试、省试和殿试三级考试制度。解试又称乡贡，三年举行一次，合格者称举人；省试由尚书省礼部主持，于解试次年春季举行，各地举人汇集京师；省试合格者参加殿试，殿试合格才算"登科"。为防止考官和考生作弊，宋人发明了许多高招。如"锁院"：开考前数日，考官就得进入贡院，直到发榜，考官都不得外出或会见亲友。"别头试"：主考官的子弟、亲戚、门客等到别的场屋应试，另派考官主持。举人事先向贡院交纳试纸和家状，加盖官印，考试时对号入座。封弥院将卷头的举人姓名、乡贯糊住，编成字号；誊录院将答卷抄写一遍；对读所校勘正副本；然后才把副本交给考官审定，这样考官不仅不知考生姓名，连笔迹也无法看出。现代高考的许多做法，或可溯源至宋代。

一些同情苏轼的人也站出来为他说话。丞相吴充有一次问神宗："皇上感到曹操这个人怎么样？"神宗说："曹操算什么东西。"吴充说："陛下以尧舜为榜样，当然看不起曹操。曹操猜忌心极重，但还能容忍祢衡这样的狂人。陛下难道还不能容忍苏轼吗？"神宗有所触动，说："我正打算放了他。"

经过五个多月的审讯，终于给苏轼定了个"讥讽政事"的罪名。苏轼虽然心中不服，但能幸免一死，他已是额手称庆了，只得写检讨认错，后被贬官到黄州了事。出狱时，狱吏把藏着的绝命诗还给他，苏轼感慨万分，伏在案上，读不下去。可时日一长，又为狱中好诗而得意了，忍不住作诗道："却对酒杯浑似梦，试拈诗笔已如神。"可转念一想，不由心有余悸，骂自己道："真是文人劣根性难改。"

神宗不到四十岁便死了，执政的太皇太后废止了新法。八年间，反变法派一度得势。变法的主将蔡确被贬至安州（今湖北安陆），郁闷中他也写了一些发牢骚的诗，不久为人告发。反变法派群起而攻之，要借此好好整整对立派，苏轼是过来人，密请停止追究蔡确，但反变法派报复心切，听不进他的话，终于使蔡确得到了类似苏轼的经历，苏轼也被排挤。党争愈演愈烈，直吵到北宋灭亡。

宋代绘画流派

	唐末五代	北宋初	神宗时代	徽宗时代	南宋前期	南宋后期
人物画	顾闳中(南唐)　　高文进(蜀)		高益		苏汉臣	
山水画 (水墨画)	荆浩----李成----许道宁----郭熙　　王诜----李唐----马远 赵令穰　　刘松年　　夏圭 董源(南唐)—巨然(南唐)----------米芾—米友仁〔米氏山水〕　玉润 张璪　　〔文人画〕苏轼----------牧溪 张志和 石恪　　　文同 王墨 (蜀)　　李公麟〔白描画〕—贾师古—梁楷					马和之
花鸟画	徐熙(南唐)—徐崇嗣〔没骨画〕 黄筌(蜀)—黄居宝 黄居寀—崔白—吴自瑜—徽宗—李迪 李安忠 林椿 毛益					
界 画	郭忠恕		张择端		李嵩	

○五五

神医庞安时

庞安时因病致聋，却凭一双慧眼练成神医。

北宋名医庞安时出身医生世家，从小随父学医，读书过目不忘。父亲曾向他传授按脉的秘诀，庞安时不以为然，而十分重视《黄帝内经》等古典医书。后来他生病导致耳聋，就更为刻苦地钻研医学经典，达到融会贯通的地步，并能时出新意。年纪还不到二十岁，谈起医学理论，连他父亲也自叹不如。

有一年，庞安时在安徽桐城行医。有个孕妇到了产期，肚子痛得要命，就是不见婴儿出生，折磨了七天七夜，家属求神拜佛，请医服药，还是毫无办法。

庞安时有个弟子正巧住在产妇家隔壁，想到老师医术高明，就请庞安时来看看。庞安时赶到时，孕妇已奄奄一息，家人几近绝望。庞安时按了一下脉就说："不

要紧，不要紧。"他吩咐家属用热水来敷孕妇的腰腹部，自己用双手上下按摩，然后用金针在腹部扎了一针，孕妇感到腹部有点疼痛，呻吟了几声，便生出了一个男婴。

家属大喜过望，但仍不明白庞安时用了什么妙法。庞安时说："婴儿当时已出了胎胞，但一只手仍抓住母亲的肠子不放，这靠吃药是绝对解决不了问题的。我在产妇的腹部摸到婴儿的小手，用金针扎他的虎口，他一痛便松手了，所以马上生了出来。"

宋代的医疗术

李唐是北宋末年南宋初年的宫廷画家，徽宗时代进入画院。擅长画山水、人物、牛等，被称为南宋画院山水画的始祖。此幅《灸艾图》系极有趣的风俗画，淋漓尽致地表现日常生活中人们治疗小病小灾的一个情景。台北故宫博物院藏。

公元 1034 年

世界大事记

越南李氏改元通端。遣使献一角兽和驯象于宋，宋赐以大藏经。

《宋史·庞安时传》

庞安时　方技

人物　关键词　故事来源

以创造水运仪而闻名的苏颂

苏颂(1020-1101)，字子容，福建泉州南安人。北宋时代的天文学家和药物学家。他的《新仪象法要》，为后人复制水运仪象提供了重要依据。苏颂以创造水运仪象闻名于世。

> **历史文化百科**

〔世界最早的法医著作〕

断狱判案是古代地方官的重要职责，其中刑事案件更是令读书人出身的官员头痛。宋慈是宋理宗时的官员，长年在地方任职，历任广东、江西、湖南等路提刑，审理过大量棘手的案子，当时以干练著称。为提高办案水平，宋慈作书总结其经验，名为《洗冤集录》。书分五十三项，谈及尸检、验伤、急救法、各种毒药等，他博览前代治狱之书，搜集官府历年公布的条目案例，并参以医药学知识，证以平生办案经验。因为具有很高的实用价值，当时便由政府印行颁布全国，作为地方官的参考。

众人抱起婴儿一看，果然右手虎口上有针扎的痕迹，无不折服，连呼神医高明。

庞安时为人治病，大多手到病除，治愈率相当高，对于远道而来的求医者，就安排他们住在自己租来的房子里，亲自加以护理，直到病愈。他收费相当公道，对于无法治好的病，也实话告知，医德为世人所景仰。他著有《杂经辨》、《主对集》、《本草补遗》等医学著作。

陈希夷"二十四气坐功导治病"功法

陈希夷(？-989)，名抟，字图南，自号扶摇子，安徽亳州人，宋初著名道家隐士。他根据一年二十四节气的气运及其与人体经脉的对应关系，自创了一套"二十四气坐功导治病"功法，以此可以养生治病。图为功法中的"立春正月节坐功"，主治风气积滞及手太阳三焦经循环部位的各种病症。

立春正月节坐功图
运主厥阴初气
时配手太阳三焦

话说中国

柴、米、油、盐、酱、醋、茶。　**165**

中国大事记

绍兴四年，吴玠于仙人关大败金军。岳飞率部收复襄汉六郡，"岳家军"威名初显。

〇五六

陈襄辨盗

陈襄以诈术审案，工于心计，也不过耍小聪明罢了。

神宗时名臣陈襄，小时父母双亡，他发愤自强，苦读不懈，终于中了进士，被派往建州浦城县当县令。县中一些世族大户经常勾结贪官仗势欺人。陈襄到任后决心纠正时弊，每次升堂判案，先派几个小吏环立于前，有人若想私下请托，必乱棒打出。一些惯于贿赂枉法的奸人也感到束手无策。

一次，有家富户被盗，告到衙门。官府捉住了几个嫌疑犯，但吃不准谁是真正的盗贼。陈襄就对众人说："某寺庙内的大钟能辨别盗贼，相当灵验。清白的人用手摸钟，钟不出声。贼手一摸，就会发出声响。"于是派小吏先行，自己带着同僚和疑犯来到寺庙，陈襄亲自向大钟三跪九叩虔诚祷告，祭祀完毕，用帷帐

宋

把钟围起来。暗中派人在钟表面涂上墨汁。过了一会，叫所有的嫌疑犯一个挨一个进入帷帐去摸钟。囚犯从帐中出来后伸手接受检查，凡是摸过钟的手上都沾有墨迹，只有一个人双手干干净净，对他加以审讯，果然正是盗贼。原来他作贼心虚，不敢摸钟。

中国最早的城市平面图（下图及左页图）

在 12 世纪的中国，苏州已经和都城杭州一样以繁华而著名。商铺、酒楼、戏园随处可见，河流、街道纵横交错，娱乐业和旅游业都很发达。此为南宋平江（今江苏苏州）图碑拓片。

镇邪的道教人物纹镜

镜子是道教中的重要法器。唐初王度的《古镜记》中描写古镜法力无边，能镇百邪。这面宋代的纹镜为菱花形，饰有飞翔的仙鹤和灵龟，右上方为头带光环的着袍道士讲道，左下方为一托盘侍童。整个构图质朴大方，充满道家思想和气息。陕西省博物馆藏。

> **历史文化百科**

［城市的发展］

与前代相比，宋代的城市有了很大的变化。唐以前城市分为坊和市，市是商业区，朝开晚闭，坊是居民住宅区，各坊都被坊墙封闭，黄昏时锁闭坊门，大街两旁不能开店，城中禁止夜行。随着北宋政治的安定，商品经济日益繁荣，城市迅速膨胀，出现了大批十万人以上的大都市，尤其是都城开封更达百万之众，很快突破城墙向城外发展。城市内部的封闭状态逐渐被打破，坊墙消失，工商与居民杂处，面街开店，甚至御街也成为热闹的商业区，同类行业的店铺多集中在一个街区。晚上，商业街区灯火通明，游客商人川流不息，交易活动持续至三更时分，而到五更时，次日的早市又开始了，因这时灯火点点，行人稀少，故称为"鬼市"。在闹市区，酒楼等娱乐场所更彻夜不眠。在街头巷尾，卖小吃的商贩边走边吆喝。整个城市充满了生机。

〇五七

文雅君臣败家国

蔡京善书，徽宗能画，然而一个败家，一个失国。

蔡京善书

宋哲宗也很短命，年仅二十五岁就死了，因为没有儿子，其弟端王赵佶继位，后史称徽宗。论起聪明才智，徽宗在赵宋诸帝中的确首屈一指。徽宗工诗，常与文人骚客唱和；绘画造诣很深，尤工花鸟画，形神俱妙；写一手好字，正楷自成一家，号"瘦金体"，亦善狂草；至于戏剧音乐，围棋蹴鞠（古代足球），凡贵族文士所好雅事，无一不精。若为一般文人，有这些本事，足可士林称雄，青史留名，或做个风流才子，为佳人倾慕。而作为皇帝，拥有这些才能，往往成为百姓的灾难，如隋炀帝、李后主一样，自己也不免成为亡国之君。

因为《水浒传》，蔡京臭名远扬，其实这个大奸臣文章书法也十分了得。早在徽宗即位之前，蔡京便以文名，神宗时与其弟蔡卞同为皇帝执笔作文，使天下儒生羡慕不已。所书大字，举世无双，墨迹为人珍藏。哲宗时，某日蔡京乘舟到真州，当地两位名士慕名来访。这时，闯入一不速之客，蛮横地说："人们都说先生的大字举世无双，可唯我不信。人怎能用橡巨笔写字呢？肯定是您故意在烛光下写字，影子放大，再加上好事者渲染，神话其事罢了。"蔡京冷冷一笑说："现在正是白昼，我可为你当面书写。"两位名士喜出望外地说："太好了，我们正想观赏。"蔡京大喝一声："拿笔来！"两名壮汉从舱中吃力地抬出一个巨大

宋徽宗和他的艺术上的知音蔡京在一起

树高林茂，清风吹拂，弹琴者神情陶醉，听琴者凝神谛听。对艺术极有天赋和造诣的宋徽宗（弹琴者）经常以这种方式和他的近臣、同时也是艺术上的知音蔡京（右侧坐者）切磋和交流艺术心得。也许只有此时此刻，他们才能忘却在内政外交上的一些不如意事，忘却君臣的尊卑关系，彼此真正无拘无束地"为艺术而艺术"。此传为宋徽宗赵佶所绘《听琴图》。

宋

公元 1037 年

世界大事记

波兰农民起义。塞尔柱突厥攻占花剌子模。

卷四九《宋史纪事本末》、卷五〇《宋史·蔡京传》

赵煦 赵佶 蔡京　荒淫

人物　关键词　故事来源

的箱子，打开一看，只见内置六七枝丈把长如椽粗的巨笔，三客人面面相觑，咋舌不已。蔡京操笔调墨，问那不速之客要什么字，客拱手答云"龟山"，蔡京在船上所挂两幅白绸上抬手就写，一挥

北宋书法四大家（下图）

北宋后期苏轼、米芾、蔡襄、黄庭坚四人被后世尊称为"四大家"，又简称"苏、黄、米、蔡"。四人的书法打破了以往一味讲求法度的格局，具有鲜明的文人个性。此后，具有个性特征的书风竞相出现，王直《抑庵文后集》评价道："至坡、谷遂风靡，魏晋之法殆尽。"四大家的出现，标志着宋代书法的高潮，实为中国书史的一大巨变。一说，四大家中的"蔡"本指权臣蔡京，因其人品太劣，后人以蔡襄代之。图为蔡襄的《致彦猷尺牍》、苏轼的《新岁展庆帖》、黄庭坚的《诸上座》、米芾手札。（从左至右）

北宋赵佶自题五色鹦鹉图卷

而就，旁观者无不叹服。过一会，墨迹方干，座上一名士忽然站起作了个长揖，把两幅大字卷起就逃，蔡京大怒，但也无可奈何。原来这场戏都是那名士安排的，只为骗蔡京墨迹。

蔡京手下有两个干粗活的衙吏，蔡老爷一到，总是各手执一把白绫团扇，恭恭敬敬地为他打扇。某日，蔡老爷一高兴，在两把团扇上各写了一首杜甫的诗。过了两天，那两人忽然衣着光鲜，喜气洋洋，原来两把扇子为某亲王买去，卖出了两万钱的天价。这亲王雅好书画，久慕蔡京书法，不久亲王当上皇帝，便是徽宗。

东园如云，西园如雨

徽宗初即位，蔡京任闲官居杭州。徽宗手下得宠的宦官童贯来江南搜访书画奇巧，蔡京日夜陪他游玩，帮他采办珍奇，并不时将自己所写的扇面屏障送入宫中。徽宗品位不低，自然称心满意。不久，蔡京便坐上了相位，从此执政二十余年，六个儿子四个孙子相继为朝中执政亲信官，一子成为皇帝乘龙快婿。徽宗

清末年画洛阳桥

洛阳桥是我国现存最早的跨海梁式大石桥，位于泉州东郊的洛阳江上，于北宋皇祐四年（1053）由泉州太守蔡襄主持修建。关于蔡襄建洛阳桥还有一段传说：一日，正怀着身孕的蔡母乘船渡洛阳江，忽然江妖兴风作浪，眼看小船要翻，这时，天上传来了喊声："蔡学士在船上，不得无礼！"顿时江面风平浪静，小船安然渡江。蔡母于是许下心愿：此胎若能生下男孩，长大后一定要叫他在洛阳江上修造一座大桥，便利过往客人。后来蔡母果然产下一子，即蔡襄。蔡襄长大为母还愿，在海神的帮助下，终于造成洛阳桥。

不时轻车微服光临蔡宅，与蔡京谈诗论书，女眷也上来敬酒，小儿牵衣挽留，君臣亲如家人。

蔡京的儿子蔡攸，亦文思敏捷。初任节度使时，皇帝赐宴，徽宗即席出上联："相公公相子"，蔡攸应声对出下联曰："人主主人翁"。徽宗不禁叹道："蔡氏真乃读书世家。"后为了与老子争宠，蔡攸连文雅的外衣也不要了，专迎合皇帝的低级趣味。他身居三公高位，而不惜混迹小丑侏儒之中，身着短衫窄裤，涂脂抹粉，参与深宫游戏，讲些市井黄色笑话以博皇帝一笑。果然，不久蔡攸排挤了老子，为此父子闹得不交一语。

为满足皇帝的雅趣，朝廷到处采集名花异石，专在苏杭设应奉局，贪官污吏趁机勒索，某家木石为其看中，军士径入挂上黄帕，令主人供养，百般敲诈，运走时又毁房坏地，直弄到一门倾家荡产为止。运花木上京的车船队号"花石纲"，运一竿竹就花费中等农户全部家产，运一珍树，耗资百万。为运一块高达数丈的太湖石，动

宋

用役夫数千人，沿途不惜拆桥毁城。花石纲成为地方大害，许多破产的商人自杀，农民累死道旁。

"花石纲"运来的大量花木，大部分进了蔡京等人的私宅。蔡京的府第原位于城东，周围数十里，外人误入其内，往往迷失方向，不知归路。蔡攸争宠得胜，蔡京退休，皇帝为安慰他，又赐地造西园，为此毁民房数百间，其间胜景仙境，自不必说。一日，蔡京在西园开宴，席中，他得意地问："西园比东园如何？"一正直的大臣跳起来说："太师公相东园嘉木繁茂，望之如云；西园人民流离失所，泪下如雨。可谓东园

商品贸易中的称量工具
这种流行于11世纪中国贸易市场中的称量工具叫做"铜则"，它的重量单位是当时的标准重量"担"（百斤），折合为现在的重量是64公斤。抬起它可不是件容易的事，两个壮劳力得借助从器具上端的圆孔中穿过的粗木棒才能上提。这种量器通常用于粮食业或盐业的贸易中。

如云，西园如雨也。"这人当然遭到狠狠报复。而大部分官僚拍马不暇，每年蔡京生日，各地送来大批珍奇礼物，号称"生辰纲"。奸臣们公然卖官鬻爵，朝政十分黑暗。蔡府每日盛宴不休，一次请客，仅蟹黄馒头一种即费钱一千三百多贯。府中有专门的包子厨，其中专管切葱的婢女，竟不会其他技艺，可见排场之大。

宋代的摇滚舞蹈：踏歌
每年的春秋两个时候，衣着光鲜的年轻女子携手来到长堤之上，用脚踏地踩着节拍，口中唱着有名的词人谱写的流行歌曲，配上节奏感强烈的舞蹈，成为一种时尚。你看，连小孩子都忍不住要作一番"秀"，可见时风熏染之深。这是宋著名画家马远所绘的《踏歌图》中的一部分。

> 历史文化百科 <

〔队舞与舞队〕
集体舞蹈的表演在宋代十分兴盛。宫廷的大型舞蹈称"队舞"，如小儿队由72名少男组成，女弟子队多达153名，演出时有伴奏、歌唱、致词等，队舞按角色分类，按一定的情节编排，有向舞剧发展的趋势。民间也有业余舞队在街头演出，每至节日，街市锣鼓喧天，笙歌不绝，引来成千上万的市民围观。正月间，南宋临安就有几十种舞队表演，如"旱龙船"、"田家乐"表现劳动生活，"十斋郎"、"舞鲍老"为讽刺滑稽表演，民间艺人化妆伴乐起舞，边舞边行，游行街市，各队互相竞争，一比高低。

〇五八

亡国之音

徽宗时，皇家园林变成野生动物园，每当深秋夜静，禽兽之声四彻，人皆谓此为亡国之音。

徽宗所重用的大臣都是奸佞之辈，极力投合皇帝的嗜好，不顾人民死活，不管国家安危，上下奢侈无度，贪鄙成风。

小人得志

有名的奸臣高俅，本是苏东坡的书吏，书法颇工。苏东坡被贬于外地后，高俅又先后从属于曾布等名士门下。一日，高俅奉命到端王府送礼，正逢端王在园里踢球，高俅上前略施腿脚，即深得端王欢心，当下叫人传话原主人，"礼物和人我都留下了。"过了一个多月，端王坐上了龙椅，即是徽宗，高俅便鸡犬升天，几年间位至节度使。

宦官童贯、梁师成更以善于迎合得宠，童贯口含天宪，梁师成执掌御书，其门下走卒仆役都升为高官，无耻的士人官僚争着巴结。都城市民背地里称蔡京为"公相"，童贯为"媪相"（母相），梁师成为"隐相"。皇帝好游玩，佞臣便为他在宫中开市，令宫女扮作茶坊商女，皇帝装成乞丐贫儿，逗乐取乐。佞臣王黼为讨好皇帝，更引诱皇帝微服出游，夜宿娼门。这天深夜，王黼又陪徽宗外出"采野花"，为不引人注意，君臣翻墙出宫，王黼俯身充当垫脚石，宫墙高峻，皇帝的脚趾一时够不着，笑道："司马光，背耸上来！"王黼接口："神宗皇帝，脚伸下来！"事后，王黼常对人谈起这番打趣之事，以夸耀自己所受的恩宠。神宗在位时勤于国事，司马光以正直闻名，深夜在自己家中办公，也身着朝服，正襟危坐，岂知为后人谑笑如此，地下有知，当气得吐血了。

宋徽宗赵佶

赵佶（1082-1135）是宋神宗赵顼之子。哲宗赵煦在位时，封其弟赵佶为端王。哲宗死，徽宗即位。他任用蔡京、童贯等人主持朝政，贪污横暴，百姓不宁。靖康二年（1127）金兵攻破东京（今河南开封），徽宗成为俘虏，金主封他为昏德公。赵佶在位二十六年，治国无方，崇道爱艺，却在书画上有一番成就，真不知道这是一种平衡，还是一种讽刺？此传为宋徽宗赵佶所绘《听琴图》的局部。

宋徽宗所作的《桃鸠图》

徽宗的书、画出名，山水、花鸟，无不精通，对于画家人才的培植，更是不遗余力，宋代的书画艺术亦因此格外发达。

公元 1 0 3 9 年

世界大事记

神圣罗马帝国康拉德二世卒，子亨利三世嗣位。

赵佶　赵顼　蔡京　荒淫

《宋史纪事本末》卷四九、卷五〇《宋史·蔡京传》

人物　关键词　故事来源

广受市民欢迎的杂剧演出

皇帝好音乐，蔡京便为他建起一个庞大的乐队，广招音乐家，改造乐律、乐器，翻造新谱。这日，一切准备就绪，在崇政殿公演。狡猾的蔡京先令乐队奏旧乐，三章未终，皇帝便挥手令停，说旧乐如泣如诉，令人不快。蔡京一个眼色，乐队即奏新曲，皇帝果然天颜大悦，如痴如醉。曲终，蔡京等得到重赏，并宣布从此朝廷大礼皆用新乐，禁用旧乐。

商业繁华的大都市中心通常也是杂剧表演云集的地方。杂剧一般在叫做"勾栏"的地方表演，每一勾栏上演一出剧目，勾栏与勾栏之间相连，有时聚集竟达五十余座之多。杂剧以两人表演居多，内容多为说唱和杂耍，情节和道具也较后世的曲剧为简单。观众随来随看，看完即散，显得比较自由随意。此为宋人所绘《杂剧图》。

而一些心怀不满的士人，私下议论说新乐声略高，颇似亡国之音。

话说中国

高俅踢球发达

高俅原本是苏轼的书吏，又先后从属于曾布等名士门下。一天，高俅奉命到端王府送礼，正逢端王踢球，高俅上前略施小技，便使端王刮目相看，当下叫人传话原主人，礼物和人全留下。过了一个多月，端王登基当了皇帝，即是宋徽宗，高俅便发达起来，几年间位至节度使。此图出于明刊本《水浒传》插图。

穷奢极欲

皇帝好园林，蔡京便说官仓中有的是钱，现有宫室太小，太平天子就该讲讲排场。童贯等五个宦官各管一项工程，争奇斗丽，互不沿袭，一个比一个奢侈，短时间内造了几十座亭台楼阁。天子好野趣，众臣又为他在苑圃中仿造田园风光，村舍野店不施五彩，植稻养鸡。没过多久，就将神宗以来积蓄用个精光。徽宗即位之初，子嗣不多，一个道士说是风水不好，若将京城东北角稍微垫高一点就好了。臣下不敢怠慢，赶紧在东北角筑一土山。此后恰巧连生贵子，皇帝便深信道教，在全国大造道宫。城北的小土山更成为绵延十余里的山峦，从全国运来数不清的奇花异石，山下大造七彩楼阁，山上放

入珍禽异兽，招能人驯养，皇帝大驾光临，成千上万的珍禽便飞集左右，造成一种奇异的仙境。这座前所未有的皇家动植物园被命名为万岁山，后更名为艮岳，工程极为浩大，直至北宋灭亡仍未完工。每当深秋夜静，禽兽之声四彻，繁华都城宛如深山野林，皇帝陶醉于野趣之时，忧国之士听出不祥之音而夜不能寐。

奸臣们也穷奢极欲，王黼的寝室富丽堂皇，中置一床，以金玉为屏，翠绮为帐，四周放了数十张小榻，令美姬睡满身旁，号曰"拥帐"。王宅与一寺庙为邻，每日从王宅流出的下水沟中倒出许多雪白的米饭，一个僧人捞出洗净晒干，不久便积满一大囤。

官逼民反，宋江等三十六人在北方造反，两浙激起更大规模的方腊起义。童贯领军镇压了起义，君臣弹冠相庆，又沉溺于声色之中。

昏君奸臣纵情享受，以为好日子可以绵绵无期，岂知远方已传来声声丧钟。

历史文化百科 ◁

〔宋代的娱乐中心〕

宋代的文娱活动具有走向通俗化的趋向，于是大众化的娱乐场所应运而生，娱乐中心叫瓦舍，又称瓦子、瓦肆、瓦市。瓦舍是城镇中固定的商业与娱乐中心，其间有酒楼饭店，有卖药、卖旧衣、卖小吃的小商小贩，有剃头、剪纸等手艺人，也有算卦、赌博等三教九流之类，还有几座或十几座充作表演场所的勾栏。所谓勾栏，内设舞台、后台、腰棚(观众席)，四周以低矮的栏杆圈围，门口贴招子，为艺人大作广告，有的勾栏在门口收入场费，有的勾栏则在演出当中向观众收钱。勾栏规模有大有小，大者可容纳数千人，演出的内容有戏剧、说书、相扑、武术、杂耍等。瓦舍遍布全国大小城镇，如北宋都城汴京至少有9所，南宋都城临安有17所以上，一些小镇也有南北两所，每日看客游人川流不息，商业买卖兴隆。由于流动性大，治安颇成问题，加上三教九流充斥其间，不免有低级下流的活动，子弟或流连忘返，故士大夫深恶痛绝，或称其为"士庶放荡不羁之所"。

宋

赵佶　方技　《夷坚志》

人物　关键词　故事来源

〇五九

玻璃瓶衬金

宋徽宗会享受，要在薄薄的玻璃瓶内衬上黄金里子，而居然有巧匠敢揽这种活。

宋徽宗时，有人送给皇室十个精致的玻璃瓶。这些瓶子口小腹大，玲珑晶莹，深为皇帝喜爱。宋徽宗吩咐内侍让宫中的匠人给玻璃瓶胆衬上一层黄金里子。工匠们看着薄薄的玻璃瓶都摇头表示无法胜任。他们说："要给瓶子衬金，须用烙铁熨烫，才能做得服帖。这几个玻璃瓶口子太小，放不进烙铁，而且玻璃又薄又碎，经不起触磨，硬做的话，肯定要弄碎瓶子。我们宁可受处罚，也不敢斗胆揽下这活。"内侍看他们一口回绝，

也就不再勉强他们。只得把瓶子先藏在箱子里。

一天，内侍在大街上行走，看见一个锡匠正在给陶器的瓶口装饰金银，手艺十分精湛。顿时

宋代市井生活的生动写照

担子里的盘盏壶罐放置得井井有条，小炉子里的汤水热气腾腾，小商贩子笑吟吟地面对他的每一位顾客，这正应了那句商业谚语："和气生财。"在轻松惬意的氛围里，我们可以看到宋代社会祥和升平的影子。这幅《卖浆图》是清代画家姚文瀚仿宋画风所绘。

想到给皇帝的瓶子涂金。便回宫拿了一个瓶子，来到锡匠铺问道："能不能给这个瓶胆衬一层金？"工匠接过瓶子，看了看，二话没说，答应明日完工。

第二天，内侍来到锡铺，拿过瓶子一看，瓶内果然已衬好了一层金子，而且做工精致，便对锡匠说："我看你的手艺绝对超过皇宫中的工匠，怎么屈居在这种小地方，默默无闻地过着穷日子？"然后，内侍把皇帝要给瓶胆衬金，宫匠无人敢接手的事说了。锡匠说："这有什么难的？"

宋代白釉剔花梅瓶

宋徽宗迷恋道教

宋徽宗信奉道教，曾替道士林灵素盖了一座宫观，叫上清宝箓。徽宗每次临幸上清宝箓宫，都要在那里设置千道会，命士人百姓都要来听林灵素宣讲道经，宋徽宗还特意在讲坛一侧搭起帷帐，坐在帐中听道士讲经，还令官吏百姓请林灵素亲授神霄秘录。林灵素居然上奏章，请求册立徽宗为道教教主、道君皇帝。此图出于《帝鉴图说》。

内侍进宫对皇帝谈了这件事，宋徽宗也很感兴趣，想亲眼瞧瞧锡匠的手艺，便来到后花园，召来全体工匠，一一询问，有无能耐给瓶子衬金，众工匠还是像以前一样表示无能为力。

这时，锡匠走到众人面前，取出金子加以锻冶。他把金子捶打得薄如纸张，拿起来裹在玻璃瓶外。众宫匠看了忍不住发出一阵嗤笑。"这样把金子包在外面谁不会？如此平庸的技能竟敢来宫中献丑，真是可笑！"

锡匠也不搭话，只管自己埋头干活。他把金衣从瓶子上剥下来，用银筷子夹住，插入瓶胆，轻轻地把水银倒入瓶口。封住瓶口后，左右摇晃，然后再将水银倒出，金子已十分妥帖地衬在瓶胆上，一点皱纹也没有。最后他用指甲慢慢将瓶口的金纸摩匀压平。

宫匠都看得目瞪口呆，面面相觑，不敢再吭一声。

锡匠对皇帝解释道："玻璃器皿禁不起硬物磕碰。唯有水银性柔如水，但质地凝重，轻轻灌入瓶中，不会弄破瓶子。水银对金属略有腐蚀作用，但在瓶胆内，外面看不出，无伤大雅。"

宋徽宗十分满意，赏了锡匠好多银两。

宋代市井生活的生动写照（清·姚文瀚《卖浆图》局部）

宋代女子内衣：罗地绣花抹胸

抹胸是宋代女子贴身穿的内衣。此罗织物抹胸工整细腻，绣纹线间浑然一体。绣纹为一垂柳下，一妇人坐于莲花瓣上，安详地在水中荡漾，周围有山石、灵芝、牡丹、萱草、莲花等；天上有祥云、仙鹤及彩蝶，一对鹅相顾而游。由景可知，此妇人是手执柳枝、普降甘露、送贵子、救苦救难的观音娘娘。

> **历史文化百科**

〔看女人相扑〕

相扑即摔跤，又称角抵或争交。宋代相扑分两类，一为军士相扑力士，朝廷重大节日时方才表演，称为"内等子"；二为市井相扑手，靠表演谋生。瓦舍勾栏中常有此类表演，先由女相扑手数对出来开场，以吸引观众，然后力士相继出场，有时摆出擂台，台角堆有奖品，引人前来挑战争锋。农村秋后也时开相扑大会，民间选手结对角力，引来众人围观，称为"野场"。每逢重大节日，贵族平民，男女老少，往往聚于露台以观相扑为乐。古板的司马光对此大为不满，说"上有天子之尊，下有万民之众，后妃旁侍，命妇纵观，而使妇人裸戏于前"，以为太不成体统，请求仁宗禁止女子相扑。可见当时的女子相扑也如男子一样，是相当裸露的。但直到南宋末，女子相扑仍不绝于市。

〇六〇

棋盘上的争斗

宋人对外用兵不行，却喜欢在棋盘上厮杀。

宋人对外打仗不行，却喜欢在棋盘上厮杀，文人学士都爱玩两下，连皇帝也很喜欢下围棋，皇帝常将一些围棋高手罗致在身边，给予高官厚禄。棋手自然也以能当上国手为荣。刘仲甫是北宋末有名的围棋国手，他的出山颇有戏剧性。

小试牛刀

刘仲甫小时候就喜欢下围棋，后来名声鹊起，同乡就劝他到京都去一显身手，仲甫自然也想靠棋艺来赢得荣华富贵，但心想山外有山，天外有天，要称雄天下，毕竟还不是十拿九稳的。于是，他在赴京途中先来到杭州，住进一家小旅馆。他每天一早便外出，直至半夜才

刘仲甫《呕血图》

刘仲甫，字甫之，翰林棋待诏，《铁围山丛谈》说他"擅名二十余年"，是北宋著名棋手。《遇仙图》，又名《呕血图》，传为刘仲甫遇骊山老姥的弈棋局面图，它是中国现存最早的男女国手对弈谱，是局刘仲甫攻杀凌厉，对方虽托名女仙，但还是全局崩溃而告终。

回旅舍，旅馆老板看他行迹诡秘，心中很纳闷。一天早上，旅馆门前突然挂出一块横幅，上面写道："谁敢和江南棋客刘仲甫对局，我让他执黑先行，赌资为白银三百两。"一会儿门口便挤满了看热闹的人，消息不胫而走。第二天，当地的豪绅便招集了一批围棋高手，推举其中下得最好的一个棋手在城北紫霄宫与刘仲甫一决雌雄。刘仲甫让先执白后行，走至五十多步时，旁观者看白棋好像要输了，

下到一百多手，对手面露喜色，对刘仲甫说："现在局势已经很明朗，黑棋肯定要赢了，你小子口出狂言，未免太不自量力了吧！"刘仲甫慢吞吞地答道："谁输谁赢还说不准呢。"

技压群雄

又下了二十多手，刘仲甫突然把棋盘上的棋子用手全部抹去。众人哄叫起来，纷纷指责刘仲甫想耍皮。刘仲甫不慌不忙地站起来对四座拱了拱手，不紧不慢地说："诸位，鄙人家居江南，从小酷爱下棋，悟性也不错，人们称我的棋艺已可敌国手，推荐我到京都去当国手。我想杭州是个大都会，围棋高手不少，下棋的必须先过这一关。以我的棋艺，如果有幸小胜，才可以前往京城一试。我已在此地呆了十多天，每天到棋社观看当地高手对弈，对他们的棋艺高低已心中有数，所以才敢斗胆亮出挑战书，并不是我狂妄自大。"然后他举例说，某日某人白棋本应取胜，但某步棋应对有误，结果输了。某日某局黑棋本来占优，但误于应劫，结果导致败北。就这样他一口气讲了十几盘棋，四周的人都十分惊讶，内心对他非常佩服。刘仲甫又将刚才那盘棋一子不差地恢复原状。然后对众人说："这局棋在大家看来，黑棋是必胜无疑了。不过在我看来，白棋只要在某一关键点下子，则可反败为胜，而且至少可赢十几个子。不过我先不下，在座的各位高手请好好想想，如有人能走出这步棋，我刘仲甫马上卷起行李打道回府，这辈子再也不敢谈棋了。"在场的高手挖空心思，想了半天也想不出该走哪步棋，于是只好请刘仲甫说出来。刘仲甫在远离战场的地方点了一子，大家都看不懂。刘仲甫说，这着棋要到二十多步后才显示出它的作用。于是接着下，下至二十多步，正好碰到这颗子，局势顿时大变，终盘数子，白棋果然赢了十多子。众人大为钦佩，奉上赌资三百两。又留刘仲甫在杭州住了十几天，盛情款待，临行又送

给他丰厚的路费。刘仲甫到京都后被尊为国手，名声大噪，在棋坛称霸二十余年。

艺高品不高

刘仲甫棋艺虽高，人品却不怎么的。有一个名叫祝不疑的高手曾与他对局，下到三十多步，刘仲甫看出对方出手不凡，便借口说家里有客人，改日再登门请教。后来去拜访了祝不疑几次，却矢口不谈下棋的事，他是怕输了棋，太丢国手的面子。还有一个叫王憨子的民间高手，曾打败过刘仲甫，结果却死得不明不白，时人传说憨子是被仲甫暗中下毒手害死的。不过恶有恶报，后来又出来一个青年棋手晋士明，他棋风潇洒多变，投子神出鬼没，连续四次大败仲甫。刘仲甫想拉拢他，劝士明休了结发妻子，做自己的女婿。晋士明不亢不卑地答道："贫贱之交不可忘，糟糠之妻不下堂。棋品怎么可以与人品背道而驰呢。"刘仲甫输了棋，又碰了一鼻子灰，闷闷不乐，气得生了一场大病死了。

刘仲甫棋艺高超，著有《棋诀四篇》，后来有人冒名仲甫，对围棋的演变讲出一番令人瞠目的话来，他说：后人事事不如古人，但棋艺却是一代胜过一代，这是因

为社会风气一代不如一代，淳厚忍让的古风已荡然无存，人们的心计越来越险恶，倾轧攻取，尔虞我诈，勾心斗角，无所不用其极。古人不肯做的事情，今人肯做。古人不敢冒的风险，今人敢冒。古人不忍心用的计谋，今人却毫无顾忌，敢下毒手。所以一切世事心计，今人都超过古人。下棋也全凭心计，所以论棋艺是两汉不如隋唐，隋唐不如皇宋。

蹴鞠：宋代第一体育运动

看过《水浒传》的读者都记得有一个因踢一脚好球而得到皇帝重用的高俅。宋代人十分热衷这种被称作"蹴鞠"的竞技体育活动，堪称当时的国球。据说，这种用动物胞衣和牛皮制成的蹴球是现代足球的雏形。这是清代画家黄慎的《蹴鞠图》。

〔宋代的足球〕

在宋代，球类运动普及到民间。当时的足球按有无球门分为两类。有球门者称"筑球"，在球场中央有一个高三丈余的球门，用杂彩结网，网中留一洞，俗称"风流眼"，直径约一尺；球用皮革缝制，或实以毛，或充以气，有一定弹性；参赛者平分为两队，人数无严格规定，两队隔场比赛，球员各有分工，球头负责进攻，抬脚高射，力图使球穿过"风流眼"。无球门者称"蹴鞠"，实际是一种颠球表演比赛，必须双手下垂，只能用足、腿、膝、肩接触球体，胜负则依所踢花样多少及动作难度决定。《水浒传》中描写宋徽宗酷好蹴鞠，市井无赖高俅因善蹴鞠而得攀龙附凤，却是历史真实。

中国大事记

绍兴十一年，宋金于淮西接战，互有胜败。岳飞、韩世忠等大将被解除兵权。"绍兴和约"议定，宋接受屈辱的和约条款。岳飞被害。

〇六一

欲雪耻反招辱

宋辽交争，每战必败，世代积怨，徽宗为雪耻而讨辽，却不耻向金下跪。

岳飞在其著名的《满江红》一词中悲吟："靖康耻，犹未雪，臣子恨，何时灭！"所谓靖康是北宋末最后一个年号，靖康二年（1127），北宋都城东京为胡骑踏平，徽宗、钦宗成为阶下囚，北方大片土地陷于敌手，包括赵氏祖坟都沦于胡蹄之下，对于宋皇室来说，的确是奇耻大辱。可叹的是，靖康之耻却由北宋君臣急于雪耻引发。

自从五代的石敬瑭以燕云十六州投靠辽朝自称儿皇帝之后，中原继起的汉人君主无不以此为耻，而急于收复旧地。宋太祖、太宗伐辽失利，真宗更被辽压迫，几乎要弃东京南逃，只好贡币求和，历代的积怨，现实的屈辱，使北宋对辽切齿仇恨，如何对付辽，成为北宋君主的一大心事。

联金攻辽

北宋末，新兴的女真族金国在北方兴起，屡败辽军，夺取辽五十余城。宦官童贯出使辽国，听说这一消息，自以为建立不世之功的机会到了，归来便向徽宗建议联金攻辽，夺回燕云十六州。徽宗做腻了安乐天子，也想建立武功，为祖宗雪耻报仇。于是命马政从海上通使金国，以求缔结盟约。可悲的是，宋为雪耻而讨辽，却不耻向金下跪，显出一副奴才相，首先许诺将原来给辽的岁币全数贡于金，使金一下看透了

军官佩牌

军官佩牌为古代军官用于表明自己身份的一种佩件。图为宋代鄜延路第四将下属军官佩带的铜牌。

宋的软骨头。一些熟知边疆情况有政治远见的大臣纷纷上书劝谏此举，认为辽的存在，可为宋朝屏障，金凶如虎狼，不可轻信。可徽宗一概听不进。

童贯曾在西北任监军，靠所部将领的指挥打败了羌人，后来又镇压了方腊起义，便自以为是常胜将军，抢着领军攻辽，企图一战而胜。这时金军攻破辽中京大定府，辽天祚帝逃往西京大同府，留守燕京的辽宗室自立为帝。徽宗认为辽亡指日可待，便匆匆出兵，以童贯、蔡攸为正副宣抚使，率十五万大军北伐。辞行时，蔡攸仍一副纨绔派头，指着徽宗身后的两个宠妃说："凯旋时，只求以她们赏我。"不拘小节的徽宗笑而不答，后对蔡攸的老子蔡京谈此事："令公子真是英武豪迈。"昏君庸臣皆以为燕云唾手可得，马到成功了。

童贯以为大军压境，辽必然发生内乱，可不战而胜，甚至下军令：敢杀一人一骑者，军法从事。谁知遭辽军顽强抵抗，便乱了阵脚，全军溃退。不久，辽西京失守，自立于燕京的辽主也死了，宋军十万再次北伐。一开始进展顺利，收降了辽劲旅郭药师部。而宋将怯懦，军纪涣散，战斗力极低，遇到万余辽军便战败不前，看到河对岸的火起，主将便以为敌军来袭，慌忙自行烧营逃跑，人马自行践踏，狂奔百余里，将神宗以来积蓄的军需物资丢失殆尽。宋军屡战屡败，童贯恐怕皇帝怪罪，忙遣使请金出兵攻燕。金军三路进兵，一举攻克燕京。事毕，宋使只好厚着脸皮再去求金军交还燕京，金人早已看透了宋的虚弱本质，金主狮子大开口："燕京是我们打下的，此地一年租税

宋

公元 1046 年

世界大事记

拜占廷帝国兼并亚美尼亚。

《宋史纪事本末》卷五三

蔡京 赵佶
李纲 赵桓 屈辱

人物　关键词　故事来源

军官铜印

宋代时，朝廷为了加强对外驻军队的控制，颁给军官铜印作为信符。图为宋太宗时的军官铜印，印文为"神卫左第四军第二指挥第五都记"。

任用六贼

宋徽宗任用奸臣蔡京为宰相，蔡京劝徽宗及时行乐，安享太平。徽宗便大兴土木，恣意行乐，正直臣子他不喜欢，偏宠信那些善于迎合他心意的小人，当时，除蔡京外，梁师成、李彦因善于聚敛钱财供他挥霍而得宠，朱勔以搜罗花石得宠，王黼、童贯冒夺军功而得宠，这六人被天下称为"六贼"。正是宠信了"六贼"，导致国破被掳的悲剧发生。此图出于《帝鉴图说》。

六百万，我就取一百万，如果不给，就把你们已占的涿、易两州也让出来，这是我的疆土，为何赖着不走？"宋使还要低声下气地哀求，金主倨傲地说："不必废话！我只等半月，若无回音，就率师南下了。"宋君臣只好打落牙齿肚里吞，答应在原许诺的四十万之上再加一百万，不顾一切地满足金人要求。金军早已将燕京劫掠一空，宋人所得不过是一座空城。金并不遵守协议，大片土地也没有交还。而宋已忙于庆功祝捷，徽宗宣布大赦天下，将童贯作为复燕第一功臣，以神宗遗嘱为依据，封童贯为郡王。

宋徽宗的《芙蓉锦鸡图》

画中所题的五言绝句和徽宗押字，都是所谓的"瘦金体"，为徽宗之一绝。

自取其辱

祝捷方毕，烽烟再起。宣和七年（1125），金兵大举南下。童贯正在太原，初听此事，倨傲地说："金初立国，有多少兵马，还敢做这种事！"待得知金军虚实，立即泄了气，傻乎乎地对金使说："如此大事，为何早不告诉我？"金使傲慢地说："兵兴不可回，还有什么可告的？快将河东、河北奉来，以大河为界，或许还可保你宋家宗社！"童贯吓得半死，找个借口赶紧逃回京师。

原辽降将郭药师投降了金军，东路金军不战而得燕京。消息传到开封，宋君臣乱作一团，不

士大夫的生活

宋朝士大夫的修养，是由琴棋书画来代表，因此绘画多以此为主题。由图中墙上挂的自画像等，可看出当时士大夫的生活。

组织力量抵抗，先忙于派使前去求和。在朝野的压力下，徽宗只得下罪己诏，下令罢花石纲等害民之政。金军逼近京城，徽宗一面诏天下勤王，一面设法脱身，他命皇太子赵桓监国，留守京城，自己准备南逃。大臣李纲写下血书死谏："今大敌入攻，安危存亡在呼吸之间，皇太子名分不正而当大权，何以号召天下？"议论间金军离开封只有十天路程了，其他大臣逼徽宗在三日内决断。十二月二十三日，徽宗在上朝时假装昏倒，然后借势传位太子，自称太上皇。新皇帝后史称钦宗，即位后宣布明年改年号为靖康。

金军来到黄河边，守河口宋军无一人抵御，烧桥而逃。金人只找到十几条小船，渡了五天，才运完骑兵，而步兵还没渡过，军旅且渡且行，行伍大乱。金将仰天大笑道："南朝实在无人，若以一二千人守此，我岂能渡河？"

正月初三，金军渡河消息传来，宋徽宗当晚仓皇南逃，蔡京、童贯等百官也大多潜逃。徽宗又乘骡车，又乘小船，日夜兼程，沿途甩下皇子皇女和太上皇后，只带几名亲兵，天子威仪早已抛在九霄云外。黎明之前才到一滨河小镇歇脚，百姓尚酣睡未醒，只有一老婆婆家点着灯，徽宗推门进去，老婆问客官从何而来，徽宗幽默地说："姓赵，住在东京，已退休，举长子顶替职位。"到这时，徽宗才笑得出来。直到淮水边，童贯等才领亲军追上徽宗，过浮桥时，禁军拉住御车痛哭，试图阻止继续南逃，童贯令亲军射杀百余人，方才脱身。

宋

公元 1048 年

世界大事记

教皇李奥九世企图执行教士独身制，但在米兰遭到激烈反对。

《宋史纪事本末》卷五七

赵构 赵佶
李纲 蔡京 赵桓
张邦昌 种师道 郭药师 屈辱

人物 关键词 故事来源

〇六二

李纲受命

眼见徽宗等逃走，被迫留守京师的钦宗如热锅上的蚂蚁，宰相李邦彦等劝他也弃京出逃。李纲站出来说："太上皇将天下传给陛下，弃京而走，可以吗？宗庙社稷都在京师，舍此到哪儿去？"钦宗无言以对。李纲主张学习真宗，御驾亲征，坚守京城，以待天下勤王之师。钦宗问："那么谁可领军呢？"李纲说："这是宰相的职责。"怕死的宰相跳了起来："李纲能领兵出战

抗金名臣李纲

李纲（1083-1140），南宋初抗金名臣。京师危急时，先后任亲征行营副使、正使，组织军民保卫东京，抗击金兵，迫使金军撤兵。有《梁溪集》传世。

国破家亡

金军攻宋，东京被围，徽宗传位于钦宗，而政治黑暗如旧，二帝被俘之日，钦宗只会哭叫："宰相误我父子！"

吗？"李纲斩钉截铁地回答："陛下若不认为我无能，让我领兵，我一定以死报国！"这时内侍宦官来报皇后已走了，钦宗脸色也变了，跳下宝座，心慌意乱地说："朕不能留了。你们别争了，我到陕西召集兵力，再来恢复京城。"李纲跪下哭求，以死谏止，正好两位亲王赶到，也主张固守，钦宗才同意留下，回头对李纲说："朕为你留下，治军御敌就全靠你了。"于是李纲受命于危难之中。当夜，宰相再请南逃，钦宗又留不住了。天未亮，李纲赶到朝廷，看到禁卫已作好了出发准备。

李纲登高一呼："诸位是愿意守京城呢，还是愿意跟从出逃呢？"众士兵齐声说："愿死守！"李纲急忙入宫求见皇帝，急切地说："陛下昨天已答应留守，怎么又下令出京呢？今禁军父母妻子都在城中，都愿死守，万一中途散归京城，陛下靠谁护卫？何况胡骑逼近，若得知御驾刚走，一定以快马追赶，陛下又能走多远呢？"钦宗这才拿定主意不走了，并派人追回皇后。圣旨传出，禁卫六军山呼万岁。李纲又对群臣说："上意已定，敢有异议者斩！"这才初步稳定了内部。

李纲布防未毕，金军已至城下。金军架云梯攻城，遭到宋军顽强抵抗，李纲募集敢死队员，缒城而下，

宋徽宗手书的大观通宝钱（上图）

宋朝铸币种类繁多，币中钱文书体多样，篆、真、行、草兼备，流利多姿，"对钱"盛行一时，钱币艺术达到了新的水平。图为铸于1107年的"大观通宝"。其铸文为宋徽宗手书。

话说中国

烧敌云梯，在城上用劲弩击退敌兵。金军因死伤惨重，难以强攻，便挥军退后，转而派使讹诈。

输银偷安

李纲主张抗击金军，而李邦彦等宰臣多主张割地求和，怯懦的钦宗倾向于后者。金要亲王、宰相到金营和谈，李纲挺身而出，钦宗说："你性格刚强，不能去。"另派了李梲。李纲说："李梲太怯懦，恐怕误大事。"钦宗不听。果然，李梲一见金军威仪就吓瘫了，膝行而前，只顾磕头，一句话也说不出。金将蛮横地说："你们城破就在眼前，我军是看在少帝（指新即位的钦宗）面子上才不攻城的，我方的恩惠够大了。若要议和，先交金子五百万两，银子五千万两，牛马一万头，绸缎一百万匹，还要尊金帝为伯父，割让中山、太原、河间三镇，最后还要以宰相、亲王为人质，送我军过河，这才能谈到退兵。"李梲回报，

名著《水浒传》及其插图

尽管在《水浒传》问世后不算短的一个时期里，因为其宣传"强盗"和"暴力"，被当时政府列为禁书，不过，它仍然作为中国最著名的四大古典小说名著之一流传了下来，并具有广泛影响。明代的一些人物画的高手都为这部小说画了插图。这种带有插图的读本，在近代曾是学生们最爱读的启蒙读物。这是明陈洪绶的《水浒叶子》。

深入人心的梁山好汉

北宋后期，社会矛盾不断加剧，贫富差距愈加显著，在当时京东等路，农民起来反抗，推翻压在他们身上的官僚统治。由于小说家的精心演绎，发生在宋徽宗时期的梁山好汉事迹，始终代代相传，是那么地深入人心。这是明杜堇木刻《水浒人物》系列。

宰相力劝钦宗顺从金军条件，愚蠢的钦宗竟然下令搜刮官私金银，百姓被搜刮一空，好不容易才集得金二十万两，银四百万两。李纲愤愤地说："金人所求金银，竭尽天下尚且不足，何况都城呢？三镇是京师屏障，让给金人还怎么立国？再过几天，援兵四集，敌孤军深入，必不敢久留，那时再和谈，较为有利。"钦宗说："你先去治军布防，此事慢慢再说吧。"可李纲一退，钦宗便与李邦彦等商定了和议盟书，一切听从金人的条件，派张邦昌和康王赵构为人质，日输金银贿敌，而金人仍欲壑难填。

宋

具有很高文献价值的宋蜀刻小字本《嘉祐集》

《嘉祐集》是"唐宋八大家"之一的苏洵的代表作。此蜀刻小字本《嘉祐集》，书体挺秀，棱骨坚劲，字口锋芒，毫发未损，墨香暗袭，动人心魄，写、刻、印足称三绝。《嘉祐集》在明清两代屡经翻刻，但与此宋本相较，不难发现明清诸刻本存在不少讹误，则此宋本具有很高的文献价值。

皇帝又吓破了胆

这时，四方勤王之师集至二十万，老将种师道从陕西东下，沿途张榜宣称："种少保领西兵百万来！"钦宗这才胆气稍壮。李纲请求长期围困，钦宗始而赞同；不久又改了主意，转而采纳武将劫营的建议；可一旦劫营稍有失利，皇帝又吓破了胆，竟罢李纲以讨好金人。消息传出，京城军心浮动，百姓流泪说：不久大家都会被胡人俘虏了。太学生在陈东的率领下集于宫门上书抗议，说："宗社存亡，在此一举，不可不谨！"军民闻讯汇集了万余人，李邦彦上朝路过，为众人痛骂，急忙跃马逃走，才未被打死。万众激愤，把登闻鼓院的鼓都敲破了，打死了几十名作恶多端的宦官，直到皇帝宣布恢复李纲职位，群众这才散去。

金军见形势不妙，正好宋朝廷派使来为劫营事谢罪，便以此为台阶，不等所求金银凑足，赶紧退兵北还，康王等得以还朝。种师道请求乘金军渡河时击之，钦宗坚决不许，宰相李邦彦派人立大旗于河东、河北，"有擅出兵者，军法从事。"种师道叹息说："放虎归山，以后必成国家大患。"

> 历史文化百科

〔骄横的太学生〕

唐代的太学只招收五品以上官员子弟，而宋代太学下移至招收八品以下官员及平民的优秀子弟，规模日益扩大，至北宋末达三千多人。太学不仅是学术中心，而且成为政治舆论中心，北宋末太学生陈东领士人及市民伏阙上书，伸张正义，迫使皇帝收回成命，成为著名的政治事件。南宋晚期，太学生甚至直接攻击宰相等高官，一时权相史嵩之、丁大全也畏惧几分，诸生协力攻丁大全，终于使他伏罪罢相。但骄横的太学生也有恶的一面，有的接受小人贿赂，摇笔作文，上书投卷，任意诽谤官员，人畏之如狼虎；有的横行市井，或压价贱买，或强赊欠账，商贾受害不浅，却无处投诉，除非太学生犯下大罪，京城长官才会亲自过问，而别的小官根本不敢管这些能说会道的文痞流氓。

宋代的民间艺术

靖康耻

金军退兵后，钦宗下令贬杀蔡京、童贯等六贼，以平民愤；同时，钦宗将李纲支出外地领兵，不久又借故贬官。庸君懦相以为和议可靠，不肯加强战备，不肯改良政治，真所谓"城门闭，言路开，城门开，言路闭"。徽宗等也回到京城，还幻想继续享用荣华富贵。

几个月后，金军再次南下。宋朝廷还在为是否割让三镇争论不休时，金军已攻克太原。惊慌失措的钦宗派康王为割地求和使，康王只走到磁州便被军民劝

宋代的民间艺术（左页图）

民间艺人手执简板，同时敲打着渔鼓，口中也哼唱着歌谣。他的表演艺术将两个儿童深深地吸引住了。据考证，简板和渔鼓等民间乐器流行于湖南、湖北、广西和山东等地区，最早出现于宋代。宋画家苏汉臣的这幅《杂技戏孩图》为中国音乐史留下了宝贵的资料。

商品贸易中的称量工具铜则（局部）

宋代敦煌壁画顶竿图

阻。西路金军很快攻到黄河边，十多万宋军夹河而守，金军敲了一夜鼓，便吓得宋军四处溃逃。金军再次兵临城下，这回不再提三镇事，只要求以黄河为界，钦宗马上接受，而金军并不延缓进攻。这一回，外无援军，内无良臣，而宰相竟相信市井骗子郭京，以其所谓"六甲神兵"御敌，城门一开，郭京等四散逃走，金人乘机攻进开封。钦宗还幻想纳币求和，亲自入金营乞求，当然一无所得，第二天归来，太学生及百姓都来迎接，钦宗掩面大哭道："宰相误我父子！"靖康二年（1127）四月，徽宗、钦宗等被押往北方，东京被洗劫一空。

徽宗、钦宗至金都，身穿白衣，被献祭于金太庙，受尽了侮辱，领了十五顷薄地，躬耕自给。宋人讳言这一奇耻大辱，称此为"二帝北狩"。徽宗在"北狩"途中题诗于壁："彻夜西风撼破扉，萧条孤馆一灯微。家山回首三千里，目断山南无雁飞。"后在漠北还作诗百余首，可惜被金人化为灰烬，否则，流传至今，或许可与李后主争辉。

規模浩大、组织严密的皇宫仪仗队

9 6 0 年 宋 1 2 7 9 年

金、南宋时期全图

选自谭其骧主编《中国历史地图集》第六册：宋辽金时期

南宋世系表

1 高宗赵构 → 2 孝宗赵昚 → 3 光宗赵惇 → 4 宁宗赵扩

→ 5 理宗赵昀 → 6 度宗赵禥 → 7 恭帝赵㬎 → 8 端宗赵昰 → 9 赵昺

九死一生康王继统

徽宗三十一子中，只有第九子康王赵构逃过靖康之难，在应天府称帝，史称高宗。

康王胆大

徽宗有三十一个儿子，其中六个早夭，长子桓，即钦宗。龙种虽多，当靖康之难时，大多随皇父一起被俘，或死于押解途中，或死于荒漠穷边。其中第九子康王赵构，虽生长于深宫，尚能挽强弓、骑烈马，颇有些胆量。当东京第一次被围时，金军要求宋方派亲王与宰相出城作人质。钦宗叫来诸亲王，问道："谁可为朕一行？"谁不知此行凶多吉少，众人皆默不作声，康王从后列中走出请行，钦宗大喜。走出宫门时，被派随行的宰相张邦昌忍不住哭了起来，康王慷慨激昂地说："这本是男子汉当做的事，相公不可如此！"张邦昌十分羞愧，忙收住了眼泪。进入金营，在凶悍严整的敌军威仪面前，张邦昌完全被压垮了，金将一声怒吼，就会吓得哭啼不已；而康王仍不动声色，镇静自如。金人十分奇怪，认为他必不是生长于深宫的宋亲王，而是冒名顶替者，于是要求另换一个亲王来。钦宗另派了肃王前去，被金人劫持至漠北，而康王得以释回。康王因其不畏死而得免死。

康王命大

东京解围不久，金兵再次南下，吓破了胆的宋朝廷急欲割地求和，康王再次奉命出使。康王走到磁州，当地守臣宗泽劝他说："肃王一去不返，金兵已经

逼近，大王何必再往前走？"康王有些犹豫，但公然违背圣旨不是好玩的，脸色十分为难。宗泽趁机说："此地有个嘉应神祠，十分灵验，还有匹神马，您不妨去问问？"第二天，康王果然带一行人前去烧香。宗泽暗中派人安排了一匹经过调教的马，待康王一进去，便拉来一辆车堵住去路。回府途中，又有数百军民拦路劝谏。混乱中，有人指着副使王云的鼻子说："这家伙一看就是奸臣！"正好王云前此曾奉使金营，身上带有金将给的信物，当下被搜了出来，更成了里通外国的铁证，不由分说便被活活打死。可怜王云无辜死于乱拳，而康王因此幸免于难。金兵逼近磁州，相州守臣汪伯彦领兵来迎，康王十分感激，从此对汪氏言听计从。

康王登基

东京再次被围后，钦宗派勇士暗地出城求援。其中一个来到相州，从头顶的发髻中取出一个蜡丸，打开一看，是钦宗的亲笔信。其中写道："命康王为天下兵马大元帅，速领兵来救父兄！"康王流着泪读完了诏书，立刻在相州树起帅

南宋开国皇帝宋高宗（赵构）
宋高宗（1127-1162年在位）是徽宗的第九子，原受封为康王，后因靖康之难，徽、钦二宗为金人所掳，因而在应天府（今河南商丘南）即位。后又定都临安（今杭州），此后的宋朝称为"南宋"。

公元 1055 年

世界大事记　塞尔柱突厥攻陷阿拉伯帝国首都巴格达，塞尔柱帝国建立。

赵佶
赵构桓
孟张皇邦后昌
机遇

《宋史纪事本末》卷五八·卷五九

人物　关键词　故事来源

旗。时值隆冬腊月，宗泽领二千兵马踏冰过河前来。宗泽急切地说："京城被围日久，得赶快援救！"一些地方军也汇集在康王旗下。这时，东京又传来诏书："金人已攻入城，正在议和，兵马不宜乱动。"汪伯彦正要保存实力，康王也不想冒险，便按兵不动。宗泽只好领孤军至东京城下。靖康二年（1127），在金人的胁迫下，钦宗又下诏令康王将兵权交给副帅，只身回京师，康王当然不肯。

金人掳走徽、钦二帝，将皇后、太子、宫人、皇子等搜捕殆尽。太子大叫"百姓救我！"而宋群臣只会追随着太子哭嚎，无人敢再行隐藏"赵氏孤儿"的壮举。金人不愿久留中原，便指定胆小如鼠的张邦昌为傀儡皇帝，国号大楚，百官也唯唯诺诺，既不情愿拜在张氏脚下，又不敢公然反抗。金人逼徽、钦二帝

明仇英绘《临萧照瑞应图卷·授衣》

换上平民服装，议立异姓，只有李若水站出痛骂金人，抱着宋帝痛哭。金兵以刀裂其唇，仍吐血痛骂，最后被割舌断颈而惨死。宋臣更噤若寒蝉，金人轻蔑地说："辽国灭亡时，以身殉国者几十人，如今南朝只见李侍郎一人而已。"张邦昌知道这个龙椅不好坐，只好拱手立在殿上，任命百官，都加一个"权"（临时）字。百官对张氏也不按君臣身份行礼，文书上既不敢用宋年号，也不肯用新年号，便空着年份不写。

四月间，金人一退兵，就有人问张邦昌："相公是真要当皇帝呢？还是敷衍一下金人，以徐图恢复宋朝呢？"张邦昌脸色一变说"这是什么话？"大臣逼问道："相公知道中国人心所向么？如今大元帅康王领兵在外，哲宗废后孟氏幸免于内，此是天意，早日还政于宋，或许还能转祸为福。"张邦昌只好将孟后迎入宫内尊为宋太后并遣使往迎康王。

宗泽等人主张不宜轻入东京，说南京应天府是宋太祖发迹之地，不如在那即位。五月，康王在应天府称帝，改年号为建炎，后史称高宗。

极具科技史料价值的《梦溪笔谈》（上图）
说起《梦溪笔谈》，人们立刻想到的是它的科技史料价值。这部聚集了沈括毕生见闻和心血的多卷本著作，记录了包括毕昇发明泥活字等重大事件，因为它产生于沈氏在镇江的私园梦溪园而得名。

> 历史文化百科

〔**煤的广泛应用**〕
　　煤，古代又叫石炭、乌金石、黑丹，早在汉代人们就已发现其使用价值，但仍未得到广泛应用。到北宋中后期，由于人口的激增及草木燃料的相对减少，使煤作为燃料的重要性显示出来，而采矿业的进步也使煤的大量开采成为可能。河东路居民已以燃煤为主，东京开封及附近地区"数百万家，尽仰石炭，无一燃薪者"。河北、京东、陕西、河东等路大量开采石炭，官府设立场务征收石炭交易税，或实行专卖牟利。今河南鹤壁市发现北宋后期的煤矿遗址，由地面开凿竖井，依煤层开掘巷道，采取"跳格式"挖掘法，先内后外，逐步后撤，设置排水井、通风巷道等，开采方法相当科学。

〇六四

宋室南迁

金兵穷追于后，高宗一路狂奔，直至被赶入海中。

李纲复出

高宗即位，面临着一副烂摊子。金人虽退，仍随时可能南下，山河破碎，乱世英雄四起，朝中既无谋臣，又无良将，于是，高宗委任深得民心的李纲为相。第一次东京解围之后，李纲便被钦宗远贬至湖南。李纲尚未赶到，高宗周围的一批小人便坐不住了。大臣颜岐五次上书谏止，说："张邦昌为金人所喜，应该命他为相；李纲为金人所恶，不应用他执政。否则激怒了金人，祸患无穷。"上朝时，他还喋喋不休，高宗冷冷地说："朕立为皇帝，恐怕金人也不高兴吧？"颜岐一时哑口无言，但仍将所上书派人送给李纲，企图使他知难而退。

李纲来到应天府，一见到高宗，悲喜交加，不由痛哭失声，说："本朝看不透金人诈谋，一切顺从，才有今日之难。事到如今，还说任相应投合金人喜好。朝政如此，我不宜为相。"说话间拿出颜岐那张奏章。高宗立即下令将颜岐贬官，说："如今要使四方安宁，敌国畏服，非靠您不可。"李纲严肃地说："昔时唐明皇命姚崇为相，姚崇针对当时朝政弊病，提出十个条件，得以施行，方成大业。我也有十条，希望得到皇帝允许。"说着，他拿出早已写就的施政纲领。高宗令群臣议论施行。李纲荐举良将，招

地雷的祖先：宋代霹雳火球（上图）
火药发明以后，在宋代被广泛地运用于实际战事中。虽说火药武器最终还是难以抵挡北方的金戈铁马，但它在宋金对峙作战中，还是发挥了相当威力。

兵买马，重新组织训练军队，宣布能恢复一州一郡者，都可得到朝廷任命。不久，张邦昌等遭到贬斥诛杀。朝政开始初具规模，走上正轨。

李纲遭贬

高宗初起兵时，得汪伯彦、黄潜善等襄助，因此始终信赖二人。汪、黄本是庸才，威望更不及李纲，这时见李纲得到重用，炉火中烧，一有机会便在皇帝面前说坏话。为稳定中原局势，李纲极力主张皇帝暂住开封，而汪、黄主张迁往扬州。李纲说："如今乘舟顺流东下，当然很方便，可车驾一动，中原就不再为我所有，中原一失，东南一角也不能保安平吧？"其实，高宗内心也十分矛盾，虽不甘心屈居东南做个南朝霸主，但又怕如父兄那样为金人俘虏。因此，圣旨朝令夕改，前一天激昂慷慨地宣布还都东京，把军民感动得热泪盈眶，第二天又下诏近日将南巡。有人对李纲说："外面风传，说皇帝已决定移往江南。"李纲心急火燎地说："国之存亡，在此一举。即使丢了相位，我也要坚持到底！"便进朝争执不休，高宗

李纲祠外观

公元1000年　公元1066年 ＞

世界大事记

哈斯丁战役，诺曼底公爵威廉征服英国，建立诺曼底王朝。

赵构
赵桓

陈东
李纲

张邦昌　黄潜善　汪伯彦　屈辱

《宋史纪事本末》卷六○　卷六三

人物　关键词　故事来源

应天府尹以议事为名召见陈东。陈东一见来人，什么都明白了，只请求吃完饭再行。陈东从容坐下，给家人写遗嘱，吩咐私事，行文书法皆如平常家书。小酌醉饱之后，陈东又要求上厕所，传令的小吏面露为难之色。陈东哈哈一笑："我陈东好汉作事好汉当，怕死就不敢直言，既然说了就不会逃跑连累你。"小吏难为情地说："我也知道相公的为人，怎敢逼迫？"过一会，陈东果然穿戴整齐，从容出门。当日，陈东与欧阳澈被斩首示众。高宗此举，打破了太祖以来不杀上书言事者的戒条，开了极坏的先例。

精细密理的《耕织图》

图中织者妇女高髻云起，着对襟抹领小袖衣，长裙、长裤，是宋代服饰。从画风看，严谨，写实，是熟悉耕织生产情况的南宋民间画家所作。

不胜其烦，一帮小人乘机进谗言，于是李纲被罢政贬往外地。

东京第一次被围，李纲被罢免，太学生陈东曾带市民集体请愿，迫使钦宗收回成命。这时，陈东又上书请留李纲罢汪、黄，二次上书请皇帝还驾东京，亲征抗金。陈东所言句句都不合皇帝的心意。从抚州又来了个平民欧阳澈，跪在行宫门前上书，攻击执政大臣谬误种种。黄潜善对高宗说："不杀此二人，他们又会鼓动民众闹事。"高宗立即密令捕杀二人。

唐宗以来的山村场院集市

最长的石桥：安平桥

安平桥坐落于福建省福州市晋江县安海镇的西侧，建于南宋绍兴八年(1138)，历时13年建成。初建时长811丈，宽1丈6尺，长度约合5华里，故又称五里桥，是中古时期中国乃至世界上最长的梁式石桥。桥身是用巨大的石梁铺架，石梁最重的达25吨。桥墩是用条石砌筑而成的，现存有桥墩331座。桥上原有水心亭、中亭、官亭、雨亭等五座桥亭，并有护栏、石将军、狮子及蟾蜍杆等雕刻，现在桥亭中仅存有一座水心亭。桥心亭对联称"天下无桥长此桥"，实无过誉。八百多年来该桥一直保持着全国桥梁长度之桂冠，直到郑州造成黄河大桥后，纪录才被打破。

苟安扬州

　　李纲在相位不过七十七日，其后，他所规划的军政措施全部作废，金军步步紧逼，中原大乱，重镇相继失陷。不久，高宗逃往扬州，并命令将东京太庙里赵氏祖宗的神主和皇家仪仗用品搬往南方，表示不再北还了。江南风景秀丽，地富人繁，一派和平景象，与饱经战火的北方成对比。长期颠沛流离的高宗初到此地，真是心满意足，说："潜善做左相，伯彦做右相，朕还怕国事办不好吗？"

论述宋代南方农事的综合性典籍《农书》

反映江南农事的《耕织图》

《耕织图》是我国有关农业生产最早的成套图像资料，它形象地反映了我国古代江南农家情况。宋代《耕织图》早佚，图为清代人绘制的《耕织图》。

　　然而，建炎三年（1129），金军便大举南侵，直趋扬州。高宗立即骑马出城，匆忙间只带了几个人，乘小船渡江逃到镇江。这天，汪伯彦、黄潜善与一帮大臣还在寺院听和尚讲佛法，会后，正优哉游哉地享用盛宴，一个小吏慌慌张张地跑进大堂，大叫起来："金军马上就到，陛下已经走了。"汪、黄惊呆了，赶紧上马狂奔。全城顿时大乱，军民涌向城门，互相践踏，许多人当场被踩死在路上。军民对汪、黄恨之入骨。一个叫黄锷的大臣，被人误认为黄潜善，刚逃出城，就被愤怒的人群包围，士兵们指着他痛骂："你这误国误民的奸臣。"他还未来得及分辩，人头就落地了。仓皇出逃之际，皇家仪仗旗帜也扔了，大臣刚抢出赵氏太庙的祖宗神主，扬州已经火光冲天，金兵穷追于后，开国君主宋太祖的神主也掉在路上。

高宗惶惶不可终日，先后到镇江、建康（今南京），大臣说仅隔一条长江，还是不安全，于是又南下杭州。船近杭州时，高宗听说杭州的郊县名仁和，高兴地说："当初太祖在陈桥驿即位，就是从仁和门进京的。"自以为得了天命。然而，宋高宗这时面临的形势实在与太祖大不相同。到了杭州，高宗便忙于讨好金人，先录用张邦昌的亲属，宣布惩罚李纲，再派人携张邦昌所拟"约和书稿"向金人求和。

景德镇

景德镇初称昌南镇，因制陶业兴盛，又称陶阳镇。东晋时改名新平镇。唐代先改为昌县，后改名浮梁县。北宋置镇，真宗时因该地出产的御用瓷器底部均工书景德年号，改名景德镇。景德镇在宋代以烧造"影青瓷"而名噪一时。

富有哲理的佛教宝幢（局部）

听说金兵还要穷追，高宗又向金将求降，表明情愿削去帝号。号称胆略过人的高宗，也不过如此，宋室不亡，实在万幸。当时有人于伍子胥庙前题诗曰："迁杭不已思闽广，牛角山河日入尖。"

不久，金军再次南下，高宗一路狂奔，直至被赶入海中。

〇六五

宗泽壮志未酬

宗泽南人北相，文人为将，苦守开封，日夜盼御驾回京。

北宋末，朝野尚保留一股敢作敢为的男儿血气，如太学书生大闹京城，州县官吏各自为战，都是文弱的南宋人想也不敢想的，故赵宋王朝尚能败而不亡。

宗爷爷

宗泽，便是当时一位南人北相、出身文人的名臣。宗泽出身于婺州义乌的农家，为人豪爽。参加科举考试，他仍直言朝政弊病，考官十分厌恶，元祐年间，才以末甲勉强录取。进入仕途，他仍是不合时宜。

靖康元年，曾有人推荐宗泽充任赴金求和使，宗泽一口答应，说："这一去必不生还。"人问其故，他慷慨激昂地说："胡儿能悔过退兵就罢了，否则身为大丈夫，又岂能屈膝拜在北庭之下？"钦宗一听直摇头，以为这么刚直不屈的人定然妨碍和议，因而将他派往北边磁州任知州。当时金兵已攻克太原，黄河南北大乱，被派往北边州县的官员往往找借口不赴任。宗泽毅然说："平时食国禄，一旦有难，却逃避自保，万万不可。"当天便单骑赴任。一到磁州，他便招募勇士，修缮城池，迅速将残破不堪的州城建成坚固的军事据点。此后，他留下欲北上使金的康王，到处去信，约众将会合东京解围，或拦截金军归路，以抢出被俘的二帝。众将都笑他疯狂，无人肯来。他便领孤军深

宗泽保卫东京

公元1127年，由李纲推荐，宗泽为开封府尹，负责守卫旧都。宗泽到任后，积极募集新军，加以训练，他又单骑出城，劝说各路绿林好汉以国事为重，各路英雄都被宗泽感召，听他指挥。于是，宗泽请求派大军北伐，收复失地，请高宗速还汴京，均为黄潜善、汪伯彦所阻，不被采纳。宗泽忧愤成疾，疽发于背，不幸病逝，死前一日，他长吟"出师未捷身先死，长使英雄泪满襟"，嘱咐部下继续抗金，连呼三声"过河"，念念不忘抗金大业。此图出于清末民初马骀的《马骀画宝》。

入，激励官兵死战，屡败金兵，从此英名为金人所知，呼他为"宗爷爷"。

整治开封

高宗初即位，宗泽入朝议事，慷慨议论，与李纲义气相投。李纲说："要恢复旧都，非此人不可。"力荐宗泽担任开封府尹，这时他已年满六十九岁。

开封饱受金军蹂躏，昔日繁华的帝都化为一片废墟，坚固的城池残破不堪，物价飞涨，盗贼纵横，敌骑兵留驻黄河边，金鼓之声朝夕相闻，城内人心惶惶。

单骑赴州

宋

宗泽到任，先抓几个趁火打劫的流氓杀头示众，宣布说："再有抢掠者，无论赃物多少，一律军法从事。"于是强人收敛，平民得以安居。

当时各地军政大多瘫痪，绿林好汉各拉山头，抢占地盘。河东王善领军要来抢占东京，号称兵七十万，车万辆，直扑城下。宗泽单骑出城，直入其营，面见王善，声泪俱下地劝道："国家正当危难之时，若有如将军这样的英雄二三人，还怕什么金军铁骑？今日便是你立功之时，机不可失。"王善被感动得热泪盈眶，当下解甲投诚，说："愿效犬马之劳！"往来于黄淮之间的强人，各拥

充满灵光和智慧的琉璃塔

作为传达佛教教义的塔的造型，体现了佛法境界至高无上的寓意。琉璃的晶莹，恰似灵光的闪动，精致细腻的制作，暗合佛教的智慧之无所不在。

众数万，没角牛杨进旗下三十万人，都被宗泽感召，听他指挥。宗泽在东京城外立坚壁二十四所，造战车千余乘，沿河设连珠寨，令当地忠义民兵守卫，陕西、京东西各路人马都听宗泽调度。

大乱过后，东京物价飞涨，奸商更囤积居奇，从中牟取暴利。宗泽令人从市场买来米面，要手下士兵做馒头、酿酒，然后估算成本，一个馒头约七文钱，一瓿酒七十文，而市场上卖到一个馒头二十文，一瓿酒二百文。这天，宗泽叫来作坊为首的饼师，问道："当年我为举子来京应考时，一个馒头约七文钱，三十年来一直如此，为何如今贵至二十文？"饼师狡辩说："战乱以来，都城米面价格涨落不定，没个准价，高价沿袭下来，我一个人不能违背众商降价。"宗泽拿出士兵所做馒头，厉声说："我仔细算过成本，一个馒头不过六钱，卖八钱一已有二钱的利润，就以此为定价，敢乱涨价者斩，今日先借你头行我令。"饼师被杀头示众后，食品价格仍居高不下。第二天，宗泽又叫来管做酒的官吏，这人抖抖索索地说："自战乱以来，城中宗室权贵都酿私酒上市。"宗泽板着脸

《和剂局方》（上图）

《和剂局方》是宋代以来著名的方书，颁行于公元1151年，比外国最早的药局方早六百余年。和剂局是宋代官府设立的药局，专门掌管药材和药剂的经营业务。局中所拟立的制剂规范，就称为"和剂局方"，由当时名医陈承等人校正后，得方297道，分5卷，21门。以后几经增补，全书共10卷，附指南总论3卷。分诸风、伤寒、诸气、痰饮、诸虚等14门，载方788道。每方之后，除了详列主治症和药物外，有关药物的炮制法和药剂的修制法均有详细说明。所收载的方子，不但广泛地被宋代以后各家方书所引用，而且其中有些方子作为成方规范而流传下来。

中国大事记

绍兴三十一年，金完颜亮率军大举攻宋，后方发生兵变，完颜雍称帝。金军欲于采石渡江，为虞允文指挥的宋军挫败。完颜亮为部下所杀，金军北还。

说："那好，我为你禁绝私酒，你把酒价降到百钱左右，今天暂且把你的头寄在颈上，明天再来听令。"几天后，酒与馒头的价格降至战前水平，其他日用品也随之降价。同时，宗泽派人开五丈河以通西北行商，军粮逐渐充足。

过河！过河！

守备初具规模，宗泽连上二十余封奏章，请高宗回驻东京。高宗置之不理，往中书省一转了事。黄潜善、汪伯彦一边读一边笑宗泽是个痴老头，旁边一个官员忍不住感叹说："像宗泽这样的忠义之人，朝中若有几个，天下就安定了。"二人一时羞愧无语。

宗泽派王彦往北方联合两河豪杰，义士在脸上刺"赤心报国誓杀金贼"八字，众至十余万，山寨相连数百里。宗泽也连败金军，使金人不敢进犯东京。宗泽决定大举进攻。这天，他召来众将，激励说："你们都是忠义之人，今天当一致抗金，救回二帝，以立大功。"话未说完，已泣不成声。众人十分感动，发誓听命。宗泽又上书恳求皇帝："臣为陛下保护京城，又过了三月。陛下不早回京城，天下百姓何所依靠？"

高宗不但不肯北还东京，反愈行愈远，眼看就要渡过长江了。宗泽悲愤万分，上书说："祖宗二百年基业，陛下为何一旦遗弃？只要陛下归来，中兴之业就能成功。如以为我狂妄，为何不问问左右将士？陛下不偏信一二大臣，天下幸甚！"当然皇帝仍是不闻不问。

宗泽忧愤成疾，恶疽发于背，在总攻前突然病倒。众将来探问，宗泽奋力坐起，费力地说："我因二帝被俘受辱，积愤至此，你们若能歼敌，我死而无恨！"众将拭去泪水说："怎敢不尽力。"众将一

宋赵佶《红蓼白鹅图》

出门，宗泽颓然倒下，低声叹道："出师未捷身先死，长使英雄泪满襟。"

第二天，风雨如晦，宗泽盯着窗外，高呼三声："过河！过河！过河！"便与世长辞，始终无一语及于私事。

继任的东京留守杜充，与宗泽所为尽反，众将不服，聚于城下的豪杰又散于山林。很快，中原全部陷落。

公元1073年

<table>
<tr><td>世界大事记</td><td>德意志萨克森农民起义。</td></tr>
</table>

苗傅 赵构
刘正彦 王渊 黄潜善
孟后 朱胜非 汪伯彦 兵变

《宋史纪事本末卷六五》

人物　关键词　故事来源

○六六

苗刘兵变

外患未已，内乱又起，禁军兵变，逼高宗退位。

众怒难犯

建炎三年（1129），宋高宗从扬州逃到杭州，迫于朝野舆论，将汪伯彦、黄潜善罢了官，命朱胜非为相，王渊掌管枢密院，主持军事。而王渊是个胆小贪婪的庸才，是靠巴结宦官康履爬上去的。刚到杭州，王渊便带来装满十多艘大海船的金银财宝，杭州百姓私下议论，说那都是王渊乘战乱从富商家里抢来的。几位将军到皇帝面前哭诉，说王渊平时掌管海船，总是拍胸保证绝不误事，扬州仓皇撤退，王渊只顾搬自家财物，致使几万士兵、数千战马落入敌手。皇帝充耳不闻。此时，又任命他主持枢密院，众将更是不服。诸大将皆领兵在外驻守要地，仅苗傅领亲军护卫皇帝。苗傅常与另一将领刘正彦窃窃私语，自以为自己功大赏薄，王渊等无功受禄，抱怨皇帝赏罚不公。

刚逃出虎口，高宗手下的宠臣又开始作威作福了。宦官康履对诸将和地方官颐指气使，其走狗强占民居，横征暴敛，引起官民强烈不满。这天，宦官们又前往钱塘江观潮，大肆铺张，歇脚的帐篷排满道路两旁，宦官与宠臣喝得醉醺醺的，尽情享乐。苗傅愤愤地说："就是这帮人使天子流离失所到这里的，如今还敢这么神气么！"亲军士兵多是河北人，号称"赤心军"，饱经战乱，许多人家破人亡，目睹这种景象，更是恨之入骨。苗傅的亲信乘机鼓动说："大家一拥而上，杀了王渊和宦官，人人可以暴富，朝廷却不可能追究每一个人的罪责。"密谋悄悄开始了。

亲军反叛

三月的一天，江南春光明媚。王渊上早朝归来，经过城北的一座桥，正在悠然自得地观赏春景，突然从桥下钻出几名大汉，将他一把按住。王渊呼救声未落，同僚刘正彦从后赶到，手起刀落，王渊已身首异处。同时，一队禁军包围了康履的宅院，康履在宫中未归，愤怒的士兵看到没有胡须的人就杀，一下杀了百余名宦官。守宫门的禁军也同情兵变，士兵们包围了行宫，一路高叫："苗傅不叛国，只为天下除害。"

高宗正在宫中休息，忽听喧嚣声四起，康履来报亲军反叛，一时惊得手足无措。杭州长官闻讯赶来，扣门大叫："事已危急，陛下赶快登楼安抚众人！"直到中午，高宗才登上宫前高楼。代表皇帝权威的黄

宋高宗赵构的七言绝句

南宋的皇帝宋高宗赵构匹马南渡的传说颇有传奇的色彩。从高宗传世的为数不多的七言诗作中，可以领略他至情的一面。

话说中国

盖一出现，苗傅等率士兵跪了下来，山呼万岁。高宗这才稍微安心，凭栏问兵变之因。苗傅两眼直视高宗，厉声说："陛下信任宦官，赏罚不公，军士有功者不赏，巴结内侍者得官。黄潜善、汪伯彦误国至此，也未严惩。王渊遇敌不战，首先渡江逃跑，只因勾结康履，才当了枢密使。臣已将王渊斩首，在外的宦官也被杀光，现只求将康履等交出，以谢三军！"苗傅所言皆中时弊，理直气壮，高宗也难以反驳。沉默了片刻，高宗哀求说："黄潜善、汪伯彦已被贬官，朕马上严办康履等，你们还是先回营。"苗傅坚决地说："天下大乱，百姓肝脑涂地，都是这帮奸臣祸害的。今天不杀康履，决不回营。"士兵们呼应在后，群情激愤。僵持了一个多小时，局势更加危急，高宗问身后的百官怎么办，一人说："事已至此，陛下为何还吝惜一个奴才？"高宗只好令人从里屋帘下搜出康履，交给叛兵。士兵当即在楼下将康履活剐、腰斩，然后将康履与王渊的人头挂在竿上。

北宋灵隐寺东石塔

逼宫

高宗转身塞耳，不忍目睹宠臣被杀的惨状。好不容易，哀嚎声息，高宗才转身面向众人，脸色已是惨白。皇帝有气无力地宣布，苗傅、刘正彦升官，然后再次哀求士兵回营。叛军众将低声商量了一会，刘正彦抬头叫道："陛下本来就不应该即皇位，将来渊圣皇帝（指钦宗）回来，不知怎么处置他？"顿时，楼上楼下死一般地寂静。高宗令宰相朱胜非从楼上缒绳而下，再三再四与众将商量。其实，苗、刘因个人激愤而起兵，在政治上并无一定主张，事到如今，他们知道，不把高宗搞掉，必无活路。于是，他们一会儿提出请隆祐太后（哲宗废后孟氏）共同听政，一会儿提出遣使与金议和，高宗一一答应，他们又说："不是有皇太子可立么？"高宗低声对宰相说："我只好退位，请皇太后。"

时近傍晚，春寒料峭，楼上没有张挂帘子，高宗坐在一张竹椅上，刺骨寒风直吹入心。后院人呼："皇

刻有孝子故事的广元罗家桥杂剧伎乐石刻

广元罗家桥杂剧伎乐石刻两块，1976年出土于四川广元上
西乡罗家桥村南宋无名夫妇合葬石椁双室墓。刻墓内壁的
石板上，刻有杂剧伎乐图三幅和孝子故事图，孝子故事应
是当时杂剧表演的重要内容。此为第一块石刻内容。

北宋鎏金银塔（右图）

太后驾到。"高宗赶忙站起，恭候在楹前，而太后已直
接出门站在楼前。左右劝高宗坐下，高宗哽咽着说："恐
怕已没有朕的坐处了。"

楼下太后低声下气地说："道君皇帝（指徽宗）听
信蔡京、童贯，导致金人入侵大祸。当今皇帝并无过失，
只不过被黄潜善、汪伯彦所骗，如今汪、黄已被贬官，
将军不知道吗？"苗傅骄横地说："臣等已经商定，一
定要立皇太子。"太后哀声道："如今强敌在外，让我
一个妇道人家抱个三岁娃娃，怎能号令天下？"刘正彦
跪下哭求，太后仍不点头。刘转身对士兵们说："太后
不允许，我们必然被杀。"说着，解衣引颈作就死状。
苗傅厉声喝道："事久不决，恐怕三军生乱！"转身又
对朱胜非说："相公为何一言不发？"

眼看形势不妙，高宗只好赶快宣布让位。他低声对
朱胜非说："暂且如此，以后慢慢设法，事不成，死未晚。"
朱胜非答道："刚才有人悄悄告诉我，说苗、傅二人忠
有余，学不足。看来还可设法。"

当晚，高宗迁居显忠寺。次日，立皇太子，太后垂
帘听政，改年号为明受。

〇六七

南宋初，将军多是北人，拔自行伍，出生入死，英勇善战，豪爽果敢，一时顿扫北宋羸弱的军风。

平兵变韩五成名

当韩将军尚为市井泼皮时，算命先生曾预言他将贵极三公，"泼韩五"挥拳就打，口里骂道："这厮，竟敢当面嘲笑我！"

泼韩五

名将韩世忠，延安人，身材高大，目光如电，战阵一声吼，往往惊破敌胆。他早年一贫如洗，嗜酒尚气，

能驯服野马，无法无天，敢与官府作对，被人称为"泼韩五"。因为贫困，又不讲卫生，他生了一身的疥疮，臭腐之气熏天，家人也十分讨厌。盛夏的一天，他跳进溪中洗澡，忽然，一条巨蟒窜来，张开血盆大口，眼看要把他一口吞掉，说时迟，那时快，"泼韩五"两手紧紧掐住了巨蟒的头颈，而巨蟒的尾部也紧紧缠绕在他身上。情急之下，他只好裸身带着巨蟒奔回家中，一路向家人呼救，而家人吓得四散逃走。他冲进厨房，将蟒首摁在砧板上，手持菜刀如拉锯般来回切割，好不容易才切下巨蟒之头。巨蟒身首异处，他还不解气，干脆将它剥皮煮熟，吃得干干净净。第二天，患了多年的疥疮癞疮居然一下痊愈脱落，肌肤变得光洁雪白。从此，"泼韩五"更为人畏惧，而他也以泼皮中的英雄自居。市上有个叫席三的算

抗金名帅的生动写照

南宋初年，面对金朝的南下进攻，以岳飞、韩世忠等力主战斗的将领成功地瓦解了金的攻势，形成了宋金对峙的局面。和平的取得使南宋的社会经济继续保持繁荣。此《中兴四将图》传为南宋刘松年所绘。

宋

公元 1077 年

世界大事记

亨利四世在卡诺沙堡"悔罪"，获教皇赦罪。

《宋史纪事本末卷六五
《宋史·苗傅传》

苗傅 张浚 刘正彦 赵彦构

韩世忠 朱胜非 勇敢

人物 关键词 故事来源

命先生，远近传说他算命赛神仙。这一天，闲来无事，"泼韩五"逛到他摊前，令他算一卦。席三掐指算了半天，眉毛一扬，说："壮士将来可为三军将帅，贵极三公。"谁知马屁拍到了马蹄上，"泼韩五"挥拳就打，口里骂道："这厮，竟敢当面嘲笑我！"

赵氏安，则苗氏危矣！

十八岁那年，韩世忠应募入伍，不久，便以精于驰射闻名。徽宗朝，他参与了攻西夏、征方腊的战事，因勇冠三军，屡立战功，逐年得以提升。北宋末，天下大乱，他以千人横行中原，屡败金兵，收容各地叛兵散勇，降服各支绿林武装。高宗即位后，他率军投奔，成为御营中的一支。南宋王朝初建，君臣便以避引退守为宗，苦苦向金人求降。从不服输的韩世忠哪里看得惯，主张建都于长安，极力鼓吹收复两河。当时，自然没人理睬他。

高宗从应天府退到扬州，席不暇暖，又丢下众臣仓皇逃走。不久，苗、刘兵变爆发，高宗被迫退位。禅位诏书传至各地，引起一片混乱，军民人心浮动。在外众将虽痛恨宦官、王渊，但大敌当前，也不希望看到宫廷政变。张浚、张俊、韩世忠等商议共同起兵勤王，以挽救国家危机。韩世忠以酒酹地发誓说："我与此贼不共戴天！"便领军先行。张浚犒赏将士，以忠义激发士气，并嘱咐韩世忠说："皇帝已成为人质，投鼠忌器，进兵不可太急。"

> ▷历史文化百科

〔邸报与小报〕

宋时官方编有"邸报"，又称"朝报"，将朝廷最近颁布的命令、前方的战况及重要的官员任免事项等，布告天下，使各地官员及士大夫获知信息。一些好事的胥吏抢先传播未正式下达的命令或任免事项，形成"小报"，又称"新闻"，因其不负责任，往往无中生有，制造混乱。官方对小道消息恨之入骨，屡下禁令，但在传媒不开放的时代，小道新闻是无法杜绝的。

张浚派能说会道的辩士带信给苗、刘，劝其改正；同时与诸将各自上疏朝廷，请高宗复位。辩士面见苗、刘，说诸将持重兵在外，不日来攻，若不赶快让皇帝复位，就有族灭大祸。苗傅一听大怒，按剑站起，刘正彦却有些心动，急忙阻拦："等张侍郎来，再商量。"第二天，苗、刘说张浚大逆不道，请求杀张浚号令天下。当政者作诏仅令张浚免官。张浚收到诏书，恐怕影响士气，秘而不宣，只对部下说："朝廷催我去议事。"然后，一面加紧进兵，一面写信给苗、刘说："近日有客从杭州来，才知道二公对朝廷本无异心。因此对前信的错误指责十分后悔。"苗、刘城府不深，接信大喜。朱胜非趁机劝道："诸将按兵不动，是想待二位自行改正。如今还是使建炎皇帝复位为好。否则诸军攻入，复立皇帝，二公置身何地？"又令百官作保，取得太后同意，立下绝不杀苗、刘的铁制誓书。二人居然听信，领百官迎高宗复位。高宗压着性子，和颜悦色地安慰叛将一番。苗、刘二人以手加额表示庆幸，傻乎乎地说："英明天子果然有天大的度量。"身旁一个部将低声叹道："赵氏安，则苗氏危矣！"

勇冠三军

这时，诸将已逼近杭州，备战就绪。吕颐浩告诫众将说："皇帝虽已复位，叛将仍握兵于内，此事中止，他们必加反叛恶名予我。别忘了唐朝徐敬业起兵勤王的教训。"次日，诸将领兵发起总攻。韩世忠下马步战，持戈身先士卒，号令说："今日当以死报国，脸不中箭者斩。"于是士卒人人争先。张俊等促军继之，一举攻破敌军防线。苗傅弟弓法娴熟，拉开神臂弓对准了韩世忠，世忠大吼一声，直冲向前，他便吓得弃弓而逃。听说勤王兵攻入城，苗、刘带二千精兵连夜开城门而逃，临走犹特地赶到政事堂取走免死铁券，死到临头，居然还相信皇帝的诺言。

张浚、韩世忠等入见高宗，皇帝握着韩世忠的手痛哭失声，一边在世忠耳边低声说："守宫门的中军统制吴湛也是他们一伙的，先杀了他。"韩世忠转身就走，在门外看到吴湛，若无其事地上前握手寒暄，说话间，手中一使劲，将吴湛的中指折断，呼左右擒之，并立即杀头示众。

京城初定，韩世忠举兵追击苗、刘。两军接战，韩世忠又身先士卒，挺戈步战。叛军一见，惊得直咋舌，有人喊道："这不就是韩将军吗！"叛军顿时溃散，苗、刘被生擒。皇帝重赏诸将，亲手书写"忠勇"二字在锦旗上，赐给韩世忠。韩家军从此著名，皇帝也自此对韩世忠另眼相待。

当年预言"泼韩五"能贵至三公的席三找到江南，韩世忠感慨不已，送三万钱酬谢。

苗、刘被逮回京城，饱受折磨之后被杀。赵宋王朝又一次死里逃生。高宗由兵变得知民心，不得不贬斥佞臣，开始改良朝政；但从此视武将为心腹之患，矫枉过正，以致冤杀忠臣，自毁长城。

宋代五大名窑

	窑址	特点	代表器物
汝窑	河南宝丰县大营镇清凉寺，因该地宋时属汝州，故名。汝窑是宋代为满足宫廷特殊需要而设立的窑场，又称为汝官窑。设于宋哲宗元祐元年至宋徽宗崇宁五年即1086-1106年的二十年间。后因宋金战乱而失传。	胎质细腻，俗称"香灰胎"，釉色天青，开有细小纹片，通体施釉，底部有用细钉支烧的痕迹。	常见器形有碗、盘、洗、瓶、尊等日用品。（宋）汝官窑盘，（宋）汝窑三足奁。
钧窑	广泛分布于河南禹州，宋时该地称钧州，故名钧窑，以县城内的八卦洞窑和钧台窑最有名，烧制各种皇室用瓷。始烧于唐代，盛于北宋，金元时继续烧造。	胎质细腻坚实，造型端庄古朴。釉色为一绝，除天蓝、月白之外，并创烧成功铜红釉，看来五彩斑斓，但不是人工涂染，而是通过"窑变"自然形成，有"入窑一色，出窑万彩"之说。著名的有海棠红、玫瑰紫等。多有"蚯蚓走泥"纹。	以尊、炉、瓶、洗、花盆、盆托居多。（宋）月白釉出戟尊，（宋）玫瑰紫釉鼓钉洗。
官窑	官窑有"北宋官窑"和"南宋官窑"之分。北宋官窑尚未发现窑址，但据文献记载，北宋末徽宗政和至宣和年间（1111-1125），在汴京（今河南开封），官府设窑烧造青瓷。宋室南迁杭州后，在浙江杭州凤凰山下设窑，名修内司窑，也称"内窑"。后又在今杭州市南郊的乌龟山别立新窑，即郊坛下官窑。	"北宋官窑"器，胎骨与汝瓷极似，精细坚密，釉面光润，釉下有一层深酱色"护胎釉"。"南宋官窑"制品造型端庄，线条挺健，釉色浑厚滋润，如玉似冰，釉面布满纹片。瓷器的底足部为铁褐色，口部隐呈紫色，称为"紫口铁足"。	器形有碗、盘、瓶、洗、炉，及仿商、周、秦、汉铜器及玉器。（南宋）郊坛官窑渣斗。
哥窑	确切窑场至今尚没有发现。据历史传说为章生一、章生二兄弟俩在两浙路处州、龙泉县各设一窑，哥哥主烧的窑称为"哥窑"，弟弟的称为"弟窑"，也称章窑、龙泉窑。	胎质细腻、坚实呈黑、灰色，釉色以灰青为主，里外披釉，晶莹滋润，釉面有大大小小不规则的开裂纹片，俗称"开片"或"文武片"，有"金丝铁线"之称。	器形以洗、炉、盘、碗为多。（南宋）哥窑五足洗，（宋/元）哥窑淡青釉瓣口方杯。
定窑	窑址分布于河北曲阳县磁涧、燕川以及灵山诸村镇，这里唐代属定州，故称为定窑。始烧于唐而终于元。	以烧白瓷为主，兼烧黑釉、酱色釉瓷和绿釉瓷等品种，质地洁白细腻，造型规整而纤巧，积釉处多见泪痕。装饰以刻花、划花和印花为主，此外尚有白釉剔花和金彩描花。	常见器型有碗、盘、瓶、罐、炉、枕、壶等（北宋）定窑刻龙纹盘，（北宋）定窑白瓷瓜棱碗，（宋）白釉刻花莲花纹碗。

公元 1078 年

世界大事记

塞尔柱突厥攻陷耶路撒冷。

岳飞　赵构　韩世忠

《宋史纪事本末卷六四》
《宋史·韩世忠传》

勇敢

人物　关键词　故事来源

〇六八

黄天荡勇抗金军

黄天荡兀术被围，韩世忠勇抗金军，梁红玉击鼓助阵。

兀术南侵

不久，金军再度南下。高宗又坐不住了，惊魂未定的诸臣，七嘴八舌，有的主张迁往湖南，有的主张逃往福建。韩世忠听得不耐烦了，吼了起来："丢了河北、山东，还要扔掉淮南、浙江，再退，还能去哪？"于是，高宗命韩世忠镇守镇江。金大将兀术英勇善战，横扫淮南

韩世忠大战金兀术

公元 1130 年，金兀术征伐南宋，宋高宗渡海南逃，金兀术率军焚临安城后北还，三月丁巳，金军至镇江，为浙西制置使韩世忠所阻，金军水战失利，不得渡江，最后被堵在了黄天荡。黄天荡是条死水港，金军多次突围，均未奏效。后听说有老鹳河故道可以通秦淮，金兀术便用了一个晚上开渠数十里，才得以逃往南京，但仍不得过江。四月，金兀术依福建人王某之计，才击败韩世忠军，退还镇江渡江北归。韩世忠以八千兵抗拒金兵十万之众，阻击 48 天，虽败而使金军从此不敢轻易渡江，南宋都城临安和半壁江山得以保全。此图出于清末民初马骀的《马骀画宝》。

如卷席，金军分兵渡过长江，昔日东京败将杜充又举建康（今南京）而降。韩世忠四面受敌，只好从镇江退守江阴。高宗逃往浙东，召来韩世忠，想以韩军护驾。世忠请求留在长江一带，伺机截击金军，高宗只好同意。金军很快占据杭州，听说宋帝退往明州（今浙江宁波），又以轻骑紧追不舍。惶急之下，宰相令随从群臣四

韩世忠像

散自谋生路，扶皇帝上船入海逃生。金人赶到明州，又驾船穷追，一气赶了三百多里，直到深夜仍不见宋帝踪影，这时暴雨骤至，天上雷电轰鸣，海面波涛汹涌，金人只好回船入港。高宗再次死里逃生，便不敢登陆，徘徊于温州附近海面。金军破江西，犯湖南，大肆掳掠而归，信使向兀术报告："搜山检海已毕。"兀术无意久留江南，引军北还，到杭州再度纵兵抢掠，然后一把大火将这个江南名城烧成白地。因为抢到的财物太重，金军驾船从水路北归。

金山设伏

这时，韩世忠领八千壮士，重占了镇江，募集了百余海船，在焦山严阵以待。兀术领军至，不得渡江，便遣使来下战书，韩世忠大声应诺，约次日开战。使节一走，韩世忠吩咐部下说："此间形势以金山龙王庙最高，敌人必定登临窥视我军。你连夜带二百人往金山设伏，一百人伏于庙内，一百人伏于岸边，以江中鼓声为号，岸边伏兵先起包抄山顶，然后庙内伏兵再冲出，定可将敌酋擒获。"为了防止泄密，韩世忠不许部下乘船渡江，二百健儿当晚武装泅渡过江，静悄悄占据了金山制高点。宋兵潜入庙中，和尚大吃一惊，还以为是天兵降临。东方欲晓时，果然有五人骑马向金山龙王庙奔来。庙中伏兵沉不住气了，江中鼓号还未响起，便一窝蜂冲出抢功。金人大吃一惊，调转马头就逃，两人当场被擒获，三人策马落荒而去，岸边伏兵围堵不及，三人溃围逃走，其中一个身穿红袍、腰系白带的人一度掉下马来，又纵身一跃，跳上马背飞驰而去。后审问俘虏，方知穿红袍者正是金兀术，宋将踌脚追悔莫及。

血战黄天荡

天明，双方水师摆开阵势，在江中展开激战。韩世忠平日治军十分严厉，部下有临阵胆怯者，他不打不骂，而以怪招侮弄懦者。一次军中设宴张乐，当众将士饮酒正酣，他严令胆小将士涂脂抹粉、妇人妆扮出来劝酒，受侮者惭愧万分，目睹者暗自戒励，从此，韩家军无怯战之人。当此大战，韩军部下人人奋勇争先，兀术手下皆是金军精锐，渡江以来首次遇到劲敌，亦不甘示弱，双方激战数十合不分胜负。这时，韩夫人梁氏着一身戎装，冒着箭雨，挺立于中军帅旗之下，亲自播鼓助威。鼓声铿锵，巾帼不让须眉；杀声震天，南军士气倍增，金军终于退却。

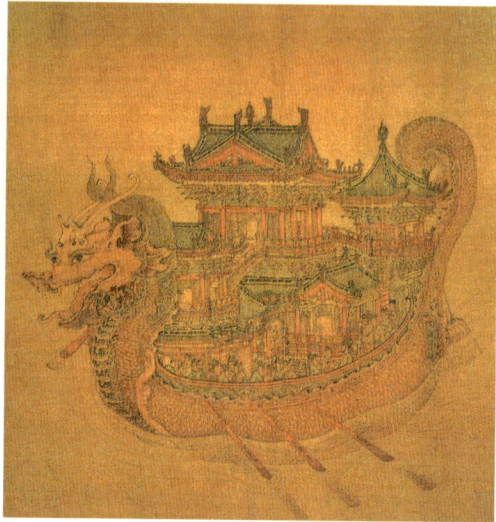

三朝老画师的龙形楼船

南宋钱塘（今杭州）人李嵩，年轻时做过木匠，后以绘画出名，在光宗、宁宗、理宗三朝任职皇家画院待诏，人称"三朝老画师"。此画描绘行进于水面的大型龙舟，舟中楼阁层叠，雕梁画栋，人物众多，笔法精细，龙舟两舷各有三桨轻划水面，舟尾有船舵控制方向，富具动感。画作选自李嵩《天中水戏》图册。

苦战数日，兀术仍不得渡江，便派使者前来求和，说只要借路北归，情愿留下所有抢来的财物，并以名马献韩将军。韩世忠严辞拒绝。金军船队沿江南岸西上，韩军也沿北岸拦截，且战且走，将兀术逼进建康东北七十里处的死水港湾黄天荡。兀术苦战二十多天，仍不得脱身。这日，求与韩将军阵前面谈，韩世忠慨然挺身而出。不可一世的兀术低下了高傲的头，亲自来求韩将军借路，声调越来越低，表情十分哀伤。韩世忠捧着随身带的金凤酒瓶，一面豪饮，一面大声说："还我两宫皇帝，复我北方领土，便让你活着回去。"兀术反唇相讥："神气什么？你们现在的皇帝都上表求降了。"韩世忠气坏了，引弓就要射，兀术忙驰马避开。不久，恰好得当地人指点，金军开凿淤塞故河道五十里，逃出黄天荡。

岳飞劫营

金军刚到建康，惊魂未定，一队黑衣武士乘夜混入金营，又杀又烧，金营顿时大乱，互相残杀起来，直乱到天明，才安定下来。金人严审俘虏，方知昨夜被宋军岳飞部劫营，一百来人便搅得十万金军大乱。这时，韩军又闻讯追来，堵住了北面。江北金军闻讯来援，两岸鼓角相闻，却无法接触。宋军乘风使篷，往来如飞，一部绕于敌后，不时抛出铁钩将敌船拖沉。兀术忧虑地说："南人驾船如使马一般灵活，这如何是好？"于是，金人以重赏募集水战奇策。一个旅居建康的福建人王某，前来应募。他教金军在舱底载土，在船上铺板，以增加船的稳定性；又在两舷开洞，船桨从洞中伸出，用更多的士兵划桨，以大大加快船的速度；然后选无风的天气

场面宏阔的《金明池争标图》

此图传为张择端作，描写宋代京城汴梁（今河南开封）金明池水戏争标的场面。画面苑墙围绕，池中筑十字平台，台上建圆形殿宇，有拱桥通达岸左。牌楼头上书"琼林苑"三字。人群熙来攘往，整个画面约有千余人。虽然人物小巧如蚁，但比例恰当，姿态各异。经专家鉴定，可能是张择端早期作品，具有重要历史与艺术价值。

出战，以火攻，必能取胜。兀术大喜，依计而行。这日天晴风止，兀术以小船出江，韩世忠绝流迎击。宋军都是大海船，无风皆不能移动，兀术令善射的士兵乘快船逼近，以火箭专射篷帆，顿时烈焰腾起，宋军大乱，士兵被烧死淹死无数。兀术乘乱领军渡江，突围北归。

韩家军闻名南北

这次战役，韩世忠以八千余人，堵截兀术十万大军四十八天，虽未大破敌军，可鼓舞了宋军的士气，使谈金色变的宋朝廷壮了胆，高宗六次亲笔褒奖，令韩世忠拜少师、授节度使。而巾帼英雄韩夫人，这时却上疏抗言，说韩世忠痛失战机，放虎归山，应严加贬责。满朝文武，闻之变色，无不自叹弗如，巾帼再次愧杀须眉。

经众将苦战，金军难以久留，赵宋王朝才得以偏安江南。以后高宗定都杭州，为了表示不忘中原，不称为都城，而称行在，即皇帝的临时驻地，杭州改称临安。

韩世忠守卫楚州一带十余年，和岳飞等共倡恢复中原，无奈高宗、秦桧一意求和，终于壮志难酬。韩世忠向来看不起喜欢空言的儒士，称其为"子曰"。一次朝见，高宗问道："听说你将文人称为'子曰'，有这事么？"世忠答道："臣如今已改了。"高宗以为他已改而崇儒，正要表扬两句，这老儿却又说："如今改称他们为'萌儿'（呆子）了。"高宗不由笑出声来。这日，文人出身的地方官沈晦设宴犒劳韩家军，席间沈赋诗道："饮罢三军应击楫，渡江金鼓响如雷。"韩世忠正为不能北进而憋气，一闻此语顿时大怒，跳了起来，吼道："萌儿，并不是世忠不敢过淮！"于是以大杯向沈晦劝酒，然后又令诸将轮番敬酒，可怜沈晦被灌得呕吐不已。

韩家军闻名南北，成为南宋初三大主力之一。韩世忠自镇江来临安拜见皇帝，随行亲军以铜为面具，军容严整，市民都驻足观看，啧啧称赞。

古人云："天下安，注意相；天下危，注意将。"南宋初，一批英勇善战的将军应运而生，其中最为后人熟知的便是岳飞。

少年英武

岳飞，字鹏举，出生于相州汤阴（今属河南省）一个世代农家。岳家虽贫寒，岳父却生性豪爽，不吝钱财，岳飞因此禀赋大度天性。与其他武将不同，岳飞受过村学教育，自幼好读《左传》、《孙子兵法》等古代经典，同时，因其强壮有神力，从师学射，练得一身好武艺。少年岳飞，沉默寡言，眉宇间透出一

撼山易，撼岳家军难

岳家军令行禁止，即使仓猝遇敌，阵脚也岿然不动，金人传言："撼山易，撼岳家军难。"

股英武之气，为人处事，守约义气。一次，岳父惊叹说："你这样的人，以后会殉国死义吧？"

北宋末，岳飞应募从军，适逢天下大乱，他很快脱颖而出，宗泽等大臣都很赏识他。宗泽拔奇才于万军之中，任他为统制，并对他说："你智勇双全，古代良将也不过如此。但喜欢野战，恐怕不能万全。"

忠孝节义

此清代杨柳青年画画的是《说岳全传》里的故事：抗金老帅宗泽病重，临死前将印信交给岳飞代管，随即呕血身亡。杜充奉旨代帅，暗地排挤岳飞。岳飞不悦，私自回家探母。岳母晓以大义，令其回营继续抗金，并在岳飞背上刺下"精忠报国"四字，以励其志。这便是家喻户晓的岳母刺字的故事。

宋

岳坟：精忠报国，名垂千古

岳飞墓，通称岳坟，在岳王庙西侧。南宋绍兴十一年（1142）十二月二十九日，抗金名将岳飞被杀害。绍兴三十二年，葬遗骨于此，墓碑刻"宋岳鄂王墓"。左侧为其子岳云墓。

于是拿出阵图，热心地教他布阵法。而岳飞微微一笑，说："布阵作战乃兵法常规，变化运用，奥妙无穷，全凭心中揣摸。"宗泽也不生气，反更为叹服。

精忠岳飞

南宋初建，君臣不思进取，日夜筹划逃跑求和。岳飞按捺不住，上书力请皇帝亲征恢复中原，于是被免官为民。他又投奔河北招讨使张所旗下。张所以为岳飞不过一介武夫，问道："你能抵抗多少敌兵？"他淡淡地说："作战不能光靠勇气，用兵以谋略为上。"张所肃然起敬，说："君绝非行伍中人。"从此以国士相待。以后，从河北战至江南，岳家军声名日起，三十岁刚过，岳飞已拜节度使，升到武将的顶端，高宗手书"精忠岳飞"四字，悬于旗上，荣耀无比。这时，张所已死，岳飞不忘知遇之恩，常常恭恭敬敬地祭拜张所牌位，并抚育张家子弟。

撼岳家军难

岳飞治军十分严明，士卒若拿百姓一根绳子，立时杀头示众，夜间宿营，百姓开门请士兵进来，也无

一人敢进，"冻死不拆屋，饿死不掳掠"，成为岳家军的口号。每次分发军粮，岳飞总是皱着眉头说："东南民力耗于军费，百姓真是苦极了。"平定荆湖一带后，岳飞便带士兵屯田耕种，以减轻国家的负担。因此，岳家军格外得到民众的爱戴，岳飞还活着，一些地方百姓便在家里为他建生祠，日夜烧香供奉。

岳家军平时训练十分严格。作战间隙，将士还要穿上沉重的铠甲练武，爬坡跳壕，无一日间断。岳飞的儿子岳云，十二岁便从军作战，手持两个八十斤重的铁椎，每次战斗，身先士卒，屡立奇功，军中呼为"赢官人"。而报功时岳飞往往故意不说，部属为岳云打抱不平，他说："士卒出生入死，立大功才升一级，越级提拔我的儿子，又怎么能使众人服气呢？"每次训练，高级将官也要参加。一次，练习骑马越坡，

> ### 历史文化百科

〔刺字与文身〕

《水浒传》中多见刺字文身的情节，这是历史真实的写照。宋代继承前代的做法，将刺字作为对囚犯的惩罚之一，到南宋孝宗时，刺配法多达570条。依判刑的轻重，字刺于耳或面部，有大小之分，一般为"刺配某州牢城"字样。为防士兵逃跑，也在其面部刺上所属军号，南宋时一般刺字于额部与手，而上等兵"效用"大为增加，他们是不必刺字的。与金朝不同，宋朝法律禁止主人私自在奴婢脸上刺字。与惩罚无关，有些军人或勇武之人在脸上或身上刺字，以示志向，如为人熟知的岳母刺字与抗金"八字军"。

文身则纯属个人爱好，尤其大城市中的闲人恶少以此为荣，花纹各异，有人满身刺上白居易诗与相关画面，文身爱好者组成的团体就叫"锦体社"，专门为人文身的工匠称"针笔匠"。北宋时，东京节日狂欢，妓女也上街歌舞，这时三五恶少往往骑马追随其后，穿着时髦，并露出从臀到足刺满花纹的"花腿"，招摇过市。

岳云不慎从马上摔下，岳飞大怒，当众挥鞭惩戒，全军上下，顿时肃然无声。将士远征，他常派自己的妻子去慰问其家。部将战死，他痛哭哀悼，并承担抚养遗孤的义务，有时令自己的儿女与其联姻。士卒生病，他也亲临慰问，亲手调药。朝廷有所赏赐，他全部发下去，自己一点不留。因此，上至将军，下至士兵，都十分爱戴自己的统帅。每次作战，岳飞都听取部将的意见，仔细谋划之后才出兵，因此往往能以少胜多。无论扎营行军，岳家军令行禁止，即使突然与敌相遇，阵脚也岿然不动，为此，金人传言："撼山易，撼岳家军难。"曾有人问他用兵之术，他概括说："仁、智、信、勇、严，缺一不可。"

文臣不爱钱，武臣不惜死，天下太平矣！

赵宋定都杭州后，金在北方扶植了以刘豫为首的伪齐政权，金骁将兀术屡次领军来犯。岳飞独当一面，多次挫败敌军，绍兴四年（1134），岳家军奉命攻襄阳，二三月间，便一举收复六郡。这是南渡以来的第一次北进。消息传来，高宗惊呼："朕只知岳飞军纪律严明，却没想到这么善战。"欣喜之余，也露出一丝忧惧。

岳飞为人，与韩世忠等人迥异，礼贤下士，闲时读书吟诗，举止彬彬有礼，故深得士人敬重。当时文武诸臣大多贪财，或强占民田，或大造豪宅。西部名将吴玠一向佩服岳飞，想与他结交，送来美女作为礼物。岳飞退回美女，严肃地说："君主正为国家忧虑，岂是大将安乐之时。"吴玠更自叹弗如。高宗要为岳飞造华宅，岳飞极力推辞，说："敌未灭，何以家为！"有人问他，天下何时才能太平，他愤愤地说："文臣不爱钱，武臣不惜死，天下太平矣！"这样一个理想的儒将真是太不寻常了，正因其不普通，更使皇帝疑虑重重，军民愈爱戴，皇帝愈担心。韩世忠功成名就，打算在江南广置田产，皇帝听说十分高兴，马上无偿

抗金名将岳飞

岳飞（1103-1141），南宋抗金名将。少年从军，力主抗金恢复中原，为秦桧以"莫须有"罪名杀害。其著作后人辑有《岳忠武王文集》，诗词散文都慷慨激昂，宁宗时追封鄂王。

赐给他几十万亩。而这个岳飞，不能不使皇帝怀疑，既不爱钱，也不爱女人，他到底想要什么呢？

诸将中岳飞最年轻，提升虽晚而战功最为显赫，大将韩世忠、张俊又嫉妒又不服气。岳飞不惜屈己谦让，部下为此愤愤不平。金军南侵，张俊不敢出兵，岳飞闻令而动，战无不胜，得到皇帝嘉奖，张俊悔恨交加。战后，岳飞分别送给韩、张各一艘楼船，内载缴获来的精良兵器，豪爽的韩世忠十分高兴，而狭隘的张俊反更为嫉恨。韩世忠主战，得罪了秦桧，张俊想乘机搞掉老韩，与岳飞商量平分韩军，岳飞以为不义，坚决不肯，反而救了韩世忠。岳飞君子形象的存在，也不能不引起一帮小人的怀恨。

秦桧以"莫须有"的罪名杀害岳飞，后世就把"莫须有"作为什么的代名词？

宋

尽忠报国岳飞冤死

说不尽的岳飞之愤，雪不完的莫须有罪名。

可悲的是，岳飞之所以受到后人瞩目，与其说因其英勇善战，不如说因其命运悲惨。

功高招嫉

南宋初三大将，为岳飞、韩世忠、张俊。三人各有一支训练有素的亲军，每逢出征，军旗招展，上书斗大的将军姓字，威风凛凛，人称"岳家军"、"韩家军"、"张家军"。赵宋朝廷得以死而复生，全靠这些生力军的支撑。然而，这些生力军的存在，也令高宗夜不能寐。赵宋由兵变起家，其基本国策便是堵塞这条道路，以杜绝仿效者，于是军队已弱还要削弱，将领无权还要夺权。结果赵宋成为汉族有史以来最懦弱的王朝，军队一触即溃，以至被金人赶出中原。北宋末，皇家的禁军已消亡殆尽，起于四方的绿林武装，几经火并改造，逐渐形成南宋初的军队。这时的军队已不同于北宋的禁军，士兵熟悉甚至忠于本军将领，下级军官多是将领的亲信，因此具有较高的战斗力。为此，高宗及其周围的谋臣，总为这支军队的存在而担忧。亲历苗刘兵变的惊吓，高宗更服膺太祖留下的训诫，认为武将才是心腹之患。于是，一旦外患稍为减轻，第一要务便是削弱军队，而削弱的结果又招来新的外患，解决外患不从加强自身着手，而是一再求和投降，以至一日无和约便难受得要命，和约被对方撕毁，饱受敌人欺侮，却先反省己方求和诚意不够。因此，岳飞的悲剧实在是无可避免的。

得罪奸臣

岳飞生性刚强，只要他认为对国有利，就会不顾一切地说出自己的看法，每次见到皇帝都要大谈北伐，说金人可灭，中原可复，一点也不看皇帝的脸色。高宗以诸将的胜利作为求和的砝码，令秦桧加紧乞降，只要签订和约，甚至不惜以属国大臣的身份拜在金人脚下，他急切地说："想当初，我被金人赶到海上，那时就是拜一百次人家也不理睬呢！"绍兴八年（1138）岁末，南宋向金称臣，岁贡银二十五万两，绢

岳飞参北图（清·吕焕成绘）

岳飞是赫赫有名的武将，但此图画的却是岳飞生活中的形象：他端坐于凉台之上，神态安详，但上挑的眉毛及雍容的仪态仍不失英雄气概。整个画面细腻生动，工整淡雅，让我们领略到英雄的另一侧面。

宋本十一家注《孙子兵法》

二十五万匹，代替伪齐成为金的属国。军民为之大哗，杭州数日喧闹不安。岳飞上书坚决反对，愤愤地说："金人不可信，和好不可靠，宰相处置不当，恐为后人讥笑。"秦桧因此怀恨在心。

大破拐子马

绍兴十年（1140），金人撕毁和约，大举进攻，高宗只得下令抗金。金军在川陕和两淮都遭到

〉历史文化百科〈

〔快速邮递的标志：金字牌〕

由于岳飞故事的深入人心，许多人熟知高宗一天之内下十二道金字牌令岳飞火速班师的细节，然而人们多将金字牌误作令牌，实际上它只是邮递的一种标志。宋代靠遍布各地的递铺建立起通信网，以士兵担任邮递任务。邮递按快慢分为步递、马递、急脚递、金字牌递等几类，一般规定步递日行 200 里，除官府文书外，还可邮寄私人信件；马递日行 300 里；急脚递又称急递，日行 400 里；金字牌递日行 500 里。所谓金字牌底是红漆，上书金字："御前文字，不得入铺"，意为这是皇帝御前紧急公文，必须马不停蹄地往前传递。南宋时枢密院又发一种雌黄底的青字牌，规定日行 350 里，后改为黑漆红字牌，规定日行 300 里，以传递紧急军事文件。但实际投递根本达不到规定的速度，甚至金字牌递也有晚了近十天才传到的。

惨败，兀术领兵退回开封。岳飞乘机挺进中原，全线进攻，很快收复了洛阳等重镇，自己坐镇郾城指挥。兀术探知岳飞在郾城部队人数不多，集大兵来袭。诸将闻知都十分紧张，岳飞镇定自若地说："不必担心，金人技穷矣。"兀术有精骑号"拐子马"，人马皆穿重甲，三人为一组，以索相连，以此布阵，很难冲破。岳飞命岳云领最精锐的背嵬军（亲军）冲阵，厉声道："不能取胜，先斩你！"命步兵手持麻札刀入阵，严令不许仰视，专斩马足，一马倒，则二马不能行。自己率四十名亲兵四处游击。双方激战直至天黑，金军大败而逃。兀术急得大哭，说："我起兵以来，全靠此取胜，这下完了。"岳家军乘胜进军，前锋进至离开封仅四十五里的朱仙镇。早几年，岳飞已派人联络山东、河北的抗金武装，这时纷纷响应，亮出"岳"字旗，到处袭击金军，百姓也送粮报信，公开拥护宋军，燕山以南，都不听金的号令。岳飞原本很爱喝酒，因为皇帝一句训令，也为不误军务，他平时非常节制，此时，他兴奋地对部下说："直抵黄龙府，定与诸君痛饮！"

十二道金字牌

兀术退回开封，忙着运走财物，准备撤退。一名书生拦在马头，高叫："太子不忙走，岳少保就要退兵了。"兀术不耐烦地说："岳飞以五百骑兵大破我十万大军，东京人日夜盼望他来，我怎么守得住？"那书生冷冷一笑，说："自古以来，可曾见过权臣在内、大将能立功于外的事例吗？岳少保自身尚且难保，还谈什么建功立业呢？"兀术恍然大悟，为此驻马静观。果然，秦桧先令张俊等撤回，造成岳飞孤军深入的态势，然后高宗一天之内下了十二道金字牌，火速传令岳飞班师。岳飞东向再拜，痛哭失声，悲愤地说："十年之功，毁于一旦！"班师之日，百姓拦在马前，

哭诉道："我们运粮草给官军，金人尽知，将军去后，定会遭到屠杀报复。"岳飞流着眼泪拿出诏书，说："君命在身，我不得擅留。"军民抱头痛哭，悲声震野。岳飞宣称进攻东京，迫使兀术不敢出兵，自己又多留了五天，让愿意南归的百姓撤走后，才领兵退回，血战夺得的州县复落敌手。

岳云像

欲加之罪

不久，岳飞等坚决抗金的将领被解除军权。韩世忠外粗内细，已觉察形势不妙，从此十年间闭口不言兵，当年部下来访，也闭门谢绝；买地置房，骑驴悠游于山水之间，使高宗消除了疑虑。而岳飞仍忠愤激烈，不肯放弃恢复中原的主张。绍兴十一年（1141）秦桧勾结张俊等，诬告岳军部将张宪密谋让岳飞复掌兵权，然后将冤狱扩大，坐及岳飞父子。初对公堂，岳飞仰天大笑，撕裂背上的衣裳，说："皇天后土，可表此心！"只见他背上刻着"尽忠报国"四个大字，墨色深入肌肤。初审的官员十分感动，报告说此案没有证据，岳飞是无辜的。秦桧大怒，将初审官贬往外地，另派人审理，百般罗织罪名。岳飞长叹一声，说："我这才知道，既然落入秦桧国贼之手，报国忠心便算完了。"然后闭上眼睛，任其百般拷打，不再申辩了。

"莫须有"三字何以服天下！

韩世忠听说此事，闯入相府，质问秦桧有什么证据，秦桧支支吾吾地说："岳飞儿子岳云给张宪写信的事虽未证实，谋反之心莫须有（也许有）。"韩世忠愤愤地说："'莫须有'三字何以服天下！"岳飞父子被关两月，证据仍然不足。岁暮的一天，秦桧独在书斋，刚吃过柑子，手里玩弄着吃剩的柑皮，时而扔下，时而抓起，下意识地用指爪在上刻画，似若有所思。秦桧的妻子王氏走过来，笑着说："老汉怎么如此难以决断！谁不知道，捉虎容易放虎难呀！"秦桧眉头一皱，马上在纸上写了几个字，派人秘密送往监狱。当晚，岳飞不明不白地死于狱中，年仅三十九岁。秦桧党生造罪证，岳云和张宪被公开杀于杭州市上，岳家被抄家，家属及部下被株连判刑，发配至岭南。

岳飞的死讯传出，百姓暗自落泪，金人酌酒相庆。

话说中国

〇七一

钱眼安坐张俊铁脸

论战绩，张俊比不上诸将；论捞钱，张俊乃首屈一指。

南宋初三大将之首的张俊，原是陕西绿林好汉，北宋末从军，高宗初起，便跟随左右。

花腿军

论战绩，张俊比不上诸将，但提拔最早，又善于迎合皇帝，故常在天子左右。论享福，张俊第一，论捞钱，首屈一指。南渡初期，战事频繁，韩世忠、岳飞等远戍在外，与士卒同甘共苦，而张俊一军常在杭州。张俊闲来无事，从士卒中挑选高大的英俊少年，令刺上锦绣花纹，从手臂直到足踝全身刺满，然后令其短打出游，纵民围观。韩、岳军在前方浴血奋战，而张俊在后方玩此"花拳绣腿"的功夫，士兵痛苦不堪，百姓摇头叹气，因此称其军为"花腿军"。前方还在争城以战，后方已在大兴土木。张俊令军士为皇帝营造宫殿，为自己修建豪宅，又盖了一个名叫"太平楼"的酒肆，赚钱营私。众军士编歌谣唱道："张家寨里没来由，使他花腿抬石头。二圣犹自救不得，行在盖起太平楼。"此处"二圣"指身陷漠北的徽、钦二帝，"行在"指高宗驻留的杭州。韩世忠从前线归来，其亲军都戴铜面具，张家军士兵又开玩笑说："韩太尉铜脸，张太尉铁脸。"所谓"铁脸"为当时俗语，形容不顾廉耻不怕人笑的小人脸比铁

坚。高宗听到不少议论，只好叫来张俊令他收敛一些，不要大兴土木，不要与民争利，苦口婆心地说："众臣都说朕待你最好，你要体会圣恩，更加努力才是。"其实对这种人，皇帝反而放心，并不认真去管。

生财有道

此后，张俊更加努力捞钱。一天，春光明媚，张将军游兴顿起，信步踱往后花园赏花。忽见园中有一老卒在阳光下呼呼大睡，张俊气不打一处来，狠狠踢了两脚，大骂："懒鬼！"老兵翻身跳起说："无事可做，故只好睡觉。"张俊笑道："你会做什么？"那老兵朗声说："什么都会一点儿，比如出海贸易，也懂一点。"张俊一听做生意，顿时眉开眼笑，问道："你能到海外做生意，我出万贯钱给你做本如何？"老兵撇撇嘴说："这点钱够做什么。""那么给你五万。""还不够。""你到底要多少？""百万最好，至少也得五十万。"将军出身的生意人本来就不怕冒险，张俊十分欣赏老兵的气魄，当场交给他五十万贯钱，任其支配。老兵用这些钱造了艘巨型海船，又买了一百多个能歌善舞的美女，采购大量奇珍异

生动形象的白釉褐彩绵羊和白釉点绿青蛙

绵羊仰首贴尾，粗壮的双角向后弯卷，呈螺旋形，四肢稳健有力。蛙，四肢趴伏在地，头部上昂，腰肢前宽后窄，体形自然向后倾，产生向前跳跃的动感。这两件瓷制玩具出土于河南舞阳。

宋

公元1095年

公元1095年

世界大事记　克勒芒宗教大会。

韩世忠　岳飞　张俊　秦桧　赵构　邪恶

《三朝北盟会编》《宋史·张俊传》

人物　关键词　故事来源

领先于世界水平的双虎纹罗

南宋黄昇墓出土的浅褐色罗织物。用镂宽版胶印法印出双虎纹。每单元纹为双虎四对，每米印有五百个。虎纹形象逼真，纤细的虎腰与先秦、汉代的金银错铜器上的虎纹饰相类，与"楚王好细腰"的风格一致。这种印花工艺是我国古代纺织技术发明之一，秦汉已有，宋代更臻完美。此罗织物是中国古代印花工艺领先世界水平的一个物证。

宝、绫罗绸缎，又招募了数十个通晓海外事情的人作为随从，在杭州玩乐一个多月，突然飘然出海了。一年以后，老兵带了好几条船回来，船上装满了珍珠翡翠、宝石香料等海外珍宝，还带回不少骏马，获利数十倍。当时诸将都缺马，张家军得此，军容壮大，还可卖钱。张俊大喜，问他经过，他说："我到海外诸国，自称大宋使节，将丝绸珍宝送给国王，请当地贵人来赴宴，美女奏乐歌舞，看得他们眼花缭乱，他们便以名马换我美女，又送我许多礼物。"张俊啧啧赞叹，贪婪地问："你还能为我再去吗？"老兵摇摇头说："上次不过开开玩笑，再去就败露了。我宁肯仍做军卒，老死在您的后园。"

名利双收

杭州有一姓张的名妓，色艺天下无双，又能诗善文，被张俊看中，纳她为妾。此女嫁到张家，便替张将军管理文书账目。绍兴十一年（1141）春，宋金在淮西大战，诸将都亲赴前线。张俊放心不下家里的买卖，写信给张妾千叮万嘱。过了几天，张俊收到回信，打开一看，满纸写着西汉霍去病、三国赵云出征不问家事的历史典故，张妾欲以此坚定丈夫报国之心。狡黠的张俊开怀地笑了，一因此女精干，家事必安排妥当；二因此信写得激昂慷慨，正可作政治资本。张俊令人将此信连夜送入宫中。皇帝阅毕果然大为赞赏，下诏褒奖张俊公而忘私，并封张女为雍国夫人，赐钱千万。张俊名利双收。对比公而忘私的岳飞，不肯造华宅，不肯养美女，诸子随军征战，与士卒同苦，却屡遭皇帝疑忌，真使人感慨世事的不公。

安坐钱眼

张太尉占尽了便宜，还是十二分的不满，既嫉妒岳飞的战功，又垂涎老韩的实力，便投靠秦桧，力主

▷历史文化百科◁

〔宋代士兵多兼业〕

宋代军士的俸禄主要有料钱、月粮和春冬衣等名目，还有其他临时赏赐，禁、厢军之间有军种差别，军士之间亦有等级差别，国家往往以各种借口拖欠军粮兵俸，各级军官及仓吏也层层盘剥，致使士兵难以得到应有的俸禄，至于杂色名目的赐给，更为将官侵夺，甚至全部吞没。绝大部分士兵及家属的生活是十分穷困的。为了糊口，士兵往往兼营他业，小部分士兵因此生活宽裕，而大部分士兵仍十分贫困，一旦断其生业，便无法生活。从事官营运输的士兵，往往夹私货贩卖，政府也认可这种逃避商税的做法。军官勾结豪富，在军中私放高利贷，进一步盘剥。军内外官僚大量私役士兵，不仅使士兵沦为私家奴隶，还成为剥夺士兵的手段，士兵被迫出外打工，要向军官纳钱，称为"买工"，南宋时，私役士兵的现象更为普遍。士兵不堪压迫，往往逃亡，为此在士兵脸上或手上刺加以识别，辅以严刑峻法，但仍难阻止。军中矛盾激化，不时爆发士兵的反抗。

南宋铜钱

见星。大家都有些害怕，催他再看。他又看了一会，怪里怪气地说："还是看不见星，只见张郡王坐在钱眼里。"顿时君臣哄堂大笑，几乎将殿瓦掀飞。

我怎能与秦太师争宠呢？

在政治上，张俊也同样精于算计。张俊初退休时，皇帝赐予新宅，富丽堂皇，百倍于昔。这天，皇帝光临张宅，带来皇家乐队，并将整个御宴搬了过来，上百种珍肴盛陈满堂，成千内侍奔走于途。王公贵族都以此为荣。时间过午，皇帝仍谈笑风声，毫无归意。张俊有些坐立不安了，几次三番与大宦官耳语，要他催皇帝早些回宫。张府上下都十分纳闷，皇帝走后，有人问张俊为何不留皇帝。张俊眨眨眼说："做臣子的，谁不以皇帝在家中逗留为荣，只是上次皇帝去秦太师家，午饭时间一过就登车走了。我怎能与秦太师争宠呢？"众人恍然大悟，对张俊的老谋深算十分佩服。如此老奸巨猾，故张俊始终获得高宗欢心，也不致引起秦桧嫉根，终身保其荣华富贵。

和议，排挤诸将，甚至参与密谋，害死岳飞。诸将兵权收归张俊后，秦桧开始叫人攻击张俊，张俊心知肚明，马上求退，于是得了个王爵，安享富贵，全力聚财。张郡王的贪财，臭名远扬。一日，宫中开宴，朝中贵人皆赴席，皇家小丑前来助兴。一戏子上台宣称："本人精通天文，世间贵人都与天上星象相应，我一看便知。用一文钱对贵人一照，便只见星象而不见人形了。"他装模作样地一个个看过来，先看高宗，说是"帝星"；看秦桧，说是"相星"；看韩世忠，说是"将星"；看到张俊，停住了，看了又看，说看不

张俊享寿六十九，死时皇帝亲临哭送，以国礼安葬，享尽哀荣。

公元1096年

世界大事记　第一次十字军东征开始。

〇七二

张浚　秦桧
岳飞　赵构　奸佞
《宋史·秦桧传》
人物　关键词　故事来源

老秦阴毒

杭州西湖边上，岳飞坟前，铸有四个跪着的人像，这是害死岳飞的四个罪魁祸首，即秦桧夫妇、张俊等。因为岳飞故事深入人心，秦桧便留下千古骂名。清朝时，一秦姓人来拜岳坟，题一联曰："人到宋后少名桧，我至墓前愧姓秦。"桧，本指一种树干笔直的常绿乔木，古人常桧柏连称，表示刚直坚贞的美德，又用作长寿的象征，因此，直到北宋末，"桧"还是美称。苏东坡诗曰："团团山上桧，

人到宋后少名桧

清朝时，一秦姓人来拜岳坟，题一联曰："人到宋后少名桧，我至墓前愧姓秦。"

岳王庙：精忠报国，名垂千古

南宋绍兴三十二年(1162)，孝宗即位，岳飞之冤昭雪，葬遗骨于此。嘉定十四年(1221)，改北山智果院为祠庙，即今之岳王庙。历代屡毁屡建，现存建筑多为清代重建。图为岳王庙大门。

岁岁阅榆柳。"而到秦桧身后，"其人如桧"再也不是美称了。其实，秦桧的性格为人，完全没有刚直的影子，恰恰相反，他如藤蔓般阴柔，如蛇蝎般狠毒。

由于南宋诸军的抵抗，金军的精锐部队大为削弱，几次南下都没占到便宜。金人自己说："以前我强彼弱，现在彼强我弱，所幸宋人还没觉察罢了。"然而，高宗只想在江南做个小皇帝，并不想冒险北伐。这时，秦桧自北方归来，到处散布流言说："我有二策，只要

我当上宰相，就能震惊天下。"他力主求和，与高宗一拍即合，故很快升至宰相。秦桧一当政，公布了他的锦囊妙计，不过是："南人归南，北人归北。"群臣大失所望，高宗尴尬地说："朕也是北人，还能归哪儿去？"不久，金使来宋，其要求竟与秦桧二策相符。

十多年，他看准高宗的心思，极力主张与金议和，朝中贤士相继被排挤出去。一帮无耻之徒投靠秦桧，以陷害他人为进身之阶，每当攻击大臣，往往由秦桧亲自起草奏章，然后授意爪牙出面。以至人们一看其行文风格，便说"又是老秦文笔"。

小丑胆大

绍兴和议丧权辱国的内容传出之后，引起朝野的反对。枢密院编修官胡铨上疏激愤地说："请斩

岳王庙大殿

秦桧以谢天下！"秦桧得到高宗的坚决支持，将胡铨等一批反对的大臣发配至远方，收诸将兵权，进而制造岳飞冤狱，使贤臣良将清除殆尽。金人也十分赞赏秦桧的作用，因而在和议盟誓中加入"不可轻易改任宰相"一条。

和议达成后，高宗对秦桧更宠信有加，赏赐豪宅巨金。这天，在秦宅大摆宴席，令皇家教坊前来助兴。一戏子在前大颂秦相功德，另一小丑在后，端来一张有靠手的太师椅，一边杂七杂八地说些逗乐的话。那戏子刚坐上太师椅，头巾忽然掉了下来，露出发髻，脑后吊着两个大环。小丑问道："这是什么环？"戏子答道："二胜环。"小丑举起手中的扇子在他头上敲了一记，嬉皮笑脸地说："你只管坐在太师椅上领取金钱赏赐，怎么将'二胜环'放在脑后了？"顿时，满座的贵客都大惊失色。原来，人们常尊称秦桧为太师，"二胜环"原是抗金名将所创的旗徽，谐音"二圣还"，表示打到漠北，迎还徽、钦二帝。此段调笑明显讽刺秦桧。秦桧大怒，第二天将他们打入大牢害死。

死里逃生

一天，五更时分，正是黎明前最黑暗的时候。秦桧骑马上朝，经过望仙桥时，突然窜出一条黑影，举刀就砍，秦桧的坐骑受惊跳起，刺客扑了个空，一刀砍在桥栏上，一时竟拔不出来，秦相的侍卫一拥而上，将其擒获。经过审讯，方知刺客为殿前司士兵施全。他激昂慷慨地说："举国都与金人为仇，只有你要奉金为主子，因此要杀你，可惜未成。"施全被杀后，秦桧更为恐慌，每次外出都要五十个亲信保驾，在家里也更为小心，即使是奴仆也不能随意进入他的卧室。

秦桧死后，皇帝命以国礼送葬，一时好不热闹。墓在建康（今南京），其上丰碑屹立，但因无人肯为

南宋黄褐色印花绢四幅直裙

他撰写碑文，故一个字都没刻。后其墓为人盗掘，据说挖出不少金银宝器。地方官也讨厌秦桧，不肯追究，不久其墓颓圮。

〉历史文化百科〈

〔胡床与太师椅〕

古代中国人所谓"坐"指席地而坐，两膝着地，臀部置于两脚上，认为这才是合乎礼节的；若又开两脚置于前，手置于膝上，称作"箕坐"，被认为是大不敬。与此相应，几案都是很矮的。南北朝时游牧民族进入中原，后妃临朝也坐于高榻上，垂足而坐，颇为当时士大夫所讥。同时，"胡床"传入中原。对于"胡床"到底是什么样子，至今学者争论不休，一般认为是一种以绳或木板做的折叠椅子，有靠手，便于搬动。因所谓胡坐比汉族的"正坐"舒服，汉族逐渐接受了这种坐法，家具便随之升高，唐五代时已出现了桌椅，到宋时才普遍流行，但在北宋时士大夫家妇女坐椅子仍被人讥为没教养，到南宋时才全部废止了席地而坐，面对宾客垂足而坐反成为有礼的表现。当坐椅成为习惯之后，"胡"字也随之消失，"胡床"改称交椅，皇帝出巡，亲从持"金交椅"跟从，可让皇帝随时坐下休息。后交椅又固定化，用木料制成有靠手可仰寐的太师椅。于是"宋以后"倚子"也就写为"椅子"了。

公元 1113 年

世界大事记

基辅市民起义。西亚人民反抗十字军起义。

赵构　韦太后　荒唐

《西湖游览志余》卷六

人物　关键词　故事来源

○七三

假公主骗取富贵

兵荒马乱之后，既有骨肉重逢的喜剧，也上演令人啼笑皆非的闹剧。

北宋靖康年间，金人攻破汴京，将宫中的所有皇室成员一网打尽，随徽、钦二帝一起押往漠北。那时皇亲国戚都恨不得生于百姓家，但生长深宫的皇子皇女，连百姓的语言都不懂，一出宫门便寸步难行，故绝少幸免，仅原哲宗孟后因已被废，住于城外寺中，此时因祸得福，得以漏网。南宋一建立，孟氏得立为皇太后，定都临安（杭州）后，更享尽荣华富贵。这时，皇亲国戚又成了香饽饽。

兵荒马乱之后，上自皇亲贵族，下至平头百姓，都有不少骨肉重逢，令人悲喜交加，也有一些奇人怪事，使人啼笑皆非。

女子闯宫

在北宋诸帝中，徽宗龙种最盛，有三十一子，三十四女，靖康之难时，除早夭者外，大多被掳往漠北，或死于途中，或在漠北受苦。建炎四年（1130），南宋朝廷刚刚安顿下来，突然有一衣着破烂的女子只身欲闯宫，自言是徽宗女柔福公主，刚从金军手中逃出。高宗虽与柔福公主是异母姐弟，但深宫之中礼数甚严，虽兄弟姐妹也难得见面，故并不熟悉，于是命老宫人前来识别。老宫人熟视良久，觉得面貌身材十分相似，盘问宫中旧事，也对答如流，只是脚有些大，举止也略显粗俗，为此有些怀疑。那女子哽咽着说："金人将我们押往漠北，一路如驱赶牛羊，

我赤着脚走了万里路，怎么还能留有千金风韵？"高宗一听，也不禁凄然泪下，便收入宫中，封为福国长公主。不久，为她选英俊才子为驸马，举行盛大婚礼，从此听不完的奉承套话，享不尽的富贵荣华。

富贵到头

被掳往漠北的众多宫人，饱经磨难，多死于穷边，只有高宗的生母韦妃得以生还。宋金和议达成之后，几经周折，韦氏才回到故国。国母归来，自然是国家大典，皇亲国戚都来请安，当宣至柔福公主夫妇，韦氏一愣，但当场什么也没说。当晚，韦氏对皇帝说："柔福公主早就死在漠北了。"高宗这才明白，建炎时来投的公主是假的，当即将她投入诏狱。审问得知：此人原为某寺女尼，战乱中，北宋一宫女流离到寺中，一见此尼，惊呼酷似柔福公主，此尼因生侥幸之心，便留意细细问了宫中故事。以后她冒名成功，享了十来年的福。冒名公主于国并无大碍，但毕竟是宫中丑闻，假公主被秘密处死于狱中，皇前前后所赐金钱华宅尽被充公，可怜那驸马爷一夜之间成为贫儿。

熏香成为一种时尚

以香草置于炉中慢慢燃烧，发出幽幽香气，使室内弥漫一种优雅柔美的情调，这是在宋朝女性，尤其是在宫廷或高官家的年轻女子中间流行的时尚。有的还在香炉上置一竹笼，如竹榻一样，人可躺在笼上面小憩，冬天有取暖的作用。

话说中国

真太后享尽荣华

世上只有妈妈好，皇父皇兄皆忘了。

高宗生母韦氏，在徽宗朝地位不高，封为婕妤，靖康时因儿子使金为人质，方升为妃子，不久便成为金朝俘虏，被押往北方，历经千辛万苦。高宗即位后，虽以恢复中原迎回二帝为口号，实际只留在口头上，其重要原因在于一个尴尬问题：老皇帝归来，自己往何处摆？所以不管和谈如何有利，并未坚持归还两宫的条件，但对于迎还亲母韦氏，的确是尽了最大努力。高宗当上皇帝，首先尊母亲为宣和皇后，到江南后又尊为皇太后，诞辰年节都面向北方遥行贺礼，宋使到金，都要转达口信，有次还带回了韦氏的亲笔信。

韦妃棋卜

靖康二年，宋徽宗和嫔妃一行被金人掳渡黄河北去，其中韦妃因不知儿子赵构已在南京即位，曾用象棋来占卜，当时随行的大臣曹勋《北狩见闻录》记其事："太后未知主上即位，尝用象戏局子，哀以黄罗，书康王字，贴于将上，焚香祷曰：'令三十子俱掷于局，若康王字入九宫者，主上必得天位。'一掷，其将果入九宫，他子皆不近。太后手加额，甚喜。"画待诏萧照画有《中兴瑞应图》，第七幅画的就是韦妃用象棋占卜的情景。

为母讲和

绍兴七年（1137），徽宗与郑皇后驾崩的噩耗传至临安，高宗悲痛之余首先想到了生母，他哭着对宰相说："母亲年事已高，朕为此坐立不安，讲和就为了她呀！"绍兴十年，在岳飞等人的奋战下，宋金的力量对比发生了变化，高宗的口气开始强硬。他对金使说："朕有天下，而不能供养双亲，真是耻辱。如今徽宗已不及补救，而当归我太后。誓书里写入此条，我不耻议和，若不行，我不惜用兵。"宋使到金，哀求百端，说："太后在上国，不过是一无用老人，在本国，却关系重大，若得归还，我主必然遵守和约。"和约签订后，金人松了口，绍兴十二年，终于同意归还韦太后，徽宗及郑后遗骨亦一起带回。韦太后是个精明人，一听此信，恐怕事有反复，早就安排好运棺车马，金人一声令下，立即出发。钦宗闻讯，奔来紧紧拖住车轮，哭喊道："妈妈，告诉九哥（指高宗），只要让我南归，做个京城道士就够了，并无别的奢望。"太后急着要走，推又推不开，只好赌咒发誓："我先回去，若不来迎你，老天在上，让我双眼失明！"钦宗这才松了手。

晚年得福

一行走到燕山脚下，天气渐热，押送的金人露出怨言，韦太后恐怕底下人坏事，便假称生病，要求停下，等秋凉再走，金人果然十分满意，乐得休息。韦太后又向金使借了三百两黄金，保证过境后双倍偿还。八月秋凉，离燕启程，太后将黄金散给从行的金官兵，于是再无闲言，很快走到宋金交界之处。眼看就要过境，金使又提出先还三百金，太后向来迎接的宋使王庆曾求助。王虽贵为副相，但朝中一切都由宰相秦桧

公元1118年

世界大事记

"圣殿骑士团"建立。

《宋史·徽宗韦贤妃传》

韦太后　赵构

秦桧　赵佶　奢侈

人物　关键词　故事来源

说了算，不敢擅自做主，忙派人赶往临安请示，于是一行在边境逗留了三天。宋旗在望而不得渡，金人多变难保不出变故，太后真是心急如焚。宋副使力主赶快满足金人要求，抖尽私人行囊，又向边境商人求助，方才偿还金使债务，太后当天渡淮过境。南宋朝廷举行盛大欢迎仪式，皇帝亲到郊外迎接，初见母亲，高宗喜极而泣。一路鼓吹，韦氏被抬入早已造好的新宫，年届

六十，终于登上太后宝座，历经生死劫难，总算晚年得福。当晚，太后向儿子痛说一路险情，哭诉道："王某身为大臣，如此不顾国家利害，万一生变，我母子就不能相见了。"高宗震怒，当时就要杀了王庆曾，秦桧说了不少好话，才保下这名亲信。

乐而忘忧

当初，韦太后在宫中与乔贵妃最要好，两人相约，无论谁先得宠，都要相互援引。后乔氏先得宠，

贵族女子所穿的绉纱单衣（上图）

福州南宋黄昇墓出土的女服，衣料为轻薄的绉纱，浅褐色。衣襟纹饰为彩绘芙蓉、小童攀折枝花、印金菖蒲、浮莲纹等。宋代服制，达官贵人才能穿高级丝织物，可以金饰之。此衣印金纹样说明墓主身份，也反映了当时纺织用金技术的多样化。菖蒲、芙蓉表示驱邪、富贵。

南宋词人姜夔

姜夔（约1155－约1221）一生没有做过官，他精通音乐，作诗填词。他的词对于南宋后期词坛的格律化有巨大的影响。有词集《白石道人歌曲》。

> ▷历史文化百科◁

〔临安的皇宫〕

南宋初，宋高宗逃往江南，驻跸杭州时，诏令为行宫所在，升为临安府。绍兴八年（1138），正式定都临安，但为了表示不忘北方的都城，仍称为"行在"。南宋临安有内外两城，外城一名"罗城"，在五代吴越的城垣基础上，更向东南扩建，成为南跨吴山，左倚钱塘，右邻西湖的大城。内城即大内（宫城），一名子城，位于凤凰山下，北起凤山门，南临江干，东至候潮门，西达万松岭。定都之初，因局势未稳，只能因陋就简，改州治为宫，到绍兴二十八年（1158），宫殿建筑初具规模，但也只有北宋皇宫的四分之一，为应付各种典礼，只能一殿多用，以至同一建筑有几个名称。孝宗以后，陆续增修了三十多座宫殿，为安置退位的皇帝，更在望仙桥原秦桧旧宅基础上修了德寿宫，楼台亭阁，金碧辉煌，这时皇宫的规模已可与北宋的汴京相媲美。宋亡后，马可·波罗到此看到这些宫殿建筑，仍叹为世界之最。

中国大事记　庆元元年，韩侂胄排挤赵汝愚一派，独掌大权。

应约推荐了韦氏，韦氏才得生皇子。韦氏南归前夜，乔氏举杯劝酒，说："姐姐善自保重，此番回去，便是皇太后了。妹妹我永无归日，当死在此地了。"二人抱头痛哭。韦氏接杯欲饮，乔氏伸手拦住，说："等一下，妹妹还有一言。"韦氏问："如何？"乔氏一字一句地说："姐姐到快活处不要忘了此间的不快活。"韦氏哽咽着说："不敢忘今日！"乔氏方才授杯，韦氏一饮而尽，痛哭失声。然而，身处繁华之中，昔日的困苦还是被淡忘了。为讨母亲欢心，高宗大肆挥霍。太后南归的第一个生日，宫中大办宴席，一切仿北宋宫中规模，高宗还特地交待做一种特制蜡烛，将舶来龙涎沉香碾碎掺入烛中，燃时特别明亮且飘出奇香，因为特别昂贵，只按太后岁数做了六十多支，插于堂上，宴会的豪华新奇可想而知。当举座笑语喧哗时，高宗讨好地问："母后，这香烛可有些称心？"太后却撇撇嘴说："你爹爹当年每晚都在宫中各房点这种香烛，总是几百支几百支地分给

肃穆而带屈辱的仪仗场面（上图及下二图）

宋高宗时，大臣曹勋奉旨到金朝迎接客死他乡的宋徽宗及其郑皇后的灵柩以及高宗生母韦太后南归。皇家仪仗队场面恢宏，气氛肃穆。不过，一种失落感清楚地写在每个人的脸上。这种盛大的场面难以掩盖那段饱经忧患和沧桑的屈辱史。此幅宋人所绘《迎銮图》，反映了这段屈辱史。

各宫。"高宗只好讪讪地笑道："儿子怎比得爹爹富贵。"这时母子都忘了爹爹是怎么亡国的。

韦太后初回江南，的确提起迎接钦宗的话头，可很快看出此间的忌讳，便再也不谈了。据说韦氏一度失明，但得名医精心治疗，不久痊愈，寿至八十，享了二十年清福。钦宗死后遗骨方得南归，终年六十一岁。

烛泪擒盗

遇乱不惊，急中生智，巾帼胜过须眉。

南宋初，兀术打到江南，放了一把火，烧了三天三夜，将杭州烧成一片白地。但只消十年的和平，江南又重新繁华起来，贵族奢侈无度，市井买卖兴隆，人们以各种手段追逐财富，北方的战争，岳飞的眼泪，都成陈年往事，无人提起了。

南宋绍兴十二年（1142），有个名叫王知军的富商寄居在临江城郊的青泥寺中。青泥寺地处偏僻，周围常有强盗出没，王知军家道殷实，名声在外，自然也就成了强盗的目标。

一天，王知军在家中请客，酒喝到半夜，客人才告辞。夫妇俩醉得头昏眼花，倒下便睡。突然闯进一群强盗，有三十几个人，将王知军的孩子和婢女全都捆绑起来，逼问钱财藏在哪里。一个婢女大声叫道："家中的事全由蓝姐一人掌管，我们不知东西藏在何处。"蓝姐是王知军最为宠信的侍妾，她为人机智，遇乱不惊，挺身而出对众强人说："主人的财物都由我掌管，想要什么，我可以满足你们，但主公、主母刚刚睡熟，希望不要惊动他们。"说罢拿起桌上的大蜡烛，将强盗

流畅清新的《歌乐图》

此图画一组宫廷歌乐女伎演奏排练的场景。图中人物为九位女伎，一位老乐官，两位女童。人物、乐器、树木、竹石都描绘非常精细。乐器、服饰、竹树等皆以韧线写出，用笔谨细沉着，并且随类机变，不尽相同。画面设色鲜艳细腻，构图疏朗而气脉相贯，节奏轻疏。此种题材在南宋人物画中极为少见。

引入西屋。蓝姐指着床边的大箱子说："这是金银酒器，这是绸缎，这是衣服被子……"然后把钥匙交给强盗，让他们任意自取。强盗把被单做成大袋子，将金银器皿踏扁了，胡乱塞进里面。蜡烛烧尽了，蓝姐又接上一根。眼见这么多财物轻易得手，强盗大喜过望，满载而归。

强盗走了，蓝姐忙给众人松绑，过了好久，王知军才醒过来，看到家中被洗劫一空，真是痛不欲生。第二天一早，上告到县里，县里又上报到郡里。王知军越想越心痛，居然忧郁成疾。蓝姐悄声劝慰主人："不要过分担心，早晚会抓住这帮强盗。"王知军气呼呼地骂道："你一女人家懂什么？把我的家当都奉送给了强盗，要捕捉他们谈何容易？"蓝姐说："那天三十几个强盗都穿着白色布袍，我举着蜡烛时，乘其不备，将熔化的烛泪洒在他们背上，只要以这些蜡油的痕迹为线索，就不难逮住他们。"王知军赶紧向官府通报，捕快以此为线索在集市上逮住了七个盗贼，又加紧搜索，将这伙盗贼一网打尽，赃物全部追回。

流畅清新的《歌乐图》（局部）（上下图）

公元 1125 年

世界大事记

贝鲁特地区农民起义反抗十字军。

《宋史纪事本末》卷七十四

赵构　刘锜　陈康伯　秦桧　完颜亮　溃败

人物　关键词　故事来源

○七六

无心应战

金主完颜亮野心勃勃，攻至长江边，战鼓惊破了西湖美梦。

绍兴和议后，宋金停战多年，南宋军备日益废弛，良将或死或老，士兵缺乏训练，和平的希望全寄托在金人的保证上。

暂寄宝物

绍兴十九年（1149），完颜亮发动政变夺取了金的帝位。与过去的金主不同，完颜亮精力充沛，才智过人，野心勃勃，内部刚刚稳定，他就想南下伐宋，做一个统一大国的皇帝。他读到柳永描述杭州美景的词："有三秋桂子，十里荷花"，已十分倾慕，南来

人谈起杭州更如仙境，西湖的清秀，宋高宗的排场，小刘贵妃的美貌，都令完颜亮垂涎三尺。他令画工潜入杭州，画出西湖美景，再加上自己的戎装像，题诗曰："立马吴山第一峰"。宋使来金都，祝贺新主即位，完颜亮把徽宗留下的玉带交给宋使，让他带给高宗。金臣阻止说："这是稀世之宝啊！"完颜亮哈哈一笑，压低声音说："江南不久就会归我所有，宝物不过是暂存于京城外的仓库罢了。"

北风强劲

金人积极备战，引起了宋人的警觉。绍兴二十六年（1156），一位进士上书指出："金人必举兵，我方宜备战。"高宗大怒，将他发配至千里之外边疆，并下诏宣称："讲和的国策，是朕决定的，秦桧不过赞助执行罢了。秦桧虽死，这一国策也决不改变。从今以后，再有妄谈惑众者，必受重刑。"为保住和平，高宗不惜压制言论，自欺欺人，以不作军备来表示诚意；而金人并未受感动，仍备战不已。完颜亮下令修汴京，为迁都作准备。宋臣黄中出使金归来，向朝廷报告说："金人迁都汴京，必然南下压迫我朝。到那时，金军铁骑不几天就会奔到边境，我方不得不早作准备。"宰相汤思退是秦桧余党，一听此言大怒，将黄中贬官处罚。绍兴二十九年（1159），金主对来金的宋使孙道夫公开挑衅，倒打一耙，反说宋边将招降备战，发出了战争的叫嚣。孙道夫归来向

刘锜顺昌大捷

刘锜，字信叔，宋代德顺军人。绍兴十年，宋金和议达成，刘锜任东京副留守，率八字军赴任，途经顺昌，适逢金兀术来攻，刘锜守城御敌，大败金军精锐十万人，时称"顺昌大捷"。十一年，带病奔赴前线，破敌于柘皋。后遭秦桧等人猜忌，罢除兵权，知荆南府，三十二年，忧愤而死。此图出于清刊本《百将图》。

宋

皇帝报告，高宗满不在乎地说："我朝宽厚待他，他还以什么借口发动战争？"道夫一针见血地说："弑君夺位他都敢做，发动战争还要什么借口？"不久，孙道夫也被贬往外地。第二年，金使来宋，大使施宜生本是南方人，接待的宋臣以乡情打动他，探问金主究竟如何打算，他打隐语说："今日北风强劲。"回金后随行人告发此事，金主大怒，施宜生被活活煮死。战争就在眼前，不由高宗不信，在朝野的围攻下，只得罢免汤思退等，任用主战派。右相陈康伯等立即布置两淮防务。

下诏亲征

绍兴三十一年（1161），金使来要求割让淮南地区，出言不逊，举止傲慢，意在激起战争。不久，金主下令迁都汴京，大举发兵。南宋朝廷慌了手脚，主和派又主张逃跑，陈康伯斩钉截铁地说："今日之事，有进无退，皇上坚决，将士斗志自然倍增。"由于多年推行裁兵抑武政策，军中已无良将可遣，朝廷只得任用老将刘锜担当统帅重任。

刘锜已患重病，仍即刻奔赴前线，从镇江移至扬州，并派兵北上，很快布置好淮东的防务。负责淮西防务的王权却迟迟不肯北上，在刘锜的再三催促下，他才离开建康（今南京），临行与娇妻美妾依依惜别，还哭哭啼啼的，毫无武将风度。淮西防务，可想而知。金军由此渡淮南下，如入无人之境，王权闻讯撒腿就跑，淮西全线崩溃。刘锜军孤立无援，奉帝令退守扬州。

金军开到长江北岸，指日即将南渡，临安城人心惶惶，文武官员纷纷送走自己的妻儿财产。高宗更是惊慌失措，想起绍兴初年的大战，又拾起故伎，当即准备大船要往海里逃。宰相陈康伯不但不作撤退准备，反大办酒席，解衣痛饮，这才使皇帝稍为

定了定心。第二天，陈康伯进宫见皇帝，说："听说有人劝陛下退往福建，其实形势马上就会逆转，何不在此静待佳音？"一天，忽然又送来皇帝的亲笔诏书，宣称："如敌军不退，百官可解散自谋生路。"陈康伯当机立断，烧了诏书，立刻进宫求见，说："百官一散，君主就成孤家寡人。万万不可！"在主战大臣的反复劝说下，高宗才同意下诏亲征，前线士气顿时一振。

四大发明之一：指南针

宋代的人们发现了磁石打磨成细针状能指示朝南的方向。这一发现起初来自民间，不久便运用到航海或野外作业上了。如图所示为缕悬法指南针模型。

公元 1130 年

世界大事记　诺曼人建西西里王国。

赵构　完颜亮　虞允文　忠义

《宋史纪事本末》卷七四

人物　关键词　故事来源

○七七

采石大战书生领兵

完颜亮祭江

老将拉着虞允文的手说："朝廷养兵三十年，武将一筹莫展，大功却由一介书生所立，真让我辈愧死。"

在金军主力强攻下，江北重镇扬州失守。老将刘锜退守瓜洲，一度陷入重围，力战得脱。为坚定军心，他特意把妻小从镇江接到瓜洲，率军殊死搏斗。这时刘锜已病体难支，朝廷命他退往镇江。枢密院长官叶义问到江淮督战，不顾一切瞎指挥，导致刘锜军大败，叶义问连夜逃往建康。

同时，当年岳家军的部将李宝率部深入山东胶州湾内，袭击金水师，焚烧其战船数百艘，火势昼夜不熄。又由于北方河道干涸，金人先造好的战船无法运来，金军便在长江北岸临时造船征购，将士日夜不得休息。渡船基本就绪，金主完颜亮亲临祭江。他身披金甲登台，杀黑马祭天，再将一羊一猪投入江中，然后誓师动员。金军士气不高，一金将担心地说："我看宋军的船又大又快，我军的船又小又慢，恐怕过不了江。"完颜亮气得大骂："当年你们跟随梁王征战，把赵构（宋高宗）赶入海岛，用的难道是大船？明天誓死渡江，先登陆的赏黄金一两。"随即下令竖起黄、红两色大旗，全军听令行止。

国家危难，我义不容辞！

其实，当时长江南岸的宋军防线十分脆弱。将军王权因不战而逃已被撤职，新帅尚未到任，重镇采石（今安徽当涂县）的防务处于瘫痪的状态。文官虞

允文奉命到前线犒劳将士，一到采石，眼前的景象实在触目惊心：对岸敌军遮天蔽日，准备渡江，此地却群龙无首，将士脱去盔甲，战马解下座鞍，三五成群地坐在路旁。军机刻不容缓，再等新帅必败无疑。虞允文心急燎燎地召来众将，以忠义勉励大家，最后鼓动说："陛下赏赐的金钱和升官状都在我这里，只待立功者来取。"众将精神大振，纷纷表示："既然有人主持指挥，当决死一战。"也有个别人发出冷言冷语："您受命犒师，并未受命督战，一旦战败，能承担责任吗？"虞允文大声将他喝退，毅然应道："国家危难，我义不容辞！"

虞允文令诸将严守阵脚，将水军分为五个部分，东、西、中各一部，另两部藏于港湾之中以备不测，中部伏有精兵，以加强力量。刚布置好，敌军已大呼而来。金主亮亲执红旗指挥，数百敌船盖满江面，眨眼之间便有七十余艘驶到南岸，宋军有些动摇，开始退却。虞允文奔入阵中，拍着勇将时俊的肩说："你胆略过人，声震四方，现在还站在阵后，不就和小女人一样吗？"时俊圆睁双眼，大吼一声，舞动双刀就冲出阵前，士兵紧随其后，殊死搏斗。中军以海船猛撞敌舟，敌船相继沉没。战至日暮，敌军被杀伤过半，可仍顽强进攻。这时正好有一批从别处溃败的宋军经过，虞允文临时加以组织，发给他们旗鼓，命其从山后鼓噪而出。金军以为宋援军赶到，

宋代顺昌府银锭（上图）

欧洲天文钟的祖先：擒纵器

宋代苏颂制造的水运仪象台，把天文仪器和报时器合为一体。台的最高层是浑仪，用来看星象，二层是天球仪，昼夜自动运转，下面五层木楼中装着精密报时装置的关键部件"擒纵器"。中外学者认为，擒纵器是近代机械钟的发端，是欧洲天文钟的祖先，被誉为"中国的天文钟"。

顿时士气消沉，纷纷败逃。虞允文又令诸军射手以劲弩追射，杀伤无数。金军大败，退回北岸。金主大怒，下令将逃回的幸存者一律绞杀。

愧死武将

这时，金后院起火，留在后方的金军发动了政变，另立完颜雍为主，征南的金军顿时人心浮动。完颜亮进退两难，打算分兵，自己带一部北还争位，一部设法渡江。一大将说："陛下亲征，深入敌境，若无功而还，势必纵兵散于前，敌军乘于后，那就太危险了。不如全力渡江，然后凯旋北还，叛兵必然闻风解体，南北皆指日可定。"完颜亮于是决心再次强渡。

虞允文料金军定然复来，当晚便派部分水军移往上游。天刚亮，敌军果然又攻来，宋军上下夹击，烧其船只三百余艘，金军再次败退。这时，敌军来使，说与王权有约，希望停战。虞允文轻蔑地说："这不过是反间计，想扰乱我军心。"他答复说："王权战

败退师，已被严惩，新帅是李显忠，只求快战以决雌雄。"这时，正好新帅李显忠赶到采石，虞允文移交了采石防务，与他商量道："敌军必从瓜洲来攻，南岸的京口未加防备，我当前往防守，公能分兵与我吗？"李显忠分给他一万六千多人，虞允文当即赶回京口。

宋生力军云集京口，聚集了二十万人。坐镇京口的刘锜已生命垂危，这时才得以交付军务退往后方。

沈括的《梦溪笔谈》

全书 26 卷，按辨证、乐律、象数、技艺、器用等 17 门分类记事，是最早记载毕昇发明活字印刷方法的文献。清刊本。

> **历史文化百科**

〔三大发明的应用〕

我国古代四大发明中有三项是在宋时得以迅速推广、用于实际的。宋人将磁石做成针状，用于航海，南宋时海船上已普遍装有"针盘"，即用原始的罗盘导航。雕版印刷在宋代得到普及，既有官刻本，又有民营书坊本，纸张、刻印质量各地相差较大，世称杭州第一，蜀本其次，福建又其次，但行销广泛使书籍普及成为可能。宋仁宗庆历年间，布衣毕昇发明活字印刷，对世界文明作出重大贡献。火药和火器用于军事，在宋代有了较大进展，官方设有制火药武器的作坊，宋神宗时，守边的禁军已大量配备火药箭，南宋时，军队配备的火药兵器数以万计或十万计。

虞允文赶去探视，刘锜拉着他的手说："病已无药可治，不必多问。只是朝廷养兵三十年，武将一筹莫展，大功却由一介书生所立，真让我辈愧死。"

完颜亮率主力来到瓜洲，驻扎于龟山寺中。虞允文令战士踏车船示威，车船行走如飞，绕金山三圈，金人看得目瞪口呆。完颜亮轻蔑地说："那不过是纸船，一击便破！"一金将跪下说："南军有备，不可轻敌，还望退回扬州，慢慢设法渡江。"完颜亮大怒，当众责打五十军棍。然后召集众将，下死命令：三日内必须渡江，否则全部杀头！这时，有一将诱部下逃回北方，被人告发。完颜亮令将士一人一刀剐了他，并威胁说："军士逃亡，杀其军官，军官逃亡，杀其统帅。"于是，人人自危，军心更加浮动。当晚，金将发动兵变，杀了完颜亮。不久，南征的金军全部拔营撤退，两淮回到宋军手中。

大局已定，高宗才来到建康，作出亲征的架势。高宗不许乘胜追击，又说："朕料此事终归于和"，"臣服金人，朕所不耻"，仍坚持求和为上的既定方针。

宋货郎图

话说中国

〇七八

高宗禅位

因一怪梦，高宗决定从太祖的后裔中选养子。金军退后，军国大事堆积如山，高宗实在厌倦了，便宣布退位，称太上皇。

高宗年轻的时候，目光如炬，和其父徽宗一样好色，当时王府中的许多侍婢被蹂躏而死。建炎时金军突然南下，直取扬州，高宗正在行宫与美人寻欢作乐，听到急报，吓出一身冷汗，扔掉百官后宫，仓皇渡江逃走。经此惊吓，高宗以后失去生育能力。苗刘兵变后，三岁的独生子又受惊吓而死。于是，高宗很早便考虑以养子为继承人。

挑选养子

北宋初，太祖不明不白地死于"烛影斧声"，从此皇位一直在太宗一系传承，虽无人公开抱怨，但朝野颇有讥讽的言论，或有人散布轮回相报之类的言论，说国家有大祸是太祖不肯保佑等等。高宗身为太宗七世孙，肯定听过诸多议论。哲宗废后孟氏逃过靖康难，南宋初被奉为皇太后，为高宗的长辈。她私下告诉高宗做过一个怪梦，如此这般，详情不得而知，但肯定与太祖、太宗有关。第二天，高宗就在朝上说："太祖以神武定天下，他的子孙却不得享福，遭此国难，四散飘零，实在可怜。朕若不振兴这一系，如何告慰在天之灵？"故决定从太祖的后裔中选养子。初选了十名幼子入宫，最后剩两名，一肥一瘦，考虑再三，决定留下较肥硕者，让瘦者回去，赏其家三百两银作为谢礼。那孩子还未走出门，高宗又说："把

宋代珍珠地剔花瓷枕

他叫回来，我再仔细看看。"于是，又叫两个孩子并肩站在皇帝面前，这时忽有一只猫走近，胖孩子抬脚踢了它一脚。高宗皱皱眉说："这只猫偶然走过，为何就踢它？如此轻浮，怎当得大任？"于是改留瘦的孩子，让胖的回家。这瘦孩子便是太祖七世孙，改名昚，令张婕好抚养，而得宠的吴才人也想抚养一名，故又选一人，改名璩。

赵昚赢了一局

两名皇子养于宫中，地位相当，容易引起皇位争夺。当时的宰相赵鼎曾提出异议，秦桧乘机进谗言说："赵鼎要明确皇子地位，意思是说陛下肯定不会有亲生儿子了。"皇帝果然大怒，不久，赵鼎的相位被秦桧挤占，以后死于边远小镇。高宗又广选美女，充实后宫，医官王继先专为他合药壮阳，可仍然龙种不生。

赵昚英武聪慧，秦桧很不喜欢，不为他讲话，加上吴氏当上了皇后，也想立自己抚养的赵璩，故两人的名分迟迟不决。一天，皇帝突然给二人各赐十名宫女。赵昚的老师史浩说："这一定是皇帝以此试大王，应当以礼相待。"赵昚依计而行。过了几天，皇帝果然召回二十名美女，一问，赵昚这边的十名仍是处女，而赵璩那边的十名都上过床了。高宗自己虽好色，但心中清楚不能以纨绔子弟为继承人，心中

儒家礼仪要求妇女行不露足，为了避免举步时裙幅散开，宋代妇女用什么办法压住裙角？

公 元 1 1 3 9 年

世界大事记　葡萄牙建国。

《宋史纪事本末》卷七六

孟皇后赵构
秦桧赵昚　昏庸

人物　关键词　故事来源

汝窑的平面示意图

汝窑是宋代最有名的四个瓷窑之一，以出产青瓷而闻名。从公元 11 世纪末期开始，它被指定为专为皇家烧制瓷器，虽然窑存世不长，但精品却甚多。

的天平便倾向赵昚了。调查之后美女仍还二人，赵昚赢了一局。

托附得人

　　高宗做了三十六年皇帝，建炎及绍兴初年饱经战患，作过俘虏，受过兵变惊吓，尝过颠沛流离的苦头，中间二十年总算享尽荣华富贵，不想到晚年又受金人威胁，几乎又要上船逃难。因此，绍兴三十年金军刚开始动作，他便萌生退意，这时才公开宣布赵昚为继承人。第二年，金军大举进攻，两淮宋军败退，朝臣纷纷请求逃跑，赵昚挺身而出，要求上前线领兵。老谋深算的史浩正在病休，一听此事便连呼"糟了"。原来，苗刘兵变时高宗曾被迫让位于太子，从此高宗十分忌讳武将，更别提皇子领兵了。他飞马疾驰赶到宫前，求见高宗，说应以皇子扈从圣驾，高宗果然满意这一方案。虞允文

击退金军后，大局稳定，高宗带皇子到建康（今南京），让他见识了战阵，认识了高级将领，归来便立他为皇太子。

　　金军退后，军国重事堆积如山，高宗实在厌倦了，便宣布退位，称太上皇，移居德寿宫。满朝文武都是高宗的人，自己又不过是个养子，因此赵昚始终十分谨慎，这时仍逊让再三，直到吃准高宗的本意才坐上皇位，成为南宋第二个皇帝，史称孝宗。禅位这天，正值大雨滂沱，大礼刚完，高宗便迁往德寿宫，孝宗脱下礼服，扶着高宗的轿子，冒雨相送，走出宫门仍不止步，直到高宗命左右拉扯，方才回宫。望着养子的背影，高宗满意地说："我托附得人，没有什么可遗憾的了。"

玉泉寺铁塔

中国大事记

开禧二年，韩侂胄发动北伐，宋军相继失利，金军乘势南下。

〇七九

孝宗孝顺

孝宗在位二十七年，倒有二十四年是诚惶诚恐地侍奉着老而顽固的太上皇度过的，真是不容易。

陛下真是个大孝子

高宗退位后，又做了二十多年的太上皇，虽退位，仍时时过问军国大事。孝宗畏其势力，也因养父将自己从平民中拔为皇帝，十分感激，对他总是百依百顺，令宰相率百官每月两次到德寿宫拜见，自己每月至少去拜见四次。高宗喜欢字画古玩，孝宗不惜用高价为其买来。一次，孝宗喝醉了酒，许愿奉太上皇二十万，过后却忘了。过了几天，太上皇问起，高宗皇后吴氏连忙说："帖子早就送来了，让去国库取。因为不知是银子还是铜钱，所以没送去给您。"高宗说："不过弄点铜钱罢了。"吴后命人将私房钱拿出献上。事后，孝宗得知，十分感激，双倍还给吴后。

南宋土地比北宋减了一半，而所养皇室百官军队并未减少，故南宋的赋税更为繁重，商税更为苛刻。为了逃避苛税，商人往往千方百计与皇室拉关系，打着

宋孝宗赵眘的墨迹
宋孝宗赵眘是高宗之子，在位二十七年，他的墨迹传世甚少，堪称国宝。

皇宫的旗号，便可通行无阻，以至当时有的粪船也插上高宗所在的德寿宫旗号。对此，孝宗也只好眼开眼闭，并不细究。一天，言官上疏论德寿宫做私酒牟利，孝宗顿时大怒，当即要将此人罢官。大臣史浩不慌不忙地说："造私酒的，无非是太上皇宫里的内侍，若没有朝中几个乡巴佬出来发扬正气，压住他们，他们什么事做不出来？"孝宗一听有理便饶了言官。第二天，孝宗从德寿宫回来，又叫来史浩，慌慌张张地说："昨晚赴太上皇宫宴，喝得正高兴，太上皇忽然赐我一壶酒，上有他老人家亲笔写的'德寿私酒'四个字，把我窘得无地自容。"史浩说："陛下真是个大孝子。事关皇父，还是应该为其隐恶。"于是，那发扬正气的言官还是被罢官了事。

高宗动了恻隐之心

高宗耳目灵敏，孝宗君臣在朝上议事，不久就会传到德寿宫。一天，孝宗又来拜见太上皇，高宗不经意地问："近日言官又在谈什么？"孝宗老老实实地说："有人弹劾郑藻。"高宗问："说他什么事？莫非批评他娶嫂为妻吗？""正是。"高宗冷冷地说："怎么不看媒人的面？"孝宗大惑不解："谁是他的媒人？"高宗说："正是朕。"孝宗惊得跳起来，马上告退，回朝就把那言官给罢了。

退位后的高宗常去灵隐冷泉亭闲坐，其间一个茶房总是殷勤地奉茶递水。一天，逢太上皇高兴，对他说："朕看你不像茶房伙计。"那人连忙拜倒哭着说："小人本是县官，得罪了监察官，被弹劾罢官。如今无以为生，故投奔舅舅找碗饭吃。"高宗动了恻隐之心，说："我对皇帝说说，让你复官。"过了几天，高宗又去冷泉亭，见那人还在，听说他

公元 1144 年

世界大事记

塞尔柱突厥攻陷爱德沙。

《西湖游览志余》卷二
《宋史·孝宗纪二》

赵构 虞允文 赵昚 仁爱

人物 关键词 故事来源

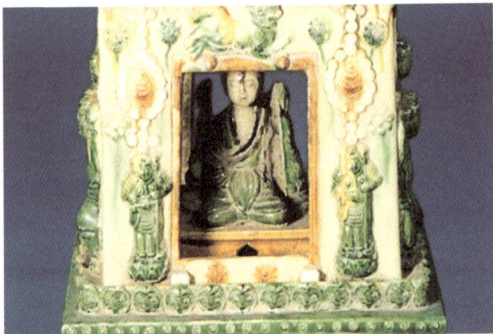

罕见珍品"宋三彩"（局部）

未得任命，就气呼呼地回宫了。第二天，孝宗请太上皇及吴太后到宫中游玩，高宗不言也不笑，孝宗再三询问，也不答理。太后说："孩儿好意招待我们老夫妇，为何如此生气呢？"高宗板着脸说："我老了，人家不听我话了。"孝宗更惶恐了，求吴太后代问其事。高宗愤愤地说："冷泉亭那人，我已对他说了，却不给办，让我没脸见人！"孝宗连忙小心地赔不是："那天承命，当即对宰相说了，可宰相说此人贪赃罪大，免死已是幸运，再让他当官万万不能，所以没办成。这点小事，明天就给爹爹办了，今日且开怀喝一杯吧。"高宗这才满意地笑了。次日上朝，孝宗吩咐宰相任用此人，宰相仍坚持不肯。孝宗发急了，说："昨天太上皇盛怒，我几乎要找个地缝钻进去。即使那人大逆谋反，也只得放他！"于是让那人官复原职。

罪在我等小臣

每年太上皇生日，孝宗都进奉大量珍宝财物。这年，为了减省，略为减少了两样，太上皇勃然大怒。孝宗吓得不知如何是好，把宰相虞允文叫来商量。虞允文说："我进去劝解吧。"孝宗惶惑不安地说："我就站在门外等你。"虞允文求见太上皇，老皇帝满脸怒气，劈头就说："朕老了，为人所厌。"虞允文不

慌不忙地说："皇帝孝顺，本来不肯这么做，罪在我等小臣。我们以为太上皇万寿无疆，而百姓所交的赋税有限，想减轻百姓的赋税，为太上皇积德增寿。"几句聪明话一说，太上皇便龙颜大悦，当即赏御酒一杯，连金酒器也一并赏给他。回来报知孝宗，皇帝也很高兴，也赐酒赏金。

孝宗在位二十七年，倒有二十四年是诚惶诚恐地侍奉着太上皇度过的，真是不容易。

宋代理学的开山祖周敦颐

周敦颐（1017－1073），他的理学思想在中国哲学史上起了承前启后的作用。他继承《易传》和部分道家以及道教思想，提出无极、太极、阴阳、五行、动静、性命、善恶等，成为后世理学研究的课题。有《周子全书》行世。

话说中国

北伐败北

改朝换代后，宋孝宗日夜筹划北伐，皇帝指望直捣黄龙府，甚至想御驾亲征，过过金戈铁马的瘾。

臂力惊人

宋孝宗性格刚强，还是皇子时，就倾向于主战派，他深知秦桧奸佞，对高宗屈己求和也十分不满，即位初期跃跃欲试，颇想有一番作为，改变宋的弱国地位。新皇帝三十六岁，年轻力壮，带来一种生气勃勃的气象。皇帝常在宫内练习骑射，锻炼身体，曾不慎伤眼，大臣苦劝也不肯停止。一次，在校场上奔腾了多时，孝宗还不肯歇息，马发起脾气，突然往马厩奔去，马厩门矮，碰头必成重伤，左右冲过去想拦住，已疾驰而过，惊呼之中，只见孝宗已抓住门楣，吊在上边，众人扶下，仍脸不变色，场上爆发一片"万岁"之声。在宫内行走时，他常携一条黑漆拄杖。一次，走到后花园，想起忘带此杖，便命内侍去取。过了好一会，才见两个年轻力壮的内侍抬了过来，似乎费了九牛二虎之力，累得气喘吁吁。可见孝宗的臂力的确惊人。

张浚出征

改朝换代后，政治呈现几分朝气，一些意气风发的年轻人得到重用，日夜筹划北伐。皇帝指望一举打过淮河，直捣黄龙府，甚至想御驾亲征，过过金戈铁马的瘾。然而，他忽视了最重要的一点：金军虽不比往昔，宋军也远不如绍兴初了。这时的南宋军队多由南方人组成，机灵有余，而勇武不足，又多年和平，缺乏训练，纪律涣散，根本无法与当年的"岳家军"、"韩家军"相比，何况良将老死殆尽，新进的年轻人嘴头虽硬，其实没几个是能干的。在这样的形势下，不致力于加强军事实力，而企图一战定天下，结果可想而知。

南宋初的主战派大臣只剩下张浚一人，于是孝宗首先重用他，而孝宗原来的老师史浩却极力反对，处处与张

浚为难。大部分朝臣也只想苟安现状，自求富贵，根本不愿承担责任。张浚就在这种举步维艰的情况下，在建康设立了指挥部，奔赴前线了。

张浚本不是武将，既不知人善任，又不善出奇制胜，这时一味主张渡淮硬攻。北伐军以李显忠、邵宏渊为将。出征之初，进军较为顺利，连克数县，特别是李显忠部败金军精锐"拐子马"，一口气追杀了二十余里，攻克重镇宿州。皇帝大喜过望，亲笔写信给张浚说："近日捷报传来，军民深受鼓舞，这是十年来未见的大胜仗。"其实，这时军内已经暗显危机。邵宏渊嫉妒李显忠的战功，处处闹别扭；李显忠不肯开宿州仓重赏士卒，引发骄兵一片怨言。不久，金大军十万云集宿州。李显忠令邵宏渊合力御敌，而邵按兵不动，李显忠率部浴血奋战，而邵在阵后说风凉话："当此盛夏天气，摇扇乘

历史文化百科

〔"苏湖熟，天下足"〕

这是当时的谚语，又作"苏常熟，天下足"，意为位于长江下游和太湖流域的两浙路已成为全国的粮仓。这说明两点，一是从魏晋南北朝开始的经济中心南移，到宋代最终成为定局。二是说明农业技术的发展，使单位面积产量大为提高。江南开垦沿江、沿湖低洼地区为稻田，称为圩田，即筑堤围田，水高于田，旱则开闸引水，涝则闭闸拒水，有的圩上植桑，既护堤岸又产生效益。由越南传入的占城稻，成熟早产量高，在江南引种成功。两浙的精耕细作居全国之首，故产量最高，苏州一般年成每亩产米二到三石，南宋时江南还出现了亩产稻谷六七石的记录。南宋时皇室南迁，带来大批好食面的北方移民，于是刺激小麦生产，又由于佃客种地传统只要交秋粮，夏收则全归自己，更促使冬麦晚稻两熟制得到大面积推广。南方各地更"垦山为田"，"梯田"一词便起于宋代。

公元 1147 年

世界大事记 第二次十字军东侵。

赵构
赵秦桧张浚
眘虞
辛允岳怨
弃文飞愤
疾

《宋史纪事本末卷七七》

人物 关键词 故事来源

话说中国

凉还喘不过气来，何况披甲在烈日下苦战呢？"于是军心动摇，将士丧失斗志。到傍晚，一部将竟假冒金兵，击鼓冲乱自己的阵脚，各将纷纷带队逃跑。李显忠移军入城，与敌相持，杀敌两千余人，他拍着城墙愤愤地说："若众将不走，从外夹击，则敌兵必败，中原

分工合理、技术含量高的农业生产

宋代农业生产有了相当细密的专业分工，从犁田、插秧、施肥、灌溉、收割、脱粒到入库都有专门的分工和管理。特别是在东南沿海地区，农业生产者已经熟练地掌握了稻子轮作技术，耕牛和半机械的灌溉技术也被广泛地运用，这使农业生产的产量和劳动效率得到大幅度的提升。田地的真正拥有者（图中打伞者）成了这场技术革命的最大受益者。这是宋人所绘的《耕获图》。

> ：用漆纱、金、银及珠玉等制成各种两鬓垂肩的高冠，上面再插上角梳。

姿态各异的捧物侍女佣

可复了。"听说金援兵二十万人将到，李显忠仰天长叹："老天不让我恢复中原了！"于是下令连夜退军。部队走到符离，便不战而溃，狂逃而南，幸而金军未乘机进兵，否则后果不堪设想。

你连秦桧都不如！

李显忠见到张浚，又羞又恨，纳印待罪。孝宗并不灰心，反下诏御驾亲征，给张浚打气说："前日举事之初，朕与你共负责任，今日也必定和你共同进行到底。"无奈，朝中主和派占了上风，又倚仗太上皇势力，迫使孝宗下诏反省自己。不久，秦桧余党汤思退等人将张浚排挤出去，又派出了求和使节。金人提出宋仍向金称臣、纳岁币、割让四州等条件。宋使辞行时，皇帝吩咐大使不可答应割四州地，而宰相汤思退等命大使可以答应，皇帝的威望受到严重挑战。汤思退急于求和，撤去两淮防线，甚至暗通消息，令金以重兵胁迫。张浚、陈康伯、虞允文等纷纷上书反对，吵得最激烈时，汤思退又搬出了太上皇，说事关国家社稷，应该禀报太上皇再行事。孝宗这回也气坏了，训斥道："金人这么无礼，你还只想议和，你连秦桧都不如！"说话间，金军已渡淮南侵，很快攻陷了濠州等地，再次兵临长江。宋孝宗将汤思退罢官，任命陈康伯、虞允文为宰相和军事首脑，抗战派迅速组织力量防御，取得了一些战绩，击退了金兵。但在高宗为首的议和派压迫下，孝宗也不得不派出求和使节。

思秦桧而已

高宗对孝宗的所为一直非常不满。一次，孝宗又对高宗谈起恢复中原的抱负，高宗不耐烦地打断："待

姿态各异的捧物侍女俑（左页图）

陕西安康出土的宋代女俑，侍女头挽高髻，柳眉小嘴，身着开襟"背子"，手中分别捧琴囊、画轴、砚台、书函。风格简约，端庄大方。陕西省博物馆藏。

我百岁以后，你再谈此事吧！"孝宗十分没趣，从此不敢在太上皇面前再提此事。要抗战反金，就要清算秦桧，为岳飞昭雪。孝宗即位之初，正直大臣纷纷上书揭露秦氏的罪恶，一时声势浩大。这时，高宗所居的德寿宫新房落成，高宗亲笔题名为"思堂"。这天，孝宗也来赴宴祝贺，随口问太上皇为何命名"思堂"，高宗冷冷地说："思秦桧而已。"孝宗领悟，立即压制朝中对秦氏的批判声浪。求和与抗战，表面为大臣各派的争论，实际却是两代皇帝权势的较量。结果，小皇帝不得不甘拜下风。

隆兴二年（1164），和议达成。宋金以完颜亮南侵以前的疆界为准，宋向金所纳银、绢由各二十五万两、匹，减为二十万两、匹，在宋人极力坚持下，金人同意宋皇帝不再向金主称"卑臣"，而是自称为"侄儿"。

宋孝宗有自己的亲生父亲，再认高宗为养父，现又认那胡儿为"叔父"，虽天性孝顺，也难咽这口气。此后，他重用虞允文，积极训练军队，正

当计划北伐之时，虞允文又突然病故，孝宗再次失望了。此后，他用十年工夫，积蓄了大量钱财，准备用作将来北伐的军费，一方面苦苦应付老而顽固的太上皇，一方面物色英武的儿子作继承人，把恢复中原的希望寄托在下一代身上。

形制独特的"无底"绸袜（上图）

袜古称足衣，多以绫罗麻布制成，此袜为江苏金坛南宋墓出土。绸制成。与有底的袜不同，它其实属无底的"袜筒"，穿后再套圆头浅口软底鞋，则袜的排须"涌出"鞋面成为装饰。此式在古代袜类中实属罕见。

〇八一

栏干拍遍稼轩饮恨

人说宋词可观，精华多出自弃疾之手，可叹他将一腔报国壮志化作华章，文坛礼敬至今，而这恰恰是他最不愿意得到的功名。

"楚天千里清秋，水随天去秋无际。遥岑远目，献愁供恨，玉簪螺髻。落日楼头，断鸿声里，江南游子，把吴钩看了，栏干拍遍，无人会，登临意。

休说鲈鱼堪脍，尽西风，季鹰归未？求田问舍，怕应羞见，刘郎才气。可惜流年，忧愁风雨，树犹如此。倩何人，唤取红巾翠袖，揾英雄泪！"

这是南宋著名词人辛弃疾的名作。人说宋词可观，精华多出弃疾之手，而辛词多如此类，抑郁不平，悲壮激烈。可叹他将一腔报国壮志化作华章，文坛礼敬至今，而这恰恰是他最不愿意得到的功名。

诗风雄浑豪放的陆游

陆游（1125-1210），字务观，号放翁，越州山阴（今浙江绍兴）人。三十岁时应试礼部，名列前茅。主张北伐抗金，遭秦桧打击，罢归故里。宋孝宗即位，任枢密院编修官。乾道年间入蜀，为王炎及范成大幕僚，居八年而还。后时起时罢。他一生以抗金为己任，通过诗篇抒发豪情，直至临终还留下千古绝唱："死去元知万事空，但悲不见九州同。王师北定中原日，家祭无忘告乃翁。"

南宋女词人李清照

一阙声声慢，千古永流传。南宋李清照（1084-约1151），号易安居士。济南历城（今山东济南）人，其父李格非曾任北宋著作佐郎、礼部员外郎，著有《洛阳名园记》。李清照早年生活优裕，帮助其夫赵明诚搜集金石书画并有研究，著有《金石录》。北宋末年，金兵入侵，避乱江南。途中，赵明诚病死。晚年处境寂寞悲愁。作品风格清丽婉约，轻松通俗的语言构成极其工巧细腻的画面，有作品《漱玉集》。此图出于明佚名《千秋绝艳图卷之一》。

宋

公元 1154 年

世界大事记

英国金雀花王朝开始。

《宋史·辛弃疾传》

赵构 赵昚 辛弃疾

爱国

人物　关键词　故事来源

宋人习用的瓷枕

包括宋代人在内的中国古人习惯用陶瓷或竹木等制成的硬枕，他们认为，这样对形体和养生更有益处。

投笔从戎

辛弃疾字幼安，自号稼轩。他出生于金人占领下的山东济南，为人豪爽大度，讲义气，好结交海内豪杰，是一个典型的山东大汉。少年时，他与党怀英同学，二人都显出非凡的文才，但党愿在北方求官，而辛誓不为金臣。金主完颜亮侵宋死于南方后，中原豪杰纷起反金。这天，辛弃疾约党怀英到小山上喝酒。二人喝得正高兴，辛弃疾突然举起酒杯说："老朋友，你安心在此发展，我将南去，咱们从此分别了。"说完，辛弃疾甩手便走，投奔山东反金的绿林好汉耿京去了。

辛弃疾投军之后，常劝耿京臣属于南宋。当时附近还有一支反金武装，以和尚义端为首，义端好谈兵法，辛弃疾有时去拜访，二人谈得十分投机，辛弃疾乘机劝说义端附于耿京旗下。谁知这野和尚居心不良，一天晚上偷了耿京的将印逃走了。耿京大怒，以为二人合谋来骗自己，拔剑就要杀辛弃疾。辛弃疾一手挡开，不慌不忙地说："请将军给我三天，若抓不到这贼秃，我再回来就死不迟。"耿京看他说得十分诚恳，将信将疑地放了手。辛弃疾料定和尚投金人去了，当即拍马直追，将出山时，方才追上。

听到后边传来急速的马蹄声，义端吓得慌不择路，靠近一看，知是辛弃疾，便松了一口气，又开始胡说八道："我知道你的真相，你前世是青犀，所以武艺胆气都胜于众人，给耿京这小子干太可惜了。你若不杀我，一起去投金人，必然前途无量。"辛弃疾也不答话，举刀就砍，几个回合就杀了那和尚。破晓时分，耿京还未起身，辛弃疾如一阵旋风卷进帐中，只听"噗通"一声，一个血淋淋的人头滚到自己脚边，定睛一看，正是义端的狗头。耿京惊叹："没想到文人也这般英武，佩服！佩服！"

壮岁旌旗拥万夫

高宗绍兴三十二年（1162），辛弃疾代表耿京来归南宋，高宗正在建康（今南京）慰劳军队，闻讯大喜，当即召见。辛弃疾呈上手书的降表，那华丽的文彩打动了皇帝，言谈中显出满腹经纶，眉宇间透出一股英武之气，深得高宗欢心，当即给辛弃疾封官加爵，并授予节度使印，让他带去交给耿京。可是，当辛弃疾赶回营寨，却只看到一片废墟。原来寨中出了两个叛徒，杀了统帅耿京，勾结金人消灭了义军。辛弃疾愤愤地说："前日得到皇帝重任，正要归来大干一场，不想遭此变故，让我如何回报？不杀二贼，誓不为人！"他四处打听，得知两个叛徒已入金营，当晚便带着义军残部五十骑直闯五万人的金营。初获大胜，金人十分松懈，两个叛徒与金将正在痛饮庆功酒，辛弃疾等摸入寨中，奇袭主帅营帐，杀死数人，捆了叛徒就走，过了一会，金人才清醒过来，几千人拍马来追，已不见踪影。辛弃疾直奔南宋都城，献上俘虏，其胆略震惊了南宋朝廷。这时，已是孝宗当政，年轻的皇帝十分赞赏这种侠义行为，下令将叛徒杀头示众，令辛弃疾到江北重镇任职。这一年，他年仅二十三岁。晚年，忆及少年壮举他仍眉飞色舞，写道："壮岁旌旗拥万夫，锦襜突骑渡江初。燕兵夜娖银胡觮，汉箭朝飞金仆姑。"

金殿唱名

南宋惯例，没有科举功名的士人，往往不能升至高位，但三年一次进士考试，各地人才荟萃，金榜题名谈何容易。辛弃疾却不经意地笑笑，说："这有何难，只须花铜钱三百，买一部时文（明清八股文的前身）集子，读它几天便成。"不久，他果然进士及第。

深受时人欢迎的儿童画

子孙满堂、多子多福是中国历来的文化传统。宋代的画家们很会迎合这样一个传统，创作了大量儿童形象的画卷，很受当时人们（特别是富裕人家）的喜爱，争相求购。这幅《子孙和合图》十分传神地表现了富裕人家子孙和乐的场面，同时也是宋代社会生活的生动写照。

孝宗早已听说辛弃疾文武双全，金殿唱名时，皇帝打趣说："你果然用三百铜钱就博取朕手中的爵禄。"

孝宗初期，还锐意恢复中原，用虞允文为相。辛弃疾呈上《美芹十论》等文，对比三国两晋，分析南北形势，提出许多具体的措施，得到皇帝召见。但不久主战派被高宗等压制，辛弃疾被调往江西、湖南等地，越来越远离抗金前线。

辛弃疾治理地方也如治军一般干练。滁州（今属安徽）刚遭兵火，乡镇一片废墟。辛弃疾到任便减轻赋税，招民屯田，组织民兵，很快使地方繁荣起来。江西发生大饥荒，引起严重骚动，辛弃疾奉命前往赈济灾民。刚到地方，他先令人在大道旁到处贴出布告，上书："自今日起，存米不出售者流放，以暴力强买者斩头！"然后，从市民、商贾、儒生中招募善于经营的人，将官府的钱借给他们，约定一个月内从外地运粮来卖，官府只收回本钱，不取利息，贩运差价归个人。于是，粮船源源开来，粮价自然暴跌，饥荒得以缓解。邻近的州官跑来求助，部属不肯，辛弃疾爽朗地说："都是本国的百姓，分什么你我？"当即将运来的米分去三分之一。

欲说还休

辗转各地当官期间，辛弃疾从未忘却恢复中原的大志。在湖南当官时，他请求在当地建立一支精兵，以"湖南飞虎"为号，得到孝宗的支持。他大建营寨，招募了二千步兵，五百骑兵，用巨资从广西买了五百匹好马，置办坚甲利器。朝中有些大臣多次阻挠，而辛弃疾更加紧办理，由于处事果断，令行禁止，进展非常迅速。当时秋雨连绵，有关部门说造瓦不易，请求宽限。辛弃疾问："要多少瓦？"答云二十万片，辛弃疾笑着说："不要担心。"即下令城中居民每家各取两片多余的瓦送来，不到两天，二十万片瓦便备

陆九渊创心学

陆九渊(1139-1193),字子静,号象山翁,抚州金溪(今属江西)人。乾道进士,曾任靖安、崇安两县主簿,官至知荆门军。还乡讲学,随学者很多。提出"宇宙便是吾心,吾心即是宇宙",建立"心即理"为核心的心学体系。形成陆学,在南宋理学中与朱熹的朱学分庭抗礼,主张"明心",不必多做读书穷理的功夫。后经明代王守仁的发展,成为陆王心学,有《象山先生全集》。此图出于清上官周《晚笑堂画传》。

齐了,部下佩服得五体投地。这时,朝中急令立即停止建军,辛弃疾藏起令牌,严令部下说:"一月之内必须建成营寨,否则军法从事。"不久,军寨建成,辛弃疾详细写出建军始末并附上地图,孝宗一见十分高兴,不再追究。此后,辛弃疾更加紧训练,希望建成一支如岳家军那样的铁军。

但是,朝中讲他坏话的人越来越多,甚至说他用钱如泥沙,杀人如草芥。孝宗晚期,辛弃疾终于被弹劾罢官,这年他四十二岁,从此闲居乡间二十余年。正值壮年,被迫退居田园,眼看大好年华一天天虚度,辛弃疾痛苦不堪,又无可奈何,于是终日借酒浇愁,以词抒愤,这期间留下了大量慷慨悲歌的绝妙好词。他沉痛地说:"少年不识愁滋味,爱上层楼。爱上层楼,为赋新词强说愁。而今识尽愁滋味,欲说还休。欲说还休,却道天凉好个秋。"

宁宗初年,在宰相韩侂胄的鼓动下,重开北伐之议。六十五岁的辛弃疾得到皇帝召见,身负重任,镇守镇江。辛弃疾因此精神一振,自比壮心不已的战国老将廉颇,高歌道:"凭谁问,廉颇老矣,尚能饭否?"然而,他的正确策略受到当朝大臣的轻视,不久,又被罢官,过了三年,郁郁老死于乡间。

留在北方的同学党怀英,却高中进士,入翰林,得到金朝重用。

> 历史文化百科

〔宋人讲学成风〕

由于宋代政治环境相对宽松,宋代士大夫探讨学术之风盛行。士大夫群居讲学,相与切磋,时而娓娓而谈,时而激烈争辩,尽管意见不合,仍称为"讲学之友"。学者或在山林胜地建书院,名师讲学,儒生慕名远来,大多聚众数百人。全国闻名的五大书院为石鼓(在今湖南衡阳)、岳麓(在今湖南长沙)、白鹿洞(在今江西庐山)、嵩阳(在今河南登封太室山下)及应天(在今河南商丘)书院。北宋仁宗后书院一度衰落,南宋孝宗至宁宗时,随着理学的兴盛,书院复兴,数量及规模超过了北宋。书院一般得到官方承认,由朝廷赐敕额、书籍,派教官,官方拨给田地或款项,逐步变成半民半官的教育机构,有的甚至与州学合为一体。官办的州县学、太学也聚集了众多游学者,如石介、孙复、胡瑷在太学讲学时,听者达数千人。南宋淳熙二年(1175)四月,吕祖谦约朱熹与陆九龄、陆九渊兄弟于信州鹅湖寺论辩,成为哲学史上著名的事件。

话说中国

狂生蒙冤

老成持重的酸腐之风充斥朝野，或冒出一二狂生，痛快淋漓地臭骂一顿，大臣们都说狂生该死。孝宗奋笔疾书："秀才醉了，胡说八道，何罪之有！"

经二十年西湖暖风的熏陶，南宋初不多的雄豪之气也消磨殆尽，少见英武强悍的武将，多见庸俗懦弱的文官，学林儒生崇尚空谈性命的道学，所谓老成持重的酸腐之风充斥朝野，怪不得孝宗常恨得牙痒。这时，冒出一二狂生，痛快淋漓地臭骂一顿，哪怕全是偏见，也如清风袭来，使人打个激灵。但时代终容不得狂生的存在，平时无精打采的大臣打起精神，一阵忙乱，将狂生压制下去，于是泥潭重又恢复可哀的静寂。在中国思想史上有一定地位的陈亮，即被当时人视为狂生。

意气相投

陈亮目光炯炯，性情豪爽，少年时便好谈兵法，议论风发，下笔千言，显得才气横溢。听说从北方来的词人辛弃疾"上马能杀敌，下马能草檄"，陈亮顿生倾慕之心，长途跋涉赶去拜访。辛舍前有一条小河，上有一座小桥。陈亮到此正要一跃而过，谁知座下骑闹起了别扭，陈亮挥鞭催马冲了三次，马仍是一到桥前就往后退。好个性急的陈亮，挥剑就向马首砍去，将马一把推倒，看也不看一眼，就仗剑徒步过桥了。辛弃疾正倚楼闲看，目睹

佛教宝器描金堆雕漆盒
积漆而成的堆漆制舍利容器，用精巧华丽的草文图案，围绕着金线细描的诸佛及仙女。宋代的僧侣死后火葬，将骨灰及舍利容器放在寺庙的宝塔中。

这一幕，暗自称奇，正要派人去打听，陈亮已走到他家门。两人痛饮美酒，畅谈天下事，十分投机，从此成为好朋友。一个说："若朝廷赏罚公平，我等皆是良才。"一个说："只使君从来与我，话头多合。"雄心勃勃，指望建功立业。

陈亮上书

孝宗隆兴和议签订后，朝臣弹冠相庆，而孝宗憋了一肚子火，仍潜心准备北伐。陈亮上了《中兴五论》，可为大臣阻隔，皇帝根本没有看到。陈亮回家发愤读书著文，引起学人注意，人称龙川先生。到孝宗在位第十七个年头，陈亮再次到都城上书，以犀利的文笔写道："自从北伐失败，举朝都指责陛下好大喜功，不顾后患，陛下隐忍至今，已十七年了。"一语戳到

> 历史文化百科

〔火葬的流行〕

汉文明以土葬为合礼法，汉唐间火葬者极少，而自唐末五代以来，由于战乱频仍，人们发现火葬更为卫生方便，且节省开支，也由于佛教的影响，更由于人多地少矛盾尖锐，于是火葬逐渐为民间接受，至宋悄然成为风俗，这在中国古代颇为罕见。据专家估计，两宋时期火葬率在 10～30% 之间，其中尤以河东路和两浙路最为流行。河东民俗"勤于养生，怠于送死。非士大夫之家，中户以下，亲戚丧亡，即焚其尸，纳之缸中，寄放僧寺与墓户之家，类不举葬。"经济发达的江浙水乡，虽富裕之家也不办土葬，火葬之后或寄僧寺，或投深渊。城市的火葬场称化人亭，一般设于城郊的寺院，如苏州、临安（今杭州）皆有两三处。《马可波罗游记》记载了元初杭州举行火葬的情景。宋士大夫激烈反对火葬，《宋刑统》也抄录了唐律的有关规定，地方官在厉行禁止的同时，又设义冢以帮助贫民安葬遗骸，但义冢制弊端百出，单纯的禁止很难奏效。

了孝宗的痛处。他纵论古今形势，劝皇帝迁都建康，图谋恢复。笔锋所向，连大谈"性命"的道学先生也捎带骂了进去："今世之儒士自以为得正心诚意之学，其实都是麻木不知痛痒之人，令举世之人忘却君父之仇，还低头拱手谈'性命'，真不知什么叫作'性命'。"且不说其议论深合帝旨，单是那富有个性的文风就令皇帝精神一振。孝宗要把这篇文章抄于朝堂，激励文武百官，并准备召见陈亮，加以重用。左右大臣讨厌陈亮的直言不讳，纷纷说陈亮名不符实，皇帝只好同意先让宰相考察。宰相们在政府大堂召见陈亮，摆足了威风，而陈亮毫不畏惧，仍畅所欲言，汇报结果当然没有一句好话。十天后，陈亮再次上书，又感动了孝宗，皇帝想不顾一切任用他。而陈亮已心灰意冷，听到这一消息，他笑着说："我只想为国家社稷打下几百年的根基，并不想卖论求官。"当即渡江归乡。

秀才醉了

陈亮回到家乡，心情十分抑郁，每日与本地几个失意士人狂饮，借酒浇愁。这天，陈亮等人都喝得酩酊大醉，一个狂生戏称陪酒的妓女为妃子。妃子专指

皇帝的女人，言下自比为皇帝，做起了白日梦。旁有一个小人，想借机陷害陈亮，便乘机引导说："既册封了妃子，那谁是宰相呢？"狂生说："陈亮为左相，你为右相。"当下推狂生坐下，陈亮等装成宰相上朝的模样，三拜九叩，谈论国事，妓女又仿妃子礼节敬酒，唱了一首《降黄龙》的曲子，疯闹直到半夜。第二天酒醒，众人都将此事淡忘，谁知大祸临头。当初陈亮在科举试场屡受压抑，他发牢骚说："我老了，反被无学小子侮辱。"因此得罪了考官何澹。参与酒宴闹剧的小人探知何澹已在朝中当了大官，便赶到刑部告发，何澹果然乘机狠整陈亮。陈亮身受种种酷刑，被打得体无完肤，只好承认企图谋反。孝宗听说陈亮入狱，便派人暗地调查了一番，待结案文件呈上，皇帝已知冤案始末。孝宗奋笔疾书："秀才醉了，胡说八道，何罪之有！"写完一挥，把文件甩在地上。当天，陈亮与那狂生无罪释放。

宋安徽刻本《金石录》（上图）
《金石录》是宋代赵明诚所著的一部采用录目与跋尾体例写成的金石学专著，由于收录北宋以前传世钟鼎碑版铭文，宏富与考证精当，以致与欧阳修所著的《集古录》齐名，世称"欧赵之学"。

话说中国

不久，陈亮家又出事了。他家的仆人杀了人，被害者生前曾侮辱过陈亮的父亲，仇家怀疑是陈亮指使的，一纸诉状将陈亮父子告上公堂，朝官乘机追究，陈亮又被关进大理狱。当朝宰相知道皇帝特别关注，辛弃疾这时已当了官，也拼命营救，陈亮才再次死里逃生。

高中状元

两经大难，陈亮的棱角磨平不少，归家发愤读书，学问更加渊博。高宗驾崩时，吊丧的金使十分傲慢，引起孝宗的愤怒。陈亮第三次上书，慷慨陈词，重提抗金的话题，而孝宗这时已准备禅位于太子，没有兴趣答理陈亮了。朝中大臣恨其多言，都把他看作狂怪。正好，地方官又报来一个案子，足以置陈亮于死地。陈亮曾在家乡应邀赴宴，主人为表示尊重贵客，按乡俗给陈亮另备一碗羹。当晚，邻座的一人暴死，家属疑是中毒身亡。当地县令穷治此案，屈打成招，将陈亮也牵连进人命案中。陈亮三入大理狱，大臣选酷吏审理，把他打得死去活来，众臣合谋定要置他于死地。所幸大理寺的主管官郑汝谐没有偏见，发现此案缺乏证据，读到陈亮所写供辞，更深为感动，叹息道："此人真是天下奇才。国家若无罪杀此忠义之士，必上伤天理，下伤国脉。"于是在继位的光宗面前极力辩护，陈亮才得解脱。

出狱后，陈亮又参加科举考试，文章得到皇帝欣赏，以高中状元一举雪耻，孝宗听说，也十分高兴。光宗委以重任，勉励说："你的著作已尽显文采，你的上书曾打动皇父，到如今才高中进士，定是老天将你留给朕重用的吧。"陈亮在京城骑马戴花，出尽了风头，方才衣锦还乡，他的弟弟出县远迎，抚今追昔，兄弟不禁相对流泪。陈亮说："如果我当上大官，按规定可以保举家

属当官，到时一定首先推荐你，辞世时，我们兄弟都身着官服见祖先于地下，这辈子也心满意足了。"然而，还未等走马上任，一天晚上，陈亮便突然死于家乡。

再有想象力的剧作家，也不能想出这么悲惨的结局。

米芾拜石：宋代文人的传奇故事

米芾举止怪异癫狂，人称米癫。他曾和石头称兄道弟，说彼此有廿年的深交。他因为凭着一手好字，在宋徽宗时候做到礼部的次官。在重文轻武的宋代，这样的例子是不胜枚举的。这幅《拜石图》是清代画家金廷标所绘。

公元 1168 年

世界大事记 英国牛津大学创建。

〇八三

赵构 赵惇 赵昚 昏庸

《宋史·高宗吴皇后传》
《宋史纪事本末》卷八一

人物 关键词 故事来源

孝宗禅位

高寿八十一的太上皇一病不起，孝宗已年逾六十，眼见恢复中原无望，越来越厌倦政事，便决意禅位。

孝宗初即位时颇有干一番事业的雄心，可由于政治力量的对比，他不得不屈从于高宗的权势，留下一个孝顺养父的空名。经二十多年官僚机构的消磨，他终于锐气尽消，觉得中兴无望，便将多年积攒的钱财存入"封桩库"中，为后代留下雄厚的经济实力，将恢复中原的希望寄托在下一代身上。因此，选择接班人首先从这方面考虑。

宋萨迦南寺

傻孩子，你以为皇帝好做？

孝宗的原配夫人郭氏早死，是后来追封为皇后的，她生的三个儿子，都封了王。为了避免争夺，孝宗即位不久便明确以长子为法定继承人。但太子生性懦弱，迷恋于诗文，不像个有雄才大略的中兴君主，孝宗并不喜欢，而更喜欢三子赵惇，认为他英武勇斗，更像自己，但还是按名分立了长子。两年后的一天，皇太子出宫烧香，归途走过贡院，来自全国各地的举子堵塞了道路，狐假虎威的护卫挥鞭乱打开路，引起了士人愤怒，将一肚子气乘机发泄出来，团团包围了皇太子的车，一时吼声如雷，历久方散。胆小的皇太子吓得一病不起，不久就死了。按顺序皇储应是皇二子庆

王，他天性宽厚，高宗也很喜欢他，可孝宗认为他太文雅，难以担当恢复中原的大任，还是倾向于立三子恭王。思考了几年，孝宗才下定决心。一天，庆王被太上皇高宗召去赴宴，当晚便留宿德寿宫。第二天，他才知道，皇父已立三弟为皇太子，自己被赶到外地做藩王。他埋怨祖父说："翁翁留我，却让三弟越位做了太子。"高宗只好安慰他说："傻孩子，你以为皇帝好做？坐上位子烦恼得很呢！"未过十年，皇二子便郁郁死于外地，孝宗也十分伤心，心情更矛盾了。

我头发都白了，怎么还小？

三子赵惇进入东宫，小心侍候着太上皇、皇帝，传到长辈耳中的都是好话，说他不好酒色，勤读诗书，练习骑射等等。做了十几年的太子，赵惇已年过四十，而太上皇老而愈健，皇父更无退位之意，何时才能轮到自己呢？他越来越着急。赵惇果然比其父更敢作敢为，图谋抢班夺权了。他先暗示父亲："我的胡须已开始花白，有人送来染须发的药，我没敢用。"孝宗知其用意，只淡淡地说："胡须变白，

古朴而神圣的佛教净瓶
造型庄重神圣，设色淡雅素朴，还有与众不同的神兽形象，这件佛器堪称宋代寺院的镇寺之宝。器物表面采用镂刻的方式装饰，当是名窑耀州窑的出产品。

话说中国

显得老成，天下人更为尊敬，染它做什么？"求父无望，皇太子便把目光投向祖父，企图靠父母之命迫使孝宗让位。弄到什么稀罕的食品，他就送去给祖母太皇太后，不多说什么，只是恭恭敬敬地请安。太皇太后十分纳闷，问身边人说："太子这是为何？"这些人早被太子收买，乘机说："想请娘娘劝皇上呗。"太皇太后笑着点了点头。过了几天，大孝子皇帝又来陪二老游玩，闲谈间，太皇太后装作不经意地说："官家早些儿享享清福，把担子交给孩儿们算了。"孝宗答道："我也这样想，可孩儿太小，恐怕不够老练，不敢马上交班，否则我早已快活多时了。"太皇太后不敢多言，便从此不提。事后，太皇太后将此言告知太子，太子一把扯下头巾，愤愤地说："我头发都白了，

超俗的柳枝观音

柳枝观音是中国民间供奉较多、流传很广的观音菩萨像。菩萨手中的净水瓶、杨柳枝，原是普洒法雨、弘扬佛法之意，后来演变为多种含义。佛教认为，观音手持的净瓶中有甘露，水性本空，水不自生，水不他生，水不共生。水有八种功德：澄净、清冷、甘美、轻软、润泽、安和、除饥渴、长养诸根。此图描绘柳枝观音坐于须弥座上，头顶覆华盖，头戴宝冠，面相丰腴，神态恬逸。

怎么还小？这么说翁翁禅位就错了么？"翁翁指高宗，高宗退位时，继位的孝宗只有三十六岁，的确比皇太子现在还年轻。

正式禅位

淳熙十四年（1187），高寿八十一的太上皇一病不起，孝宗痛哭失声，当即表示要服丧三年，以作万世表率。孝宗这时已年逾六十，眼见恢复中原无望，越来越厌倦政事，便着手安排禅位。淳熙十六年（1189），新年刚过，孝宗便叫来宰相一班人，正式宣布禅位。禅位礼如期举行，做了十七年皇太子之后，赵惇终于坐上了皇位。在封建时代，皇帝还在世时，是不能叫他名字的，人们只称"陛下""官家"等等，皇帝死了以后，被供在庙里时，才有某某祖某某宗的庙号，而史书是后代人写的，故史书将赵惇称为光宗。孝宗改称太上皇，移居高宗原来住的德寿宫，改名为重华宫，因位于城北，故又叫北内，皇帝住的宫殿俗称为南内。

公元 1187 年

世界大事记

埃及苏丹萨拉丁攻陷耶路撒冷。

《宋史·光宗李皇后传》
《宋史纪事本末》卷八一

李皇后悍
赵扩 昏庸

人物 关键词 故事来源

〇八四

寂寞孝宗无孝子

光宗与父亲孝宗关系紧张，父亲郁闷成疾。听到宫外小孩大叫："赵官家！赵官家！"太上皇不禁老泪纵横，自言自语说："我叫他都不来，你们更是白叫了！"

皇帝的派头

光宗即位之初，尚有心于政事，但不久便露出本性，嗜酒好色，奢侈无度，不但无心完成恢复中原的大业，反把孝宗积攒了十几年的封桩库钱财也挪用于皇宫享受，这时孝宗已无可奈何。有孝宗供奉太上皇的榜样在前，最初光宗也规定每月四朝重华宫，但孝宗当初以养子继承皇位，故十分小心，有矛盾时常以皇帝让步了事；光宗却没这些顾忌，不但处理朝政根本不听太上皇的意见，言语态度也一改皇太子时的谦恭，摆出了皇帝的派头。

孝宗在位时，常主动来陪太上皇钓鱼、赏花、游园等，光宗就少多了，懒得和老头老太啰嗦，于是多嘴的大臣纷纷上书劝谏，一些势利小人乘机挑拨，更加深了矛盾。初夏的一天，光宗带亲近大臣去外苑赏花，正待在花下进酒，外面已传入许多章奏，说孝宗当年每次游玩必恭请太上皇，如今陛下也应如何如何。光宗知道大臣又来指责自己不孝，顿时大怒，嚷道："皇父也有不请太上皇的时候吧！"就在这时，从北内来了两个宦官，说是太上皇知皇帝赏花，送美酒和玉杯来助兴。光宗一听更光火，气得手直颤抖，压着性子接过杯子，却不小心把玉杯摔碎了。宦官回报时挑拨说："一听太上皇赐酒，官家就大怒，把玉杯也摔碎了。"孝宗自然不快。过了几日，太上皇帝后去游园，按惯例皇帝夫妇应前往侍候，并设家宴款待二老，而等了半天，皇帝始终未露面。二老正十分扫兴，内侍小人又在园里放出许多鸡，一群人闹哄哄地又赶又追，几个人故意放声大叫："今天捉鸡不着。"当时俗语逼人请客叫"捉鸡"，这不是讽刺孝宗跟儿子要酒喝而被驳面子吗？孝宗假装没听见，但脸色都变了。

光宗起疑

为立皇太子，两宫的矛盾更为加深。光宗本有三个儿子，长子、次子早夭，只剩下三子嘉王赵扩，生性懦弱愚笨，虽勤奋好学，仍进步不大，在大庭广众面前连话也说不清楚，可光宗只有这个继承人，只能加紧培养他。即位不久，光宗便与太上皇商量立皇太子的事宜，本以为顺理成章，孝宗的答复却使他呆住了。孝宗说："按道理本该立你二哥的，只因你英武像我，以为能成大事业，才越位立你的。如今二哥虽死，可他的儿子嘉国公还在。"也许出于对二子的歉意，也许因为二房的孙子更聪明，孝宗流露出要光宗传位于伩的意图，光宗当然不愿意，立皇太子的事就搁置下来了，但光宗已起了疑心。

光宗即位不久就显出狂躁易怒的不正常症状。孝宗十分担心，到处打听秘方，弄到一丸药，据说有特效，想等皇帝来请安时再当面交给他。搬弄是非的宦官跑来报告皇后说："太上皇做了一大丸药，只等官家过去就赐给他，万一有意外怎么办呀！"李氏也起了疑心。一天，宫中开家宴，皇后李氏单刀直入地向太上皇提出立嘉王为太子，孝宗没有点头，她便撒起泼来，大叫："我是以六礼聘来的正妻，嘉王是我的亲生儿子，凭什么不能作太子？"孝宗大发雷霆，三代人不欢而散。李氏拖着儿子在光宗面前哭诉，把做丸药的事也搅在一起，说："太上皇不肯立嘉王为太子，就是想废你，让你服药没好事，准是想让二房那小子早点继位。"从此，光宗更疑神疑鬼了。

话说中国

太上皇的生日那天，皇帝仍不肯过来拜寿，宰相虽带百官到场，但无皇帝主持，没有国乐，没有隆重的典礼，景象十分凄凉。孝宗内心也很想念唯一的儿子，常常在一小房中呆坐到天黑，不久郁闷成疾。这天他登上望潮露台，听到宫外小孩的喧闹声，游戏中有个孩子大叫："赵官家！赵官家！"太上皇不禁老泪纵横，自言自语说："我叫他都不来，你们更是白叫了！"从此病势更为沉重。

宋代是个文学家群星璀璨的时代。"唐宋八大家"半数以上出自宋，欧阳修为古文运动主将，王安石、曾巩、苏洵、苏轼等人起而呼应，使健实的文风异军突起，独领风骚。宋诗风格多变，杨亿崇尚雕琢；梅尧臣旨趣清淡；苏东坡洒脱豪放；黄坚庭奇峭坚实；杨万里平易清新；陆游沉郁激昂。宋词彪炳一代，作者千人，篇逾二万。"千种风情"的柳永；"大江东去"的苏轼；"凄凄惨惨戚戚"的李清照；"心在天山，身老沧洲"的陆游；"把栏干拍遍"的辛弃疾。一代盛世在迁客骚人的低吟浅唱声中随风飘逝。

			宋代文学家与文学作品	
姓名	字号	生卒年	文学成就	作品
柳开	字仲涂，号补亡先生	947-1000	主张继承韩愈、柳宗元的文风，为宋倡导古文运动第一人。	《河东先生集》
王禹偁	字元之	954-1001	诗学白居易之明白通俗，文倡韩愈的清淡晓畅。为古文运动揭开了序幕。	《小畜集》
柳永	原名三变，字耆卿	约987-1053？	专力写词，传世约二百余首，词风婉约细腻，作品以白描见长，吸收了通俗文学的精华，当时流传最广，尤其受市民欢迎。	《乐章集》
范仲淹	字希文	989-1052	工诗文，《岳阳楼记》为传世之作；词虽不多，却开辟了开阔深沉的新意境。	《范文正公集》
穆修	字伯长	989-1032	推崇韩柳古文，但其创作缺乏才气，社会反响不大。	《穆参军集》
晏殊	字同叔	991-1055	生平富贵优游，故所作诗词雍容华贵，玉润珠圆，承晚唐五代之风，颇得时誉。	《珠玉词》等
石介	字守道，号徂徕先生	1002-1045	批评流行的骈文风尚，有相当大的影响，但创作的古文朴拙有之，文采欠佳。	《徂徕集》
梅尧臣	字圣俞	1002-1060	以诗著名，风格清丽平淡，意境新颖，反对西昆体的浮靡之风。	《宛陵先生集》
欧阳修	字永叔，号醉翁、六一居士	1007-1072	大力提倡古朴的散文，推荐了一批古文大家，创作了大量优秀的散文作品，为承先启后的古文大家，"唐宋八大家"之一。晏殊并列，但脱出脂粉气，向清疏峻洁方向发展。	《欧阳文忠公词与全集》
苏舜钦	字子美	1008-1049	诗与梅尧臣齐名，时称"苏梅"，其诗风粗犷豪迈，意境开阔，直率自然。	《苏学士文集》
苏洵	字明允，号老泉	1009-1066	所作古文笔力雄健，气势逼人，为"唐宋八大家"之一，与二子苏轼、苏辙并称"三苏"。	《嘉祐集》
曾巩	字子固	1019-1083	古文深受欧阳修影响，而更长于说理，含蓄典雅。为唐宋八大家之一。诗亦颇佳。	《元丰类稿》
司马光	字君实	1019-1086	为著名的史学家，以明白流畅的散文作史，生动翔实，恢复了《史记》的传统。	《资治通鉴》、《传家集》等
王安石	字介甫，号半山	1021-1086	古文创作多为政论，措辞得体，简练流畅，即便是记叙文也把叙事与议论熔于一炉，有深刻的思辨色彩，为"唐宋八大家"之一。作诗新颖别致，注意炼字锤句。	《临川文集》等
晏几道	字叔原	约1040-约1112	为晏殊第七子，以词著名，风格亦婉丽曲折，但因生平坎坷，故多感伤之作。	《小山词》

宋

苏轼	字子瞻，一字和仲，号东坡	1037–1101	为伟大的文学家，为文纵横恣肆，挥洒自如，无论议论抒情，不管长篇小品，无不精妙，把古文的写作推到极致；作诗题材广阔，清新雄健，与黄庭坚并称"苏黄"；词风豪放，自成一家；工书画，为一代大师。	《东坡七集》、《东坡乐府》等
苏辙	字子由，号颍滨遗老	1039–1112	所作文章淡泊从容，深醇温粹，为"唐宋八大家"之一。	《栾城集》
黄庭坚	字鲁直，号山谷道人	1045–1105	以诗作著称，反对西昆体诗派，以杜甫为宗，讲究修辞造句，力倡新奇，以学问作诗，开江西诗派，但不免生硬空虚之弊。	《豫章黄先生文集》等
秦观	字少游	1049–1100	以词作见长，为北宋婉约派重要作家，风格伤感。	《淮海集》
张耒	字文潜，号柯山	1054–1114	以诗为苏轼称道，和黄庭坚、陈师道、晁补之齐名，后人称为"苏门四学士"，诗风较为平易自然。	《张右史文集》
贺铸	字方回	1052–1125	其小词情思缠绵，组织工丽，风格与晏几道、秦观相近。	《庆湖遗老集》
陈师道	字履常，号后山居士	1053–1102	在诗歌创作上深受黄庭坚影响，重视推敲立意，锤字炼句，多苦吟之作。为江西派代表。	《后山集》
周邦彦	字美成	1056–1121	精音律，工词，为北宋婉约派大家。	《片玉词》
李清照	号易安居士	1084–约1151	南宋婉约派宗主，反对以诗为词，主张"词别是一家"。注重音律，以文词典雅清丽见长。早期所作多写其闺中情怀，后期多感叹身世，怀念故国。	《漱玉词》
陈与义	字去非，号简斋	1090–1139	江西诗派后期的代表作家。前期作品受黄庭坚、陈师道影响，后期诗词趋于沉郁悲壮。	《简斋集》
杨万里	字廷秀，号诚斋	1124–1206	主张作诗师法自然，诗风清新活泼，诙谐幽默。与范成大、陆游和尤袤同称"南宋四大家"。	《诚斋集》
陆游	字务观，号放翁	1125–1210	工诗、词、散文，尤长七律，诗风雄肆奔放，明朗流畅，多沉郁顿挫，慷慨豪宕之作。留下诗作达九千三百多首，大部分抒发爱国情思。	《剑南诗稿》、《渭南文集》等
范成大	字致能，号石湖居士	1126–1193	其诗多反映社会生活，关心国家安危，同情生民疾苦。风格清新妩媚，奔逸隽伟。	《石湖居士集》等
张孝祥	字安国，号于湖居士	1132–1170	善诗文，工词，诗词意境风格近苏轼，为豪放派重要作家。	《于湖集》
辛弃疾	字幼安，号稼轩居士	1140–1207	词风悲壮激烈，意境雄奇阔大。为豪放派杰出代表，与苏轼并称"苏辛"。	《稼轩长短句》
陈亮	字同甫，人称龙川先生	1143–1194	所作政论笔锋犀利，词作感情激越，风格豪放，好发爱国议论。	《龙川文集》等
叶适	字正则，世称水心先生	1150–1223	认为"文不能关教事，虽工无益也"。其政论文细密有致，语言简朴厚重。	《水心先生文集》等
姜夔	字尧章，号白石道人	约1155–1209	作词讲究声律，意境清幽，多写景纪游，抒发个人情怀之作。对后世词家影响很大。	《白石道人诗集》等
刘克庄	字潜夫，号后村居士	1187–1269	其诗学晚唐，为江湖派最大诗人。词受辛弃疾影响，雄健豪放，多感慨时事之作。	《后村先生大全集》
严羽	号沧浪逋客	宋末人，生卒年不详	其诗论全面而系统，反对苏轼、黄庭坚以来以才学、议论为诗的诗风，主张以盛唐为师，对明清影响颇大。	《沧浪诗话》

话说中国

▷ 天水是赵氏郡望，郡望就是世居某郡为当地所仰望。

〇八五

悍后李氏

光宗娶李氏为妻是由高宗做主的，高宗曾懊悔地说："这么厉害的女人，到底是武将的种。我给皇甫坦这小子骗了。"

黑凤难御

淳熙十六年（1189），孝宗向群臣宣布自己的禅位安排时，大家都同声赞同，只有黄洽一人沉默不语，在孝宗的逼问下，他才慢慢开了口："皇太子可当大任，但恐怕夫人李氏当不起皇后的威仪，陛下应深思熟虑。今日陛下再三问我，我才说的，但此言一出，我就不能再呆在朝里了。以后陛下一定会想起我这番话，但那时也见不到我了。"皇太子的元配李氏，是武将的女儿，出生时其父看到门外有只黑鸟，自

认为是黑凤，故名凤娘，长大后貌似天仙。当时有个叫皇甫坦的道士，以善看相著称，深得皇室信任。高宗晚期，皇甫坦受李家委托，直接向高宗保媒，故三皇孙赵惇娶了李氏。谁知李氏性格强悍，为人残忍狠毒，撒泼争吵，搬弄是非，无所不为，也不知她捏住了丈夫什么把柄，号称最"英武"的赵惇却畏之如虎。李氏成为皇太子妃后，便尽显本性，常在高宗和孝宗面前说三道四，高宗很看不惯，曾懊悔地说："这么厉害的女人，到底是武将的种。我给皇甫坦这小子骗了。"孝宗也多次当面训斥："后妃最讲究女德，你得学学太皇太后。再和太子乱吵，朕就废了你！"李氏收敛了一些，但从此怀恨在心。

最早的城市"立交桥"：八字桥

八字桥位于绍兴市区八字桥直街东端。据《嘉泰会稽志》记载，该桥始建于南宋嘉泰年间（1201-1204），南宋宝祐四年（1256）重建。桥以石材构建，结构造型奇妙，八字桥陆连三路，水通南北，南承鉴湖之水，北达杭甬古运河，为古代越城的主要水道之一。桥下石壁转角处被纤绳磨出的痕迹，至今历历在目，可见当年舟楫之盛。著名古典园林专家陈从周称之为我国最早的城市"立交桥"。

媳妇如此嚣张

光宗即位后，李氏如愿以偿当上了皇后，媳妇和公婆的矛盾更表面化了。李氏当上皇后，更加骄横奢侈，逼着光宗滥赏李氏家族，连李家门客都当上官，超过了前朝皇后的规格。她对待公婆也更为傲慢，到重华宫请安时，一步也不肯走，乘着轿子直闯入内殿。当初，孝宗的皇后谢氏对公婆十分恭

公元 1202 年

世界大事记

第四次十字军东侵。

李皇后悖
赵扩夺音
赵赵残忍

人物　关键词　故事来源

《宋史纪事本末》卷八一
《宋史·光宗李皇后传》

谨，如今自己的媳妇如此嚣张，当然很不满，便当面说了几句。李氏却顶嘴说："我与官家是结发夫妻呀！"谢氏不是孝宗的元配，是在正夫人死后才扶正的，古代大小老婆之间地位是悬殊的，这不是公开嘲笑太上皇后么？太上皇顿时大怒。此时，孝宗想起了黄洽当初的忠告，想废去李氏，可因为无人支持而作罢。

光宗终于精神崩溃

光宗本性好色，当上皇帝更纵欲无度，其中最宠爱一个姓黄的贵妃。妃嫔成群是皇帝的权利，皇后李氏无法干预丈夫，便将一腔怒火发泄于比自己弱的女人身上。一次，光宗洗手，看到持盆的宫人双手白嫩可爱，抚摸着称赞了几句，过后就忘了。第二天，皇后派人送来一个食盒，打开一看，里面竟是一双血淋淋的女人手，光宗吓得半死，可也不敢与皇后理论。可怜又一宫女成为牺牲品。

绍熙二年（1191）岁末，光宗将主持祭天大典，按规定必须吃斋独宿，入住斋宫。李氏乘皇帝不在宫中，将黄贵妃活活打死。光宗听说黄贵妃暴死，料定是皇后搞的鬼，又气又恨，精神已经恍恍惚惚。次日凌晨祭天，先吹来一阵怪风，坛边的烛光相继熄灭，祭祀时的气氛本来就十分神秘，此时空旷漆黑的祭坛更为恐怖，这时坛上的帷幕又被旁边的火烛烧着，顿时火光冲天，紧接着暴雨冰雹劈头盖脑袭来，群臣军士都吓得四散逃走，祭礼只得中止。爱妃死讯的刺激，祭礼恐怖场面的惊吓，光宗终于精神崩溃了。回到宫内，他张着嘴说不出话，谁也

不认识，梦中又不停地说胡话。太上皇连夜赶来探视，又急又气，李皇后说都是皇帝纵酒好色所致，孝宗勃然大怒，吼道："都是你没照顾好皇帝，才使他病成这样。若皇帝好不了，必然族灭你们李家！"过后，孝宗又叫来宰相，训了一顿，并表示待皇帝好转后要亲自教训他。

过了半个月，光宗的病情稳定一些，但前事尽忘，脑子还是糊里糊涂的。李皇后哭哭啼啼地对皇帝说："我过去劝官家少喝酒，就是不听，前些时你病了，太上皇几乎要族灭我们李家，我们李家有什么对不起皇上的地方？听说太上皇还对宰相说，只要你过去请安，就把你留在北内，不让你回来了呢！"因为立太子事，光宗就怀疑父亲要废掉自己，一听这话更害怕了，从此找各种借口不去北内，每月四次看父母的定礼也废了，为留点面子，孝宗总是传话来说，皇帝身体不好，就不要过来了。皇帝的病情时好时坏，还不肯承认自己有病，不肯服药，发病时狂躁易怒，乱杀乱打身边人，上朝时目光发直，神思恍惚，刚做的事转眼即忘，偌大一个国家就由一个精神病人治理，群臣毫无办法。李皇后趁机夺取实权，许多事都由她说了算，但这个女人没有任何政治才能，只关心为娘家多弄点官职、财产，政治的昏暗可想而知。

质地薄如蝉翼的褶裥罗裙（上图）

褶裥裙起于晚唐五代宫廷。后唐同光年间，皇帝庄宗晚眺，见彩霞可人，就命染院作霞样纱，制成褶裥裙，分赠官嫔，后民间仿效，宋时更盛。这条宋墓出土的褐色印花褶裥裙，素罗地印小团花，质地轻薄如蝉翼，褶纹飘动，如临风水漪，给人轻拂、秀丽之感。

赵惇
赵扩骖
吴李皇后猜疑

《宋史·光宗李皇后传》
《宋史纪事本末》卷八一

人物 关键词 故事来源

公元 1225 年

中国大事记　宝庆元年，北方义军将领彭义斌攻蒙古军，战死。

〇八六

过宫风波

皇室常见的父子间猜疑，因光宗的精神病而放大，于是皇帝是否去看太上皇便成为全国注目的中心。

封建皇室常见的父子间猜疑，因精神病而放大，成为光宗的迫害妄想，于是他总也不肯去看父亲，平时也罢了，后来连父母生日及年节大礼也不肯过去。儒家讲伦理道德，万事以孝为首，于是皇帝是否去看太上皇便成为全国注目的中心，皇帝越固执，群臣劝谏越起劲，所谓"过宫风波"越闹越大。

摇头叹息，说话已很难听了。太学生也闹起了学潮，几百人集体请愿；许多官员上书不见采纳，纷纷辞职；皇帝的人伦问题渐渐演化成全国性的政治危机。大臣虽知道皇帝脑子有病，但也不能明说，只好一味地苦劝，但对精神病患者来说，效果适得其反，压力愈重偏执愈深。

皇帝脑子有病

九月三十日光宗生日前夕，群臣贺表都提这件事，皇帝看得烦透了，只是其中的几句话打动了他："太上皇年岁已高，他深爱陛下，就像陛下爱您自己的儿子嘉王，万一太上皇见不到您就过世了，陛下还有什么脸见天下人？"光宗当即传旨明天过宫。第二天，百官立于殿下准备陪皇帝过宫，车马也准备好了，皇帝从正殿的屏后走出，已是一副出门装束。李皇后忽然从屏后闪出，拉住皇帝的衣袖说："天太冷，官家进去喝杯酒吧。"群臣侍卫大眼瞪小眼，谁也不敢出声，只有陈傅良冲出来，拉住了皇帝的衣服，口里不住恳求，一直跟到屏风后面的禁地。皇后杏眼圆睁喝叱道："这是什么地方，秀才竟敢进来，想砍头么！"陈傅良无奈，退了出去，在院子里大声嚎哭。皇后气坏了，派人来质问："这算什么道理？"陈傅良振振有词地说："君如父，臣如子，儿子劝谏，父亲不听，就应该跟在父亲身后号哭。"皇后大怒，当即传旨："今天不出去了，立即还内宫！"

皇帝的一举一动都要记入国史，皇帝的私事也就成了国事，因此全国上下都盯着光宗，看他是不是去看父亲。除了亲近的大臣之外，人们并不知道皇帝已经发疯，只知道他很不像话，不尊敬父亲，一点人情味也没有，上自官员绅士，下至贩夫走卒，

太上皇病危

绍熙五年（1194）春天，孝宗病危，只求再见儿子一面，而光宗仍不肯过宫探视，却在后宫饮酒作乐。消息传出，更激起了请愿高潮。光宗听说太学生也闹事了，一度答应当天过宫，可宰相率百官直等到黄昏，深宫中又传出圣旨不去了，一百多大臣上书辞职表示抗议。宰相带着大臣求见，全体跪下求皇帝过宫，有的说："太上皇病危，不去拜见，将来陛下会后悔的。"有的说："朝野人心浮动，不顺应民心恐怕会生大祸。"光宗气得拂袖而起，群臣拉着他的衣襟，一边哭一边追随，直到内殿门口才被内侍挡住，众人在门外痛哭一场才方退出。过了两天，皇帝和宰相等人又激烈争吵，宰相一班人给赶出京城，朝政也无人主持了，在太上皇的干预下，才暂时回朝。

过了几天，听说皇帝将去北内朝见太上皇，一清早路上便排满了戒严的士兵，都城的百姓也夹道恭候，可仍是失望了，军民都给激怒了，情绪十分激动。史官彭龟年在殿上苦谏，一边大叫："陛下，情势危急

被广泛运用于临床的针灸医术（右页图）

由于医生在实践过程中不断发现新的人体穴位，针灸医术在宋代趋于完善，用针刺和艾灼于穴位的方法被广泛运用于临床。政府设立了专门培养针灸医生的学校，这个铜人便是学校教学用的模型。此外，在民间则涌现了大批自学成才的医生，在城市的闹市区有专门出售针灸用品的商铺出现。

被广泛运用于临床的针灸医术

呀！"一边不停地叩头，额头被坚硬的殿石磨出了鲜血。光宗只是淡淡地说："知道了，总会去的。"可仍是不见诸行动。都城内外谣言四起，有些野心家已暗作准备，市民纷纷迁往郊外，连宫内的嫔妃也将财物转移娘家，作好逃难的准备。宰相带百官去北内请安，孝宗已不能说话，眼睛在人群中搜寻了几次，期待看见儿子的身影，当然怎么也找不着，伤心得老泪纵横。

六月底，太上皇怀着遗恨死去。讣闻传来，群臣在殿上劝光宗立即过宫发丧，光宗起身就要退朝，群臣拉他的衣襟，再次跟到内殿门前，光宗带着哭腔说："这不是你们来的地方。"便抽身进宫了，挣扎中皇帝的衣服也拉坏了。皇子嘉王几次进内宫哭着劝谏，也不能使光宗回心转意，光宗甚至不相信太上皇已死，以为又是一场阴谋，非常惊恐，随身带着武器防备着。一连几天，光宗都不肯出宫，群臣连皇帝的面都见不着，

耀州窑青釉盏托

这件青釉瓷盏托，托盘口沿较宽，微微上翘，并轻轻压出"六出"花口。盘心较深，中部竖一梯形圆柱，柱面下凹，做成一个浅钵的样子，用来承嵌碗盏，防止倾覆。通体施以青绿色釉，藉以保持其里里外外的洁净。饮茶时一手托着盘子，一手从盘上拿起茶盏，真是既适用又方便，更有悦目赏心之趣。

极为生动逼真的缂丝孔雀

白地上两只开屏的孔雀，孔雀羽毛的轮廓都用金缂丝装饰，极为生动逼真，是缂丝作品的杰作。缂丝是我国古代特有的一种丝织手工艺。它按照底稿在架好的经线上先描出图画或字的轮廓，然后再照底稿的色彩，用小梭子引着各色纬线来织出图画或文字，同时，衣料、物品也一起织成。

盛暑中大殓不能拖延，宰相只好转求太皇太后吴氏。吴氏是高宗的皇后，孝宗的养母，虽年过八十，仍头脑清楚，高宗死后，她还住在北内。吴氏出面主持了丧礼，宣布说："皇帝有疾，可在南内服丧。"可是，朝野上下都十分愤怒，都城内外人心惶惶。

| 公元 1204 年 | 世界大事记 | 拉丁帝国建立。 |

赵汝愚
韩吴太后
赵赵
扩惇　阴谋

《宋史·高宗吴皇后传》
《宋史纪事本末》卷八一

人物　关键词　故事来源

〇八七

孝宗死后，将举行国葬，金国的吊唁使节也将来到，皇帝再不出来实在说不过去，于是宰相留正请求立嘉王为太子，光宗一会说："不能立储君，他会抢我位子的。"一会说："很好。"到晚上又送来皇帝御札，上写八个字："历事岁久，念欲退闲。"到底什么意思呢？是要立太子呢？还是要禅位呢？大臣们去问，宫中传出的圣旨总是那么费解，最后传出的御书写了十六个字，只有留正看到，只见他脸色发白，吓得魂不守舍。第二天早朝，留正假装中风倒在地上，第二天就乘上轿子逃出城去了。

禅位密谋

孝宗死后，将举行国葬，金国的吊唁使节也将来到，皇帝却不出朝，朝上群龙无首，京城内外更为恐慌。

临危密谋

消息传出，朝上群龙无首，京城内外更为恐慌。大臣都劝知枢密院赵汝愚出面挽救，他顾虑到自己是宗室同姓，恐怕引起猜忌，不肯答应。大臣赵彦逾来见赵汝愚，言及国事，相对叹息。赵彦逾说："国家这样危急，您是同姓重臣，难道不想想办法？"赵汝愚说："事已至此，还有什么办法？逼急了，无非持刀到朝天门前，大叫几声，自杀算了。"赵彦逾摇头说："这样死太不值，还不如冒险干大事。听说皇帝有御书八字，何不就立嘉王为帝？"一番话使赵汝愚下定了决心，决定发动政变。两人密谈到深夜，策划一方面控制宫禁卫队，一方面争取太皇太后吴氏的支持。派去争取宫禁卫队的人回来了，说殿帅郭杲死活不开口。赵汝愚一听急了，赵彦逾说："我对他有恩，我去说，明天

来回报。"赵汝愚急得直摆手，说："这种大事说出口，还能慢慢腾腾的吗？我就坐在门边等你。"赵彦逾上马飞驰而去，见到郭杲就急切地说："我和赵枢密不过能出谋划策，您是国家虎臣，全靠您担起重任。"郭杲还来不及回答，赵彦逾劈头盖脑就是一通指责，郭杲被激得跳了起来，低声说："怎敢不效命！请赵枢密放心好了。"

太后三思

为使政变名正言顺，就要争取太皇太后吴氏的支持。赵汝愚悄悄找来同僚韩侂胄，因为他的母亲是吴氏的亲妹子，和内侍也比较熟。韩侂胄慷慨激昂地说："我世受国恩，与皇家休戚相关，理应效力。"韩侂胄赶紧托人送进密信。谁知吴氏为人谨慎，历来不肯轻易与外臣交接，阅完信，她严厉地斥责："此事岂可轻言！"但又带口信给赵汝愚，要他耐心一些。赵汝愚觉得还有希望，逼韩侂胄再去见太皇太后。第二天，韩侂胄去求见，一时进不去，正在宫门徘徊，被内侍头关礼看见，问他为何进而复退，韩侂胄犹豫着不肯说，关礼指天为誓，韩侂胄方才说出赵汝愚等的密谋。关礼丢下一句："你在此等着，我去说！"转身就进去了。

木雕杰作观音菩萨坐像（上图）
宋朝的佛像大多较具真实感，并富丽华美，因而出现很多杰作。这是常见的观音菩萨坐像，色彩已有明显的剥落现象，但仍属上乘杰作。日本东京国立博物馆藏。

话说中国

关礼一见吴太后，就伏在地上痛哭，太后惊问，他说："您老人家读书万卷，可曾见过今天这种局势吗？国家就要大乱了。"太后淡淡地说："这些大事不该你知道。"关礼声泪俱下地说："此事人人都知道。如今宰相跑了，朝廷只靠赵枢密一人，可不久也要走了。"太后也着急了："赵枢密是本朝同姓，和那些不相干的人不同，难道他也要走么？"关礼说："赵枢密还没走，不光因为同姓一家亲，主要还以为太皇太后可以依靠的缘故。如今大计已定而得不到您的支持，当然不得不走。他一走，天下怎么办？愿您

最能表现中国绘画精髓的孔雀明王像

在孔雀上坐着三面六臂的明王，画得细腻精细，令人叹为观止。这幅画是北宋末年流传至今，最能表现中国绘画精髓的稀有珍品。画上毫无浪费空间，给人紧凑充实之感，色彩与描绘手法之精确，令人赞叹。

宋代花鸟画的代表作《鹑图》

相传为宋李安忠所作，绢本着色。李安忠曾供职宣和画院，擅花鸟走兽。

三思。"太后捏紧了扇柄，忙问韩侂胄在哪，关礼说："我把他留在宫门候旨呢。"关礼奔出急报韩侂胄，说第二天一早太后在孝宗灵位前垂帘见大臣。当晚，赵汝愚分头通知了几位大臣，郭杲布兵分守了南北两宫，关礼派人连夜赶制了皇帝穿的黄袍。

不肯穿黄袍

七月二十四日，朝廷举行丧礼的最后一个程序，君臣将在这一天脱去惨白的丧服。嘉王赵扩因病已告假好几天，赵汝愚前一晚派人送密信给嘉王的老师说："明天行大礼，嘉王不可不到。"老师心领神会，陪着嘉王早早来到北内。孝宗二房的皇孙许国公赵抦也来了，因为孝宗曾想让他作为光宗的继承人，他也许听到了什么，出门前把府中的财物都收拾好了。因为宋代有个风俗，皇子一旦当上皇帝，市民可冲进原王府，见什么拿什么，军士并不干预，俗称为"扫阁"，

宋

为防贵重物品流失，若皇储预知即位的日子，往往事先藏好珍宝。

太后就座后，赵汝愚便率百官来到帘前，奏道："皇帝生病，不能主持丧礼，我等请求立嘉王为太子，以安定人心。皇帝先批'很好'二字，后又送出'历事岁久，念欲退闲'的批语，到底怎么办，请太皇太后定夺。"吴太后说："既有皇帝的亲笔批语，相公执行就是了。"赵汝愚说："此事重大，将传播天下，记在史册，必须以太后的书面圣旨为据。"太后一答应，赵汝愚马上从衣袖中抽出事先拟好的文件，太后看后说："很好！"当即宣布以嘉王赵扩即皇帝位，尊光宗为太上皇。嘉王一点思想准备也没有，吓得直往后退，被韩侂胄一把揪住，几个人七手八脚把他扶进帘内，他一边挣扎，口里一边

告饶："告大妈妈，臣做不得，做不得。"吴太后严厉地对许国公说："外间都议论要立你，可嘉王比你年长，凡事要讲长幼顺序，所以先教他做皇帝，他做了，你再做。"嘉王一听更害怕了，无论如何不肯穿黄袍，绕着殿柱乱逃。吴氏说："我来给他穿。"在太皇太后的厉声喝斥下，嘉王这才站住，吴氏把黄袍套在他身上，百感交集地说："我见你太爷爷当皇帝，又见你爷爷，你爹即位，今天又见你。"话音未落，祖孙二人哭成一团。嘉王被人架到御座前，嘴里还在嘟囔："做不得呀，做不得呀，我无罪，不要把不孝的罪名强加于我。"赵汝愚劝说道："天子应以安社稷、定天下为孝。如今朝野人心惶惶，万一发生动乱，太上皇将处于什么境地？这样难道可说是孝顺吗？"在众人的劝说与强制下，一场内禅礼总算完成。由于嘉王毫无准备，大礼未完，王府已被都城的市民"扫"得干干净净。新皇帝后来在历史上称为宁宗。

对唐代艺术十分痴迷的宋徽宗
宋徽宗对唐代艺术十分钟爱，不仅收罗了很多唐代艺术的精品之作，而且还长期潜心钻研，反复摹练，像《虢国夫人游春图》（如图）、《捣练图》等，都是不可多得的杰作，唐代风韵十足，和原作相比几乎可以乱真。

中国大事记

绍定六年，金哀宗弃汴京逃至蔡州。宋与蒙古约定联合出兵灭金。

〇八八

皇帝在世时将位子让给别人，称为禅位，若让给指定的自家继承人，则称"内禅"。南宋三次内禅，第一次、第二次都是由当时在位的皇帝高宗、孝宗主动策划执行，而第三次实际是大臣们策划的，令有病的光宗退位，使国家度过了一场危机。

高处不胜寒

光宗在宫中乱跑，指着名骂自己，失声嚎哭，彻底疯狂了，宫人私下叫他疯皇帝。李皇后又悔又怕，便终日躲在一处烧香拜佛。

疯皇去世

内禅大礼完毕，才有内侍来南内向光宗报告："新皇帝是官家的儿子做了。"一受刺激，光宗又发病了。第二天，韩侂胄陪宁宗来见皇父，光宗躺在床上，沉默了好一会才问："谁在这里？"宁宗惊

"精巧疑鬼工"的缂丝莲塘乳鸭图

所谓缂丝，是一种丝绸的纺织技术，它能够在织品的正反两面都编织出精美绝伦的图案。在宋代的江南，这种工艺发展到了登峰造极的地步。这幅出自当时最有名的艺术家沈克柔的作品，把池塘里水禽和周边的荷塘景色表现得"精巧疑鬼工"，在当时已是品位极高、价格不菲的艺术藏品。

惶莫名，不知如何回答，韩侂胄代答："是继位的皇帝。"光宗死盯着儿子的脸看了半晌，又问："真是我儿吗？"然后翻个身面朝里，再也不说话了。此后，他再也不肯见儿子，也不肯见其他人，有时一坐就是半日，有时在宫中乱跑，指着名骂自己，或者失声嚎哭，彻底疯狂了，宫人私下叫他疯皇。由于他坚决不肯移居别处，只好仍让他住在原来的寝殿，新皇帝也搬进皇宫。李皇后嘱咐身边的内侍，不要提内禅的事，不要叫他太上皇，只是一味劝他喝酒。这天，宁宗行大礼回宫，御乐远远传了过来，光宗问怎么回事，李后骗他说："市井里百姓在办喜事吧。"光宗一拳将她打倒在地，恨恨地说："到这个地步了，你还要骗我吗！"

李皇后又悔又怕，听信了方士的胡言，以为流年不利，便终日躲在一个静室烧香拜佛，不久便寂寞地死在其中。因为她在世时为人狠毒，许多人还十分怨恨，所以办后事的人都不起劲。内侍把她的遗体抬往皇后住的中宫，管钥匙的内侍故意刁难说："奉谁的命令抬来的？"于是只好又抬回去，走到途中，有人大叫"疯皇来了"，大家扔下担架就跑了。当时正值七月盛暑，过了半天，这些人才回来，皇后的遗体已被骄阳晒得黝黑发臭。治丧时，宫人只好放入鲍鱼，再点起数十饼莲香以压臭气。

过了两月，疯皇光宗也去世了。这是宁宗即位的第六个年头。

皇帝的寡欲

新即位的宁宗是一个沉默寡言的青年，没有什么不良嗜好，在众多喜欢胡闹的皇家子弟中，他的

鹅湖会讲是南宋两位大理学家在信州（今江西上饶）鹅湖寺举行的一次著名的哲学辩论会，他们是谁？

公元 1217 年

世界大事记

第五次十字军东侵。

赵扩 赵惇
赵汝愚 赵眘
韩侂胄 李皇后 恐惧

《宋史纪事本末》卷八一
《宋史·赵汝愚传》

人物　关键词　故事来源

每逢接见金使时，就令一个能说会道的内侍躲在屏风后帮腔，金使远远拜见，也不能分辨。一天，宁宗想起教过自己的王府老师，说："陈某如今在哪儿？他可是好人哪。"准备给他美官。韩侂胄在旁轻轻一句："监察官曾说他心术不正，恐怕不是好人。"宁宗马上改了主意："心术不正吗？那肯定不是好人了。"皇帝做大臣的跟屁虫，真是少有。

宁宗即位不久，韩侂胄和赵汝愚就发生了矛盾。韩利用一批走狗，攻击赵汝愚以同姓为相，必不利于皇位，设法将他赶走。第二年，赵汝愚就暴死于遥远的贬所。此后几年中，韩侂胄一党又将朱熹为首的道学称为"伪学"，把许多正直大臣都归入赵汝愚一派称为"逆党"，将异己力量全部赶出朝廷，形成韩侂胄专权的局面。

《淮南子》的宋刊孤本

西汉名著《淮南子》，现存二十一篇。宋刊本《淮南子》传世极少，曹雪芹之父曹寅原有宋刊二十一卷小字本，归杨氏海源阁，后不知去向。今存茶陵谭氏所刊的二十一卷本，可说是《淮南子》的宋刊孤本。

确显得与众不同。宫中美女如云，皆各显神通引起皇帝的注意。宁宗有时到各馆会会妃嫔，总是叫两个小内侍背上两个小屏风作为前导，上面写道："少吃酒，怕吐；少食生冷，怕痛。"所到之处，寂寞的女人大喜过望，往往奉上美酒佳肴尽力奉承，而宁宗只是指指屏风，总是一副冷冰冰的面孔，让女人们大失所望。皇帝的寡欲，令大臣们十分满意，但有政治责任感的官员很快发现，皇帝的无能，很容易被野心家利用。宁宗为人老实懦弱，不善言词，脑子糊里糊涂，对政治一点也不感兴趣，本来根本就不想当皇帝，只因是光宗唯一的儿子，被赵汝愚、韩侂胄他们硬按在龙椅上的。每次上朝，他总是一副呆若木鸡的样子，任凭大臣们吵翻了天，不管奏事的人废话再长，他总是既不生气，也不拿主意，朝议时间再长，退朝时还是不得要领。因为皇帝不善说话，接见金国使节时也张口结舌，为了不失国家的体面，

> 历史文化百科 〈

〔理学遭禁〕

由于理学在明清成为官方哲学，系统阐述理学体系的学者朱熹也就成为"贤人"。然而，在宋代，理学一度被视作邪说，受到压制。南宋中期，韩侂胄和赵汝愚共同策划，迫令有病的光宗退位，扶立宁宗。宁宗初，赵汝愚为宰相，引荐朱熹，提倡理学，并欲阻止韩侂胄参预朝政。韩侂胄拉帮结派，依靠皇帝的支持，反使赵汝愚罢相远贬，不久暴死于地方。庆元二年（1196），韩党当政的朝廷宣布程朱理学为"伪学"，命令销毁禁止理学家"语录"之类的书籍，如在科举考试中涉及义理之学的士人也一律不得录取。第二年，又将赵汝愚、朱熹一派及其同情者列入"伪学逆党"党籍，共五十九人，对他们加以迫害，与其有关人员也不许担任官职或参加科举考试。这个名单包括了周必大、叶适等有名学者，实际上凡与韩意见不合的人都被指为"道学"。由于反对者众，嘉泰二年（1202）便宣布解除禁令。

公元 1 2 3 4 年

〇八九

中国大事记　端平元年，宋与蒙古合军攻破蔡州，金亡。宋军北上欲收复东、西、南三京，遭蒙古军袭击，败还。

群丑马屁经

宁宗前期，各地来跑官的人争着奔走韩门，送礼成为竞争，礼物越来越珍贵；拍马变为比赛，手法越来越新奇。

宁宗前期，韩侂胄权倾一朝。韩是个不学无术的人，但搞阴谋很有一套，排斥异己时还用些能干的人充当鹰犬，等达到目的后，再把"鹰犬"赶走，甚至连掌宁宗御笔的内侍也中了他圈套，死在外地，然后他再用些甘为奴才的人做官，尽管他没当宰相，可他操纵了宁宗，得到郡王的封号，其意旨可通过皇帝的诏令贯彻下去，权最盛时，他想让谁做官，谁就升迁，想让谁让位，谁就得滚蛋。因此，各地来跑官的人都争着走他的门路。

送礼成了一场竞争

那些想向上爬的人，就只有靠厚礼来吸引韩大人的青睐，于是送礼成了一场竞争，礼物越来越珍贵，越来越新奇。某年韩侂胄过生日，高官云集，当场献上贺礼。四川茶马司来人献上精美的地毯和挂毯，并七手八脚地铺挂起来，大小竟与韩府的中堂分毫不差，原来他们早就暗地量好尺寸定制的。韩王正乐不可支，某官叫人抬来十张红牙果桌，某官献上十副光灿灿的珍珠饰品，据说还是某公主遗物，也不知这些狗官是怎么弄来的。最后来到的临安知府拿出一个小盒，谦卑地说："穷书生没什么好东西，只带来一点干果，聊佐大人小酌。"打开一看，却是

用黄金做成的一副小小葡萄架，上面缀有一百多颗巨大的名贵北珠，众人惊得目瞪口呆，只好自惭不如。不久，这位临安知府又找到孝敬的好机会。韩府美女如云，其中最得宠的是四个小妾，封为郡夫人，地方官得知，献来四顶缀有北珠的精美帽子，四人得意地戴上，却引来一场家庭风波。原来，四人之下还有十个宠姬，平时就妒火中烧，眼下更气不过了，整天吵着要这种帽子。韩侂胄被吵得头疼，但这帽子十分昂贵，一下弄十顶也不容易，所以不肯随便答应。临安赵知府探知此事，赶紧用十万贯定制了十顶北珠帽，乘韩侂胄不在时献了进去。第二天晚上，十个女人都戴着这帽子出去看灯，

宋朱克柔牡丹图缂丝

宋

引来满街的人围观。女人满足了虚荣心，高兴坏了，一回府就围着韩侂胄娇声娇气地嚷嚷："就因为赵大卿送的帽子，使我们增光十倍，您何必还吝惜一个官职呢？"韩侂胄很高兴，果然给姓赵的升了一级。过了几天，众官陪韩王在南园喝酒，园林按山庄形式建造，只见竹篱茅舍，小桥流水，颇为雅致，韩侂胄高兴地说："好一派田园风光，只可惜没有鸡鸣犬吠。"话音刚落，忽闻庄内传出声声鸡鸣狗叫，一行人十分惊奇，马上派人去看，却是那赵大卿趴在篱中模仿，韩侂胄更乐了。不久，姓赵的又官升一级。

钻洞尚书

有的人不用花钱也能升官。有个叫许及之的，专会谄媚韩氏。韩过生日时，贵客盈门，侍卫早早便关门谢客，许及之来晚了一步，急得大呼小叫，而王府的下人狐假虎威惯了，根本不睬他，许及之一着急，看门闸还有尺把高的空隙，就躬身爬了进去，引来围观者的一阵哄笑。在宴会上，许及之竭尽平生本事，极力奉承，果然得到韩王注目。不久，他升为尚书。过了两年，没有得到升迁，他又急得坐立不安了。一天，他找机会见到韩侂胄，一把鼻涕一把眼泪地表白如何知恩图报，又哭诉自己如何衰老贫困，说着说着，腿一软，跪了下来。韩侂胄也觉得十分可怜，便答应说："你的才能，我都知道了，你放心好了。"于是，许及之挤进了执政班子。同时，关于他的笑话也传遍了朝野，喜欢嘲弄人的太学生编排为："钻洞尚书，屈膝执政"。

程松美人计

无法亲近韩王的下级官员，就设法结织韩府的女人。程松本是临安郊县的小小县令，每日到处打探韩府的情报，削尖了脑袋要往里钻。这天，听说韩侂胄有个宠姬因为小事被赶出韩府，便出大价将她买回，让她住在最好的上房，每日程氏夫妇都来恭恭敬敬地请安，亲自捧来美食请她享用，弄得那女人坐立不安。过了几天，韩侂胄消了气，又想找回这宠姬，听说已给程松买去，气得大发雷霆。这时，忽报程松来求见。韩侂胄未及开口，程松就抢着说："前些时，听说有人要买下贵府如夫人带往外地，我身为京城小官，当然要维护秩序，便暂且为郡王买下，藏在寒舍，现已候在堂下。"韩侂胄听说，仍板着个脸，直到女人进来，说程知县如何如何恭敬，韩王这才露出笑容。当天，程松便得升一级，一年后，又升一级。不久，程松又不满意了，便再来求韩侂胄。他千方百计买来一个美女，给她取名同于自己的表字"松寿"，然后献到韩府。韩侂胄一见果然十分喜欢，只是有些奇怪，问道："为何给这女子取个和你一样的名字？"程松低着头说："想让我的贱名常挂在大王口中罢了。"韩侂胄不由笑了起来，心里也十分可怜他，不久便让他到枢密院当官，也进了执政班子。

韩侂胄的手下多是这班无耻之徒，政治的黑暗可想而知。

宋钧窑玫瑰紫花盆（上图）

话说中国

〇九〇

先生变儿子

陈自强原是韩大人的老师，这时当上了宰相，他一个劲儿地表白："自强只有一死报韩王。"从此将昔日的学生尊称为恩王、恩父。

私塾先生

福建人陈自强当年曾在韩家当过私塾先生，少年韩侂胄曾跟他认字读书。现在听说学生发迹了，陈也想来沾沾光。他在京钻营几日仍无法入门，这天，又垂头丧气回到旅店，看到店主人正要出门，便随口问到哪去，店主人说："我要到韩府去。因为小人善泡茶，每天过去三次，只为韩大人泡一壶茶，一个月就能赚十千大子呢。"说话时那小店老板的脸上露出了十二分的得意。陈自强叹口气说："我还当过韩大人的老师呢！"店主人同情地说："官人每天在外求人，为何不去见韩大人呢？"陈自强的脸色更黯淡了，"听说没有重礼休想见韩大人，我穷成这样，旅费都快用光了，哪有钱备办呐！"店主人热心地说："等会泡茶时，我给您说说看。"陈自强感激不尽，可并不相信真能办成。

福自天降

过了几天，陈自强正在店中闷坐，忽有一个小官闯进店里指名找他，要他明天午后到韩府去。第二天，陈自强就早早等在韩府堂下，只见不断有轿子抬来达官贵人，听府中仆人说，今天宰相及朝中重要大臣都来了。这时，忽听堂上传唤自己，陈自强跌跌撞撞地抢上堂，只见昔日的学生迎面站在堂前，脚下铺着一块精美的垫子，陈自强正要跪下拜自己的学生，韩侂胄却抢先跪下了，纳头就拜。

两旁的朝廷命官都呆住了，陈自强也感动得老泪纵横。然后，韩侂胄让陈自强与众官同坐，众人不知陈的来头，只见韩侂胄如此尊敬他，便谁也不敢坐上位，让了好一会才毕恭毕敬地坐下来。

过一会，韩侂胄慢悠悠地说："这位是我的先生，是学问精深的老儒，可惜埋没了。"在座的众官十分惊惶，只会捣蒜般地点头。第二天，推荐陈自强的奏书就如雪片一般地飞上朝廷，陈马上成为国家最高学府太学的主管，不久，更节节提升，不到四年便当上了宰相。

鸡犬升天

陈自强没有任何政治才能，只会看韩侂胄的脸色办事，韩侂胄说"金可伐"，他就点头哈腰地说"可伐"，韩侂胄说"兵可用"，他就应声说"可用"，根本没有任何主见，更别提出谋划策了，甚至把印好的任官空白敕札也送到韩府，任他填写。韩侂胄乐得用这个废物为相，权力更集中在自己手中。作为交换，陈自强也得以大收贿赂。他越老越贪，无论公私信函，若信封上没注明"并献某物"，就根本不拆此信。陈家子弟也鸡犬升天，纷纷接受贿赂，无论求官还是办事，都有一定价格，不久，陈家便成巨富。谁料这年临安发生特大火灾，烧了四昼夜，大片街区化为灰烬，百姓被烧死、踩死无数，十几万人无家可归。大火烧到陈府，陈自强吓呆了，又不愿众人看到他的财物，怎么也不肯交

宋代钧瓷碗

《宋史·韩侂胄传》
《宋史·陈自强传》
《宋史纪事本末》卷八二

赵扩　韩侂胄　陈自强　　恐惧

人物　关键词　故事来源

话说中国

宋秋庭戏婴图

出钥匙，因此也被烧为白地。事后，陈自强身为宰相，不出面救灾，却只为自己几年的积蓄被焚而痛心，甚至诬赖救火的士兵偷了他的东西。韩侂胄带头为他捐了万钱，朝廷大小官员及地方官自然也不敢怠慢，纷纷解囊，没几个

月，陈府所得已两倍于火灾的损失。陈自强感激得涕泗交流，一个劲儿地表白："自强只有一死报韩王。"从此将昔日的学生尊称为恩王、恩父，身份礼数也顾不得了。

○九一

后妃争宠计

处于三千佳丽之中，能从宫女升到妃嫔，已属凤毛麟角，能爬到皇后高位，此人必定顶聪明，具有政治家般的老谋深算，这里容貌倒成次要条件了。

宫中女人的命运是十分悲惨的，妃嫔成群，宫女三千，只围着皇帝一个男人转，绝大部分女人一辈子连皇帝的面也没照过，便郁郁死于深宫。其中能从宫女升到妃嫔的，已属凤毛麟角，能爬到皇后位上的，本人必定绝顶聪明，具有政治家般的老谋深算，处于三千佳丽之中，容貌倒成次要条件了。宁宗的杨皇后便是这样一个善于抓住机会的聪明女人。

吴氏把她赏给了宁宗

杨氏出身十分低微，幼年时便被卖给人家，所以连自己的本姓、籍贯和亲生父母都不知道。她的养母张氏是位著名艺人，十岁时，她随养母进了宫，在宫里的戏班充当儿童演员，因为聪明伶俐，深得高宗皇后吴氏的喜爱。成人后姿容出众，举止得体，又善弹琵琶，便成

以发饰和服装显示不同的阶层

一位典雅高贵的女子正在女仆的服侍下端坐镜前修饰自己的妆扮。在宋代，要判明一个高贵女子的身份，从发饰和衣着上最能看得清楚：发型高耸，伴有时髦而复杂的发式，服装的面料为柔滑的绸缎，色彩淡雅，做工考究。此为宋人所绘的《妆靓仕女图》。

为吴氏的贴身宫女，深得其信任。其他宫女十分嫉妒，便设法陷害她。一次，太皇太后入浴，宫女们假作开玩笑，骗杨氏试穿皇后的衣服，事后又报告太皇太后，说杨氏无礼犯上。谁知吴氏不但不生气，反而笑了起来，说："你们不用大惊小怪，说不定她将来会达到我这种地位呢！"

宁宗还是嘉王时，常来给太皇太后吴氏请安，就注意到这个美女。刚即位时，由于疯皇父光宗不肯让出皇宫，他一度住在太皇太后宫里。一次，他到太皇太后这边赴宴，不慎将酒洒在手上，吴氏命杨氏端水来给皇帝洗手，宁宗乘机挑逗，撩起盆中的水洒在她的手上。杨氏明白自已被皇帝看中，心中暗喜，以后一有机会就往宁宗院里跑。不久，此事被太皇太后知道，吴氏很生气，喝令鞭打惩罚，一个内侍劝解说："娘娘把天下都给了孙儿，难道还可惜一个女人吗？索性把她给了皇帝，给娘娘生个玄孙，岂不更好？"于是，吴氏把她赏给了宁宗，吩咐说："看我的面子，好生照看她。"

到皇帝身边后，杨氏很得宠，不久升为贵妃。富贵以后，她以自己贫寒的家世为耻，暗地里将财物送给养母家，但绝不承认他们为自己的亲戚，一面暗地让内侍在外面寻找合适的人家认亲。不久，物色到一个武学生杨次山。他进宫来一把眼泪一把鼻涕地演了一场戏，因为事先通过情报，双方所说的"回忆"自然都对得上号，于是正式认亲，贵妃从此姓杨，而杨次山也成了国戚。

立后之争

宁宗的第一个皇后姓韩，是韩侂胄的侄女，可惜当上皇后不久就死了。这时宁宗宠爱的女人有两个，

公元 1230 年

世界大事记　条顿骑士团开始侵略普鲁士。

《宋史·宁宗杨皇后传》
《西湖游览志余》

韩侂胄　赵扩
杨皇后　吴太后　狡诈

人物　关键词　故事来源

无所不在的子孙繁育观念

一个活泼可爱的婴儿双手托举着有粗大莲蓬的荷叶，其寓意是不言而喻的：婴儿和莲蓬的籽实都含有多子多福的吉祥意思。这个瓷枕是供准备怀孕或已经怀孕的妇女使用的。

一个是曹美人，一个便是杨贵妃，到底立哪一个，一时还定不下来。曹美人性格柔顺，而杨贵妃十分机警，会读书写字，不好控制，所以韩侂胄劝宁宗立曹氏为后。于是一场争立皇后的斗争在宫内外悄悄展开。

这天早上，曹、杨二氏都来请皇帝到自己房里喝酒，皇帝正在为难，杨氏故作大方地说："还是先到曹姐姐处吧，我不妨等等。"曹氏不知是计，高高兴兴地带皇帝回去了。中午摆上酒席，才喝了一杯，曹美人还没来得及说出心里话，杨氏那边已经来人催了。因为杨氏刚才让了一次，现在曹氏也就不好强争，只好放皇帝过去。杨氏吹拉弹唱，施展平生本事，皇帝观名花喝美酒，不觉呆到深夜，当晚便在杨氏屋里留宿。谈得高兴之时，杨氏乘机提出要求，皇帝一点头，她马上将一支笔塞在他手中，这时，皇帝已经醉眼迷离，便信手写道："贵妃杨氏可立为皇后。"写完，皇帝正要搁笔，杨氏又哄他再抄了一张。当晚，皇帝还在酣睡，杨氏已将御笔送出，一张按正常途径送往政府，一张派亲信送给"皇兄"杨次山。原来，杨氏又多了个心眼，

因为知道韩侂胄不想立自己，恐怕御笔送到政府会被韩侂胄扣住不发。第二天一早，宫中内侍还没把御笔送到政府，杨次山就已经带着另一张御笔上朝，公之于众了。杨氏终于如愿以偿，穿上了高贵的皇后礼服。饮水思源，她格外感激给她带来好运的太皇太后，这时，吴氏已故，杨氏岁时祭奠如敬父母，只要是吴氏家人，她有求必应。杨氏命人将吴氏的家族画成世系图，挂在自己屋里，常常指着某人的名字问："此人当官了吗？"而对曾阻挠自己当皇后的韩侂胄，她也念念不忘，不时在皇帝面前吹风，并托杨次山寻找适当的机会搞掉他。

宁宗即位不久，两个幼子就相继夭折，因为迷信，他从宗室中选一个六岁的孩儿作为养子，改名为曮，养在宫中。以后，后妃又生了五个皇子，还是在婴幼儿时就夭折了，无奈之下，宁宗宣布立赵曮为皇子。杨皇后也生过儿子，仍然没有成活，她便极力拉拢皇子赵曮，以为自己的将来打下更牢靠的基础。不久，杨皇后终于等到了机会，联合皇子，一举推倒了韩侂胄。

宋代花鸟画的代表作《红芙蓉图》

南宋李迪作。绢本设色。本图原有两幅，此为其一，两幅均题有"庆元三年"（1197）的落款。花与叶均用极细的轮廓勾勒，并有精致绚丽的色彩。

话说中国

〇九二

草草北伐

为了巩固自己的地位，韩大人决定发动北伐，以建立盖世功名，国家便轻易地投入了战争的赌博之中。

通过几年经营，韩侂胄在朝廷中建立起说一不二的威权，极端的言论管制，败坏了士风，黑暗的专制政治，使吏治更加腐败。上自缙绅士人，下至平民百姓，都对韩侂胄恨透了，痛骂韩侂胄的匿名传单常出现于都城，临安卖浆的小贩敲着碗吆喝："冷的吃一盏！冷的吃一盏！"冷的就是寒的，"寒"与"韩"谐音，"盏"与"斩"谐音，其实就是说："姓韩的吃一斩！杀那姓韩的。"过路人都会心地笑了。

战争的赌博

为了转移全国人民的视线，也为了巩固自己的地位，韩侂胄决定发动北伐，他盘算着一出兵就能恢复

捣衣：思夫的哀怨情怀的寄托

天气渐寒，捶打、捣洗寒衣，寄送给远征在外的丈夫，妻子的思念之情难以言表。宋代战事频仍，很多家庭妻子独守闺房，挑起了家庭的重担，默默无闻地支持着丈夫安心在外，祈求战争早日结束，和平快点到来。此为宋代画家牟益所绘《捣衣图》。

中原，建立盖世功名，一切反对者自然烟消云散。然而，"兵者，国之大事者也"，不经仔细计划而玩兵，自古以来未见成功者。这时的南宋军政比孝宗初还要腐败，士兵成为官吏将帅的私属奴隶，在各地贩运货物、建房种地，根本未加训练，由于军饷为将官克扣，平日便衣食不足，军械装备破旧不堪，军马又少又弱。从人才来说，经伪学逆党案的几番折腾，正直能干的朝臣大多被排挤出去，文臣只会拍马说大话，武将凭贿赂关系升迁，不要说精明强干，连一点为国负责的精神都没有。财政也危机重重，尽管加紧向百姓搜刮，可仍然入不敷出，孝宗积攒了十几年的封桩库，一分未用于北伐，已被光宗、宁宗两朝挥霍一空，一旦兴兵，军费首先成为大问题。为迎合韩侂胄的旨意，众臣都说金已陷入内外危机之中，已不堪一击。实际上完颜亮以后的两代金主金世宗、金章宗都是很能干的君主，金世宗史称"小尧舜"，到章宗

宋

公元 1240 年

世界大事记

日耳曼骑士入侵俄罗斯。

赵扩
韩侂胄
陈自强

屈辱　盲动

《宋史纪事本末卷八三》
《宋史·韩侂胄传》
《齐东野语》卷三

人物　关键词　故事来源

时国库充实，人才济济，金达到最鼎盛的时期。在这样的情况下贸然出兵，结果可想而知。少数几个头脑清醒的人提出反对，如历来积极主战的辛弃疾、叶适

宋代著名书院白鹿洞书院

白鹿洞书院是宋代最著名的书院之一，与当时的睢阳、石鼓、岳麓书院齐名，合称"天下四大书院"，并居四大书院之首。书院位于江西省庐山五老峰山下，始建于唐代。相传，唐贞元年间（公元785年前后），洛阳人李渤与其兄李涉在此隐居读书，养一白鹿自娱，人称白鹿先生，其所居为白鹿洞。后李渤任江州刺史，便在读书台旧址创建台榭。到南唐升元中，在此办起学校，称"庐山国学"。宋代朱熹为南康（今星子县）郡守时，重建院宇，在此亲自讲学，确定了书院的办学条规和宗旨，并奏请赐额及御书，吸引了海内外知名学者来此地讲学，成为宋末至清初几百年"讲学式"书院的楷模。

南宋理学集大成者朱熹

朱熹（1130-1200），字元晦，号晦翁，别称紫阳。绍兴进士，曾任同安县主簿、知南康军，改提举浙东茶盐公事，救荒革弊有惠政。后主持白鹿洞书院、岳麓书院，教授五十余年，弟子众多。主张"去人欲，存天理"，"格物致知"，以"穷理尽性"。他学识广博，毕生著述讲学，对经学、史学、文学、乐律都有贡献。他发展程颢、程颐的学说，形成朱学派，集大成的朱熹理学思想成为元明清时代占统治地位的官方哲学，影响极大。

也说要充分准备二十年才能用兵，但很快被韩党压制下去，马屁精只会附和韩侂胄的意见，韩的政敌乐得看到韩的失败，于是，举朝上下又只有一个声音，国家便轻易地投入了战争的赌博之中。

想要太师的头罢了

开禧二年（1206），宋宁宗发布了激昂慷慨的北伐诏书，宋军分三路开始进攻，西路统帅便是那

位与韩侂胄小妾同名的马屁精程松，东路统帅郭倪自许为诸葛亮再世，但根本不懂兵法，兵未出便可知胜败。东路幸有勇将毕再遇，举着"毕"字将旗冲锋陷阵，一举克泗州两城。捷报传来，韩侂胄兴奋莫名，大肆张扬。然而，很快中路全军溃败。东路军勇将毕再遇、田俊率领沿边忠义民兵，进展神速，七天便打到宿州城下，而后至的宋军嫉妒他们的战功，竟箭射登梯攻城的民兵，民兵纷纷坠城，进攻便延缓了。一场大雨淹没了滞留在宿州城下的宋军营帐，十天后便被迫退军，为逃出金军的包围，宋将郭倬竟答应金人的要求，把勇将田俊绑送敌方。在毕再遇的掩护下，余部才撤了回来。四个月后，战局彻底扭转，金军转入全面进攻，很快攻占两淮，饮马长江，假诸葛郭倪哭哭啼啼逃到江南，西路大将吴曦叛变，西路统帅程松也一口气逃出了三峡。忧心忡忡的群臣问宰相，陈自强说："太师自有办法。"而太师韩侂胄只会叹气发愁，几天内头发胡子就全白了。宋只好又向金

南宋朱熹《论语集注》残稿

求和，宋使方信孺几次往返于金宋之间，据理力争，可金军方胜，条件非常苛刻：第一，要求割让两淮；第二，要求增加岁币（每年宋贡给金的银子丝绸）；第三，索要巨额战争赔款；第四，双方归还被俘人员。方信孺回朝报告时，到此就住了嘴，说："第五我不敢说。"大臣追问再三他还是不开口，韩侂胄厉声说："再不说国法从事！"方信孺才慢悠悠地说："想要太师的头罢了。"韩侂胄气得失了态，当众用污言秽语乱骂起来。

众怒集于一身

这时，一个有见识的士人拜访了韩府，韩侂胄对他十分敬重，盛情款待。深夜，韩侂胄赶走了其他人，悄声问道："外间有什么议论？"士人长叹一口气说："您家危如累卵哪！"韩侂胄惊问什么道理，士人扳着指头说："这不难明白，当今皇后，不是你赞成册立的，皇后必然恨你；已立的皇子，也不出自你的建议，皇子必然恨你；因为清逆党伪学，正人君子，如朱熹、赵汝愚都被贬官死于外地，士大夫必然恨你；轻易开战，死伤惨重，三路大败，全国军民也恨你入骨；众怒集于一身，你还有活路吗？"韩侂胄沉默了半响，再问："有什么好办法能教我吗？"士人不肯说，在韩的再三催问下才开了口："眼下只有一个办法。陛下本来就不想做皇帝，如你能劝他立皇子为太子，然后传位于太子，皇子必然感激你，皇后成为皇太后，也无法干预政事了。然后你辅佐新皇帝改良政治，平反冤案，招回贤者，通使议和，加强边备，减免赋税，天下复苏之后你赶快让位隐退，或许还能转祸为福。"韩侂胄觉得很有道理，可是他根本无法实行，比如让愚笨的宁宗退位，必然不利于自己的专权，首先他就不愿意，于是士人力辞而去。

宋

赵扩
史弥远　韩侂胄
杨皇后　陈自强

屈辱　恐惧

《宋史纪事本末》卷八三
《宋史·韩侂胄传》
《齐东野语》卷三

人物　关键词　故事来源

匆匆纳首

一场政变，导致了宋朝向金求和。于是宋大臣的头颅献于金太庙，并被悬于旗杆，金举行了举国狂欢。

皇后密谋

北伐一开始，杨皇后就常在宁宗面前埋怨韩侂胄太轻率，而皇帝并不重视她的意见。随着北伐的失败，反韩的力量开始活动。由于金人提出要自己的脑袋，韩侂胄便宣布死战到底，不惜以国家为自己陪葬，更引起各种势力的恐慌，密谋便开始了。杨皇后怂恿皇子赵曮面谏，赵曮两次求见皇帝，急切地说："韩侂胄再启兵端，将不利于我赵氏社稷。应将他罢官。"皇子这时只有十五岁，宁宗并不认真对待他的意见，没有任何反应。杨皇后瞅机会也在皇帝耳边吹风，宁宗仍是沉默不语。杨皇后忧虑起来，这个老蔫皇帝若一直不肯搞掉韩侂胄，这些话传出，反会危及自己，于是，她下了决心，一不做二不休，干脆发动政变，便密嘱杨次山在朝臣中物色组织者。杨次山找到了皇子的老师史弥远，史弥远向来与韩侂胄不和，又有取而代之的野心，故双方一拍即合。

杀了就完事

史弥远找了几个朝臣密谈，因为韩侂胄是大臣又是国戚，政变后如何处置他就是个大问题，参知政事（副相）钱象祖说还是奏准皇帝再行事，而张镃斩钉截铁地说："杀了就完事了。"史弥远感叹说："到底是将军的种，如此干脆。好，我下定决心了。"原来，张镃虽是文臣，却是南宋初三大将之一张俊的儿子。

近两年，杨皇后逐渐取得代书御笔的权力，便有条件假造圣旨。开禧三年（1207）十一月，她秘密写好密诏，内容是："令韩侂胄免职与闲官，即日出国门，由士兵三十人护送，不得有失。"为防意

优秀历史人物画：宋代绢本设色画——《折槛图》（轴） 南宋佚名《折槛图》，是一幅优秀的人物画作品。画中描写的故事出自《汉书·朱云传》，表现西汉朱云反对奸相张禹，与汉成帝在殿堂上发生冲突的情景。台北故宫博物院藏。

外，她写了一式五份，都盖上皇帝的印章，三份分别送了出去。

钱象祖找到宫禁卫队的统帅夏震，要他领兵杀韩侂胄，夏震有些犹豫，钱象祖拿出了假诏书，夏震才点了头，说："既是君命，夏某当然拼死效劳。"

其实，政变的组织并不机密。几天前，参与者中的一人就得意忘形地在朝廷宣称："几天后，将有耳目一新的变化。"政变前的一天，韩侂胄突然问副相李璧："听说有人要搞政变，相公知道吗？"李璧也参加了密谋，血一下涌上脸，但马上镇静下来，漫不经心地回答："恐怕没这事吧？"韩侂胄也就不再追究了。韩党的大臣周筠也听到了风声，再三苦劝，韩侂胄才与陈自强等商量对策，决定第二天一早，就组织一批人弹劾钱象祖等人，将他们全部赶出京城。当晚，韩侂胄为爱妾满头花举办生日宴会，张镃也来韩府喝酒，闹到半夜。这时，周筠又送来一封急信，写道："听说京城在调兵，请太师明天不要去上早朝。"韩侂胄已经喝醉了，嘲笑道："这小子又胡说了。"说着把信烧了。五更时，周筠又赶到韩府，再次劝他不要上朝，韩侂胄推开他，嘴里嘟囔着："谁敢！谁敢！"一面上车走了。他刚走，禁军就来包围了韩府。

夏震领三百士兵等在六部桥，看到韩的车队过来，放走前导的仪仗，拦住了韩侂胄的座车，大声宣布："有旨，令太师罢职，即日出国门！"情急之下，韩侂胄不由说出底细："御笔都是我写的，我怎么不知道？"话音未落，百余士兵已一拥而上，押着车骑就走。韩侂胄这才清醒过来，发现所走方向不对，大叫起来："我是湖州人，罢职回家应当出北关门，怎么出候潮门呢？"一会儿质问："我犯何罪？"一会儿哀求领队的武将："放了我，升你作节度使。"走到玉津园的夹墙内，队伍停了下来，把韩侂胄拖下车。韩侂胄哀嚎起来："不能对大臣无礼！"武将走上前，口里骂着"国贼"，

举起铁鞭狠狠一击，正中韩侂胄的下身，一下就将他结果了。原来，韩侂胄为防不测，平时外出总是内穿防护的软甲，全身都有防护，武将才知其要害，才一下打死。

众臣会集待漏院，准备上朝。陈自强得意地说："今天监察官将上殿弹劾大臣。"这时，韩侂胄的前导开到，齐声高呼"太师到"，钱象祖等人以为政变流产了，吓得面无人色，发起抖来。过一会，夏震进来，钱象祖迎上前急问："完事了么？""完了！"钱象祖这才把一颗心放回肚里，转头向群臣公布了这一消息，然后宣称得圣旨，令陈自强罢宰相，立即押出国门。陈自强战战兢兢上了马，几次回头叫道："还望保我一命！"这期间，史弥远一直坐立不安地等在自家门前，到拂晓仍一片寂静，他也怀疑失败了，正要换衣逃走时，报信的人赶到，这才长出了一口气。

又签和约

上朝前，杨皇后告诉皇帝：已传令罢免韩侂胄，并押送出京。宁宗赶紧写了张条子："速追回韩太师！"杨皇后一把夺过纸条，哭着说："他要废了我和皇子，又挑起战争，杀两国百万生灵。若要追回他，还请让我先死！"宁宗又没了主意，只好作罢。一上朝，钱象祖等人来报韩侂胄已死，宁宗一时惊呆了，此后几天，他还不相信这是真的。

史弥远等人组成了新的执政班子，马上向金求和。金提出要增加战争赔款，并坚持要韩侂胄的人头。宋不顾国体，将大臣头颅献给敌国，这才签订了和约，宋帝对金主的称呼由"叔"改为"伯"，岁币由二十万增为三十万，另付战争赔款三百万两，宋金维持原来的边界。金章宗将韩侂胄的头献于太庙，向祖宗祭告金对宋的又一次大胜，然后将韩头悬于旗杆，举行了全国的欢庆。

宋

公元 1248 年

世界大事记 第七次十字军东侵。

《西湖游览志余》

平民　荒诞

人物　关键词　故事来源

〇九四

我来也

南宋京城盗贼极多，抓也抓不完。一个毛贼每次盗窃得手后，必在被窃者家中的墙上大书"我来也"三个大字。

宁宗时，行都临安十分繁荣，但贫富不均，达官贵人挥金如土，贫民百姓衣食拮据，社会矛盾十分尖锐。京都里盗贼极多，而且行踪诡秘，抓也抓不完。"我来也"是当时最有名的一个毛贼，因他每次盗窃得手后，必在被窃者家中的墙上大书"我来也"三个大字。"我来也"专偷有钱人家，官府严加缉捕，但他偷技高超，一直逍遥法外。

以利诱之

有一天，巡捕押送来一贼，说此人就是"我来也"。府尹立即升堂严加审讯，但他死不承认，而且软硬不吃，加上没有查到赃物，一时难以结案，只能先把他关在牢里。

这个贼在牢中与看守的狱卒关系搞得不错，有一次，他突然悄悄地对狱吏说："我确实偷过东西，但根本不是'我来也'，我也明白进了这种地方，再无逃跑的可能，唯一的愿望是你能对我好点。我有些白银藏在某宝塔的顶层，你可以去取来。"狱卒心想，宝塔上往来

的人不少，这个贼是不是想戏弄我。贼说："不必担心，只管前去，装成做佛事的样子，烧香磕头，晚上点上佛灯，等到夜深人静，就能取出银子。"狱卒照他的指点去做，果然得手，高兴极了。第二天一早，买了些好酒好肉，偷偷地带进狱中，款待那个贼。

过了几天，贼又对狱卒说："我有一瓮金银器皿，藏在某座桥的水底下，你可以去拿。"狱卒说："那个地方人多眼杂，怎么拿呀？"贼说："你不妨叫家里人假装去洗衣服；乘人不注意取出那个瓦罐放在洗衣笼里，用衣服盖住，抬回家就行了。"狱卒依计而行，果然再次得手。这次所得财物更多，狱卒兴奋异常，又买了不少酒菜答谢。

一应俱全的货郎担

货郎挑着满得不能再满的一担百货蹒跚而来，刚放下担子歇脚，却引来了一群好奇而嘴馋的孩子，还有那正在给婴儿哺乳的少妇。货郎的担子是不折不扣的百货店：酸醋、眼药、小吃、玩具、字纸等一应俱全。这种走街串巷、遍布城乡的流动商贩，满足了商品流通尚不发达的偏远地区的物资供给。此《市担婴戏图》为宋李嵩所绘。

话说中国

放贼出门

一天夜晚，二更时分，贼轻轻地对狱卒说："我想出去一会，过了四更准时回来，保证不会让你受到牵连。"狱卒道："放你出狱？那怎么行。"贼说："我肯定不会连累你，万一我不回来，你最多被发配到偏远的地方，可我送给你的那些财物足够你享用一辈子。如果你不放我走，到头来你的损失将更大，你还是权衡一下利害吧，不要到时候后悔来不及。"拿了人家手软，狱卒想了想，只好放贼出门。

狱卒提心吊胆等着那个贼回来，正在担心贼会不会信守诺言时，只听到房檐上有动静，随后跳下一人，正是那贼，狱卒这才松了口气，赶紧给他戴上镣铐。

次日，有人到衙门报案，说是昨天半夜姓张的大户家被盗，窃贼得手后在张家院门上写了"我来也"三个大字。府尹拍着桌子说："怪不得关着的那个人不承认自己是'我来也'，果然是抓错了人。"于是将那贼按违反宵禁处置，打了几棍，赶出临安。

狱卒回到家，妻子告诉他说："昨天半夜发生一件怪事，我听到有人敲门，以为是你回家了，赶紧起来开门，只见一个陌生人把两个布袋扔进门便走了，我把袋子藏了起来。"狱卒打开袋子一看，里面全是金银器皿，明白这一定是贼偷了张府的东西，又拿来贿赂自己。后来他就假托生病辞了职，靠着贼送他的赃物，过着优裕的生活。

风雨中的牧童（宋李迪《风雨牧归图》局部）（上图）

表现谦让美德的儿童游戏

雅致的庭院里满含着秋意，芙蓉争艳，野菊竞开。两个衣着考究、眉目清秀的儿童正目光专注、聚精会神地玩一种叫"推枣"的游戏，据说这种游戏表现了中国传统的谦让美德。此《秋庭戏婴图》为宋画家苏汉臣所绘。

逃脱法网的窃贼不久便重操旧业，江湖上又出现了"我来也"的大名。

○九五

史弥远专权

懦弱无能的宁宗没有自己的主意，总得找一个能臣来作为主心骨，史弥远深明此理，以纯熟的政治手腕搞掉了一个个政敌，不久成为宰相。

政客伎俩

杀韩侂胄后，发动组织政变的人便进入政权中心，皇子赵昀在杨皇后的极力支持下，立为皇太子，确立了作为皇储的地位，并得以参决政事。史弥远以纯熟的政治手腕搞掉了一个个政敌，包括那些组织政变的重要人物，自己迅速得到提升，不久成为宰相。懦弱无能的宁宗还是没有自己的主意，总得找一个强硬的大臣来作为主心骨，于是"一侂胄死，一侂胄生"，史弥远拥有的权力很快超过了当年的韩侂胄，他一手握相权，一手握军权，常常称病在家，但国家大事都由他决定，士人求官都奔走于他的门第。尽管在玩弄政治阴谋方面，他比韩侂胄更为高明，但在治理国家方面，他仍是既无才能也无责任感，蒙古铁蹄日益逼近，而南宋君臣仍在高谈阔论，任凭政治一天天腐败下去。

精美的缂丝秋山诗意
沈子蕃作，缂丝织画。沈子蕃与朱克柔同为宋朝著名的缂丝画家。在白地上，织出晴峰秀石、读书人物，并织出渔船。是极精巧的作品。

宁宗立嗣

嘉定十三年（1220），皇太子赵昀生病死了，而这以前宁宗有过八个亲生儿子，都在婴幼儿时夭折，一个也没活下来，宁宗再次面临皇嗣的问题。

当初，宁宗的祖父孝宗有三个儿子，长子早死，因为更喜欢三子，就让他继位，便是后来发疯的光宗。二子很不高兴，郁郁死于外地，孝宗因此十分内疚，曾打算让二房的孙子作为帝位继承人，而不肯立光宗唯一的儿子赵扩为太子，因此与光宗夫妇弄得很不高兴。孝宗死后，朝中大臣发动政变，迫使疯帝光宗让位，当时就有两个新君候选人，一是光宗的儿子赵扩，一是二房的孙子赵抦，尚健在的南宋第一代皇后吴氏（高宗夫人）决定立赵扩为帝，把赵抦教训了一番，但又指着赵扩说："他做了以后你做。"赵扩其实并不想做

缂丝米芾绝句书法
米芾(1051-1107)，北宋襄阳人，寓居于吴，元祐六年以后书作。偶觉不羁，世又称米癫。图为其所书之七言绝句。

中国大事记

淳祐十一年，宋收复军事重镇襄阳、樊城。

皇帝，被曾祖母和群臣按在帝位上，多少有些无奈。宁宗一直没有忘记曾祖母吴氏的这番话，对堂弟赵抦一直很好，封他为沂王，但赵抦先于宁宗死了，也没有亲生儿子。为不使这一房断绝香火，宁宗从太祖一系的宗室中选了一个孩子，改名为竑，作为沂王的继承人，他便成为当代皇室的近亲。皇太子赵㬎死后，宁宗首先就想到了赵竑。

美女密探

史弥远探知新立的皇子赵竑喜欢音乐，就找了一个精于琴艺的美人献给他，果然得到皇子的青睐。

史弥远不惜重金收买美人及其家人，使她成为皇子身边的密探。不久，史弥远便得知，自己深为皇子痛恨。皇子背地里称史弥远为"新恩"，美人问这外号是什么意思，皇子指着地图上南部边疆的新州、恩州说："我当了皇帝，一定将他流放到那儿。"史弥远赶紧找个由头给皇子送厚礼，而皇子待来人一走，立刻将精美的礼品摔个粉碎，恨恨地说："这个欺君权臣！他日我得志必狠狠惩治他。"史弥远听到这些密报，十分恐惧，更加紧阴谋的策划，而皇子一无所知。

宁宗的杨皇后对高宗皇后吴氏一直怀有感恩的心情，于是作主把吴氏的侄孙女配给皇子作夫人。可皇子并不喜欢这个养母的"礼物"，夫妻常常吵架，每次来给杨后请安，吴氏总要哭诉一番，于是，杨后也不喜欢皇子了。

同时，史弥远从民间找来一个叫赵与莒的孩子，让他与十几个宗室的孩子一起入宫读书，那些纨绔子弟大多举止轻佻，而赵与莒的恭谨好学就尤其显得与众不同，甚至引起了宁宗的注意。但由于宁宗一家与沂王一支的恩恩怨怨，就像高宗立太祖后代一样，也有几分迷信成分，宁宗觉得后继的储君必从二叔家来方觉安心，因此立沂王养子赵竑为皇子，封为祁国公；而史弥远力荐的赵与莒就填了赵竑留下的空缺，作为沂王一支的继承人，成为皇帝的侄儿。

一场阴谋开始了。

表现谦让美德的儿童游戏（宋苏汉臣《秋庭戏婴图》局部）

公元 1254 年

世界大事记

英格兰第一次自各州召集武士代表参加会议。

《宋史·理宗纪二》
《宋史纪事本末》卷八八

史弥远 赵扩
赵竑 赵昀

机遇

人物　关键词　故事来源

〇九六

平民做皇帝

这天，下起了倾盆大雨，相府的幕僚到绍兴城西门的保长家避雨，一个贫民家的男孩进入了宰相的视野。他后来竟坐了四十年龙椅，史称理宗。

大喜过望

史弥远原是死去的皇太子老师，本指望稳坐两朝，没想到靠山中途倒掉，听说皇帝有意立赵竑，而赵竑与自己又没任何关系，这下着急了，开始四处活动。这年秋天，史家私塾的老师余天锡要归乡参加科举考试，来向主人告假。余为人谨慎，史弥远一向器重他，因此悄悄对他说："你到地方上留心看看，若有合适的宗室子孙，回来告诉我。"余天锡乘船回乡，走到绍兴城西门，下起了倾盆大雨，便到附近一家姓全的保长家避雨。全保长听说他是宰相府上当差的人，自然特别巴结，杀鸡备酒，热情招待。饭桌边有两个男孩侍立一旁，随时听从差遣，举止彬彬有礼。余天锡随口问其姓名，保长说："这是我的两个外甥，大的叫赵与莒，小的叫赵与芮，看相的还说他们哥俩以后会大富大贵，可笑吧。"余天锡想起临行时史相的托付，便详细问了问情况。回到临安一汇报，史弥远就叫带他们来看看，全保长高兴坏了，为他哥俩筹路费，把田产也卖了，然后在乡里大摆宴席，请来众亲友，大吹大擂了一番。史弥远看他哥俩老实本分，好像很好控制，心里十分满意，但宁宗那里暂时还没消息，操之过急反会坏事，又当即把他们送回乡了。全保长没想到两个外甥空手而归，当地人都笑他牛皮哄哄，他真是又羞又悔。

跳进龙门

过了一年，宁宗下诏选十余个太祖后裔入宫上学，史弥远一看机会来了，又叫余天锡去接那两个孩子。全保长这回死了心，怎么也不同意，余天锡关上房门悄悄说："丞相说了，那大的贵不可言，应早点受教育，否则就没机会了。"保长默默点了点头，让他悄悄带走了

大外甥与莒。到了相府，与莒受到了全套的贵族教育，与其沉默寡言的性格相配，更显得气度不凡。后史弥远设法让他成为沂王的继子，即宁宗的侄儿。

皇侄贤明

这一天，史弥远把大臣郑清之叫到寺院的高阁上，压低声音说："如今皇子负不起重任，而皇侄贤明稳重，我想让你去做他的讲官，好好教导他，将来或许让他坐皇位。事成之后，我现在的相位将来就属于你了。但是，

远离尘嚣的佛教至高境界

在中国佛教中，流传着五百位修行达到至高境界的罗汉的事迹。佛教信徒们对五百罗汉的名字、形貌和事迹都了如指掌，并且请求这些大师们接受自己的供奉。而画家们根据佛教传说而创作的作品，在信徒当中很受欢迎。此为宋周季常、林庭珪所绘《五百罗汉图》之一。

言出于我口，入于君耳，只要泄露一个字，你我都有族灭的大祸。"郑清之连称"不敢"。在郑清之的教导下，赵与莒读书识礼更有长进。史弥远一党每日在皇帝面前讲赵竑的坏话，赞誉赵与莒如何贤明，又散布他出生时有神人出现等谣言。宁宗并未注意这些舆论，还没来得及把赵竑立为皇太子就一病不起了。

嘉定十七年（1224）八月，宁宗病危。史弥远派郑清之向赵与莒挑明了立他为帝的目的，说了半天，这个沉默寡言的青年还是一言不发，郑清之着急地说："史丞相信任我，才把这一腔肺腑之言教我转达，如今阁下一句不答，让我怎么回复丞相？"赵与莒方才拱手说："绍兴老母还健在。"史弥远听到此言，不由赞叹这青年善于应对，既表示愿意参与阴谋，又表示出深深的忧虑。

皇子受骗

深夜，皇帝一驾崩，史弥远忙叫人带皇子进宫，他厉声说："记住了，皇帝召的是沂王府里的皇子，不是万岁巷里的皇子，搞错的话，立即杀头！"一行慌忙奔出宫去。自从宁宗病危，皇子赵竑就坐卧不宁，日夜等着进宫，当晚就站在墙头上远眺，只见一队人拥着车奔来，不进自己的大门，奔了过去，过了一会儿，这队人又奔过来，上面已坐了一个人，天昏灯暗，匆忙间也看不清是谁，皇子心中十分疑惑。

同时，史弥远安排杨皇后的侄子进宫游说。杨皇后惊惧地说："皇子赵竑是先帝立的，我岂能擅自改变。"杨氏侄子来回跑了七趟，皇后仍是不肯。最后一次，进宫时东方已微明，一见到杨氏，两个侄儿"扑通"一声跪了下来，哭着说："大臣都已安排好了，若执意不肯，必有大祸，杨氏一门都活不成了。"杨皇后沉默了半晌，问："此人现在何处？"史弥远叫与莒入宫，跪在杨后面前，杨后抚着他的背说："从现在起，你就是我的儿了。"史弥远假托宁宗遗嘱，立赵与莒为皇子，改名赵昀，让他以孝子身份向宁宗遗体行礼。这时，才派人召皇子赵竑入宫，赵竑闻命就走，可每入一层宫门，随从都被阻拦几个，待到内宫，就只剩自己一人了。在宁宗遗体前行完礼，他就被皇宫禁军统帅夏震守住。只听殿上宣布："百官就位，听先帝遗嘱！"夏震就把赵竑推往原来的大臣

妇科名医陈自明

陈自明（1190-1270），字良甫，抚州临川（今属江西）人，是南宋时期著名的妇科名医。他家三代行医，自己曾任建康府明道书院医谕。他曾遍行东南各地，访求医学文献，采集各家学说之长，附以家传经验，总结南宋以前妇科的医学成就，辑成《妇人大全良方》。该书不仅是当时最为完善的妇科专著，也是后世妇科医学的范本。

第一部法医学专著：《洗冤集录》

《洗冤集录》是我国第一部法医学专著，成书于公元1247年，宋代宋慈所撰。宋慈出身于福建建阳的一个官僚家庭，曾四次担任高级刑法官。他为官期间办事公道，听讼清明，扶弱除奸，雪冤禁暴。他通过长期的实践，积累了许多行政司法经验，并参考了很多有关文献，才写成此书。它是世界上第一部有系统的司法检验书，比公元1602年意大利人福奠乃·法特里所写的法医专著要早三百五十五年。后来又传到海外，有英、法、荷、德、朝鲜、日、俄文等译本。图为清刻本《洗冤集录》书影及书中的验尸图。

位置，赵竑大吃一惊，抗议说："此时此刻，我怎么还在这个位置？"夏震哄他说："没宣布前在此，宣布以后才即帝位。"赵竑信以为真，但过一会烛光中影影绰绰看到一个人坐在龙椅上，太监朗声宣布："皇子成国公昀即皇帝位，尊皇后为皇太后，垂帘同听政。"赵竑才知道自己被废，当即吵嚷起来，坚决不肯下拜，夏震按着他的头逼他跪了下去。以后，史弥远又令赵竑出居湖州。

平民当皇帝

第二年，湖州人潘壬兄弟冲进王府，要拥立赵竑，赵竑哭叫着不肯，而潘等将黄袍硬披在他身上，

赵竑模仿宋太祖的口气问众人："你们能不伤皇太后和皇帝吗？"大家齐声答应，他才同意出面发号施令。而到天明一看，才知潘氏兄弟只有一千多乌合之众，赵竑非常后悔，一面派人向朝廷报告，一面带本州官兵反攻昨晚拥立自己的人，不久便安定了地方。可史弥远觉得，这赵竑终是心腹大患，便派人到湖州绞死了赵竑，而对外宣称他死于急病。

平民出身的赵昀（即赵与莒）当上了皇帝，后史称理宗。史弥远在新朝又独坐相位九年，以后其侄子史嵩之又当了几年宰相，史家得以长盛不衰，而政治更加黑暗腐败，赵家的天下却是一代不如一代了。

话说中国

〇九七

浪子为相

贾似道在官宦人家长大，继承了纨绔恶习，因争风吃醋，被打得头破血流。道士顿足叹息："可惜！可惜！天堂打破，福禄不能终身了。"

宋理宗出身平民，但并没有给暮气沉沉的赵宋王朝带来朝气，权臣史弥远死后，他一度想更新政治，可不久便沉溺于声色，甚至召妓女入宫，彻夜酗酒，任用宦官和佞臣，加紧对百姓的搜刮，政治更加腐败。这时，崛起于北方的蒙古，在西征取得巨大胜利之后，转而掉头南攻，金国抵挡不住，已四面楚歌。南宋君臣尽忘前车之鉴，重蹈北宋末覆辙，又与强敌联盟，共灭昔日的仇敌，与蒙古联手灭了金，正当宋人庆贺之时，蒙军已大举南下，南宋处于生死存亡的关头。然而，这时理宗却选了一个浪子贾似道为宰相。

贾涉得贵子

贾似道的父亲贾涉本是个花花公子，当了官更是妻妾成群。这天，他到乡下办公事，乘船川上行，饱览江南美景，忽见河边一洗衣少妇生得十分标致，他便涎着脸尾随而去。跟到少妇家，问知她姓胡，丈夫外出未归，他便百般调戏诱惑，问道："你肯跟我走么？"胡氏看贾公子有钱有势，也有几分动心，半推半就地说："等我丈夫回来，你自己去问他吧。"胡氏的丈夫也是个贪钱的人，回来听说此事，不但不生气，反喜滋滋地把妻子卖了个好价钱。归于贾家之后，胡氏就怀孕了，贾家的大老婆十分嫉妒，每天虐待胡氏。贾涉很担心，可也不敢与夫人对抗，只是将心事告诉好友县太爷陈某。陈某笑着说："我帮你这个忙，你怎么谢我？"过了几天，陈某令夫人去贾府拜访。因为两家通好，女眷也相互熟悉，听说陈夫人来访，众妾都来伺候。谈得高兴时，陈夫人说身边缺乏婢女，要借贵府的小妾作使唤，贾夫人说："随夫人挑。"陈夫人便指名要胡氏，贾夫人正巴不得赶她走，马上

点头。于是胡氏被接到县太爷府上，不久，就生下一个男孩，他便是贾似道。贾涉正出公差，回来拜见县太爷方知此事，自然喜不自胜。以后，贾涉奉命转调他处，这时他又有了新的宠妾，对胡氏也腻味了，就把她一脚踢开，只带着儿子贾似道回了本家。胡氏生活无着，又流落四方，嫁给了一个石匠。

天堂打破，福禄难终

贾似道在官宦人家长大，继承了其父的纨绔恶习，终日吃喝嫖赌。一天，他又彻夜折腾，早上便在西湖边上睡着了。一个道人走过，瞪着眼睛看了半天，把他叫醒，说："官人好一副福相，将来位子不在宰相之下，可要自重啊！"贾似道"哼"了一声甩手就走，又到妓院鬼混去了，因为争风吃醋，与人斗殴，被打得头破血流。过了几天，又在路上碰到那穷道士，道士顿足叹息："可惜！可惜！天堂打破，福禄不能终身了。"可贾似道并不在意，仍不改其浪荡习气。

宋代规定，在喜庆大典时，官员可以按等级保举自己的子弟亲属做官，这是皇帝给官僚阶层的特别恩惠，所以叫"恩荫"。尽管贾似道很不像样，但仍以"恩荫"进入官场，当了一个管仓库的小官。同时，贾似道的姐姐被选入宫中，因为貌似天仙，得到理宗宠爱，不久升为贵妃，还要立她为皇后。当时宁宗的杨皇后还活着，一定要立前宰相谢家小姐为后，说："不立真皇后，却要立个假（贾）皇后吗？"皇帝无奈，只好立谢氏为后，但谢氏不漂亮，皇帝还是倾心于贾贵妃，贾家一下抖起来。贾似道奉诏参加特别考试，一进殿，内宫就传出贵妃送来

表现盲人集体游乐的《柳阴群盲图》

此图描写在乡村一家门外十四位盲人游戏行乐的情景，题材奇特。场中人物的性格和面部表情刻画细致，形神毕肖。点景如老柳、篱笆、细草、帐篷等，刻画得恰到好处。全画笔法细劲，构图丰满，设色淡雅，为南宋人物画精作。

的汤药，主考官心领神会，自然让他高中，不久当上了大官。有钱有势，贾似道更花天酒地了。这天深夜，理宗陪贵妃登上高台，远眺西湖，只见湖上几只楼船华灯璀璨，笙歌笑语，远远传来。理宗笑着说："这一定是你弟弟似道。"第二天，派人去问，果然就是那花花太岁，皇帝自己也沉溺声色，自然不会认真教训，反让贾似道进入政府，掌握了军权。

贾似道发达后，他的生母胡氏带着石匠丈夫来见。贾似道认为有这个后父太丢脸，便假意出钱让后父做行商，后父不知是计，高高兴兴上了船，贾氏手下人将他杀了，又凿船灭迹。胡氏事后得知，也无可奈何，安心坐在贾府太夫人位上，享了十几年的荣华富贵。

朝中无宰相，湖上有平章

在西湖风景区中，理宗给贾丞相造了一个前所未有的庄园，奇花异木，穷极奢华，占尽胜景，而居然取名"后乐园"。北宋范仲淹"先天下之忧而忧，后天下之乐而乐"的名句脍炙人口，却被昏君奸臣滥用于此。贾府与凤凰山的皇宫隔湖相对，早晨听到上朝钟声，贾丞相才下湖。船系在一条粗缆绳上，绳端连着一个大绞盘，行走不必划桨撑篙，十几个壮夫拼命推绞盘，船行如飞，一会儿便到宫前。贾似道赶走正直的大臣，把大小朝政都交给大小门客处理，而自己每日在园中享乐，娼妓、尼姑、旧宫女都被他弄来，日夜喝酒淫戏，只有年轻时结识的酒朋赌友能进贾府。一天，贾丞相又趴在地上，与群妾斗蟋蟀玩，一个熟悉的赌友拍拍他的肩膀，笑着说："这就是平章的军国重事吧？"在宋代，平章就是宰相的别称，贾丞相也狂笑起来。因此，当时人说："朝中无宰相，湖上有平章。"

怪舞驱疫鬼：《大傩图》

〇九八

傻君畏恶相

度宗天生体弱，智力低于正常水平，他将贾似道尊称为"师相"，贾似道稍不顺心，便以辞职相要挟，皇帝就吓得要命。

弹冠相庆

金灭亡后，蒙古分三路大举攻宋，开庆元年（1259），忽必烈率领的东路攻势凌厉，饮马长江，重镇鄂州（今湖北武汉）告急，宋举朝震动，理宗几乎要弃都逃跑，在大臣的劝慰下方才勉强留下。这时，贾似道已当上守卫两淮的宋军统帅，当即在军中拜为右丞相，奉命赴鄂州援救。宋军下级军官和士兵坚决抵抗，蒙军被阻于鄂州城下。而贾似道急于结束战争，回京享乐，便私下遣使向忽必烈求和，提出划江为界、岁贡银绢各二十万等丧权辱国的条件。这时，传来一个消息，蒙古大汗蒙哥率领的西路军在四川钓鱼城下遭到重创，蒙哥死于城下，西路蒙军仓皇撤退。忽必烈急于北归争夺大汗帝位，无心恋战，就接受了贾似道的建议，双方达成了和约，蒙军安全撤走。贾似道隐瞒了求和真相，向朝廷报告说，宋军在他的率领下一战告捷，蒙军大败而逃。理宗信以为真，大臣弹冠相庆，认为贾似道立了头功，挽救危亡好比使宋朝重生，他凯旋回京时，百官士民都到郊外远迎，为他举行了盛大的庆功典礼。于是，他在朝中做稳了宰相，以后，将异己势力逐个排挤出去，独自掌握了朝政。

相国门前卫士多

蒙军暂时退去，宋君臣就将危亡置于脑后，西湖边又是歌舞升平了。贾似道妻妾成群，自己纵欲

怪舞驱疫鬼：《大傩图》（左页图）

"傩"的含义是借祭神来驱除疫病。举行大傩时，人们戴上各种奇异的面具，持法器鸣响器，做出与鬼神作战的种种舞蹈姿势。此图人物姿态各异，衣纹细致，构图丰满，是一幅富有民间生活气息的风俗画佳作。为宋人所绘。

无度，但其家比皇家深宫还森严，绝不容许女人有丝毫非分之想。一天，几十个美人陪着他在湖边游玩，女人们倚楼闲看，只见湖上荡来一叶扁舟，上乘两位书生，不一会靠岸登陆，只见两人羽扇纶巾、儒雅风流，吸引了众多年轻女子的目光。一个小妾不禁赞叹道："美哉二少年！"贾似道斜着眼说："你想嫁他吗？我可马上叫他送聘礼来娶你。"小妾笑而不答，众人取笑一番就散开玩乐了。过一会，贾似道叫女人们聚拢，手拿一个大盒子说："刚才那美少年送来聘礼了。"女人们艳羡不已，一个小妾抢着揭开盒盖，众女顿时脸色惨白，吓得直打哆嗦，原来里面装着一颗血淋淋的人头，刚才那位小妾已因一句玩笑而丢命，两位美少年更生死未卜。女人一进贾府，便难以与家人相见。一日，一小妾的长兄在贾府门前探头张望了一下，就被贾府家丁绑起，丢入火中活活烧死。贾氏霸占了苏堤，这里便成了鬼门关，游人不知，走过其门前，必为密探抓住，此人便大祸临头，一旦入狱，被罗织罪名，有官的丢官，有钱的破财。直到贾似道死后，这一带方才开禁。当时人作诗道："当年谁敢此经过，相国门前卫士多。"

弱智度宗

贾似道在家中如此残暴，在地方上作威作福，在朝廷上更为专横跋扈。他滥报私仇，逼死贤臣，迫良将北降蒙军，弄得众叛亲离。为了满足奢侈生活，他动用军队贩运私盐谋利，强征民田作为公产，使众多自耕农流离失所，巧立名目，苛捐杂税泛滥成灾，人民苦不堪言。而理宗还认为他治国有方，将皇太子也托付给了他。

话说中国

中国大事记

德祐元年，元军顺江东下。宋主力溃于丁家洲，残部复大败于焦山。文天祥等起兵勤王。

理宗仍是香火不旺，两个亲生儿子相继夭亡，于是把亲弟弟与芮的儿子收入宫中养育，改名赵禥。理宗兄弟俩只有这一根独苗，可是赵禥天生发育不良。赵禥的母亲原是王府的小妾，因为出身微贱，总受正房夫人欺负，发现怀孕后被夫人逼服打胎药，谁知胎儿没打下，还是生了出来。因为是皇帝近亲唯一的男孩，得到全府上下的呵护，无奈已中药毒，天生体弱，手足发软，很晚才学会走路，七岁才学会说话，智力低于正常水平，理宗为他配备了良师，精心教导，仍不能使他开窍，时常把皇帝气得发昏。左丞相吴潜不同意让这个弱智儿为大宋天下的继承人，请求另选宗室子弟，可理宗是史弥远从民间选来，本来就和宋皇室没多少关系，当然不愿意。贾似道乘机进谗言，将吴潜贬往外地，别人更不敢多言了。

景定五年（1264），理宗病逝，前后在位四十年。弱智儿赵禥继位，后史称度宗，因为他无法处理朝政，一些大臣提出让太后谢氏垂帘听政，当即被贾氏一党否定。度宗愚昧无知，又荒淫无度，连批答公文也交给四个最得宠的女人执掌，号称春夏秋冬四夫人。于是，朝政全部落入贾似道手中。度宗感激贾似道扶自己为帝，将他尊称为"师相"，每次上朝，贾似道对皇帝行礼，皇帝必然答拜，退朝时，也是贾相先退，皇帝起立，恭恭敬敬地目送他走下大殿，后来又特许他十日一朝。贾似道更为骄横，稍不顺心，便以辞职要挟，皇帝就吓得要命，拼命挽留。一天，正要举行祭祀大礼，突然下起了大雨，管皇帝车马的官是正得宠的胡贵嫔的父亲胡显祖，胡显祖建议乘小车回宫，度宗还不敢轻举妄动，说："先问问贾丞相吧。"胡显祖急于回宫，哄皇帝说："丞相已同意了。"皇帝便匆匆回宫了。过一会，雨过天晴，贾似道以为皇帝会再来主持典礼，等了一会，才知道皇帝已回宫，顿时大发雷霆："我身为大礼使，

最能表现中国绘画精髓的孔雀明王像（局部）

连陛下的举动都不得预知，不干了。"当即装模作样地走出京城。皇帝苦求几日，贾相仍是不理睬，只得将胡显祖罢官，流着眼泪将胡贵嫔送到庙里罚作尼姑，贾似道这才满意归朝。

大批贪鄙小人围绕在贾似道周围，拍马巴结，纳贿得官，无所不为。贾相喜欢吃桐树上长的香菌，为了保持香菌的鲜味，地方官竟将几丈高的桐树连香菌一起运来。贾相喜欢吃苕溪鳊鱼，地方官便用几条专船每天运来，船中有一个可养鱼千条的大盘，作机轮使水流动，鱼如游溪中，便十分新鲜。贾相喜欢古玩，地方官便到处搜求，听说谁家有珍品，便罗织罪名陷害那人，千方百计弄到手，听说已死的大臣以珍稀玉带殉葬，也不惜掘坟挖出。搜集的古玩珍品多了，贾似道派专人鉴别整理，在府中造了一个新楼收藏，号"多宝阁"，自己一个月一次登楼玩赏。

在这样的君臣统治下，官场贪风肆虐，百姓怨声载道，军备废弛，宋朝危如累卵，只需轻轻一推，便会呼喇喇全部倒塌。

〇九九

孤儿寡母失国

元大将喝斥道："你们宋家的天下本来就是从后周的小儿手中抢来的，如今从小儿手中失去，不正是老天的报应么？不必多说了！"

忽必烈抢到汗位后，将国号改为大元，便派使节来宋，要求履行与贾似道在鄂州约定的停战条款。贾似道恐怕求和冒功的真相败露，一面糊弄理宗，一面命人将元使长期扣留在边镇，既不积极备战，也不寻求政治解决方案，采取过一年是一年的拖延战术。面对蒙古强大的军事压力，理宗深知国家危在旦夕，可也不想振作治理，只是每日以酒浇愁，得过且过。这天傍晚，他登上芙蓉阁，看着江上一片渐渐南移的黑云，想起病入膏肓的国势，不禁潸然泪下，不久就满怀忧思死去了。

襄樊失守

忽必烈巩固了皇位之后，专力南攻，采取久困军事重镇襄樊，逐渐南压的战略。襄阳与樊城夹汉水而城，中有浮桥相通，经过宋将多年经营，城固粮足，成为抗元的坚强堡垒，而一旦失守，顺江东下，可直取江南。元军在城外修一长墙，将襄阳围得铁桶似的，军饷运不进去，宋将或由外攻，或由内突，当地民兵也参与了运粮斗争，终因没有集中兵力，没有统一指挥，未能打破元人的包围。贾似道躲在京中享乐，坐视战局恶化，根本无心组织救援。傻瓜皇帝度宗不知道为国担忧，很少过问军国重事。一天，他偶然问起："襄阳被围三年了，怎么办？"贾似道搪塞说："北兵早就退走了。陛下听谁说的？"度宗傻乎乎地点头笑了："刚才听宫中女人说的。"贾似道问清那妃嫔的名字，不久，诬以其他罪名，把她弄死了。从此，无人再敢对皇帝谈起边事。于是，君臣皆自欺欺人，更沉溺于淫乐之中。襄樊被围六年，以至拆屋为薪，缝纸币为衣，危急万分。贾似道眼看隐瞒不住，便一面上书请求亲自带兵援救，一面又指使走狗上书挽留，说什么国事繁重，贾丞相不可一日离京，于是既唱了高调，又不用上前线。元军烧断了襄、樊之间的浮桥，又用回回人造的巨石炮猛攻樊城，咸淳九年（1273）新年刚过，樊城终被攻破，守将牛富率死士百人坚持巷战，身负重伤，最后投火而死。吕文焕苦守襄阳六年，与樊城唇齿相依，樊城失守，后方又无一兵一卒来援，每次深夜巡城，他都望着南方痛哭。二月，外城破，吕文焕举军降元。

襄樊失守，宋朝野震惊，贾似道倒说起了漂亮话，"我多次请求出战，皇帝都不允许，若早让我出京领兵，战局肯定不至于到这种地步。"同时他紧抓着政权不放，顽固地拒绝一切救亡建议，将国家的安危置之不顾，仍躲在湖中庄园过着花天酒地的生活。第二年六月，忽必烈发布讨宋诏书，正式宣布全面进攻。七月，度宗一病不起，逃过了亡国之君的命运，贾似道将四岁的皇子扶为皇帝。九月，元大兵分三路南下。十一月，数十万宋军与元主力在长江边的阳罗堡决战，宋军大败，长江防线崩溃，襄阳降将吕文焕领元军南下，各镇守将多是吕氏的老部下，纷纷开城投降。

贾师臣兵败身亡

贾似道平时总吹嘘自己当年如何英勇打跑了忽必烈，官绅士人都信以为真。事到如今，群臣将最后的希望寄于贾氏身上，太学诸生群起请愿，都说只有"贾师臣"亲自出马才能挽救危亡。迫不得已，贾似道只好答应督战，但仍找种种借口拖延，直到第二年正月方才出京。他抽调了各路精兵，战船排成长队，长达一百多里，自己的船上装满了金钱财物和享乐物品，走到一半，就搁浅在河中，军将派了上千士兵来拖仍拖不动，只好换小船前行。这么大的排场，前线守将以为贾似道已带好财物准备出海逃亡，大队人马还没开到，有几个州又投降了。其实，贾似道的确没有决心死战，先派人求和，元人不许，他便私下备好快船，随时准备逃跑。在这样的统帅率领下，士兵必然毫无斗志，元兵大炮一响，前军刚一交锋，步兵大将孙虎臣便钻进了小妾的座船，掉头就跑，众士兵叫了起来："步帅跑了！"于是全军溃散。孙虎臣一口气跑到贾似道面前，抚胸哭诉道："我的士兵无一人听令。"贾似道便与孙虎臣丢下大军，单船奔入了扬州城。第二天，败兵蔽江而下，贾似道派人在岸上扬旗招集，愤怒的军士破口大骂，无一兵一卒前来。这下，贾丞相没了辙，只剩下迁都逃往海上一个办法了。不久，贾似道被罢官流放，中途为仇家暗杀。

老天的报应

元丞相伯颜率主力直取临安，京城人心惶惶，从临安知府到执政大臣纷纷逃走，上朝时殿庭空空荡荡的。这时，一直被罢官在家的文天祥却赶到京城勤王，与张世杰等主张皇帝、太后入海暂避，由他们集残兵决一死战，却为丞相阻止。文天祥布置两个小皇子赵昰、赵昺逃出临安，张世杰也率部退走了。宋人又拿出看家本领，一再求和，许愿割地、贡岁币，最后连称臣也不在乎，只求名义上保存赵宋小朝廷的宗庙社稷。宋使来到伯颜军前，哭哭啼啼地说："太皇太后年事已高，嗣君年幼，又在丧服之中，自古以来，讲礼义的军队不伐刚刚丧君的国家，还望将军可怜小国，率军班师，小国岂敢不敬上国，必然每年进贡。"伯颜瞪大双眼，喝斥道："如要我不进兵，两条路随你挑，是要像吴越钱王那样自己交出全国地图呢？还是要像

南唐李后主那样跪在军前投降呢？你们宋家的天下本来就是从后周的小儿手中抢来的，如今从小儿手中失去，不正是老天的报应么？不必多说了！"宋使无言以对，只得以泪洗面。

德祐二年（1276）正月，宋太皇太后谢氏下令奉传国玉玺投降，伯颜领军入城，六岁的小皇帝宣布退位，元兵进宫将宝物、美女掠取一空。一史官跪在伯颜面前激昂慷慨地说："国可灭，史不可亡。"于是宋朝丰富的史料未被烧毁，大部分史料与宝物、俘虏一起运往大都。

风雨中的牧童

村郊野外，风雨大作。因为风大，树也弯成了一个弓形。放牛晚归的牧童在风雨中艰难前行。在农村家庭中，精壮男劳力通常从事农耕、渔猎等强体力活儿，妇女大多是操持家务，并做些纺纱织布、种桑养蚕等轻活儿，儿童则多半是放牛牧羊。此图为宋李迪所绘《风雨牧归图》。

公元1270年

公元 1270 年

世界大事记

第八次十字军东侵。

卷一〇六、二〇七

《宋史纪事本末》

陆秀夫 赵构
文天祥 张世杰

忠义

人物 关键词 故事来源

—〇〇

宋以文治国，文雅有余，而武勇不足，国风犹如一传统儒生，看似弱不经风，而绵里藏针，却也不轻易跪倒。

李庭芝苦守扬州

宋亡后，元军以谢太后和小皇帝的名义发布诏书，命令各地守将投降。李庭芝苦守扬州，坚决不降。谢太后和小皇帝被元人劫持到江北，被迫派人到扬州城下劝降，使节传达谢太后的话说："我与嗣君都降大元了，你还为谁守城呢？"李庭芝也不答话，只叫人发箭，当场射死一名使节，其余的人只好退去。李庭芝流着泪激励将士，将所剩的钱财全部拿出来散给众人，将士十分感动，当晚出城与元军死战，欲夺回小皇帝，终因寡不敌众而失败。坚守到七月，扬州粮绝，李庭芝领兵突围欲入海，中途被杀。

君臣哭庙

度宗的两个庶子赵昰、赵昺逃到温州。逃出临安的宰相陈宜中、大臣陆秀夫等闻讯赶来，张世杰也率部来会，众人集于温州的江心寺，共商复兴大计。绍兴初，高宗被金兵赶得满世界乱跑时，也曾到这个寺庙歇过脚，后来南宋建立，将高宗坐过的椅子作为圣物供在庙里。众人一进庙门，看到这把御椅，真是百感交集，一齐伏在椅下痛哭了一场。当年五月，众臣立赵昰为帝，流亡政府宣告成立，不久文天祥从元军中逃出，也来投奔。尽管时局艰难，陈宜中已急于争权夺利，内部矛盾重重，文天祥便北上谋求发展。元大兵南来，流亡政府逃往海上，辗转迁到广东南部。第二年十二月，陈宜中托词离开队伍，只身逃往越南。

失败的英雄

张世杰仰天大呼："我为赵氏已经尽心尽力了，一君亡，又立一君，如今又亡矣。若老天不要我复存赵氏，就让大风吹翻我的船吧！"

共立赵昺为帝

小皇帝一路饱受惊吓，海上遭暴风，船被打坏，孩子掉入水里，虽被救起，不久还是生病死了。众官军士当即要散去，陆秀夫激昂慷慨地说："诸君为何散去？度宗一子还在，他怎么办呢？古人有靠一城一旅复兴的，何况如今百官军士还有上万人呢，只要老天不绝赵氏，难道不能靠此造出一个国家来么？"于是共立赵昺为帝，在崖山（今广东新会县南海中）暂时栖身。1279年二月，元大兵开到，双方在海上展开最后的决战。战前元大将屡次派人来劝降，张世杰历数古代忠臣，坚决地说："我知道投降不但可以有活路，而且可得富贵，只是已决心为主而死。"

元将张弘范将被俘的文天祥载入舟中，带到崖山。总攻之前，张弘范逼他写信去招降，文天祥默默接过

古代的战船：斗舰

斗舰的特点是船壳用多重木板加固以利冲撞，且四面竖立着防御矢石的挡板，可蔽半身，称为"女墙"。墙下开孔，用以放箭，船内又建一带有女墙的船棚，船棚上再建女墙，用来进行多层的立体进攻。图为宋代《武经总要》中的斗舰。

纸笔，一挥而就。张弘范取过一看，乃是一首诗："辛苦遭逢起一经，干戈寥落四周星；山河破碎风飘絮，身世浮沉雨打萍。惶恐滩头说惶恐，零丁洋里叹零丁；人生自古谁无死，留取丹心照汗青。"汗青即史书，

南宋末抗元大臣陆秀夫

太皇太后与恭帝向元朝投降后，陆秀夫（1236-1279）立端宗。其后端宗病死，陆秀夫立卫王赵昺为帝，任左丞相，与张世杰共掌朝政。宋军大败时，陆秀夫乃背负幼帝跳海而死，年四十四。有《陆忠烈集》传世。

意谓宁死不降，只求史册记载，浩然正气鼓舞后人。人不畏死，奈何以死惧之？张弘范只好作罢。

陆秀夫投海

战至黄昏，宋军败局已定，陆秀夫命人将舟中所剩的东西全部投于海中，然后仗剑将妻子赶下海，妻子拉住船舷不肯放手，陆秀夫痛苦地大叫："你先去，难道还怕我不来吗！"他转身走进舱里，对九岁的小皇帝说："国事到这个地步，陛下当为国死！太皇太后已受尽侮辱，陛下不可再受辱。"说完背起赵昺跳入了汪洋大海之中。

张世杰带着小皇帝的母亲杨氏冲出重围，在海上航行了四天，又遇暴风，远远看到了海岸线，水手们拼命往岸上划。张世杰却说，"不必做多余的事了，为我取香来。"他跪了下来，点上香，仰天大呼："我为赵氏已经尽心尽力了，一君亡，又立一君，如今又亡矣。我之所以奉太后逃走，是想等元兵退后，再求赵氏子孙立为帝，以存赵氏香火。如今又逢大风，不知天意如何呢？若老天不要我复存赵氏，就让大风吹翻我的船吧！"话音刚落，狂风大作，船便沉于海中。

这天晚上，元将张弘范设盛宴庆祝胜利，文天祥也被押赴席间。但见海面上一片静寂，月明星稀，洪波涌起，海浪埋葬了所有的牺牲者，白日里的战争已恍如隔世，不由使人兴起万事皆空之感。张弘范举起酒杯对文天祥说："国亡了，忠孝之事也该结束了。以您这样的忠诚与才干为元朝服务，准能成为大元的贤相。"文天祥哽咽着说："身为大臣，国亡不能救，已死有余辜，又怎敢改换门庭自求富贵呢！"弘范恳切地劝道："国家都亡了，即便你为国牺牲，谁还会把你的事迹记于史册呢？"文天祥坚定地说："商亡时，伯夷、叔齐不食周粟而死，只求尽心罢了，根本就不在乎是否青史留名。"弘范不由肃然起敬。

宋

公元 1272 年

世界大事记

英格兰亨利三世卒，爱德华继位。

《宋史·文天祥传》《文山集》

文天祥　忠义

人物　关键词　故事来源

留取丹心照汗青

当蒙古铁骑踏遍大江南北之时，一儒生却挺身而出，这便是宋代第一忠臣文天祥。

当蒙古铁骑踏遍大江南北之时，百万宋军望风披靡，一儒生却挺身而出，这便是宋代第一忠臣文天祥。

少年得志，一举成名

文天祥，江西人，史书上说他身材修长，面色白皙如玉，眉清目秀，神采奕奕，颇似魏晋间的风雅高士。他少年得志，二十岁即状元及第，一举成名，然而生逢末世，兵荒马乱，朝政黑暗，被权臣排挤，三十七岁便被迫还乡闲居。

文家为当地富室，文天祥又风流倜傥，搜罗不少歌伎舞女，每日饮酒作乐，倒也十分自在。宋末，元军攻破宋长江防线，宋都杭州告急，皇帝下诏天下起兵勤王。文天祥闻知此信，捧着诏书痛哭，立即变卖全部家财，在本乡发动豪杰，进山约见少数民族头领，集结了万余子弟兵，准备进京勤王。一位好友劝他说："如今元兵三路直扑都城，你率此万余乌合之众上前线，就好比驱群羊与猛虎搏斗。"文天祥叹了一口气，说："我怎么不明白目前的局势！只是国家一旦危急，向天下征兵，竟无一人一骑应招，我深为痛恨。因此不自量力，以身殉国，希望天下忠臣义士闻风而起，或许社稷还可保存。"

临危受命，九死一生

文天祥入朝后并未得到重用，直到元军兵临城下，方被任为丞相，充使臣乞降，当即被元军扣留。不久，杭州沦陷，宋帝、后投降。文天祥仍不灰心，在被押往北方途中，他伺机逃跑，本想投奔在扬州坚持抗敌的宋将李庭芝。不巧李庭芝听说元人遣一宋丞相来劝降，以为正是文天祥，严令部下格杀勿论。文天祥只好又仓皇南逃，途中几次遇乱兵，时常伏于草中躲避，或拿出仅有的金钱方才幸免。

文天祥九死一生而至福州，投奔到流亡政府的旗下。大敌当前，小朝廷立足未稳，一些大臣已忙于争权夺利。文天祥不屑参与，又急于恢复，便离开流亡政府，北上招兵抗敌，竖起了都督大旗。远近义士纷纷来归，一度在江西掀起抗元高潮。然而，在元正规军的强大攻势面前，义军或散或败，文天祥退至潮州山中。这天，残余义军在五坡岭做饭时，叛徒引元军突然袭来，文天祥被俘。

宋代第一忠臣文天祥

文天祥（1236－1283），南宋末大臣，元兵渡江，文天祥起兵勤王。奉命至元营议和，因坚决抗争被扣留，冒险脱逃。后兵败被俘至元大都，终以不屈被害。封信国公。作品有《文山先生全集》。

不幸被俘，大义凛然

文天祥被俘后故意惹恼押送的士兵，以求速死于刀下，然而不成；途中暗服毒药，上吐下泻而仍不死。面见元大将张弘范时，他又抗声请剑，弘范说："杀了他名声归他，款待他名声在我。"文天祥仍是求死不成。

崖山一战，抗元斗争彻底失败，陆秀夫背负赵氏最后的骨血蹈海，战后海面漂起数万浮尸。文天祥亲眼目

古代的战船：走舸

比起斗舰来，走舸是一种高速轻便的战船，来去如飞，能给敌人以出其不意的攻击。图为宋代《武经总要》中的走舸。

睹这悲壮的一幕，心如刀割，日夜图谋蹈海殉国，无奈看管十分严密，仍是求死无门。

文天祥被押往燕京。途经江西之时，文天祥开始绝食，想死在自己的故乡。而元兵恐怕江西义士来劫持，将文天祥捆得结结实实，趁顺风顺水日夜兼程，很快远离了江西。文天祥见死于故乡的愿望无法实现，绝食八天之后又复进食。

威逼利诱，视死如归

刚到元京城时，文天祥受到上宾礼遇，而他拒不接受，不食不睡，蓬头垢面，唯求速死。元人以

走舸者船舷上立女墙棹夫多战卒皆选勇力精锐者充往返如飞鸥乘人之所不及金鼓旌旗在上

走舸

高官利诱，他不动心；元人以亲人的存亡作威胁，他也不屈服。元人又派已降的宋君臣来劝，旧丞相留梦炎来，被一顿臭骂赶走。在杭州投降的旧宋主来，他按宋人礼节拜见，痛哭流涕，伏地不起，只是哀求旧主"回驾"。

这天，文天祥被押至元枢密院讯问。进入大堂，只见元丞相、枢密使等倨坐于上，翻译大喝一声"跪！"文天祥却一揖而立。元丞相大怒，命左右拉他，他却坐地不起，四五个元兵一拥而上，有的拖手拽足，有的顶膝压颈，好不容易才摆布成跪状。元丞相傲慢地问："你还有什么可说？"

文天祥被几个壮汉压得气喘吁吁，愤愤地说："天下事有兴有废，自古以来，亡国诛戮，何代能免？天祥忠于宋朝，以至于此，今日死而无憾！"元丞相放缓了语气，诱导说："你说有兴有废，那么你逐一数数看，自古以来有过多少帝王？既知兴废无常，你又何苦执迷不悟？"文天祥怒容满面地说："一部十七史，从何说起！这

里可不是博学鸿词科的试场。"旁边一个汉官插言："你立赵宋二王，已知道中兴无望，为什么还要做？"文天祥朗声答道："父亲不幸身患重病，子孙明知不可为仍尽力求医，岂有不下药之理？国家不幸丧亡，存一日则臣子尽一日之责，不过尽我心罢了。到此地步，文天祥有死而已，何必多言！"元丞相怒吼道："你要死，偏不叫你马上死，把你关在牢里熬死！"

此后，文天祥被长期关在阴暗的牢中。文天祥在牢中撰写了大量诗文回忆录，狱卒为其精神感动，为他传递消息物品。不久，其诗文传遍天下。

元至正十九年（1282），元朝廷发生内乱，有人刺杀元丞相，京城出现匿名招贴，外地起兵反元，有人声称要来救文丞相。元帝十分担心，亲自招见文天祥，再三劝降，而天祥仍不从，于是被杀，时年仅四十七。死后，妻子在文天祥的衣带中发现他的绝笔："孔曰成仁，孟曰取义，而今而后，庶几无愧！"

科举制：选拔人才的最重要的途径（上图）
青年人想要出人头地，获得相当的社会地位和丰厚的俸禄报酬，求取功名、走上仕途是一条最为重要的成功之路。宋朝政府大大提升了科举制作为人才选拔机制的重要作用。像王安石、司马光、文天祥这样的重臣显要，都曾是科举考场上的佼佼者。图中记录了20岁时即考中状元的文天祥。

> 历史文化百科 <

〔宋代海船出土〕
10-15世纪，福建的泉州港成为我国的著名海港。北宋哲宗元祐二年（1087）始在泉州设市舶司，意味着泉州开港，南宋后更大为发展，不再是广州的辅助港，与海外通航国家多达三十多个。在南安九日山的东西峰之间，保存有宋代石刻多处，其中有十四处是祈求航海顺利的。1974年，在后渚港发掘出一艘保存较完整的宋代海船，残长24.2米，残宽9.15米，平面近似椭圆，头尖尾方，船身扁阔，尖底，有十三个船舱，与宋徐兢撰《宣和奉使高丽图经》所记那种"下侧如刃"的尖底型海船类似，估计排水量为370吨左右。海船的出土为海外交通史的研究提供了实物资料。入元以后，泉州更成为世界第一大港。

聚焦：960 年至 1279 年的中国

唐代人不大分辨史实和传说，仍承汉魏六朝以至西域的传统，眼中显现的是一个人神不分的世界。宋代人只承认活人的世界。唐人的笔记是传奇而宋代人的笔记是掌故。唐代人处于一个"虚"的世界而宋代人处于一个"实"的世界。唐代科举重诗赋而宋代科举重策论。唐文人喜谈政治而少做高官，宋文人很多是政治家，做大官。唐代人在"安史之乱"以前不大认识各民族间矛盾冲突，宋代人因为几个不同民族的政权并立就把"人"和"非人"严格分别了。到了南宋又进一步提出"正统"。这不是强了而是弱了。

金克木

宋以后的中国文化也发生了新的变化。宋代思想标志着中国古代哲学思想的成熟阶段。宋代朱熹建成了完整的儒教体系，形成新儒学。新儒学形成以后，统一了中国的思想意识，宋以后，中国有权臣而无篡臣，中国历史上再也没有出现过宫廷政变的方式夺取政权的事件，人人都不敢当曹操、司马懿。

任继愈

宋代其实有它相当了不起的地方，宋代最了不起的就是，它的中层扩大到几乎把下层全包进去了。而宋代中层，不一定是政治的中层，而是社会的、经济的中层。

许倬云

这种进展（门第迅速地垮了台，社会的等级不像先前那样固定了——引者）经过唐末跟五代的长期的变乱加了速度，到宋朝又加上印刷术的发达，学校多起来了，士人也多起来了，士人的地位加强，责任也加重了。这些士人多数是来自民间的新的分子，他们多少保留着民间的生活方式和生活态度。他们一面学习和享受那些雅的，一面却还不能摆脱或蜕变那些俗的。

朱自清

北宋时期，中国仿佛进入现代，物质文化蓬勃发展。开国君主赵匡胤打破中国传统作风，以务实的态度从事各项政经改革；神宗时王安石提倡新法，企图以现代金融管制方式管理国事，其目的无非都是想借由经济力量支援国防军备，以应付来自辽和西夏的威胁。但当时社会发文苑泰斗，学术名家，聚焦于960年至1279年的中国。他们以宏观或者微观的独到眼光，对宋代的政治经济和社会文化的各个层面作了深入浅出、鞭辟入里的解析。这些凝聚了高度智慧的学术精华，历经岁月洗礼，常读常新，是我们走进中国历史文化殿堂的引路人。

展尚未达到足以支持这项改革实验成功的程度，新法未能成功施行，宋朝成为中国历史上最软弱的一个朝代。

黄仁宇

自来的论史者大都认为，北宋文化之兴盛，主要应归功于宋王朝的重文轻武政策，还有人具体落实到宋初几个皇帝的"右文"政策上。我则以为，"重文轻武"只不过是一种表面现象。实际上，北宋建都于四战之区的开封，建国之初则为了削平十国割据的残局，其后则北方的劲敌契丹和继起于西北地区的西夏，无一不需要武力去对付。所以，北宋一开始就注定了"国倚兵而立"的局势，如何能够制定轻武的政策呢？

邓广铭

唐人重感，宋人重观，一属于情，一属于理。宋人重观察，观察是理智的。

顾随

宋代政治思想之重心，不在理学，而在与理学相反抗之功利思想。此派之特点在斥心性之空谈，究富强之事务，其代表多出江西、浙江。经世致用，本为儒学之传统目的。然先秦汉唐之儒多注重仁民爱物，休养生息之治术。一遇富强之言，即斥为申商之霸术，不以圣人之徒相许。后汉王符、荀悦诸人虽针砭衰政，指切时要，然其所论亦不过整饬纲纪，补救废弛诸事。积极有为之治术，固未尝为其想象之所及。至两宋诸子乃公然大阐功利之说，以与仁义相抗衡，相表里，一反孟子、董生之教。

萧公权

宋代的政制，既已尽取之于民，不使社会有富藏；又监输之与中央，不使地方有留财；而中央尚以厚积闹穷。宜乎靖康蒙难，心脏受病，而四肢便如瘫痪不可复起。

钱穆

在中国古代数学史的研究中，宋元数学的成就被誉为中国古代数学的顶峰。

王宪昌

960 年—1279 年的社会生活、历史文化百科
（各条目按页码检索）

要感知宋代，不妨去参观瓷器。唐瓷华丽而不失气度；明清瓷器精致而难掩俗气；宋瓷清纯淡雅，或影青，或黑褐，或纯白，形制纤巧，刻画简洁传神。日用瓷器尚且如此，可见士大夫的趣味引领着宋代社会风尚，这是个看似平淡，却耐人寻味的时代。

293

索

典故

宋代的一些故事，给人启迪、警示和借鉴，形成了含义深刻的典故。此索引把这些典故分条列出，便于查找。

各条目按笔画排列，按故事编号检索

关键词

许多同类主题的故事集合在一起，更能启发我们的思维，得到深刻的教益，也便于检索和查阅。

各条目按笔画排列，按故事编号检索

图书在版编目（CIP）数据

文采与悲怆的交响：960 年至 1279 年的中国故事：全 2 册 / 程郁，张和声著 . —上海：上海文化出版社 ,2016.5（2020.8 重印 ）
（话说中国：青少版）

ISBN 978-7-5535-0502-2

Ⅰ . ①文… Ⅱ . ①程… ②张… Ⅲ . ①中国历史—宋代—青少年读物 Ⅳ . ① K244.09

中国版本图书馆 CIP 数据核字（2016）第 039398 号

责任编辑	李 欣	顾承甫	
监 制	蔡明菲	潘 良	
特邀编辑	李彩萍	李乐娟	
特邀审读	王瑞祥		
营销编辑	李 群		
整体设计	袁银昌	李 静	
封面设计	张丽娜		
摄 影	徐乐民	麦荣邦	
电脑绘画	严克勤	王 伟	
图片整理	居致琪		
督 印	张 凯		

文采与悲怆的交响

著 者	程 郁 张和声
出 版	上海文化出版社
出 品	上海故事会文化传媒有限公司
	（ 200020 上海市绍兴路 74 号 www.storychina.cn ）
发 行	新华书店
印 刷	天津长荣云印刷科技有限公司
版 次	2016 年 5 月第 1 版
印 次	2020 年 8 月第 2 次印刷
开 本	787×1092 1/16
印 张	19
书 号	ISBN 978-7-5535-0502-2/K·073
定 价	49.00 元（全 2 册）

上海故事会文化传媒有限公司出品 www.storychina.cn

上海故事会文化传媒有限公司所有图书可办理邮购，免收邮费（挂号除外）
汇款地址 上海市绍兴路 74 号（200020）
收 款 人 上海故事会文化传媒有限公司
联系电话 021-64338113

如发现本书有质量问题，请与印刷厂质量科联系，电话：022-26881958